Klaus Egle

Die schönsten Weinreisen Österreichs

GOURMEDIA®

Klaus Egle

Die schönsten Weinreisen Österreichs

GOURMEDIA®

Der Autor dankt folgenden Unternehmen und Institutionen für ihre Unterstützung:

DIESES PROJEKT WIRD VON BUND UND LAND BURGENLAND KOFINANZIERT.

Impressum

Für den Inhalt verantwortlich

Bildnachweis
Petr Blaha (S. 11, 12 oben, 17, 21, 26 beide, 35, 56 rechts, 118 unten, 123 unten, 144 unten, 145, 152, 153, 155 oben, 163, 167, 169 unten, 171 unten
Herbert Lehmann (S. 9, 65, 70 alle, außer Mitte links, 71 rechts, 74, 77 unten, 83
J. Kernmayer (S. 37)
Schloss Spielfeld Verwaltungs- und Betriebs-GmbH (S. 28)
BMLFUW/Rita Newman (S. 114 links oben)
EMG-Burgenland (S. 114 rechts oben und Mitte links)
Tourismusverband Neusiedl am See/ Steve Haider (S. 114 Mitte rechts)
Burgenland Tourismus/Peter Burgstaller (S. 114 unten)
Weinviertel Tourismus (Schleich S. 156, Seymann S. 157 rechts oben, Wurnig S. 157 links oben)
Schlossweingut Graf Hardegg (S. 170 oben)
Klaus Egle (alle anderen)

Grundlayout
Herbert Winkler

Illustrationen
Artur Bodenstein

Produktion, Satz, Lektorat
Jürgen Ehrmann

Druck und Bindung
Theiss, St. Stefan im Lavanttal

Printed in Austria

ISBN 978-3-9503606-3-9

Symbole

Ausgewählte Winzertipps

Gut essen an den Weinrouten

Wohnen in Wirtshaus, Hotel, Pension oder beim Winzer

Einkaufstipps für Wein und vieles mehr

Besichtigen – Erleben – Genießen

Inhaltsverzeichnis

Liebe Wein- und Genussreisende!

Da ist es also, mein Weinreisebuch Nummer vier. Das erste erschien im Jahr 1997, zwei weitere Werke folgten 2004 und 2010 – jeweils aus der Notwendigkeit heraus, mit der rasanten Entwicklung im Weinland Österreich Schritt zu halten und Sie, liebe Leserinnen und Leser, mit den neuesten Informationen und den besten Tipps zu versorgen.

Tatsächlich hat sich das Bild des Weinlandes Österreich in diesen nun fast zwei Jahrzehnten grundlegend gewandelt. War man im Jahr 1997 noch froh, wenn einem ein mitfühlender Winzer zur Weinverkostung auch ein Paar Hauswürstel aufgeschnitten hat, und suchte danach sein Nachtlager am besten in der nächsten größeren Stadt, so gibt es inzwischen entlang der Weinrouten ein so dichtes Angebot an guter Gastronomie und schönen Wohnmöglichkeiten, dass man sich glatt wie im Paradies fühlen kann. Kein Wunder, dass Weinreisen nicht mehr nur von ein paar weinverliebten Individualisten unternommen werden, sondern zu einem nicht zu unterschätzenden Tourismusfaktor geworden sind.

Nicht zuletzt hat dazu aber neben der neu geschaffenen Infrastruktur auch die Qualität des österreichischen Weines beigetragen. Mit der ging es in den vergangenen zwanzig Jahren steil bergauf, und es ist einer der großen Vorzüge des Weinlandes Österreich, dass man hier alles, was Herz und Gaumen begehren, in bester Qualität vorfindet – von weiß über rot bis süß und prickelnd.

Mit dem nun vorliegenden Buch „Die schönsten Weinreisen Österreichs“ trage ich dieser Entwicklung Rechnung. Das Ergebnis sind 400 Winzerempfehlungen, dazu 160 ausgesuchte Lokale auf den vorgestellten Weinrouten und viele Tipps, wo man schön wohnen, etwas besichtigen, sich entspannen oder so manches mit den Kindern unternehmen kann. Den Anspruch auf Vollständigkeit erhebe ich mit diesem Buch dennoch nicht – ich will es auch gar nicht. Denn eine der schönsten Erfahrungen bei Reisen in die heimischen Weinregionen ist es, selber zum Entdecker zu werden und – im wahrsten Sinne des Wortes – sie zu erfahren, „seinen“ ganz persönlichen Winzer kennenzulernen und das eigene Lieblingslokal zu finden. Wenn ich Ihnen dabei ein bisschen helfen kann, dann freut mich das.

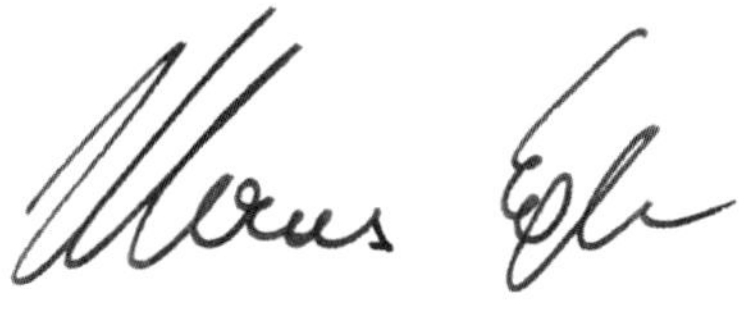

Weststeirische Weinstraße – Im Land der rosa Perlen

In der Weststeiermark sind die Straßen noch schmäler, die Kellerstöckln noch putziger und die Ausblicke noch spektakulärer als im übrigen steirischen Weinland. Ihre Identität verdankt die Region aber dem Blauen Wildbacher, vulgo Schilcher.

Man braucht gar keine Schilcherrosa-Brille um zu erkennen, dass dies eine ganz besondere Gegend ist – Österreichs kleinstes Weinbaugebiet, aber dennoch oder gerade deshalb ein Juwel. Einen Teil der Besonderheit macht der Schilcher aus, ein eigenwilliger Rebensaft, der listigerweise nicht etwa aus einer Schilchertraube, sondern aus einer Rotweinsorte namens Blauer Wildbacher gekeltert wird. Der hat, wie der Weststeirer an sich, einen eigenständigen Charakter, mitunter etwas rau, wenngleich durchaus herzlich. Sein einstmaliges Image als Edelsäuerling und „Heckenklescher" ist inzwischen Geschichte, und die hiesigen Winzer haben ihm so gute Manieren beigebracht, dass er sich mittlerweile nicht nur als regionale Spezialität behauptet, sondern auch von Weinfreunden im In- und Ausland durchaus geschätzt wird. Daneben findet man heute im Schilcherland aber auch vermehrt Weißweine, die eine echte Bereicherung der weststeirischen Weinlandschaft darstellen. „Local hero" ist und bleibt jedoch der Blaue Wildbacher in seinen vielfältigsten Ausprägungen: klassisch-rassig ausgebaut, gleichgepresst als Beinahe-Weißwein, als süßer Prädikatswein oder prickelnd als Frizzante und Sekt, die durch die sortentypische Säure besonders frisch und fruchtig geraten.

Von Ligist zum Edi Seine hohe Zeit erlebt das Schilcherland im Herbst, wenn zum frischen Schilcher-Sturm Maroni am Feuer gebraten werden und die Wein-

gärten bereits das leuchtende Rot des Rebensafts im Glas übernehmen. Doch auch zu anderen Jahreszeiten ist es hier schön, wenn es etwas ruhiger zugeht und die Gastgeber mehr Zeit haben, um sich da und dort auf ein Glaserl oder Plauscherl dazuzusetzen. Möglichkeiten, sich durch die Welt des Schilchers zu kosten, gibt es jedenfalls unzählige, denn Winzer und Buschenschänken findet man hier fast an jeder Ecke – darum kann sich unser Streifzug durch das Schilcherland nur auf einige ausgesuchte Tipps beschränken.

Von Wien kommend verlässt man die Autobahn am besten bei Steinberg und wendet sich vorerst nach Norden in Richtung Ligist. Rund um den hübschen Ort mit seinem kleinen, von alten Häusern gesäumten Hauptplatz, erheben sich die extrem steilen Weinberge, die den Verdacht nahelegen, dass dieses Wort in der Weststeiermark erfunden worden ist. Mitten drin sichtet man hier und dort eine Buschenschank, die gleich zu genussvollen Abstechern mit dem Auto oder zu Fuß lockt. Da lässt sich noch vieles entdecken, und wer bei einer deftigen Jause und einem reschen Tropfen Ligist einmal von oben sehen will, ist hier genau richtig.

Wir sind aber gerade erst einmal am Anfang und darum geht es jetzt nach Süden in Richtung St. Stefan ob Stainz. Der Ort ist von Weinbergen umgeben, die aufgrund ihrer außerordentlichen Steilheit diese Bezeichnung auch wirklich verdienen und sozusagen das Epizentrum des Schilcherweinbaus bilden. Also hinauf nach Lestein und bei Haus Nummer 40, einem prächtigen, behäbigen Weinhof mit dem Hofnamen „Trapl“, gleich einmal stehenbleiben. Hausherr Eduard „Edi“ Oswald ist unter den Schilcherbauern der Traditionalist. Lange hat er noch mit einer alten Baumpresse gewerkt, die Mondphasen spielen bei der Lese eine wichtige Rolle und der ganze Produktionsvorgang vom Weingarten bis zum Keller soll so natürlich wie möglich erfolgen.

Das Ergebnis sind Schilcher in ihrer besten Ausprägung, durchaus traditionell, aber immer auch trinkvergnüglich, weil sie zwar ihre natürliche Säure behalten dürfen, diese aber immer so reif daherkommt, dass sie nie am Gaumen zwickt. Schilcher in Reinkultur also, vom „Schilcher Tradition“ bis zum „boT“, dem „best of Trapl“, Name selbsterklärend. Buschenschank betreibt Oswald keine mehr, eine gute Jause zur Weinverkostung wird aber auf Vorbestellung gern serviert.

Bis zu unserem nächsten Anlaufpunkt könnte man auch gut zu Fuß gehen, weit ist es ja nicht, steil hingegen schon. Und wieder treffen wir einen Edi – diesmal allerdings ist es der Weber Edi, der zur Begrüßung auf der herrlichen Sonnenterasse mit einen Altsteirer Mischsatz aufwartet – in der Gegend eine Rarität, die Weber durch einen kleinen Kunstgriff geschaffen hat. „In einem alten Weingarten standen Weißburgunder und Chardonnay, und immer, wenn Stöcke ausgefallen sind, habe ich Muskateller und Sauvignon blanc dazugesetzt“. Das Ergebnis ist ein feiner Wein, der die Duftigkeit letzterer Sorten mit dem Körper und der Cremigkeit der Burgunder verbindet. Hauptdarsteller ist aber auch hier der Blaue Wildbacher in allen Spielarten vom „Gleichgepresst“ bis zur Spätlese und dem Schilcher-Sekt. Abgerundet wird Webers Angebot durch zwei bemerkenswerte Rotweine, die Cuvée „Triade“ mit Blauem Wildbacher, Rösler und Zweigelt und die reinsortige Reserve vom Blauen Wildbacher.

Auf der Terrasse von Langegg Noch ein Stückchen weiter den Berg hinauf befindet sich das Weingut Friedrich. Christian und Isabella Friedrich haben sich ganz dem Blauen Wildbacher verschrieben – und es gibt in ihrem Weingut zu diesem Thema eigentlich nichts, das es nicht gibt. Ihr im Jahr 2007 komplett neu gebautes Weingut sehen die Friedrichs nicht nur als Produktionsstätte, sondern auch als „Informationsplattform“ und „Erlebensraum“ für ihre Kunden. Bei Führungen und Verkostungen wird zuerst im Keller die gesamte Weinwerdung erklärt, ehe man von der Theorie in die köstliche Praxis übergeht.

Apropos Essen: Nach so viel Schilcher ist jetzt einmal eine ordentliche Heurigenjause fällig und dafür klettern wir nochmals ein Stockwerk höher hinauf, auf das kleine Plateau von Langegg, wo die beiden Traditionshäuser Lazarus und Langmann nicht zu verfehlen sind. Der „Lazarus“ ist ein echter Klassiker im Schilcherland, von Einheimischen gleichermaßen gern besucht wie von Gästen aus halb Europa, die immer wieder den Weg hierher finden. Einer der großen Vorzüge des Betriebs ist die tolle Lage mit einem fantastischen Blick über das Schilcherland.

Gleich daneben befindet sich das Weingut Langmann – und das bereits seit 1746. Wer eine Buschenschank mit solchem Ausblick besitzt, müsste es mit der Qualität nicht so genau nehmen, könnte man meinen. Doch das Gegenteil ist der Fall, und wenn man mit Stefan Langmann ein bisschen zusammensitzt und kostet, wird schnell klar, dass hier nicht „nur" ein Heurigenwirt, sondern vor allem auch ein leidenschaftlicher Winzer sitzt, der sich neben dem Schilcher nicht zuletzt auch mit seinen Weißweinen einen Namen gemacht hat.

Beim Pionier des einfach Guten Eine Etage geht es nun noch höher nach Sommereben, da wo in weitläufigen Freigehegen die Waldschweine der Familie Goach herumscharren und bis zu ihrer – im Haus durchgeführten – Schlachtung ein fröhliches Leben an der frischen Luft führen. Der „Jagawirt" der Familie Goach ist längst *der* Klassiker im Schilcherland. Den Anspruch, ein Gourmetlokal zu betreiben, haben Werner und Maria Goach nie erhoben und ihr Lokal darum folgerichtig bereits als „Wirtshaus" bezeichnet, als dieser Begriff noch alles andere als modern war. Werner Goach begann schon früh damit, die Grundlagen für die Küche des Hauses selbst zu schaffen. Aus Wald- und Turopolje-Schweinen entstehen neben Fleisch und Innereien auch Speck, Würste und Schinken, daneben gibt es Lämmer aus eigener Zucht, Säfte vom Obst der Streuobstwiesen, Salat und Gemüse aus hauseigener Permakultur, selbst destillierte Edelbrände … und was man nicht selbst macht, kommt aus der Region – Kernöl, frische Forellen und natürlich die Weine von den umliegenden Winzern. Goach war mit seiner Philosophie des Regionalen ein Pionier, von dem sich viele inspirieren ließen, und mit Tochter Verena Goach und ihrem Partner Wick White, der sich als Sommelier auch in flüssigen Angelegenheiten bestens auskennt, sorgt bereits die nächste Generation dafür, dass dieser Weg weitergegangen wird.

Rauchkuchl, Schinken und Co Es kommt, wie es kommen muss – schließlich kann es nicht immer nur aufwärts gehen. Also heißt es jetzt einmal umkehren und wieder talwärts fahren. Eine hübsche Einkehrmöglichkeit bietet da das Gasthaus „Zum Fuchswirt" der Familie Jochum in Greisdorf. Gemütliche Stuben, ein lauschiger Gastgarten und das knusprige Backhendl in Begleitung der hauseigenen Weine sind ein Angebot, das man nur ungern ablehnt. Doch unten im Tal wartet schon die nächste verlockende Möglichkeit – der „Rauch-Hof" in Wald bei Marhof. Dieses Ensemble aus Erholungsgebiet mit Badeteich und Tennisplatz, eigener Produktion etwa von Spargel, Forellen, Kürbis, Käferbohnen und Kräutern sowie gepflegter Gastronomie samt gemütlicher Nächtigungsmöglichkeit ist wahrlich einzigartig. Hinter der unscheinbaren Hauszufahrt liegt das Paradies, umsichtig verwaltet von Karin und Willi Rauch. Karin Rauch sorgt in der Küche dafür, dass all die guten Produkte zu wohlschmeckenden Kreationen veredelt werden, während Sommelier Willi für den Wein und die Kommunikation im Haus zuständig ist. Da fließt der Wein, da rennt der Schmäh – und ab und zu verwandelt sich der „Rauch-Hof" auch in ein Veranstaltungslokal, das Größen und Geheimtipps der Musik- und Kulturszene eine ganz besondere Bühne bietet.

Weiter geht es nun über Stainz – Kulturinteressierte werden hier einen Zwischenstopp im Landesmuseum „Joanneum", Kulinariker eher dem „Stainzerhof" ihre Aufwartung machen – und das bezaubernde Bad Gams hinein nach Deutschlandsberg. Im wahrsten Sinne des Wortes gehobene Gastlichkeit bietet hier das Burghotel hoch über der Stadt, von dessen Terrasse man den Blick über die Weingärten quasi erste Reihe fußfrei genießt. Gutbürgerlich geht es unten am Hauptplatz beim „Kollar-Göbl" zu, der nicht nur als Gasthof, sondern vor allem auch für seine ausgezeichnete Spezialitäten-Fleischhauerei bekannt ist, während „Theresas – eine Art Wirtshaus" schon durch die Namensgebung verrät, dass es hier ein wenig unkonventioneller zugeht. Nur wenige Kilometer von Deutschlandsberg in Richtung Westen befindet sich Groß St. Florian, das uns drei wesentliche Anhaltspunkte bietet: Das Feuerwehrmuseum, das dem Nachwuchs bei der Berufsorientierung hilfreich sein könnte, das „Landhaus Oswald" als Labestätte mit einer Speisekarte, die auch über den regionalen Tellerrand hinausreicht, und das Weinimperium der Familie Müller mit Weingütern in der Süd- und Weststeiermark, wo man die Edellagen der ehemaligen Prinz Liechtenstein'schen Weingüter rund um die Burg Deutschlandsberg bewirtschaftet. Von hier stammen die Schilcher des Hauses, mit denen man diese Weine auch im Ausland bekannt gemacht hat, ebenso wie eine schöne Palette von Weißweinen und Rotweine vom Blauen Wildbacher. Zweifellos war Günter J. Müller hier

Kultur und Historie: Schloss Stainz

der Pionier, der beharrlich seine Vision von einem großen weststeirischen Rotwein verfolgt und mit seinem „Out of Red" schließlich sogar die letzten Zweifler überzeugt hat. Nach seinem überraschenden, viel zu frühen Tod wird seine Familie dieses Erbe im Sinne von Müllers visionärem Weinschaffen weiterpflegen.

Deutschlandsberg selbst ist von Weinbergen und Buschenschänken, aber auch von zahlreichen Burgen und Schlössern umgeben. Im Norden Schloss Wildbach, dem die „Schilcher-Rebe" ihren Namen und Kunstfreunde einige der schönsten Kompositionen Franz Schuberts verdanken, Schloss Deutschlandsberg mit schönen Gästezimmern und einem ausgezeichneten Restaurant gleich oberhalb des Ortes und schließlich, etwas weiter südlich, das verträumte Märchenschloss Hollenburg, dessen Arkadenhof besonders sehenswert ist. Noch weiter südlich folgt dann Schwanburg, ehe man über Wies nach Eibiswald, zum End- oder eben Anfangspunkt der „Schilcherweinstraße" gelangt. Auch auf dieser Strecke winden sich Nebenstraßen immer wieder auf Hügel und Weinberge hinauf, wo man mit zuverlässiger Sicherheit auf eine Bu-

schenschank stößt, wobei die Landschaft jetzt etwas offener, die Berge niedriger und die Weinrieden verstreuter wirken.

Edler Brand und feine Perlen Einer der bekanntesten Namen der Region ist zweifellos jener der Familie Jöbstl. Während sich Seniorchefin Waltraud Jöbstl um die Edelbrände kümmert, fällt das Thema Säfte und Wein in die Zuständigkeit von Johannes und Luise Jöbstl, deren Liebe ganz eindeutig dem Schilcher gehört. Dabei sind die Weißweine wie der apfelduftige Weißburgunder und der Sauvignon blanc Klassik, dessen glasklare schwarze Ribiselnase man nur als absolut prototypisch bezeichnen kann, keineswegs zu vernachlässigen. Das Hauptaugenmerk liegt freilich auch hier beim Schilcher in seinen unterschiedlichen Spielarten, ergänzt durch einen Rotwein vom Blauen Wildbacher, der aber nur in wirklich geeigneten Jahrgängen wie 2011 gekeltert wird. Eine Rarität ist der Strohwein vom Schilcher, der von den Jöbstls als „Schnürlwein" bezeichnet wird, weil die gesunden Trauben zum Trocknen und Schrumpfen an Drähten aufgehängt werden.

So, einmal geht es noch den Hügel hinauf, diesmal in Wies: Lamberg 11 ist die Adresse des Weinguts Reiterer, das zu den wichtigsten Playern der Region zählt. Christian Reiterer hat den Schilcher zwar nicht erfunden, aber er hat ihn – in stiller und prickelnder Form – in Österreich und vor allem auch im Ausland salonfähig gemacht. Von kleinen Anfängen zog er innerhalb weniger Jahre das größte Schilcherweingut des Landes hoch und pflegt nebenbei noch ein Weißwein-Standbein, allerdings am Kranachberg in der Südsteiermark. Mit Schilcher schrieb er seine Erfolgsstory, doch fällt ihm auf, dass in der Weststeiermark nur noch wenig Blauer Wildbacher ausgepflanzt wird. „Viele Winzer setzen heute auf Trendsorten wie Gelber Muskateller und Sauvignon blanc", erklärt er, „das sind zwar auch gute Weine, aber der Schilcher ist unsere Identität und unsere Zukunft". Seine Renner sind der frische, erdbeer-duftige Schilcher-Frizzante, ein fröhlich-fruchtiger Sprudel, den man einfach mögen muss, und der Klassik-Schilcher, der vor allem auch in Gebieten fern der Weststeiermark gern getrunken wird. Dazu gibt es Lagen-Schilcher von den Spitzenterroirs Lamberg und Engelweingarten und elegante Sekte vom Schilcher und Sauvignon blanc.

Kino, Küche, Kübelfleisch Zum Abschluss begeben wir uns in eine einzigartige Wirtshaus-Institution mit Geschichte: Das Gasthaus „Kirchenwirt" der Familie Hasewend in Eibiswald mit angeschlossener Fleischhauerei und einem Kino, das bereits sein 100-jähriges Bestandsjubliäum gefeiert hat. Im Familienbetrieb arbeitet Junior Bernd als Küchenchef Seite an Seite mit seiner Mutter Josefine, während sich Vater Siegfried nebenan um die fleischlichen Genüsse kümmert. Die Küche pendelt zwischen saisonal-kreativen Gerichten und Klassikern wie dem Kalbsbeuschel, dem steirischen Wurzelfleisch oder der herrlichen Flecksuppe. Abenteuerlustige Gäste haben aber daneben auch die Möglichkeit, sich vom Küchenchef ein Überraschungsmenü zu wünschen – zubereitet mit dem Besten, das aktuell verfügbar ist.

Ach ja, und auch wenn man nach dem Restaurantbesuch schon satt ist, sollte man doch noch einen Beutezug in die Fleischhauerei unternehmen und sich ein paar von Siegfried Hasewends Spezialitäten wie die herrlichen Kaminwurz'n, den Sulmtaler Zelodec oder das traditionelle Kübelfleisch mitnehmen – damit man auch zu Hause noch den Nachgeschmack des Schilcherlandes auf der Zunge hat.

Die Blaue Wildbacherrebe bedeckt fast 90 Prozent der Rebflächen in der Weststeiermark und liefert die Trauben für die Schilcherproduktion. Durch das rasche Abpressen der Maische entsteht daraus der roséfarbene Schilcher, ein Wein, der bereits im 16. Jahrhundert urkundlich erwähnt wurde und der zum Markenzeichen der gesamten Weinregion wurde. Auch wenn unter eingefleischten Schilcherfreunden Einmütigkeit darüber herrscht, dass man diesen nach Möglichkeit nur dort trinken sollte, wo er gewachsen ist, hat er sich zu einer gefragten, regionalen Spezialität entwickelt. Was nicht zuletzt dadurch bewiesen wird, dass bei guten Produzenten die – zumeist kleine – Ernte schon zeitig im Frühjahr ausverkauft ist.

WEINGÜTER

1 Oswald vulgo Trapl
St. Stefan ob Stainz/Lestein
2 Weber, St. Stefan ob Stainz/Lestein
3 Friedrich, St. Stefan ob Stainz/Langegg
4 Lazarus vulgo Pers
St. Stefan ob Stainz/Langegg
5 Langmann vulgo Lex
St. Stefan ob Stainz/Langegg
6 Domäne Müller, Groß St. Florian
7 Jöbstl, Wernersdorf bei Wies
8 Reiterer, Wies

LOKALE

1 Jagawirt Goach,
St. Stefan ob Stainz/Sommereben
2 Fuchswirt Jochum
St. Stefan ob Stainz/Greisdorf
3 Rauch-Hof, Stainz
4 Stainzer Hof, Stainz
5 Edlers Landhaus Oswald
Groß St. Florian
6 Kollar-Göbl, Deutschlandsberg
7 Burgrestaurant, Deutschlandsberg
8 Theresas – eine ART Gasthaus
Deutschlandsberg
9 Hasewends Kirchenwirt, Eibiswald

1.

EDUARD OSWALD, VULGO TRAPL
8511 St. Sefan ob Stainz, Lestein 40
+43 3463 810 82
oswald@trapl-schilcher.at
www.trapl-schilcher.at

Eduard Oswald ist ein Original des Schilcherlandes, das kleine Männlein auf seinen Etiketten längst ein Markenzeichen. Im Weinbau ist er ein Freund der Tradition, doch bleibt die Zeit am Lestein deswegen keineswegs stehen. Dafür sorgt schon Trapls Nichte Hannah, die bereits eifrig im Betrieb mitmischt und diesen einmal übernehmen soll. Immer ein Erlebnis ist die Verkostung der verschiedenen Trapl-Schilcher in der Weinlaube hinterm Haus, und wenn man höflich anfragt, holt der Edi auch schon mal seinen Säbel hervor und köpft damit gekonnt und stilvoll eine Flasche von seinem köstlichen Schilcher-Sekt …

2.

WEINGUT WEBER
8511 St. Stefan ob Stainz, Lestein 73
+43 3463 819 54
edi.weber@aon.at
www.weingutweber.at
Schilcher spielt bei allen Winzern der Weststeiermark eine wichtige Rolle – das gilt auch für Edi Weber, der sich aber mit seinen ausgezeichneten Rotweinen dennoch von den Kollegen zu differenzieren versteht!

3.

SCHILCHERWEINGUT FRIEDRICH
8511 St. Stefan, Langegg 18
+43 3463 812 52
info@friedrich-schilcher.at
www.friedrich-schilcher.at
Eine der Spezialitäten im Weingut von Christian und Isabella Friedrich sind die diversen Lagen-Schilcher, die zu einer ebenso genussvollen wie aufschlussreichen Querverkostung im Verkaufsraum mit Panoramablick einladen.

4.

LAZARUS VULGO PERS
8511 St. Stefan ob Stainz, Langegg 20
+43 3463 620 00
weingut-lazarus@aon.at
www.weingut-lazarus.at
Der „Lazarus" ist der Heurigen-Klassiker von Langegg, hoch oben über dem Tal mit fantastischem Blick hinunter nach Stainz. Untermalt wird dieser Blick durch traditionelle wie auch saisonale Köstlichkeiten aus der Küche. Um den dazu passenden Wein braucht man sich ebenfalls keine Sorgen machen – das Angebot ist breit gefächert, und die vielen Auszeichnungen kommen nicht von ungefähr.

5.

STEFAN LANGMANN VULGO LEX
8511 St. Stefan ob Stainz, Langegg 23
+43 3463 6100
weingut@l-l.at
www.l-l.at
Familie Langmann führt eine Buschenschank mit herrlicher Aussichtsterrasse und Gästezimmern fürs länger Dableiben. Doch Stefan Langmann ist auch ein versierter Winzer, der nicht nur feine Lagen-Schilcher, sondern auch eine breite Palette an Weißweinen im Talon hat, die eindrucksvoll beweisen, dass auch diese im Schilcherland ausgezeichnete Qualitäten bringen können.

6.

DOMÄNE MÜLLER
8522 Groß St. Florian, Grazerstraße 71
+43 3464 21 55
office@mueller-wein.at
www.domaene.mueller.at

Günter J. Müller war längst einer der ganz Großen in der steirischen Weinszene, als er im Frühjahr 2015 völlig überraschend verstorben ist. Seiner Witwe Eva und den Kindern Yves Michel, Marie-Yvette und Sylvie-Yvonne hinterließ er ein Weinimperium bestehend aus den zwei Weingütern am Ottenberg (Südsteiermark) und in Deutschlandsberg, dem Weinhandel mit vielen internationalen Spitzenerzeugern sowie die Vinothek „Der Wein" in der Riemergasse in Wien. Der Weinbau selbst ist breit aufgestellt, das Angebot reicht von Schilcher in allen Spielarten über bemerkenswerte Rotweine bis hin zu den weißen Größen wie „Der Sauvignon blanc" oder der Sauvignon blanc Zieregg Private Reserve.

7.

JÖBSTL
8551 Wernersdorf bei Wies
Am Schilcherberg
Brennerei
+43 3466 42 37 91
info@brennerei-joebstl.at
www.brennerei-joebstl.at
Weinkellerei
Hannes und Luise Jöbstl
+43 3466 432 10
Mobil: +43 664 534 07 77
info@joebstl.eu
www.joebstl.eu
Bekannt wurde der Name Jöbstl vor allem durch die feinen und vielfach ausgezeichneten Edelbrände, doch auch der Weinbaubetrieb befindet sich in Sachen Qualität auf Augenhöhe.

8.

Reiterer

FRIZZANTE

SCHILCHER • ROSÉ

CHRISTIAN REITERER
8551 Wies, Lamberg 11
+43 3465 39 50
info@weingut-reiterer.com
www.weingut-reiterer.com
Christian Reiterer hat dem Schilcher das Prickeln gelehrt und ist wesentlich dafür mitverantwortlich, dass er weit über die Region und auch über die Landesgrenzen hinaus bekannt ist und geschätzt wird. Die Grundlage für die Qualität seiner Weine wird im Weingarten gelegt, wo er über rund 50 Hektar eigene Rebflächen in erstklassigen Lagen wie Engelweingarten, Lamberg und Riemerberg verfügt. Schilcher-Frizzante und Schicher-Sekt werden dann von langjährigen Partnern im italienischen Proseccogebiet versektet. Das Ergebnis sind wunderbar fruchtige, feine Schaumweine, die Trinkfreude ohne Hemmschwelle bereiten. Beim Weißwein fokussiert sich Reiterer auf den Sauvignon blanc, dem er sowohl am Lamberg als auch am Kranachberg in der Südsteiermark erstklassige Tropfen abgewinnt.

1.

JAGAWIRT, FAMILIE GOACH
8511 St. Stefan ob Stainz
Sommereben 2
+43 3143 81 05
goach@jagawirt.at
www.jagawirt.at
Ein himmlischer Platz, an dem man verteufelt gut essen und sich einfach nur wohlfühlen kann. Zu Spezialitäten vom eigenen Freilandschwein und vielen regionalen Produkten trinkt man edle Weine von nah und fern. Und mit ein bisschen Glück gibt's auch einmal eine frische Leber vom Reh oder Hirsch. Herkommen, genießen, bleiben.

2.

„FUCHSWIRT" GASTHAUS/
WEINBAU JOCHUM
8511 Stefan ob Stainz, Greisdorf 4
+43 3463 64 84
www.gasthaus-jochum.at
Das Backhendl ist ein Must, doch auch sonst fehlt es in den heimeligen Holzstuben an nichts. Für einen längeren Aufenthalt stehen gemütlich-rustikale Gästezimmer zur Verfügung.

3.

RAUCH-HOF
8510 Stainz, Wald 21
+43 3463 28 82
rauch-hof@netway.at
www.rauch-hof.at
Gebratene Mini-Forellen aus eigener Zucht, Spargel aus eigenem Anbau, Wild aus der Region – das sind nur einige Highlights der „Rauch-Hof"-Küche. Ein bezaubernder Platz, der auch immer wieder für kulturelle und musikalische Events genutzt wird.

4.

STAINZER HOF
8510 Stainz, Grazer Straße 2
+43 3463 221 22
welcome@stainzerhof.at
www.stainzerhof.at
Das erste Haus am Platz mit gediegenen Zimmern, aber auch exzellenter kulinarischer Versorgung. Hier ist gut leben, essen und trinken – sowohl im Wirtshaus als auch im ausgezeichneten Gourmetrestaurant, wo Weinfreaks angesichts der mächtigen Auswahl, auch an reifen Jahrgängen und Großflaschen, voll auf ihre Kosten kommen.

5.

BURGRESTAURANT
DEUTSCHLANDSBERG
8530 Deutschlandsberg, Burgstraße 19
+43 3462 565 60
info@burg-deutschlandsberg.at
www.burg-deutschlandsberg.at
Im imposanten Burgrestaurant kann man unter der rustikalen Holztäfelung nicht nur modern, sondern, dank Karl Kollmann, dem langjährigen Küchenchef in Johann Lafers „Stromburg", auch richtig gut essen. Ein umsichtiger Service und eine ausgezeichnete Wein auswahl gehören hier selbstverständlich dazu.

6.

GASTHAUS-FLEISCHEREI
KOLLAR-GÖBL
8530 Deutschlandsberg, Hauptplatz 10
+43 3462 26 42 14
kollar.goebl@aon.at
www.kollar-goebl
Ein Tempel der fleischlichen Genüsse – mit einer verfeinerten Wirtshausküche und der Möglichkeit, sich nebenan in der Fleischhauerei mit feinen Würsten, Schinken und Co einzudecken.

7.

THERESAS – EINE ART GASTHAUS
8530 Deutschlandsberg, Kirchengasse 4
+43 3462 391 82
www.theresas.at
Hier wird gekocht, was gerade frisch auf dem Markt ist und: „Wenn's aus is, is aus!“ Was es gibt, ist auf einer Schiefertafel zu lesen oder am besten gleich beim Chef, Gerhart Poprask, zu erfragen. Gekocht wird von regional bis mediterran. Sprechen Sie mit dem Chef!

8.

EDLERS LANDHAUS OSWALD
8522 Groß St. Florian, Unterbergla 15
+43 3464 22 70
office@landhaus-oswald.at
www.landhaus-oswald.at
Freunde guter Wirtshausküche kehren hier genau so gerne ein wie Feinspitze – und für beide hat Patron Wolfgang Edler das Richtige parat, im „steirischen Gustierbereich“ und im Gourmetrestaurant.

9.

HASEWENDS KIRCHENWIRT
8552 Eibiswald 39
+43 3466 422 16
gasthof@hasewend.at
www.hasewend.at
Sulmtaler Hendl, Schafkäse aus der Region und natürlich die Produkte aus der eigenen Fleischhauerei wie die Sulmtaler Zelodec sind nur einige der Köstlichkeiten, die hier im gutbürgerlichen Ambiente aufgetischt werden. Dazu gibt es noch „kulinarische Begleiterscheinungen“ zu den kulturellen Aktivitäten im Haus wie das kreative „Filmfrühstück“.

WASSERMANN-WIRT
8511 St. Stefan ob Stainz
Reinischkogel 8
+43 3143 81 13
gasthof@wassermann-wirt.at
www.wassermann-wirt.at
Wer es gern ruhig und abgeschieden hat, liegt und isst hier richtig.

JAGAWIRT, FAMILIE GOACH
s. Essen

FUCHSWIRT, GASTHOF JOCHUM
s. Essen

FRÜHSTÜCKSPENSION ENGELWEINGARTEN
A-8510 Stainz, Max-Gschielstraße 41
+43 3463 23 81
stainz@engelweingarten.at
www.engelweingarten.at
Wohnen mit himmlischer Aussicht – nach Voranmeldung wird für Gruppen und Feiern auch aufgekocht.

SCHILCHERLAND-HOF
8510 Stainz, Hauptplatz 13–15
+43 3463 23 57
schilcherland.stainz@aon.at
www.schilcherlandhof.at

SCHILCHERKELLER IM LERCHHAUS
8552 Eibiswald 82
+43 3466 453 88 oder 432 56
www.eibiswald.at
Im ältesten Bürgerhaus von Eibiswald (1612) kauft man Schilcher sowie Edelbrände, aber auch Kräuterprodukte wie Tees und Kräuterkissen, Honig, Kernöl und Knabberkerne.

SCHILCHERLAND SPEZIALITÄTEN
8530 Deutschlandsberg, Schulgasse 28
+43 3462 22 64-4262
schilcherland@schilcherland.at
www.schilcherland.at

GASTHAUS-FLEISCHEREI KOLLAR-GÖBEL
s. Essen
Hier nächtigt man in zentraler Lage direkt am Hauptplatz von Deutschlandsberg.

BURGHOTEL DEUTSCHLANDSBERG
s. Essen
Herrschaftliche Zimmer im gediegenen Ambiente bieten jeden Komfort und himmlische Ruhe.

HASEWENDS KIRCHENWIRT
s. Essen

BAUERNHOF UND GASTHAUS KIENZERHOF
8530 Trahütten, Rostock 21
+43 3461 222
www.kienzerhof.at
Wohnen am wunderschön gelegenen Bauernhof, das macht den Kindern – optional im Heulager – ebenso viel Freude wie den Großen. Außerdem wird hier mit Produkten die größtenteils selbst hergestellt werden, köstlich bodenständig aufgekocht.

Der Verein für Schilcherland-Spezialitäten vermarktet ausschließlich Qualitätserzeugnisse weststeirischer Landwirte. Außerdem findet man hier individuelle Geschenke für jeden Anlass und Informationen über Beherbergungsbetriebe im Schilcherland.

WEIN UND KÄS
Gebietsvinothek und Käsethek
8530 Deutschlandsberg, Hauptplatz 34
+43 3462 225 11
office@weinundkaes.at
www.weinundkaes.at
Schilcher und Schafkäse bilden das Rückgrat des Angebots.

FEINDESTILLIERIE HOCHSTRASSER
8562 Mooskirchen, Marktplatz 12
+43 3137 22 32
www.schnaps.at
In der imposanten „Edelbrand-Erlebniswelt“ findet man edle Brände von Apfel und Co, Weine und genussvolle Geschenkideen.

GENUSSMANUFAKTUR LUKASHOF
8510 Stainz, Grafendorf 11
+43 3463 39 50
www.lukashof.com
Marmeladen, Chutneys oder Pestos werden aus biologischen Produkten über dem Holzfeuer nach einer Technik der Traditionellen Chinesischen Medizin hergestellt.

STAINZER WEINKELLER
8510 Stainz, Am Viehmarkt 2–4
wein@stainzerweinkeller.at
www.stainzerweinkeller.at
Weinverkostungen, nach Voranmeldung auch für größere Gruppen, und eine Auswahl von mehr als 90 Weinen aus der Steiermark warten.

FLEISCHEREI SORGER
8523 Frauental, Grazer Straße 249
+43 3462 230 20
www.sorger.co.at
Feinste Würste, darunter rekordverdächtige 13 Sorten Salami!

BIOHOFKÄSEREI DEUTSCHMANN
8523 Frauental, Oberberglastraße 10
+43 3462 40 57 11
www.hofkaeserei-deutschmann.at
Eine der ersten Käseadressen von Österreich und Vorreiter für Käsespezialitäten aus Biorohmilch.

BAUERNMARKT BAD GAMS
(ofenfrisches Brot, Kernöl, Schnaps, Geselchtes etc.) immer Do 8–12 Uhr.

Unterwegs auf der Ölspur
Zurecht sind die Steirer stolz auf ihr „Schwarzes Gold", das Kürbiskernöl, das vielen Gerichten der regionalen Küche den unverwechselbaren steirischen Touch gibt. In der Weststeiermark können Kernöl-Fans inzwischen sogar einer „Ölspur" folgen. Entlang der Route befinden sich vier Kernölmühlen, in denen der traditionelle Herstellungsvorgang präsentiert wird und Kernöl sowie andere Kürbiskernprodukte verkostet und gekauft werden können. Info-Tel.: 0 31 36/832 00, www.oelspur.net

ÖLMÜHLE HERBERSDORF
8510 Stainz, Herbersdorf 7
+43 664 410 80 97, +43 3463 700 02
oelmuehleherbersdorf@aon.at
Öffnungszeiten: Mo–Mi und Sa 8–15 Uhr

ÖLMÜHLE HAMLITSCH
8530 Deutschlandsberg
Obere Schmiedgasse 18
+43 3462 23 86
kuerbiskernoel@hamlitsch.at
www.hamlitsch.at
Öffnungszeiten: Mo–Fr 8–12.30 Uhr und 14.30–18 Uhr,
Sa 8.30–12 Uhr

ÖLMÜHLE LEOPOLD UND LEOPOLDS ÖLKUCHL
8530 Deutschlandsberg
Frauentaler Str. 120
+43 3462 22 94
oelmuehleleopold@aon.at
Öffnungszeiten:
Mo–Do 9–12.30 Uhr, Fr 9–12.30 Uhr und 14–18 Uhr, Sa 9–12.30 Uhr

ÖLMÜHLE LORENZ
8543 St. Martin im Sulmtal, Sulb 35a
+43 3465 70 36 36
Öffnungszeiten: Mo–Fr 8–12 Uhr und 14–18 Uhr, Sa 8–12 Uhr

MINERALIENAUSSTELLUNG OBERHAAG
Die beeindruckende Sammlung an Mineralien bietet einen vielschichtigen Einblick in die geologische Vergangenheit der Erde. Voranmeldung: Gemeindeamt Oberhaag, +43 3455 80 34, +43 664 242 95 93

KELTISCHER BAUMKREIS
Nach keltischer Überlieferung kann jedes Geburtsdatum einer bestimmten Baumart zugeordnet werden. Gemeinde Gundersdorf bei St. Stefan ob Stainz, Zachgraben, +43 3463 802 60

THERAPIEGARTEN
„Garten ist Therapie. Therapie ist Garten". Somit kann sich der 6000 Quadratmeter große Garten der Vielfalt mit über 400 Pflanzenarten nur positiv auf das Wohlbefinden auswirken. Von Mai bis Oktober geöffnet. +43 3463 43 84
www.therapiegarten.at

VOGELSTIMMENWEG
Auf Knopfdruck 15 Vogelstimmen hören und zwischendurch 40 Minuten wandern. Ein Rundweg um die Ruine Ligist macht es möglich.

TRAKTORMUSEUM STAINZ
80 in die Jahre gekommene Traktoren ab dem Baujahr 1918, 40 davon kann man zwischen April und Oktober für Halbtages- oder Ganztagesausflüge (rent a traktor) mieten. Erholung und Spaß in Zeitlupe, Museumsbesuche nach Vereinbarung. Stainz, Brombeerweg 4, +43 699/19 13 36 58 oder +43 664/585 41 24
www.traktorumuseum.at

STAINZER FLASCHERLZUG
Eine Attraktion für sich, Ausgangspunkt ist Stainz, Dauer der Fahrt: ca. 2 Stunden. Hotline Bahnhof Stainz (jeweils 1 Stunde vor Zugabfahrt), +43 3463 22 30
www.stainz.at

FEUERWEHRMUSEUM
Entwicklung der steirischen Feuerwehr, Oldtimerfahrten möglich, Führungen nach Vereinbarung. Groß Sankt Florian 40, +43 3464 88 20
www.feuerwehrmuseum.at

STAINZER WARTE
Die Wanderwege 01 und 02 führen zum 26 Meter hohen Bauwerk, von dem aus man einen sensationellen Blick auf die Süd-, Ost- und Weststeiermark und sogar das obersteirische Bergland genießen kann. Geöffnet: Ostern bis Allerheiligen 7–19 Uhr

Wein, Kunst & Kultur
SCHLOSS STAINZ
Wein- und Obstgärten umgeben Schloss Stainz, das seine Wurzeln im Barock und der Renaissance hat. Das Schloss befindet sich in Privatbesitz. Führungen nur für Gruppen. www.schloss.stainz.at

JAGDMUSEUM IN SCHLOSS STAINZ
Führungen auch für Kinder.
www.museum-joanneum.at

BURG DEUTSCHLANDSBERG
Das Wahrzeichen von Deutschlandsberg beherbergt das Burgmuseum „Archeo Norico", mehrere Dauerausstellungen. Traumhafte Aussicht von der Burg aus. www.archeonorico.at

KERAMIK VRONI KATONA
Stainz, Am Neurathberg 8
www.vronikatona.at

LEBENSCHMIEDE
Kunsthandwerksgalerie, Werke verschiedener Künstler, Schwanberg, Schulgasse 21, www.lebensschmiede.at

TERMINE
Genaue Informationen auf:
www.schilcherland.at

- Stainzer Weinfrühling (März–Ende Juni)
- Stainzer Literatursommer
- Deutschlandsberger Jakobifest
- Der Schilcherberg in Flammen; mit bengalischem Feuer, Riesenfeuer werk und Scheiterhaufen (Juli)
- Verkaufsausstellung für bäuerliches Handwerk und landwirtschaftliche Spezialitäten im Schloss Hollenegg (Ende Aug.)
- Kürbisfest Preding Das älteste Kürbisfest Europas (Aug.)

Südsteirische Weinstraße – Genießen auf höchster Ebene

Die Südsteiermark ist wohl der Prototyp eines Weinreiseziels: Die Kombination aus einer spektakulären Landschaft und einem fein verästelten Netz an Genussangeboten darf getrost als einzigartig bezeichnet werden.

Als ich im Jahr 1997 eine Recherchetour für mein erstes Weinstraßenbuch unternahm, gab es auf der Südsteirischen Weinstraße – von wenigen Ausnahmen wie dem Sattlerhof und den Aubell'schen Moarhäusern abgesehen – noch kaum Möglichkeiten, komfortabel zu wohnen, und die kulinarische Nahversorgung beschränkte sich größtenteils auf einfache Buschenschankbetriebe. Allerdings: Anfangs noch fast unmerklich hatte das Erwachen bereits begonnen. Winzernamen wurden in Wiener Insiderkreisen wie heiße Ware gehandelt, und spätestens im Herbst schwärmten die genussfreudigen Zugvögel aus dem ganzen Land zu Sturm und Maroni ein. Denn schön war die Südsteirische Weinstraße schon damals.

Buschenschank und Designerzimmer Daran hat sich nichts geändert, doch wie anders präsentiert sich heute das Bild der Südsteiermark als noch vor zwanzig oder gar nur zehn Jahren. Nirgendwo anders hat sich der Weinboom so stark bemerkbar gemacht wie hier. Aus kleinen Winzern wurden selbstbewusste, national und international erfolgreiche Unternehmer, die Visionen nicht nur haben, sondern auch verwirklichen. Und ihr Image hat sich ebenfalls gründlich gewandelt – es ist keineswegs ein Zufall, wenn seitens der Journalisten dem Wort Winzer gerne und oft das adjektivisch gebrauchte „Star“ vorangestellt wird. Dabei trifft es die Sache nicht ganz, denn auch wenn der Erfolg und die

Betriebsgröße im persönlichen Kontakt zwischen Gastgeber und Gast ihren Tribut fordern, sind die Menschen in der Südsteiermark nach wie vor besonders gastfreundlich und offen – weil es eben ihrem Grundwesen entspricht.

Doch nicht nur das: Die genusstouristische Infrastruktur stellt sich inzwischen als ein dicht gewirktes Netz von wunderbaren Plätzen zum Essen, Trinken, Wohnen, Erleben und Einkaufen dar. Das Angebot ist breit gefächert, vom Verhackertbrot bis zur Spitzenküche, vom Welschriesling bis zum Barrique-Morillon und vom rustikalen Wohnen beim Winzer bis zum Residieren im Designerzimmer. Das Gute daran: Trotz der regen Bautätigkeit der vergangenen Jahre ist es hier gelungen, die Landschaft – von ein paar unrühmlichen Ausnahmen abgesehen – nicht nachhaltig zu beschädigen. Man orientierte sich entweder am klassischen Baustil der Region oder setzte ganz bewusst Zeichen mit moderner Architektur. So präsentiert sich die Südsteiermark heute als Paradies für Genussreisende – und dass man dort vor allem die Qual der Wahl hat, darf man wohl getrost als Luxusproblem bezeichnen.

Am Start in Ehrenhausen Bevor wir in Ehrenhausen an den Start gehen, schauen wir erst noch beim Scheucher in Labuttendorf, auf der anderen Seite der Autobahn vorbei; der hat die Weingärten in der Südsteiermark, das Weingut, das sich fast ausschließlich auf den Ab-Hof-Verkauf spezialisiert hat, befindet sich aber eben in Labuttendorf und die Scheucher-Weine sind diesen kleinen Abstecher auf jeden Fall wert. Wieder auf dem Weg zurück passieren wir mit dem „Genussregal Vinofaktur Südsteiermark“ vor Ehrenhausen ein regelrechtes „Tor“ zur Südsteirischen Weinstraße. Die gut aufbereitete und genussvolle Erlebnisausstellung eröffnet die Möglichkeit, sich einen ersten Ein- und Überblick zu verschaffen und die Vinofaktur selbst bietet schier unbegrenzte Einkaufsmöglichkeiten für Weine und sonstige Köstlichkeiten aus dem Weinland. Sie ist daher auch die ideale Anlaufstation, um sich nach beendeter Weinreise am Heimweg noch mit alldem einzudecken, das besonders gut gemundet hat. Und wenn wir schon beim „munden“ sind: An der Hauptstraße von Ehrenhausen hat sich mit der „Weinbank“ ebenfalls ein neues Genusszentrum etabliert, an dem man nur schwer vorbeikommt. Meisterkoch Gerhard Fuchs und Sommelier-Legende Christian Zach bilden in dem zum Tement-Imperium gehörenden Lokal ein kongeniales Team, das so gut wie alles möglich macht. Vom großen, vielgängigen Menü bis zur nicht minder köstlichen, abwechslungsreichen Wirtshausküche, bei der erst gar keine große Hemmschwelle überwunden werden muss, zumal man diese Bank auch ohne Anzug und Krawatte betreten darf.

Da es aber zum Einkehren noch zu früh ist, geht es nun vorbei an einem alten und einem neuen Wahrzeichen hinauf auf die Weinstraße: dem historischen Mausoleum der Eggenberger und dem fashionablen „Wine & Spa Resort Loisium Südsteiermark“. Um nun aber einmal richtig in der Südsteiermark anzukommen, genehmigen wir uns etwas weiter den Berg hinauf einen Aperitif im Weingut Regele. Die Schaumweinherstellung hat hier eine lange Tradition, und ein Gläschen von Georg Regeles formidablem Chardonnay-Jahrgangssekt Blanc de Blancs brut ist der ideale Aperitif für unsere Tour entlang der Weinstraße!

Wein und Genuss am Grassnitzberg Weiter geht es nun hinauf, und rechts im Tal erspäht man das Weingut und die Wein-Erlebniswelt „Georgiberg“ der Quereinsteiger-Familie Trierenberg, die hier ein beeindruckendes Anwesen aus dem Boden gestampft hat. Hat man die Anhöhe erreicht, fällt der Blick auf einige der hervorragendsten Weinlagen der Steiermark wie Obegg und Grassnitzberg, den man am besten von der Terrasse der rustikalen „Muster-Stub'n“ bei einem kühlen Glas Wein und einer guten Jause genießt. Will man zuverlässig die richtige (Wein-)Adresse erreichen, so sollte man jetzt genau auf die Beschilderung am Straßenrand achten, denn wie am Lande so üblich, tragen viele Winzer denselben Familiennamen. So steht gleich eine Hand von „Polzen“ zur Wahl, aber wenn man den Spitzenbetrieb von Erich und Walter Polz ansteuert, sollte man einfach da ins Tal hinabfahren, wo die vielen Gebäude stehen. Während Polz-Weine nationalen und internationalen Ruhm eingefahren haben, wird die längst zur Institution gewordene Polz-Buschenschank von Polz-Schwester Johanna und ihrem Mann Wolfgang Kohlenberger mit demselben Qualitätsanspruch und Engagement geführt wie das Weingut. Dabei hat man das Angebot inzwischen noch erweitert und bietet kleine Köstlichkeiten wie die feinen Pasteten oder den Welschriesling-Senf auch zum Mitnehmen an.

Die anderen Polze in der Gegend leiden zwar ein wenig unter der Namensgleichheit mit den Nachbarn, brauchen ihr Licht aber ebenfalls nicht unter den Scheffel zu stellen. Entdeckungsfreudigen Weinpilgern dürfen die Betriebe von Armin Polz-Kiefer und den Brüdern Christian und Thomas Polz (Weingut Primus) jedenfalls wärmstens ans Herz gelegt werden. Nicht nur wegen des Weines: Bei Polz-Kiefer gibt's ein hübsches Gästehaus und bei Primus schöne Winzerzimmer und eine idyllische, von Mutter Martha Polz mit viel Engagement geführte Buschenschank, der zweifellos zu den empfehlenswertesten Adressen der Region zählt.

Am Weg zurück zur Weinstraße ist das Weingut Tement natürlich ein Pflichtbesuch. Der Kellerbau hoch oben an der Spitzenlage Zieregg ist wahrlich imposant, ebenso wie der Ausblick bis weit hinein in die Weinberge Sloweniens – und dass die Weine zu den besten des Landes gehören, muss eigentlich gar nicht gesondert erwähnt werden. Wer aber den besagten Ausblick auf einer wunderbaren Terrasse mit kulinarisch-önophiler Begleitung genießen will, wird einen Stock höher in Tements „Magnothek“ fündig. Hier lagert ein ausufernder Vorrat von Großflaschen aus dem Hause Tement und von befreundeten Winzern, die für jeden Weinfreak die kleine Karmeliterkapelle mit dem alten Kellergewölbe zur Kathedrale machen. Und weil sich Großflaschen nicht gut mit Autofahren vertragen, gibt es auf der nächsten Etage die zauberhaft renovierten Gästezimmer der „Winzarei“ – so lässt es sich leben über den Reben. Weil man nun schon da ist, kann es der allgemeinen Entschleunigung nur zuträglich sein, die paar Schritte zur Buschenschank Steinberghof der Familie Firmenich zu Fuß zu gehen. Kreative Heurigenschmankerln mit italophilen Anklängen lassen hier das Herz – und vor allem den Gaumen – des Genießers lachen. Dazu trinkt man feine Eigenbauweine und danach ein gutes Stamperl – ebenfalls selbst gebrannt.

Im „Bermuda-Dreieck“ von Ratsch Jetzt ist Vorsicht geboten. Erstens weil die Straße nun besonders schmal und steil wird, zweitens um die nächsten Highlights nicht zu verpassen. Rechts von der Weinstraße das „Ratscher Landhaus“, ein sympathischer Betrieb mit kreativ-bodenständiger Küche, schönen Zimmern und Schwimmbiotop mit Weingartenblick. Nur ein paar Hundert Meter von hier befinden sich die Weingärten des Guts am Ottenberg der Domäne Müller, wo die Trauben für Sauvignon blanc, Cabernet Sauvignon und Co gedeihen. Günter Müller, der viel zu früh verstorbene Weinbaupionier aus der Weststeiermark, hatte hier einst Furore gemacht, weil er mit mächtigen Erdbewegungen dafür sorgte, dass die Weingärten eine optimale Sonneneinstrahlung genießen.

Die nächste Landmark an der Weinstraße ist das Weingut Rebenhof, wo Hartmut Aubell einige der schrägsten Weine der Südsteiermark keltert und diese mit den Porträts seiner Filmhelden von Gregory Peck bis Clint Eastwood etikettiert, sowie das legendäre Gasthaus Tscheppe an der Weinstraße, das einstmals als Backhendlstation bekannt war und unter den neuen Betreibern feine Kreativküche bietet. Das Backhendl gibt es freilich nach wie vor und die phänomenale Aussicht von der Terrasse ebenfalls. Irgendwann geht rechts die Abzweigung nach Ratsch hin-

unter, das man aber am besten gar nicht sucht. Der Ort ist wie die meisten hier eine Streusiedlung ohne eigentliches Zentrum – was aber nicht viel ausmacht, denn die wirklichen Attraktionen befinden sich ohnehin in den Weinbergen. Dazu zählt das Weingut Wolfgang Maitz, früher auch als „Rebenburg" bekannt, dessen Wirtshaus über eine ähnlich traumhafte Lage verfügt wie die Buschenschank von Ewald und Johannes Zweytick. Spannende Weinverkostungen sind dabei hier wie dort jederzeit möglich. Ein besonders schönes Ambiente bietet die Buschenschank Kögl, wo die ehemalige „Steirische Weinhoheit", Tamara Kögl, ihre Gäste im 300 Jahre alte „Moarhaus" mit Weinen aus dem eigenen Weingut und kulinarischen Schmankerln bestens versorgt. Ebenfalls genussvoll verspricht ein Besuch im Weingut von Stefan Potzinger zu werden, der sich mit seinen Weinen vom „jungen Wilden" bereits zu einer fixen Größe im steirischen Weinland entwickelt hat.

Ja, man sollte für Ratsch einfach mehr Zeit haben … Denn jetzt waren wir ja noch nicht einmal beim Ratscher Paradebetrieb, dem Weingut Gross. Mitten in der Spitzenlage Nussberg befindet sich dieses auf den ersten Blick fast unscheinbare, aber gerade deshalb mit einem Architekturpreis für naturnahes Bauen ausgezeichnete Bauwerk, hinter dem sich freilich ein Hightech-Keller verbirgt. Hier keltert die Familie Gross ihre famosen Weine, allen voran jene von der Lage Nussberg selbst.

Eine neue, besonders gelungene und moderne Wohnstätte mitten in diesem „Bermuda-Dreieck der Genüsse" muss hier auch noch erwähnt werden. Aus dem ehemaligen „Joseph" wurde das „Vincent-Hotel" – zweifellos einer der schönsten Plätze zum Wohnen, oder besser: Residieren an der Weinstraße.

Auf dieser geht es jetzt weiter in Richtung Sulztal, wobei die Buschenschank Jakopé in der historischen Kästenburg nicht unerwähnt bleiben darf; ein idyllischeres Plätzchen und eine schönere Aussicht sind nur schwer zu finden, was sich nicht nur in der Buschenschank selbst, sondern auch in einigen komfortablen Seminarräumen überprüfen lässt. Und weil an der Straße gerade noch Platz ist, befindet sich nur wenige Meter von hier das „Kleine Wirtshaus" der Familie Schramm, gemütlich, überschaubar und gut. Schließlich treffen wir bei Sulz auf die Straße, die von Gamlitz heraufkommt und mit Betrieben wie dem sehenswerten Paradeweingut von Walter Skoff und dem schmucken Weingut Elsnegg eine bewährte Wein- und Buschenschankmeile darstellt. Wo sich die zwei Straßen treffen, lauert bereits die nächste Gefahr für das Einhalten irgendeines Zeitplans. In der stilvoll restaurierten Buschenschank des historischen Anwesens von Eva Lambauer lässt es sich trefflich zechen, sodass man letzten Endes ganz froh darüber ist, dass sich im Haus moderne, komfortabel eingerichtete Gästezimmer befinden.

Ins malerische Steinbachtal Wer Lust auf eine kleine Entdeckungsreise hat, biegt nun erst einmal links ab. Von der Hauptstraße geht es durch die Weingärten hinab ins Sulztal, nach einem kurzen Rundkurs wieder zurück auf die Weinstraße und dann gleich wieder links weg nach Glanz mit den Großlagen Ober- und Unterglanzberg. Neben renommierten Betrieben wie Dreisiebner oder Tschermonegg, in denen die klassische, steirische Trilogie von Weinbau, Buschenschank und Gästezimmern gepflegt wird, begegnen uns immer wieder kleine, weniger herausgeputzte Buschenschänken, wo man in einfachem Ambiente und in aller Ruhe ehrliche Eigenbauweine und eine herzhafte Heurigenjause genießen kann. Hektische Betriebsamkeit ist hier zum Glück noch ein Fremdwort.

Von der Weinstraße aus nach rechts führt der Weg ins malerische Steinbachtal und zum traditionsreichen Weingut Lackner-Tinnacher. Die Weine der Familie zählten zu den ersten, die steirischen Wein österreichweit bekannt gemacht haben – ich selbst erinnere mich noch an Flaschen, die ich bereits im Jahr 1988 bei „Feinkost Ruff" im 3. Wiener Gemeindebezirk erstanden habe … Sehenswert ist hier auch der perfekt in die Landschaft integrierte Keller – mittlerweile das Reich von Juniorchefin Katharina Tinnacher. Noch etwas weiter die Weinstraße entlang zweigt ebenfalls rechts die Fötschacher Höhenstraße ab, die so wie das Steinbachtal nach Gamlitz führt. Sie ist eine der schönsten Routen im steirischen Weinland. Herrliche Aussichtspunkte wie jener am Schererkogel wechseln sich mit Weinhighlights wie dem „Jaglhof", einer Genussoase aus Restaurant, Vinothek und Hotel, der kleinen, feinen Buschenschank Söll und Weinbaubetrieben wie dem historischen Olwitschhof der Familie Riegelnegg ab. Beim Söll kann man übrigens auch sehr schön wohnen, und obwohl der Betrieb keine Buschenschank führt, bereitet man für angemeldete Gäste gerne auch eine ausgezeichnete Heurigenjause zu.

Reben und Hopfen Schlägt man diese Optionen vorerst aus und fährt weiter in Richtung Leutschach, so passiert man zunächst einige größere Betriebe wie den imposanten Arkadenhof der Familie Brolli oder das Weingut Repolusk, von dessen Buschenschank-Terrasse man einen phänomenalen Ausblick genießt. Dem steht die des „Weingasthofs Sabathihof" um nichts nach. Das stolze Anwesen in idyllischer Einzellage ist quasi das Pendant zu den Traumhäusern der Toskana – nur eben auf steirisch, mit feiner Küche, ausgezeichneten Eigenbauweinen, modernen Zimmern und einem Weingarten-Swimmingpool obendrein. Hier lässt es sich schon aushalten, doch wir fahren weiter durch einen dichten Wald hinunter, ehe sich ein sanftes Tal eröffnet, in dem ausnahmsweise keine Weinreben, sondern hohe Hopfenstangen aufragen. Der Hopfenanbau hat in der Südsteiermark durchaus Tradition, an die man in den vergangenen Jahren wieder verstärkt anknüpft. Noch bevor es nach Leutschach hineingeht, nehmen wir eine unscheinbare Abzweigung nach links in Richtung Langegg. Von hier bis zur slowenischen Grenze erstreckt sich eines der besten Weinbaugebiete der Region mit großen Lagen am Pössnitzberg. Nicht zu übersehen ist das moderne Weingut von Erwin Sabathi – ein architektonischer Leckerbissen mit köstlichem Inhalt. Sabathi besitzt am Pössnitzberg beste Lagen und entlockt ihnen Sauvignon blancs und Chardonnays, die den Vergleich mit den Größen des internationalen Parketts nicht zu scheuen brauchen.

Wer sich noch weiter vorwagt, gelangt, kurz bevor man glaubt, hier käme nun wirklich nichts mehr, ins Genussparadies der Familie Polz am Pössnitzberg, das rund um das ebenfalls von Erich und Walter Polz geführte Weingut Tscheppe entstanden ist. Dazu zählt neben dem Weingut auch der „Kreuzwirt" mit ausgezeichneter Regionalküche, die Sekt-Kellerei und das moderne „Wein-Genuss-Hotel Pössnitzberg" – zweifellos eine der schönsten und stilvollsten Wohnadressen der Steiermark.

Die Wein-Berge im Westen Am Weg zurück in Richtung Leutschach heißt es nun noch einmal ins nächste Tal in Richtung Schlossberg abbiegen. Eine Wegbeschreibung ist hier sinnlos, folgen Sie einfach den Schildern am Straßenrand und erschließen sich so drei weitere bemerkenswerte Betriebe. Das in spektakulärer Höhenlage direkt an der slowenischen Grenze liegende Weingut Oberguess von Christian Krampl samt Buschenschank, das Weingut von Sepp Muster, *dem* Pionier des biologischen Weinbaus in der Südsteiermark oder jenes der Familie Stelzl am Hirritschberg mit seiner bezaubernden Buschenschank, das auch vom Pössnitzberg aus erreichbar ist.

Zurück in Leutschach heißt es dann gleich wieder einkehren: Im ehemaligen Kirchenwirt, später „T.O.M. am Kochen" geigt jetzt Tom Riederers einstiger Souschef Manuel Liepert im „Lieperts Kulinarium" auf, dass es eine echte Freude ist.

Von hier geht es nun weiter auf der sogenannten „Klapotetz-Weinstraße". Spätestens jetzt ist es an der Zeit, diesem Symbol des steirischen Weinlands einen kleinen Exkurs zu widmen. Den Klapotetz – das Wort stammt übrigens aus dem Slowenischen – einfach als „Windrad" zu bezeichnen, erscheint mir höchst ungenügend. Denn tatsächlich funktioniert dieses kunstvoll aus ganz bestimmten Hölzern gezimmerte Windrad mit dem Birkenbuschen wie ein einfaches, aber lautes und wirkungsvolles Musikinstrument. Durch das Schlagen von vier auf einer Welle beweglichen Hämmerchen auf ein Holzbrett wird ein monotones Klopfgeräusch erzeugt; und das dient(e) in erster Linie der Abwehr von gefräßigen Vögeln und nicht, wie man glauben könnte, als Motiv für Ansichtskarten und Hobbyfotografen.

Wir fahren also vorerst einmal weiter über Arnfels bis St. Johann im Saggautal und erklimmen dann die Anhöhen von Eichberg-Trautenburg. Hier oben sind Weingärten eher ein Minderheitenprogramm, dafür handelt es sich auf Höhenlagen von bis zu 600 Metern schon um echte Bergweine. Qualitätsorientierte Produzenten wie Franz Strablegg, Johann Skringer oder Daniel Jaunegg beweisen aber mit ihren fruchtig-eleganten Tropfen, dass die Sache dennoch Sinn macht. Ihre Weine glänzen durch Fruchttiefe, Eleganz und Mineralik, sind dabei aber auch bei hoher Reife niemals breit, übermächtig und ermüdend. Ein Besuch hier oben ist immer ein Erlebnis: Das beste Backhendl gibt's in der Buschenschank Strablegg-Leitner, gewohnt wird beim Jaunegg und mit Hans Skringer kann man bei genialem Blick auf die Koralpe einerseits und die Südsteiermark andererseits trefflich über den eigenständigen Charakter der Weine von Eichberg-Trautenburg philosophieren.

Da es von hier aus logischerweise nur noch abwärts gehen kann, nehmen wir nun einen der talwärts führenden Pfade und orientieren uns, unten angekommen, wieder in Richtung Gamlitz. Spätestens auf der Höhe des Kranachbergs heißt es aber noch einmal links um und hinauf. Dort finden wir Hannes Sabathi, das Weingut Pongratz mit Buschenschank in sonniger Höhenlange und das kleine Imperium der Familie von Peter Skoff mit Weingut, Buschenschank und Gästezimmern. Hier kann man sich zu einer spannenden Vertikalverkostung der vielfach ausgezeichneten Sauvignon-Palette des Hauses niederlassen – und anschließend gleich dableiben.

Gutes rund um Gamlitz Nicht lange suchen muss man das Weingut von Willi Schilhan, genannt „Crocodile Rock", das es binnen kürzester Zeit zu einem der Wahrzeichen des modernen Weinbaus in der Südsteiermark gebracht hat. Kurz vor Gamlitz muss der Blinker dann wieder raus – diesmal nach rechts, Richtung Steinbach. Es geht hinauf zum Sattlerhof, einem der renommiertesten Betriebe der Steiermark mit Weinen vom Feinsten, einem schmucken Hotel und einem Restaurant, das seit vielen Jahren kreative Regionalküche auf höchstem Niveau bietet. Nur wenige Meter nach der Abzweigung ins Steinbachtal geht es linker Hand ins Grubtal. Hier sieht man zuerst gar keine Weinberge – aber die kommen schon wieder! Dort wo der Wein- und Obstbaubetrieb Muster, bekannt unter dem Namen „Muster.Gamlitz" residiert. Höchst eigenständige, spannende Weine sind das eine Standbein des Betriebs, eine ausufernde Kollektion edler Brände das andere. Nunmehr schließt sich der Kreis und es geht von Gamlitz, wo es sich unter anderem noch lohnt, dem Weingut und dem Weinmuseum im Schloss Gamlitz/Familie Melcher einen Besuch abzustatten, zurück nach Ehrenhausen. Wenn jetzt noch Platz im Kofferraum ist, lässt sich dieser Missstand in der „Vinofaktur" beheben – aber das wissen Sie ja längst.

Beliebt für Hochzeiten: Schloss Spielfeld

Terroir erleben

Immer wieder ist bei Weinverkostungen vom „Terroir" die Rede – doch für die meisten bleibt dieses französische Wein-Zauberwort eher ein abstrakter Begriff. In der Südsteiermark haben Besucher jetzt die Möglichkeit, der Sache – im wahrsten Sinne des Wortes – auf den Grund zu gehen.

„Terroir erleben" heißt dieses neue Angebot, für das sich insgesamt zwölf Winzer in der Südsteiermark und im Sausal zusammengeschlossen haben. Dabei geht es darum, das Zusammenspiel zwischen Böden, Klima, Rebsorten und der Arbeit des Winzers einerseits und dem Charakter der Weine andererseits transparent und greifbar zu machen.

Lagenweine bringen durch ihren Charakter all das zum Ausdruck, was zu ihrer Entstehung beigetragen hat – festzumachen an dem Punkt, auf dem die Reben stehen. Dabei geht es um Bodenaufbau, Hangneigung und Ausrichtung, Niederschlagsmengen, aber auch um die Ausbauphilosophie des Winzers, der dem Wein mit seinem Wissen und seiner Erfahrung zusätzlich seinen Stempel aufdrückt.

Und so funktioniert es: Direkt in den Weinbaubetrieben übernimmt man mit dem Handy die GPS-Daten und lässt sich dann via Satellit durch die Weinberge führen. Dort erfährt man alles Wesentliche über die einzelnen Lagen, die man passiert, und blickt dabei nicht nur tief in die Geheimnisse von Terroir und Weinbau, sondern genießt zugleich immer wieder die spektakuläre Aussicht über die Weinberge.

Apropos genießen: So eine Tour darf natürlich nicht zu trocken verlaufen. Darum lassen sich die neu gewonnen Erkenntnisse über das Werden und den Charakter des Weins unterwegs oder abschließend gleich bei der einen oder anderen Einkehr in einer Buschenschank oder einem Weingut praktisch vertiefen.

Sämtliche Informationen dazu finden Sie unter
www.terroirerleben.com

Der Sauvignon blanc hat sich zum Imageträger und zur Leitsorte der Südsteiermark entwickelt. Daneben wird aber nach wie vor die ganze Bandbreite der klassischen steirischen Weißweine wie Welschriesling, Muskateller, Weiß- und Grauburgunder, Morillon (Chardonnay) und Traminer gekeltert. Neuerdings ist in der Region ein gewisser Trend zu Bio- und Natural-Weinen zu bemerken, was aufgrund der klimatischen Bedingungen jedoch sehr herausfordernd ist.

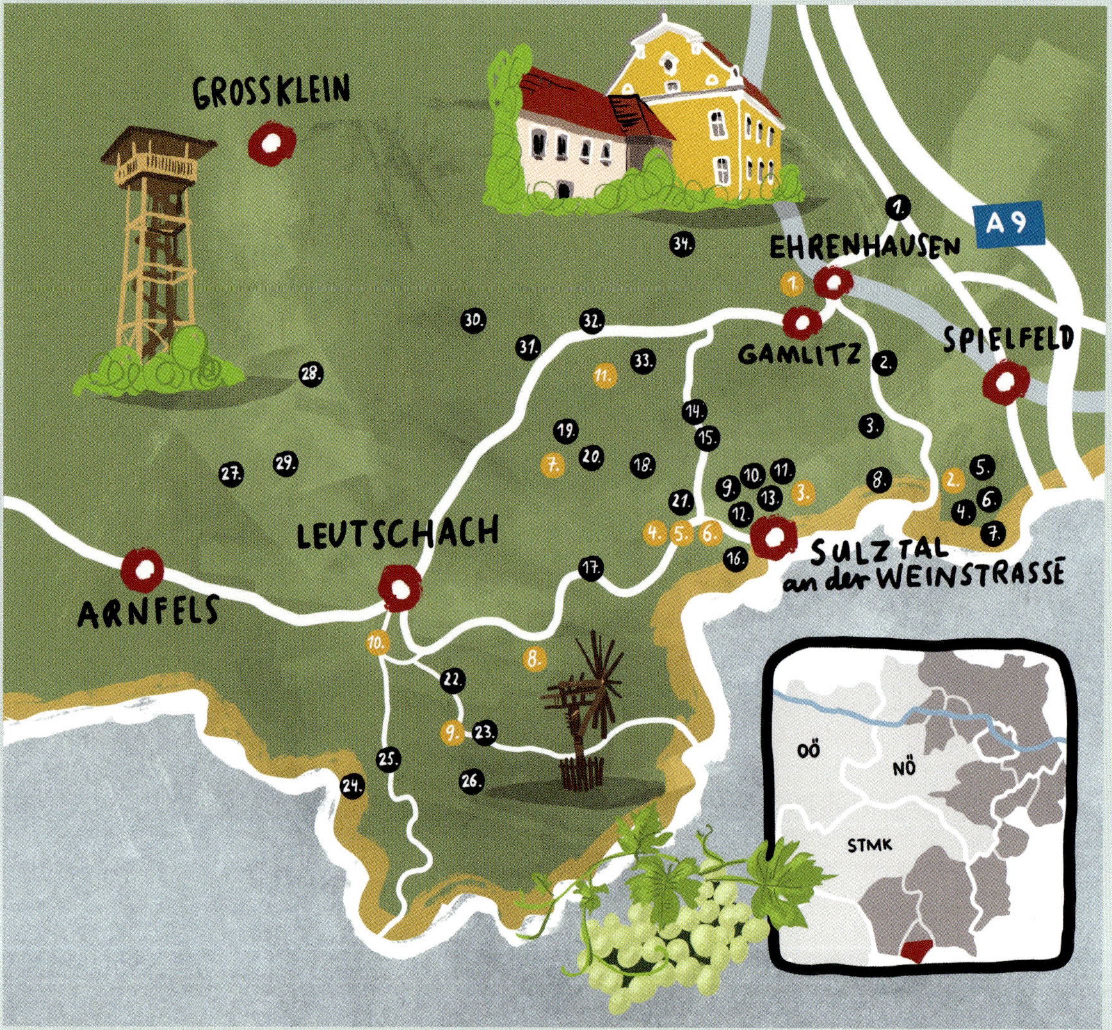

WEINGÜTER

1 Scheucher, Labuttendorf
2 Regele, Berghausen
3 Georgiberg, Ehrenhausen/Wielitsch
4 Erich & Walter Polz, Grassnitzberg
5 Armin Polz-Kiefer, Grassnitzberg
6 Primus, Grassnitzberg
7 Tement, Berhausen/Zieregg
8 Rebenhof Aubell Ehrenhausen/Ottenberg
9 Maitz, Ratsch
10 Johannes & Ewald Zweytick, Ratsch
11 Kögl, Ratsch
12 Potzinger, Ratsch
13 Gross, Ratsch
14 Walter Skoff, Gamlitz/Eckberg
15 Elsnegg, Gamlitz/Eckberg
16 Dreisiebner Stammhaus, Sulztal
17 Tschermonegg, Glanz
18 Lackner-Tinnacher, Gamlitz/Steinbach
19 Söll, Gamlitz/Sernau
20 Riegelnegg, Gamlitz/Steinbach
21 Brolli, Gamlitz/Eckberg
22 Erwin Sabathi, Leutschach/Pössnitz
23 Tscheppe am Pössnitzberg Leutschach/Pössnitz
24 Oberguess, Leutschach/Schlossberg
25 Muster, Leutschach, Schlossberg
26 Stelzl, Leutschach Schlossberg
27 Strablegg-Leitner, Eichberg-Trautenburg
28 J. & A. Skringer, Eichberg-Trautenburg
29 Jaunegg, Eichberg-Trautenburg
30 Hannes Sabathi, Gamlitz/Kranachberg
31 Peter Skoff, Gamlitz/Kranachberg
32 Weinmanufaktur Schilhan/Jägerberg
33 Sattlerhof, Gamlitz/Sernau
34 Muster.gamlitz, Gamlitz/Grubtal

LOKALE

1 Die Weinbank, Ehrenhausen
2 Magnothek & Wirtshaus am Zieregg Berghausen
3 Ratscher Landhaus, Ratsch/Ottenberg
4 Tscheppe a. d. Weinstraße, Gamlitz/Sulztal
5 Wirtshaus Maitz, Ratsch
6 D. kleine Wirtshaus Schramm Ehrenhausen/Sulztal
7 Jaglhof – Die Aussicht, Gamlitz/Sernau
8 Sabathihof, Leutschach
9 Kreuzwirt am Pössnitzberg Leutschach/Pössnitz
10 Lieperts Kulinarium, Leutschach
11 Wirtshaus am Sattlerhof, Gamlitz/Serna

1.

WEINGUT SCHEUCHER
8423 St. Veit am Voggau
Labuttendorf 20
+43 3184 40 80
otter@weingut-scheucher.at
www.weingut-scheucher.at
Labuttendorf liegt zwar nicht an der Weinstraße, die Weingärten der Familie Scheuer aber sehr wohl und zwar am Pössnitzberg. Von dort werden die Trauben nach St. Veit am Vogau gebracht und in köstliche Weine „verwandelt“, die in ihrer unkomplizierten Art jede Menge Trinkvergnügen bereiten. Gerne servieren die Scheuchers zur Verkostung derselben auch hausgemachte Köstlichkeiten vom Mangalitza-Schwein und Co.

2.

REGELE
8461 Berghausen 34
+43 3453 24 26
office@regele.at
www.regele.at
Das Weingut Regele gehört mit dem Gründungsjahr 1830 zu den traditionsreichsten der Südsteiermark – auch wenn man das nicht auf den ersten Blick sieht. Im vom Architektenteam„g2plus_architekten“ geplanten, modernen Ambiente warten Georg und Ingrid Regele mit fruchtig-frischen, aber auch kräftigen Lagenweinen wie dem Sauvignon blanc und Grauburgunder „Sulztaler Sulz“ oder dem Traminer vom Sulztaler Zoppelberg auf. Stark sind auch die Burgundersorten und die Sekte wie der feingliedrig-elegante „Blanc de Blancs“-Jahrgangssekt vom Chardonnay oder der Pinot noir Rosé brut.

3.

GEORGIBERG
8461 Ehrenhausen, Wielitsch 54
+43 3453 202 43, +43 664 836 82 14
office @weingut-georgiberg.at
www.weingut-georgiberg.at
Multifunktionales Weinzentrum und Weingut mit beachtlicher Bandbreite und ungewöhnlich tiefem Rotweinsortiment.

4.

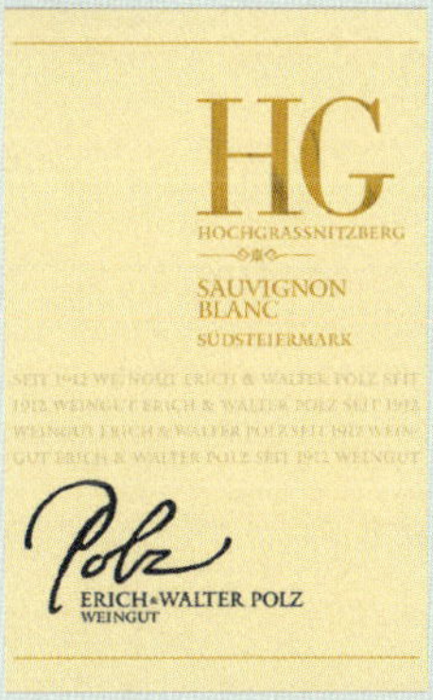

ERICH UND WALTER POLZ
8471 Spielfeld, Grassnitzberg 54 A
+43 3453 230 10
weingut@polz.co.at
www.polz.co.at
Aus einem kleinen Weingut mit Buschenschank hat die Familie Polz ein regelrechtes Wein- und Genussimperium geschaffen. Dazu gehören neben dem Weingut auch die „Vinofaktur“ in Ehrenhausen und das Weingut Tscheppe am Pössnitzberg samt „Kreuzwirt“ und „Weingenuss-Hotel“. Dort werden exquisite Sekte gekeltert, während der Weinbau, inzwischen in der Hand von Erichs Sohn Christoph, komplett am Grassnitzberg angesiedelt ist. Die permanente Weiterentwicklung der Qualität und Stilistik von Klassikern wie Sauvignon blanc Hochgrassnitzberg und Morillon Obegg, Sauvignon blanc „Therese“ aus dem Sausal und „Czamilla“ vom Pössnitzberg, aber auch der Steirischen-Klassik-Weine war und ist oberste Maxime der Familie.

5.

ARMIN POLZ-KIEFER
8471 Spielfeld, Grassnitzberg 59
+43 3453 46 50
polz.kiefer@aon.at
www.polz-kiefer.at
Armin Polz-Kiefers Sauvignons, Chardonnays und Weißburgunder stammen von erstklassigen Lagen wie Grassnitzberg und Hochgrassnitzberg. Tipp: Der duftige Muskateller-Sekt!

6.

WEINGUT PRIMUS
8471 Spielfeld, Grassnitzberg 53
+43 3453 39 11
weingut@primus.cc
www.primus.cc
Das Weingut Primus am Grassnitzberg ist ein echtes Weinidyll wie aus dem Bilderbuch, und wenn man die gemütlichen Stuben der Buschenschank betritt, fühlt man sich sofort so wohl, dass man nur ungern wieder aufbrechen will. Das liegt aber nicht nur an der Atmosphäre und der köstlichen Heurigenjause, die Martha Polz serviert, sondern auch an den exzellenten Weinen der Söhne Christian und Thomas. Erstklassige Lagen wie Grassnitzberg und Zieregg bieten die Grundlage, und die Brüder keltern daraus fein ziselierte, mineralische Weine mit animierendem Duft, aber auch Komplexität und Tiefgang.

7.

TEMENT
8461 Berghausen, Zieregg 13
+43 34 53/41 01
weingut@tement.at
www.tement.at
Das Etikett mit dem einprägsamen „T“ wurde ebenso wie der Hausberg „Zieregg“ zum Markenzeichen und kündet von Weingenuss auf höchstem Niveau. Dazu passt der Keller, in den Berg hin-

eingehauen, architektonisch vorbildlich und von Manfred Tement selbst in technischer Hinsicht optimiert. Inzwischen ist die junge Generation bereits in den Betrieb integriert und orientiert sich mittelfristig in Richtung Bioweinbau.

8.

DER REBENHOF – HARTMUT AUBELL
8461 Ehrenhausen, Ottenberg 38
+43 34 53/257 50
der@rebenhof.at
www.rebenhof.at
Hartmut Aubell ist ein Querdenker, eine Art Didier Daguenau (bei dem er praktiziert hat!) der Südsteiermark. Seine Weine sind ungewöhnlich, spannend – und meist schnell ausverkauft.

9.

MAITZ
8461 Ratsch an der Weinstraße 45
+43 34 53/21 53
weingut@maitz.co.at
www.maitz.co.at
Aus der nicht zuletzt wegen des fulminanten Backhendls weitum gerühmten Buschenschank wurde ein richtiges Restaurant mit einem spannenden und erstklassigen Speisenangebot. Dazu trinkt man Wolfgang Maitz' markante und charaktervolle Weine von Schusterber, Hochstermetzberg und Co.

10.

JOHANNES UND EWALD ZWEYTICK
8461 Ratsch an der Weinstraße
Weingut: 58, Buschenschank: 102
+43 34 53/23 64
hannes.2tik@gmail.com
www.ewaldzweytick.at
Zwei ungleiche Brüder – Johannes Zweytick war unter anderem Abgeordneter zum Nationalrat, Ewald das „entfant terrible" der Südsteirischen Weinstraße – ziehen an einem Strang. Das Ergebnis sind großartige Weine abseits jedes Mainstreams und eine verwunschen schöne Buschenschank, die von der Mutter und Schwester der Zweyticks betrieben wird.

11.

WEINGUT UND BUSCHENSCHANK KÖGL
8461 Ratsch an der Weinstraße 59
+43 34 53/43 14
info@weingut-koegl.com
www.weingut-koegl.com
Tamara Kögl, ehemals Weinhoheit der Steiermark, beweist, dass sie mehr kann als repräsentieren. Im Weingut, wo sie vom Stermetzberg exzellente Weine keltert, und in der Buschenschank, die sie am Wochenende und an Feiertagen betreibt. Das 300 Jahre alte, liebevoll restaurierte „Moarhaus" bietet ein einzigartiges Ambiente, Speis und Trank stehen dem um nichts nach.

12.

POTZINGER
8424 Gabersdorf 12 (Weingut)
Winzerhaus: 8461 Ratsch 6
+43 664/521 64 44
potzinger@potzinger.at
www.potzinger.at
Am Anfang galt Stefan Potzinger als „junger Wilder", inzwischen hat er sich mit seinem Betrieb und seinen hochklassigen Weinen in der vinophilen Oberliga der Südsteiermark etabliert. Der Sauvignon blanc „Joseph" ist sein „Signature-Wine", alles andere – bis hin zum eleganten Sekt „Hommage 1860" brut ist ebenfalls nicht zu verachten.

13.

GROSS
8461 Ehrenhausen, Ratsch an der Weinstraße 26
+43 34 53/25 27
weingut@gross.at
www.gross.at

Alois Gross war eine der Säulen des „Südsteirischen Weinwunders" – inzwischen mischt im Betrieb bereits die junge Generation mit Michael und Johannes kräftig mit. Gemeinsam wird die Qualität der Weine weiter entwickelt und die Charakteristika der unterschiedlichen Lagen um Ratsch und am Kittenberg im Sausal möglichst akkurat herausgearbeitet. Leckerbissen im Sortiment sind unter anderem der Sauvignon blanc Nussberg, der Muskateller Perz und der Weißburgunder vom Kittenberg. Eine wunderbare Möglichkeit, diese Weine vor Ort zu genießen, bietet an Wochenenden im Mai, Juni, September und Oktober die „Gross Terrasse" mit hausgemachten Schmankerln zum Wein.

14.

WALTER SKOFF
8462 Gamlitz, Eckberg 16
+43 34 53/42 43
weingut@skoff.com
www.skoff.com
Mit Ehrgeiz und Zielstrebigkeit machte Walter Skoff aus der kleinen Buschenschank mit Gästezimmern und eigenem Weinbau einen der wichtigsten Weinbaubetriebe der Steiermark. Sehenswert ist der mächtige, aus alten Ziegeln gemauerte Schaukeller, in dem Skoff unter anderem seine beeindruckende Palette an Sauvignons präsentiert. Immer wieder ist die Buschenschank des Hauses Schauplatz von Veranstaltungen rund um die Themen Wein, Genuss und Musik.

15.

ELSNEGG
8462 Gamlitz, Eckberg 26
+43 34 53/48 12
weingut.elsnegg@aon.at
www.elsnegg.at
Weit mehr als die übliche Buschenschank-Jause genießt man bei Familie Elsnegg – und die Eigenbauweine können sich auch schmecken lassen.

16.

DREISIEBNER STAMMHAUS
8461 Sulztal 35
+43 34 53/25 90
stammhaus@dreisiebner.com
www.dreisiebner.com
Längst ein Klassiker auf der Südsteirischen Weinstraße, der das „Rundum-Sorglos-Paket" von Weingut, Buschenschank und Gästezimmern im wahrsten Sinne des Wortes auf höchster Ebene bietet.

17.

TSCHERMONEGG
8463 Glanz an der Weinstraße 50
+43 34 54/326
weingut@tschermonegg.at
www.tschermonegg.at
Ein Platz zum Einkehren, Verweilen und Genießen. Erwin Tschermonegg ist ein versierten Winemaker, Weine wie der Gelbe und Rote Muskateller,

der Sauvignon blanc Oberglanzberg oder der Grauburgunder stellen das eindrucksvoll unter Beweis. Für nähere Betrachtungen bietet sich die Buschenschank und die Pension mit dem herrlich gelegenen Weingarten-Swimmingpool geradezu an.

18.

LACKNER-TINNACHER
8462 Gamlitz, Steinbach 12
+43 34 53/21 42
weingut@tinnacher.at
www.tinnacher.at
Katharina Tinnacher hat, unterstützt von ihren Eltern Fritz Tinnacher und Wilma Lackner-Tinnacher, eine sanfte und rundum gelungene Modernisierung in einem der traditionsreichsten Weingüter der Südsteiermark geschafft. Erkennbar unter anderem an der frischen Etikettenlinie, aber auch am Stil der Weine des Hauses, deren Eigenart durchaus auch als Einzigartigkeit gesehen werden kann: feinfruchtig, elegant und vielschichtig, mineralisch und konzentriert, jedoch nie parfümiert, vordergründig oder üppig; zeitlos, nicht modisch. Sehenswert ist auch das Anwesen aus dem Jahr 1770 samt modernem, perfekt in die Landschaft integriertem Keller.

19.

MARIA UND JOHANNES SÖLL
8462 Gamlitz, Sernau, Steinbach 63 a
+43 34 54/66 67
familie@weingut-soell.at
www.weingut-soell.at
Johannes und Maria Söll führen diesen sympathischen Betrieb, der immer überschaubar geblieben ist, aber zugleich höchste Qualitätsansprüche erfüllt. Aus biologischem Anbau entstehen hervorragende und manchmal auch

ungewöhnliche Weine, wie ein mächtiger Muskateller, die sich auf der schönen Terrasse des gepflegten Winzerhauses auch in Begleitung einer köstlichen Jause genießen lassen. Wer diesen Blick schon beim Aufstehen in der Früh haben will, quartiert sich gleich in einem der modern gestalteten Gästezimmer ein.

20.

RIEGELNEGG – OLWITSCHHOF
8462 Gamlitz, Steinbach 62
+43 34 54/62 63
weingut@riegelnegg.at
www.riegelnegg.at
Es gibt in der Südsteiermark wenige so schöne, behutsam revitalisierte Winzerhäuser wie jenes der Familie Riegelnegg, das immerhin aus dem Jahr 1808 stammt. Otto Riegelneggs hervorragende Weine (auch in Rot und prickelnd) sind vielfach ausgezeichnet, ein Fundament, auf dem die junge Generation bereits aufbauen kann.

21.

BROLLI
8462 Gamlitz, Eckberg 43
+43 34 53/23 41
weingut@brolli.at
www.brolli.at
Vinifiziert werden die Brolli-Weine in einem modernen, neuen Weinkeller. Einen ersten Eindruck von Reinhard Brollis Weinschaffen holt man sich aber am besten in der Buschenschank mit dem mächtigen Arkadenhof.

22.

ERWIN SABATHI
8463 Leutschach, Pössnitz 48
+43 34 54/265
weingut@sabathi.com
www.sabathi.com
Erwin Sabathi hat unter der tatkräftigen Mithilfe seiner Brüder von kleinen Anfängen sowohl das Weingut als auch seine Weine groß gemacht. Dabei gab es auch eine kontinuierliche stilistische Weiterentwicklung. Heute sind Sabathis komplexe Spitzenweine wie der Sauvignon blanc Pössnitzberg, der Sauvignon blanc Alte Reben oder der Chardonnay Alte Reben purer Ausdruck des Terroirs, bestimmt für eine lange Reife- und Genussphase. Der moderne, architektonisch anspruchsvoll gestaltete Weinkeller direkt an der Weinstraße ist ebenso einen Blick wert wie die Weingärten der Sabathis am Pössnitzberg.

23.

WEINGUT TSCHEPPE AM PÖSSNITZBERG
8463 Leutschach, Pössnitz 168
+43 3454 205
weingut@tscheppe.com
www.tscheppe.com
Das Weingut Tscheppe am Pössnitzberg verfügt über einen wahren Weingarten-Schatz: 32 Hektar Rebfläche in den Spitzenlagen Pössnitzberg und Czamillonberg – jener Lage aus den ehemaligen Besitzungen des Grafen Woracziczki, die dem Weingut einen legendären Ruf eingetragen haben. Unter der Obhut von Erich und Walter Polz entstehen daraus klassisch steirische animierende Weine, aber auch Topkreszenzen wie der Sauvignon blanc „Czamilla". Ergänzt wird das Ensemble durch einen Sektkeller, in dem die prickelnde Abteilung des Polz-Sortiments reift. Zu kosten gibt es all das im Weingut am Pössnitzberg, zu genießen unter anderem beim „Kreuzwirt" vis-à-vis.

24.

WEINGUT OBERGUESS – CHRISTIAN KRAMPL
8463 Leutschach, Schlossberg 9
+43 664 438 08 38
office@oberguess.com
www.oberguess.com
Der Platz ist bezaubernd: hoch oben über Leutschach, abgeschieden und direkt an der slowenischen Grenze. Eine Buschenschank in einem mustergültig renommierten, alten Stadel, ein Blick über die ganze Südsteiermark. Christian

Krampl, langjähriger Kellermeister von Erich und Walter Polz, hat in Sachen Weinbau seinen eigenen Kopf. Tipp: Vergessen Sie alles, was Sie über südsteirische Weine wissen und lassen Sie sich auf die spannende Welt der Oberguess-Weine ein.

25.

MARIA UND SEPP MUSTER
8463 Leutschach, Schlossberg 38
+43 3454 700 53
info@weingutmuster.com
www.weingutmuster.com
Viele sagen „bio", Sepp Muster meint es auch. Er ist der Pionier des Bioweinbaus, der sich bereits vor Jahren für einen Weg der Langsamkeit und Individualität entschieden hat. Und: Muster-Weine schmecken sogar jenen, die mit „bio" überhaupt nichts am Hut haben.

26.

STELZL HIRRITSCHBERG
8463 Leutschach, Schlossberg 119
+43 3454 340
info@weingut-stelzl.com
www.weingut-stelzl.com
Es gibt sie noch, die Juwelen unter den steirischen Buschenschänken: Ein bisschen versteckt, idyllisch gelegen, urgemütlich und gut auch noch! Während Anni Stelzl die Gäste mit köstlicher Jause von Wildwürstel und Selchwaren aus eigener Produktion verwöhnt, sorgt Junior Bernd Stelzl gemeinsam mit seinem Vater für hochwertige Weinbegleitung.

27.

STRABLEGG-LEITNER
PANORAMAWEINHOF
8454 Eichberg-Trautenburg 54
+43 3455 429
weingut@strablegg-leitner.at
www.strablegg-leitner.at
Franz Strablegg ist kein Freund des Marketings, und er braucht eigentlich auch keines. Denn seine eleganten, knackigen und animierenden Weine von steilsten Lagen in Eichberg-Trautenburg finden auch so ihren Weg zum Konsumenten. Die einladende Buschenschank des Hauses ist ein wunderbarer Platz, um sie in Begleitung eines Backhendls oder einer köstlichen Jause zu genießen.

28.

J. & A. SKRINGER
8453 Eichberg-Trautenburg 28
+43 3456 26 66
weingut@skringer.at
www.skringer.at

Würde Hans Skringer auf einem anderen Berg der Südsteiermark sitzen und Wein machen, wäre er sicher längst berühmt. Aber Eichberg-Trautenburg steht noch ein bisschen im Windschatten der Südsteirischen Weinstraße, was freilich nicht an der Qualität der Weine liegt – und auch seine Vorteile hat. Denn wenn man am Weinhof der Skringers sitzt, genießt man wirklich noch Ruhe. Dazu noch einen Rundumblick über die Südsteiermark bis zur Koralpe sowie exzellente Weine. Weißburgunder, Sauvignon blanc und Co leben vom Spannungsfeld zwischen delikater Frucht, fein ziselierter Säure und einem Schuss Mineralik und spiegeln das besondere Terroir und Klima dieser ausgeprägten Höhenlage aufs Beste wider.

29.

JAUNEGG
8463 Leutschach
8454 Eichberg-Trautenburg 160
+43 3455 67 54
weingut@jaunegg.at
www.jaunegg.at
Daniel Jaunegg hat sich mit seinen exzellenten Weinen längst in der steirischen Oberliga etabliert. Gekostet haben sollte man Sauvignon und Chardonnay Muri, Sauvignon Knily und den Weißburgunder vom Arnfelser Schlossberg. Hübsche Gästezimmer im komplett runderneuerten Winzerhaus laden zum längeren Verweilen ein.

30.

HANNES SABATHI
8462 Gamlitz, Kranachberg 51
+43 3453 29 00
office@sabathi-weine.at
www.sabathi-weine.at
Das ist schon ein gesegnetes Land, wo man Weine wie die von Hannes Sabathi einfach bei der Buschenschank trinken kann. Dabei deckt das Genussspektrum die gesamte steirische Palette vom exotisch-duftigen Gelben Muskateller bis zur Sauvignon Reserve ab.

31.

PETER SKOFF –
DOMÄNE KRANACHBERG
8462 Gamlitz, Kranachberg 50
+43 3454 61 04
weingut@peter-skoff.at
www.peter-skoff.at

Das Weingut Peter Skoff ist in der Südsteiermark längst eine Institution, was freilich nicht heißt, dass man sich auf den – durchaus zahlreichen – Lorbeeren ausruht. Beste Weine von erstklassigen Lagen um Gamlitz wie dem Kranachberg, allen voran eine beeindruckende Phalanx von Sauvignon blancs, bilden das Rückgrat des Betriebs. Flankiert werden sie von einer ausgezeichneten, familiär geführten Buschenschank und diversen Nächtigungsmöglichkeiten vom Gästezimmer bis zum mustergültig renovierten Winzerhaus mitten in den Weingärten.

32.

WEINMANUFAKTUR/
BUSCHENSCHANK SCHILHAN
8462 Gamlitz, Kranach 8
+43 3453 60 94, +43 664 130 86 26
oder +43 664 410 80 92
office@weingut-schilhan.at
www.weingut-schilhan.at
Willi Schilhan rockt den Jägerberg. Die Weine des Hobbymusikers und bekennenden Fans des „King of Rock 'n' Roll" – Spitzname: Elvis vom Jägerberg – singen im Glas, pfeifen schon in der Jugend und brummen ganz schön lang. Das Weingut ist spektakulär, die Lage atemberaubend und die Buschenschank, die so gar nicht dem steirischen Klischee entspricht, der weltbeste Platz, um Schilhan-Weine kennenzulernen und zu genießen.

33.

SATTLERHOF
8462 Gamlitz, Sernau 2
+43 3453 25 56
weingut@sattlerhof.at
www.sattlerhof.at
Willi Sattler ist zweifellos eine der markantesten Winzerpersönlichkeiten der Steiermark, der viel in der Region bewegt, aber auch die eigenen Weine kontinuierlich an der Spitze gehalten hat. Inzwischen mischen die Söhne des Hauses bereits im Weinbau mit, und was sie hier mitgestalten und weiterentwickeln können, ist beachtlich. Weine wie die Burgunder vom Pfarrweingarten oder die Sauvignon blancs vom Kranachberg und Sernauberg sind Monumente in der heimischen Weinlandschaft, konzipiert für ein langes Leben und großen Genuss.

34.

MUSTER.GAMLITZ
8462 Gamlitz, Grubtal 14
+43 3453 23 00
weingut@muster-gamlitz.at
www.muster-gamlitz.at

In der Familie Muster wird viel über den Wein nachgedacht, philosophiert, auch ausprobiert. Den Weinen tut das gut, auch wenn sie nicht von der Art sind, um sich einem gleich an den Hals zu werfen. Feine Aromatik, tiefe Mineralität, Facettenreichtum und Langlebigkeit sind die Kennzeichen von Weinen wie Chardonnay und Sauvignon blanc Grubtal. Feine Gaumenfreuden mit vielen regionalen Produkten warten in der Muster-Buschenschank, und zum Finale eines guten Essens genießt man die Edelbrände von Senior Josef Muster.

1.

DIE WEINBANK
8461 Ehrenhausen, Hauptstraße 44
+43 3453 222 91
prostmahlzeit@dieweinbank.at
www.dieweinbank.at
Wer sein Geld in der „Weinbank" anlegt, bekommt als Zins dafür Genuss und Lebensfreude. Ob Wirtshausküche oder Fine Dining – von den zwei Vollprofis Gerhard Fuchs (Küche) und Christian Zach (Keller) und ihrem Team wird der Gast aufs Beste umsorgt.

2.

MAGNOTHEK & WIRTSHAUS
AM ZIEREGG
8461 Berghausen, Zieregg 3
+43 3453 22 1 22
wirtshaus@magnothek.at
www.magnothek.at
Das Epizentrum für Großflaschen in der Südsteiermark – die braucht man auch, weil man hier aufgrund der herrlichen Lage und der feinen Küche so schnell nicht wieder weg will.

3.

RATSCHER LANDHAUS
8461 Ratsch an der Weinstraße
Ottenberg 35
+43 3453 231 30
info@ratscher-landhaus.at
www.ratscher-landhaus.at
Michaela und Andreas Muster bieten hier alles, was man sich von einem Landhaus erwartet: Gute Küche, feine Weine, eine große Terrasse, komfortable Zimmer zum Wohnen und sogar einen großen Naturbadeteich im Weingarten.

4.

GASTHAUS TSCHEPPE
AN DER WEINSTRASSE
8461 Gamlitz, Sulztal 18
+43 3453 200 03, +43 664 333 21 33
willkommen@gasthaustscheppe.at
www.gasthaustscheppe.at
Das Lokal wurde neu übernommen, das Küchenniveau deutlich angehoben – und der Blick von der Terrasse ist so fantastisch wie eh und je.

5.

WIRTSHAUS MAITZ
8461 Ratsch an der Weinstraße 45
+43 3453 21 53
wirtshaus@maitz.co.at
www.maitz.co.at
Als Buschenschank war das Lokal für sein Backhendl (ohne Haut!) berühmt – das gibt's im Wirtshaus nach wie vor, dazu aber auch Steak, Feines vom Wild sowie Alpenlachs und viele andere Köstlichkeiten.

6.

DAS KLEINE
WIRTSHAUS SCHRAMM
8461 Ehrenhausen, Sulztal 22
+43 3453 23 10
+43 664 195 66 97
www.schramms-wirtshaus.at
Eines der jüngsten Lokale an der Südsteierischen Weinstraße: klein, familiär, bodenständig und gut – eine echte Empfehlung.

7.

JAGLHOF – DIE AUSSICHT
8462 Gamlitz, Sernau 25
+43 3454 66 75
office@jaglhof.at
www.jaglhof.at
Auf der Weinstraße gibt es viele schönste Plätze, doch hier ist einer der allerschönsten. Es lässt sich darum gut aushalten im gepflegten Restaurant oder auf der Sonnenterrasse bei feiner Gourmetküche und einem ausufernden Weinfundus.

8.

SABATHIHOF
8463 Leutschach, Rebenweg 142
+43 3454 495
familie@sabathihof.com
www.sabathihof.com
Weingut, Wirtshaus, Wellness, Wohnen – in diesem herrlich gelegenen Weingasthof bleiben keine Wünsche offen. Für das Wohlbefinden der Gäste sorgt die engagierte Gastgeber-Familie Dillinger.

9.

KREUZWIRT AM PÖSSNITZBERG
8463 Leutschach, Pössnitz 168
+43 3454 20 56 00
office@gasthaus-kreuzwirt.at
www.gasthaus-kreuzwirt.at
Die kulinarische Abteilung des Wein- und Genusskosmos der Familie Polz am Pössnitzberg. Zu köstlich-ländlicher Küche – auf Vorbestellung auch große Braten und andere ganze Stücke – schöpft man aus einem mächtigen Weinreservoir, das keine Wünsche offen lässt.

10.

LIEPERTS KULINARIUM
8463 Leutschach, Arnfelser Straße 2
+43 664 141 81 16
office@lieperts.at
www.lieperts.at
Ganz in der Tradition von Tom Riederer zelebriert sein früherer Souschef Manuel Liepert eine feine Gourmetküche mit regionalen und saisonalen Produkten.

11.

WIRTSHAUS AM SATTLERHOF
8462 Gamlitz, Sernau 2a
+43 3453 445 40
restaurant@sattlerhof.at
www.sattlerhof.at
Hannes Sattler kann es kreativ, aber auch bodenständig. Das Repertoire reicht von Innereien oder Festtagsbraten bis zur leichten, mediterran inspirierten Fischküche. Dazu trinkt man die köstlichen Weine von Bruder Willi Sattler, die hier nur über den Hof getragen werden müssen.

Ein Bild von einer Buchtel – in der Polz Buschenschank

Buschenschänken

MUSTER STUB'N
8471 Spielfeld, Grassnitzberg 18
+43 664 481 69 28
www.musterstubn.at
Rustikales Ambiente, gute Jause, herrlicher Blick über den Grassnitzberg.

STEINBERGHOF, ULI UND
DIETER FIRMENICH
8461 Berghausen 62
+43 3453 24 35
www.firmenich.at
Ausgezeichnete „Genießer-Buschenschank", kreative Küche, eigene Weine, Edelbrände.

BACCHUSKELLER/EVA LAMBAUER
8462 Gamlitz-Eckberg 37
+43 3453 25 70
eva.lambauer@bacchuskeller.at
www.evalambauer.at
Geschmackvoll renoviertes, altes Herrenhaus mit heimeligen Stuben und schönem Naturgarten – feine Jause und tadellose Eigenbauweine.

WEINGUT JAKOPÉ
8461 Ratsch an der Weinstraße
Kästenburg 66
+43 3453 25 65
www.kaestenburg.at
Idyllisch an der Weinstraße gelegene Buschenschank mit Seminarräumen.

REPOLUSK
8463 Leutschach
Glanz an der Weinstraße 41
+43 3454 313
www.repolusk.at
Rund um den Brotbackofen in der Stube genießt man Buschenschank-Klassiker vom Hauswürstl bis zum Kübelfleisch und dazu ausgezeichnete Weine.

POLZ BUSCHENSCHANK
8471 Spielfeld, Graßnitzberg 54
+43 3453 27 30
office@polz-buschenschank.at
www.polz-buschenschank.at
Längst ein Klassiker ist die von Polz-Schwester Johanna und ihrem Mann Wolfgang Kohlenberger geführte Polz-Buschenschank, sozusagen die Keimzelle der Polz'schen Erfolgsgeschichte. Hier verbindet sich Weinkultur mit Kulinarik – von bodenständig bis ganz schön fein. Und dazu gibt es die hausgemachten Produkte aus der „Kolinarik"-Serie wie Pasteten, Pestos, Chutneys, Senf und Co zum Gleichessen oder zum Mitnehmen.

BUSCHENSCHANK TINNAUER
8462 Gamlitz, Labitschberg 42
+43 3453 23 91
weingut-tinnauer@aon.at
www.tinnauer.com
Buschenschank der feinen Art mit köstlichen Produkten aus der Umgebung, sauberen Eigenbauweinen, edlen Bränden und komfortablen Gästezimmern.

ERIKAS BUSCHENSCHANK
8462 Gamlitz, Kranach 3
+43 3453 55 65
www.erikas-buschenschank.at
Wer in der Buschenschank nicht nur gut essen und trinken, sondern auch sehen und gesehen werden will, ist hier an der richtigen Adresse.

WEINGUT UND BUSCHENSCHANK PONGRATZ
8462 Gamlitz, Kranachberg 73
+43 3453 44 77
wein@pongratz.cc
www.pongratz.cc
Ein wunderbarer Platz hoch oben am Kranachberg, an dem die ausgezeichneten Weine des Hauses gleich noch besser schmecken.

BACCHUSKELLER/EVA LAMBAUER
s. Buschenschänken
Moderne, komfortable Zimmer mit Weingartenblick.

JAGLHOF
s. Essen
Stilvoll-moderne Zimmer mit dem besten Blick über das Weinland.

SATTLERHOF
s. Essen
Gediegene Zimmer und Appartements mit Swimmingpool im Weingarten; Genießerhotel.

WEINLANDHOF
8462 Gamlitz, Untere Hauptstraße 15
+43 3453 25 84
weinlandhof-wratschko@aon.at
www.weinlandhof.at
Zentrale Lage, gute Küche – bestens geeignet auch für Seminare und Veranstaltungen.

VINCENT
8461 Sulztal an der Weinstraße 13
+43 3453 45 75
Ungewöhnlich wohnen direkt an der Weinstraße.

MOARHÄUSER/
REBENHOF-CHALETS
8461 Ratsch an der Weinstraße
+43 3453 21 35
Stilvoll restaurierte, behagliche Winzerstöckln samt Tennisplatz.

WEINGUT TAUSS
8463 Leutschach, Schlossberg 80
+43 3454 67 15
weingut-tauss@gmx.at
www.weingut-tauss.at
Komfortable, mit natürlichen Materialien ausgestattete Zimmer samt Outdoor-Swimmingpool; hauseigene Bioweine.

PURES LEBEN FERIENHÄUSER
+43 664 215 50 44
www.puresleben.at
Dietmar Silly hat an einigen der schönsten Plätze der Südsteiermark alte Häuser revitalisiert oder neue im Stil der Region gebaut.

WINZERZIMMER
Wohnen beim Winzer – mitten in den Reben in bestens ausgestatteten Zimmern. Informationen unter:
www.weinland-steiermark.at/
Winzerzimmer

DIE AMTMANN – GENUSSLADEN, NATURGARTEN UND HOFCAFÉ
Gamlitz, Kranachberg 15
Rottriegelweg
+43 664 957 88 44
www.die-amtmann.at
„Die Amtmann" wurde die Vorbesitzerin des alten Winzerhofes genannt, den Franziska Skoff in einen wahren Wundergarten voller Kräuter, Rosen und Früchte verwandelt hat.

GENUSSREGAL VINOFAKTUR SÜDSTEIERMARK
8461 Ehrenhausen-Vogau
An der Mur 13
+43 3453 406 77
webshop@vinofaktur.at
www.vinofaktur.at
In zeitgeistigem Ambiente findet man nicht nur eine umfassende Auswahl der Weine der Brüder Polz und aller anderen steirischen Topproduzenten, sondern auch regionale Produkte vom Kernöl über Essige, Schinken, Würste und Käse bis zu Bränden und Säften. Einen idealen Einstieg in die Genusswelt der Südsteiermark bietet das „Genussregal", in dem man auf unterhaltsame und informative Weise die Entstehung und die Hintergründe vieler regionaler Produkte kennenlernt.

SCHLOSS GAMLITZ/
FAMILIE MELCHER
8462 Gamlitz
+43 3453 39 22 oder 48 48
www.melcher.at
Weinbaumuseum und permanente Edelbrandausstellung; eigenes, empfehlenswertes Weingut.

FELIX WEINSTOCK
8461 Berghausen, Zieregg 2
+43 3453 40 09
www.felix-weinstock.at
Der Essig- und Ölspezialist in der Südsteiermark produziert unter anderem feine Balsamico-Spezialitäten von Muskateller, Zweigelt, Apfel, Pfirsich und Co.

FRUCHTBRENNEREI
FRANZ TINNAUER
8462 Gamlitz, Steinbach 42
+43 3453 36 07
www.tinnauer.at
In Sachen Edelbrände ist Franz Tinnauer eine Macht und holt bei nationalen und internationalen Schnapsverkostungen darum einen Titel nach dem anderen.

DIE STEINERNE HAND
Die größte Steinhand der Welt (3,23 m groß, 4127 kg schwer) liegt an der südsteirischen Panoramastraße. Sie besteht aus Kalkstein. Weingut Moser/Kapun, 8463 Leutschach, Großwalz 81

WASSERMÜHLE
Die alte Wassermühle in Eichberg-Trautenburg ist eine Tourimusattraktion ersten Ranges. Sie steht direkt am Wanderweg 4a von Eichberg-Trautenburg nach St. Johann i. Saggautal; Innenbesichtigung möglich. +43 34 54 7070 oder gemeindeamt@eichberg-trautenburg.steiermark.at

ERLEBNISFÜHRUNGEN
Suchen Sie den Naturpark Südsteirisches Weinland nicht, Sie sind mittendrin. Kindertouren wie beispielsweise „Demmerkogelforscher".
www.naturparkweinland.at

GLANZER HOFTOUR
Die Glanzer Weintraube ist Ausgangspunkt für die Glanzer Hoftour mit einer Gesamtlänge von 22,1 Kilometer, die neun Hoftourbetriebe verbindet. Die Betriebe entlang der Strecke bieten Genüsse für alle Sinne, ob Genießen und Erholen am Weinhof, Blumen und Kräuter am Blumenhof, Spezialitäten vom Wirtshaus „Käsehof", Kulinarisches vom" Jägerwirt" und vom Apfel-Kürbis-Hof, Reiten und Kutschenfahren am Reiterhof, hausgemachte Schmankerln vom Brot- und Himbeerhof sowie Rasten und Gustieren am Lindenhof. Glanzer Hoftour, Folder und Kartenmaterial ist im Tourismusbüro oder Gemeindeamt von Glanz zu beziehen.

Wein, Kultur & Kunst
WEINKULTURGARTEN
Hier erfährt man Interessantes und Wissenswertes über den Wein, im Rebenland beantwortet. Spezielle Führungen durch den Weinkulturgarten samt Weinverkostung bietet Familie Lieleg – Kollerhof an. Buchung unter +43 3454 439, Ort des Geschehens: Eichberg-Trautenburg

GLANZER WEINTRAUBE
Die größte Weintraube der Welt befindet sich auf dem Eory-Kogel und ist das Symbol von Pössnitz.

SÜDSTEIERMARK GARTEN
RENATE POLZ
Renate, die Frau von Walter Polz, hat zu Füßen ihres Hauses am Grassnitzberg einen wahren Paradiesgarten angelegt, der auch international Beachtung findet. Produkte aus diesem Garten gibt es unter anderem online oder in der „Vinofaktur".
8471 Spielfeld, Grassnitzberg 72
www.polz-garten.at

Ateliers
LICHT-DESIGN-GLASKUNST
Atelier Willi Trojan
8463 Leutschach, Pössnitz 27
(Nähe Grenzübergang Langegg)
+43 3454 276 (bietet auch geführte Kunstwanderungen an)

GEBRAUCHS- UND GARTEN-KERAMIK, MALEREI
Elfi und Manfred Sonnenberg
8461 Berghausen, Wielitsch 34
+43 3453 5219
www.msonnenberg.at
(Kreativwerkstatt und Gästehaus)

MALEREI HEINRICH MEISL
8462 Gamlitz, Haus der
Urbani Apotheke
+43 3453 7322
www.meislheinrich.com
nach telefonischer Vereinbarung

KERAMIK LENA KREMSER
8544 Pölfing Brunn, Kopreinigg 62
+43 664 430 77 89
www.keramik-lena.com

TERMINE
Der Veranstaltungsangebot an der Südsteirischen Weinstraße ist so umfangreich, dass man am besten vor Antritt der Weinreise einen Blick ins Internet wirft: www.suedsteirischeweinstrasse.at

Der Sausal – Auf dem Dach der Südsteiermark

Der Sausal gehört zwar zum Weinbaugebiet Südsteiermark, stellt aber bei näherer Betrachtung sowohl landschaftlich als auch von der Stilistik der Weine aus betrachtet ein eigenständiges Gebiet dar, das auf jeden Fall eine Reise wert ist.

Auf den ersten Blick sieht es im Sausal nicht viel anders aus, als an der Südsteirischen Weinstraße zwischen Spielfeld und Leutschach. Kleine Giebelhäuser mit roten Ziegeldächern, da und dort ein Klapotetz und natürlich die steilen Weinberge, die im Sausal freilich noch steiler sind und auch noch höher hinaufgehen; Kitzeck nimmt für sich in Anspruch, mit 564 Metern Seehöhe der höchstgelegene Weinbauort Europas zu sein, der Demmerkogel ragt gar bis 671 Meter hinauf, und dass ein Ort hier „Höch" heißt, zeigt schon, wo es lang geht: hinauf. Bei etwas genauerer Betrachtung zeigen sich dann aber – von den Steilhängen einmal abgesehen – noch drei andere, wesentliche Unterscheidungsmerkmale.

Während an der Südsteirischen Weinstraße die Weinreben praktisch allgegenwärtig sind, wechseln sich im Sausal Weingärten mit Waldstreifen, Äckern und Wiesenfluren ab – sogar Kühe gibt es hier und eine ausgezeichnete Käseproduktion gleich dazu.

Der zweite Unterschied betrifft die Infrastruktur. In der Südsteiermark säumen inzwischen noble Kosträume, elegante Weingartenhotels, gediegene Chalets, gute Restaurants und gepflegte Buschenschänken fast jeden Meter Weges, und als Folge dieser Totalerschließung tummeln sich, insbesondere an schönen Wochenenden, auch entsprechend viele Gäste zwischen Ehrenhausen und Leutschach. Im Sausal geht es vergleichsweise noch deutlich ruhiger zu, es fehlt zwar nicht an guten Adressen zum Essen, Trinken und Wohnen, doch ist die Dichte doch noch geringer. Das hat den Vorteil, dass man hier immer wieder auf Plätze stößt, wo man recht ungestört sein gutes Glas Wein genießen und den Hergott, der diesen schönen Landstrich geschaffen hat, einen guten Mann sein lassen kann.

Beliebtes Fotomotiv: die Kapelle auf der Theresienhöhe

Frohe Aussichten: Weingut Kieslinger am Kogelberg

Schloss Seggau: Seminarhotel mit Geschichte

Typisch Sausal: Schieferstein am Kittenberg

Der Weinpfadfinder fühlt sich hier also noch viel eher wie ein Entdeckungsreisender in einer Terra incognita und nicht wie ein Rundum-Sorglos-Tourist.

Der dritte große Unterschied ist nicht ganz so offensichtlich. Der Sausal ist erdgeschichtlich gesehen um rund 400 Millionen Jahre älter als die Gegend der Südsteirischen Weinstraße, was eigentlich keine große Rolle spielen würde, wenn da nicht die Sache mit den Böden wäre. Die bestehen im Sausal zu rund 85 Prozent aus Schiefer, der nicht selten bis dicht unter die Erdoberfläche reicht. Er verleiht den Weinen einen speziellen Bodenton und einen kargen, frugalen und mitunter sogar strengen Charakter. In Summe ein Weintyp, der momentan viel mehr im Trend liegt als alles Fruchtige, Üppige oder gar Holzige. Puristisch und eng kommen Sauvignon blanc, Weißburgunder und vor allem der hier seit Jahrhunderten heimische und nun wieder entdeckte Riesling daher, mit tiefer Würze, salzig und mineralisch, immer spannend und niemals ermüdend.

Über Kogel und Berge Das Tor zur Wein- und Genusswelt des Sausal bildet das Zentrum des Naturparks Steirisches Weinland, das im historischen Grottenhof in Kaindorf an der Sulm untergebracht ist. Hier kann man sich einen ersten Überblick verschaffen, und wer von der Anreise schon hungrig ist, geht einfach die paar Schritte hinüber zum „Staribacher", einem gepflegten Restaurant, das vor einigen Jahren groß ausgebaut wurde und seither auch schöne Zimmer samt Wellnessangebot bietet. Nicht ganz so leicht zu finden sind zwei Genuss-Highlights am oder besser auf dem Kogelberg, zu dessen Füßen man sich jetzt gerade befindet. Einerseits das etwas versteckt am Hang gelegene und unter Insidern längst schon legendäre „Winzerhaus am Kogelberg", das seinen Namen womöglich auch darum trägt, weil hier die südsteirische Winzerschaft gern verkehrt – übrigens immer ein untrügliches Zeichen für Qualität. Wirtshauslegende Peter Mosser, ein Meister aller Klassen, werkt hier mit seinem Sohn Michael in der Küche, Maître Klaus Zechner hat in Sachen Weinbegleitung immer den richtigen Rat parat. Ganz oben auf dem Kogelberg finden wir mit dem Weingut und Buschenschank Kieslinger ein weiteres Genuss-Kleinod. Im für die Gegend ganz untypischen Herrenhaus werden köstliche Jausen sowie feine, trinkfröhliche Eigenbauweine wie der hierzulande höchst seltene Rosenmuskat aufgetischt, die herrliche Aussicht von der Terrasse gibt es gratis dazu. Kulturhistorisch Interessierte werden womöglich den Seggauberg dem Kogelberg vorziehen – wobei das eine das andere keinesfalls ausschließen muss. Man befindet sich hier auf uraltem Kulturboden, was die Überreste eines römischen Tempels auf dem Frauenberg beweisen. Zu sehen ist unter anderem auch das Tempelmuseum und das mächtige Schloss Seggau samt seinem eindrucksvollen Weinkeller, wo die von Erich und Walter Polz gekelterten Weine des Schlossweinguts verkostet und gekauft werden können. Zwischen den beiden Bergen eingebettet liegen der Sulmsee, der im Sommer Abkühlung bietet, und die mehr als 100 Jahre alte Weinbauschule Silberberg, in der sich das Gros der steirischen Winzer sein handwerkliches Rüstzeug geholt hat.

Vom Sulmtal nach Kitzeck Auf unserem weiteren Weg zum Koschak in Nestelberg, wo man mit etwas Glück den ebenso raren wie köstlichen Kapaun auf den Teller bekommt, lohnt sich ein Zwischenstopp in der Ölmühle Hartlieb. Allein schon wegen des Duftes hier, aber vor allem wegen der vielen Ölspezialitäten von Walnuss- über Argan- bis zu Marillenkernöl und ja, die gerösteten Piemonteser Haselnüsse müssen natürlich auch mit. Nun aber weiter zum Koschak – „Wirt und Weinbauer" – und dem

Rendezvous mit dem Kapaun. Doch nicht nur diese Spezialität lohnt einen Besuch: Hier trifft kreative und doch bodenständige Wirtshausküche auf die wirklich feinen Weine aus eigener Produktion – eine höchst genussvolle Symbiose.

Doch nun zurück zu den Weinbergen, von denen schon so viel die Rede war. Um sich nicht zu verirren, kann man sich folgende Faustregel merken: Alle Wege führen nach Kitzeck! Einer zum Beispiel von Heimschuh über Pernitsch und Gauitsch. Nur mutig hinauf, auch wenn es immer steiler und enger wird, das ist ja gerade das typische in dieser Gegend. Erste Station ist die Buschenschank Schneeberger. Nicht von den großen Hallen irritieren lassen, die Schneebergers betreiben auch einen Weinhandel, sondern gleich weiterfahren zur Buschenschank am Weingarten, dessen kulinarischen Darbietungen vom Hirschrohwürstl bis zur Eierschwammerlsulz zu Recht weitum gerühmt werden.

Das nächste Mal stehengeblieben wird beim Warga–Hack, Weingut, Buschenschank und Gästezimmer. Schon der Großvater von Rainer Hack, dem heutigen Betriebsleiter, hat wesentlich dazu beigetragen, dass hier das zarte Pflänzchen des Tourismus zu sprießen begann. Im Jahr 1954 wurde die erste Buschenschank eröffnet, 1956 folgten dann die ersten Gästezimmer. Inzwischen ist alles deutlich komfortabler geworden, die Buschenschank weitum bekannt für köstliche Jausen und Mehlspeisen und Rainer Hack als einer der wenigen Wagemutigen in der Region, der sich dem Bioweinbau verschrieben hat. Ein weiterer Fixpunkt auf dieser Kitzeck-Route ist das Weingut Albert der Familie Cramer. Die Vorfahren der heutigen Besitzer stammten aus Wien und nutzten den Gutshof nur als Sommerfrische – kein Wunder, es ist ja auch ein wunderschöner Platz. Inzwischen lebt die Winzerfamilie längst ganz hier, und die Gäste dürfen die Sommerfrische genießen. An Speis und Trank mangelt es nicht, und beim Wein bündeln Christian Cramer und Junior Leopold inzwischen ihr Know-how – mit bemerkenswerten Ergebnissen.

Spitzenwein vom Schieferstein Ebenfalls ein kongeniales Duo werkt in Fresing – und in weiten Teilen des Sausal, wo ihre Weingärten verstreut sind, noch dazu: Gerhard Wohlmuth junior und senior. Der Vater hat das Weingut zum Leitbetrieb der Region aufgebaut, der Junior setzt in Sachen Weinqualität neue Maßstäbe und ist zugleich als Obmann des Sausaler Weinbauvereins eine treibende Kraft bei der Neupositionierung des Sausaler Weins. Die Weine des Hauses von extremen Steillagen wie Steinriegel oder Edelschuh sind geradezu idealtypische Paradebeispiele für die unvergleichliche mineralisch-würzige Stilistik des Sausal.

Da, wo der Steinriegel herkommt, fahren wir jetzt hin. Darum geht es hinauf nach Kitzeck – dem Ort mit der markanten Bergkirche ganz oben. Vorher passieren wir aber noch die Buschenschank Malli mit Blick über einen der steilsten Weingärten (Hangneigung 49 Grad, so steht es auch auf den Etiketten der Weinflaschen) und einer Jause, von der Insider behaupten, sie sei die beste südlich von Graz … Und dann ist da noch das Weingut Lorenz der Familie Pronegg: Ebenfalls mit Buschenschank an einem besonders ruhigen und idyllischen Flecken und viel Ambition bei den Weinen, vom duftigen Welschriesling bis zur raren Riesling Trockenbeerenauslese.

Doch nun endgültig hinauf zur Kirche, denn wo die Kirche steht, ist meist der Kirchenwirt nicht weit, und in Kitzeck ist der Kirchenwirt Heber ein verlässlicher und empfehlenswerter Betrieb. Ein paar Hundert Meter weiter befindet sich die Genuss- und Wohlfühloase der Familie Kappel. Hier kann man dem edlen Rebensaft – unter anderem aus eigener Erzeugung – nicht nur bei Tisch zusprechen, sondern sich auch damit massieren oder seine Haut mit Traubenkernöl-Peelings aufpolieren lassen.

Nach den beiden kulinarischen Highlights von Kitzeck folgt nun eine spannende Wein-Entdeckungsreise über Greith bis Höch zu den Weingütern Lambauer, Schauer (unter anderem sensationelle Burgunder von Weiß- über Grauburgunder bis Morillon!), Schwarz, Schmölzer und Felberjörgl. Wer sich hier durchkostet, begegnet wieder dem charakteristischen Sausaler Weinstil, der sich durchzieht wie ein roter Faden, und wird darüber hinaus bemerken, welch hohes Niveau der Weinbau im Sausal erreicht hat. Umso erfreulicher, dass man diese feinen Tropfen auch in den Buschenschänken aller Betriebe genießen kann – außer beim Schwarz, aber da gibt es schöne Gästezimmer, und eine Verkostung wird nach Vorbestellung gerne auch mit einer Jause garniert. Schön wohnen kann man auch beim Lambauer, es spricht also nichts dagegen, sich etwas intensiver mit dem Riesling von den Terrassen, Sauvignon blanc Gaisriegl oder einem der feinen Edelbrände des Hauses etwas intensiver auseinanderzusetzen.

Blick auf Kitzeck

Tom R – Pfarrhof St. Andrä

Weine auf höchster Ebene Ein besonderes Kleinod ist der urgemütliche Heurige Felberjörgl der Familie Temmel. Idyllisches Umfeld, alte Stuben im Erzherzog-Johann-Haus, saftige, facettenreiche Weine in allen Spielarten und dazu eine hausgemachte Jause – so schaut vermutlich die Blaupause fürs Paradies aus. Und so geht es, quasi auf höchster Ebene, weiter. Für die zwei nächsten Stationen erscheint es mir notwendig, kurz auszuholen und – einer der wenigen Vorzüge des Älterwerdens – in die Vergangenheit zu blicken. Anfang der Neunzigerjahre, als Österreichs Weinszene noch sehr klein und überschaubar war, hatten es bereits drei Sausaler Winzer zu überregionaler Bekanntheit gebracht: Gerhard Wohlmuth, Reinhold Gerngross und Franz Hirschmugl. In den Fußstapfen des inzwischen verstorbenen Hirschmugl wandelt Christoph Heissenberger, der noch einige Jahrgänge gemeinsam mit der Sausaler Weinlegende vinifiziert hat und nun im alten Hirschmugl-Anwesen eine Buschenschank der etwas anderen Art, nämlich sehr jung und unprätentiös mit Affinität zu Kunst und veganem Essen, führt. Etwas klassischer, aber nicht weniger gut geht es beim Gerngross zu, wo man die feinen Weine des Hauses zu Köstlichkeiten von selbst gezüchteten Turopolje-Schweinen garniert mit einer sensationellen Aussicht genießt.

Essen wie Gott im Sausal Hinunter geht es nun ins zauberhafte Reich von Gingi Peez-Petz und Franz Peez – dem Gasthaus „Zur Hube". Die persönliche Betreuung und die Herzlichkeit der beiden Quereinsteiger machen das besondere Flair dieses magischen Platzes aus – und die steirisch-adriatische Küche tut ein Übriges dazu, dass man einfach immer wieder hierherkommen möchte. Da das Lokal aber nicht immer geöffnet hat, empfiehlt sich auf jeden Fall eine telefonische Vorreservierung.

Ein neuer Sausaler Hotspot befindet sich auf der anderen Seite des Berges, in St. Andrä-Höch, wo sich Thomas und Katharina Riederer ebenfalls einen Lebenstraum erfüllt haben. Nach dem großen Erfolg im kleinen Pfarrwirt von Leutschach mit „T.O.M. am Kochen" geht ihre Geschichte nun mit „Tom R – Pfarrhof Sankt Andrä" in die nächste Runde. Die beiden haben das historische Pfarrhaus gekauft und neun Monate lang ebenso liebe- wie stilvoll restauriert. Das Ergebnis ist atemberaubend, und zum neuen Etablissement gehören nun auch individuell gestaltete Appartements im alten Wirtschaftstrakt samt Outdoor-Swimmingpool. Das junge Team in Küche und Service ist hochmotiviert, gekocht wird kreativ, überraschend und hochklassig.

Damit wären wir nun mit dem Sausal fast fertig, aber eben nur fast. Denn es gibt noch eine „Außenstelle", die man keinesfalls verpassen sollte – St. Nikolai im Sausal mit dem Flamberg, dem Reich der Familie Harkamp.

Die finale Bergwertung führt uns nun hinauf zum Flamberg, einer Art Insel im vom Schiefer dominierten Sausal mit kalkreichen Böden, die auf die Überreste eines Korallenriffs zurückgehen. Ganz oben auf der Lage Oberburgstall befindet sich in spektakulärer Lage Heinz Harkamps Weingartenhotel und -restaurant. Ein Platz zum königlichen Genießen – dafür sorgt der ehemalige Jörg-Wörther-Schüler, der in der Küche alles kann, aber deswegen nicht alles, was möglich ist, auch macht. Was das bedeutet, überprüft man am besten vor Ort, und dazu genießt man die Weine von Bruder Hannes Harkamp, der sich zuletzt auch mit seinen exzellenten Sekten einen Namen gemacht hat. Spannend die Vergleichsverkostung seiner Weine von Kalk- und Schieferböden, sprich Flamberg und Kogelberg. Womit sich der Kreis unserer Sausal-Expedition schließt.

Hangneigungen bis 70 Prozent sind im Sausal keine Seltenheit, und manchmal wird es sogar noch steiler. Diese Lagen sind besonders schwer zu bewirtschaften, bekommen dafür aber auch eine besonders intensive Sonneneinstrahlung, was Weinbau bis in Höhen um die 600 Meter ermöglicht. Diese hohen Lagen und die kühlen Winde von der Koralpe sorgen für besonders fruchtige und aromatische Weine mit frischer Säure, die stets trinkanimierend sind und selten breit oder üppig ausfallen. Da sich die heutigen Weinberge über die Wogen des hier einst brandenden Urmeeres erheben, findet man im Vergleich zur Südsteiermark weniger kalkreiche Böden, sondern vielmehr Urgesteins- und Schiefer-Verwitterungsböden, die für eine besonders intensive Mineralik der Weine sorgen.

WEINGÜTER

1 Kieslinger, Leibnitz/Kogelberg
2 Landesweingut Silberberg Leibnitz/Kogelberg
3 Schneeberger, Heimschuh
4 Warga-Hack, Kitzeck/Gauitsch
5 Albert – Christian Kramer Kitzeck/Gauitsch
6 Wohlmuth, Fresing
7 Malli, Kitzeck/Einöd
8 Lorenz – Familie Pronegg, Kitzeck/Einöd
9 Lambauer, Kitzeck/Greith
10 Schauer, Kitzeck/Greith
11 Schwarz, Kitzeck/Greith
12 Schmölzer, St. Andrä-Höch
13 Felberjörgl, Kitzeck/Höch
14 Kaarriegel, St. Andrä-Höch/Rettenberg
15 Gerngross, Fresing/Hochbrudersegg
16 Pichler-Schober, St. Nikolai im Sausal
17 Harkamp, Flamberg

LOKALE

1 Staribacher, Leibnitz/Kaindorf
2 Winzerhaus am Kogelberg Kaindorf/Kogelberg
3 Koschak, Heimschuh
4 Kirchenwirt Heber, Kitzeck
5 Weinhof Kappel, Kitzeck
6 Zur Hube, Gleinstätten/Sausal
7 Tom R – Pfarrhof St. Andrä St. Andrä/Sausal
8 Harkamp, Flamberg

1.

KIESLINGER
8430 Leibnitz, Kogelberg 36
+43 3452 827 80
weingut@kieslinger.org
www.kieslinger.org
Zu den feingliedrigen, fruchtig-eleganten Tropfen, die von den Kieslingers im 300 Jahre alten, modern ausgestatteten Keller kultiviert werden, genießt man feine Schmankerln aus besten regionalen Grundprodukten vom Käse bis zum Kürbis.

2.

LANDESWEINGUT SILBERBERG
8430 Leibnitz, Kogelberg 16
+43 3452 82 33-945
weinkeller.lfssilberberg@stmk.gv.at
www.silberberg.at
Das Sortiment an hervorragenden Weinen und Edelbränden spiegelt praktisch die gesamte steirische Herkunfts- und Sortenpalette wider.

3.

WEINGUT BUSCHENSCHANK SCHNEEBERGER
8451 Heimschuh, Pernitsch 19
+43 3452 839 34
schneeberger.weine@aon.at
www.weingut-schneeberger.at

Das Weingut Schneeberger ist ein Familienbetrieb, bei dem jeder mit Hand anlegt und das Zusammenspiel mehrerer Generationen perfekt funktioniert – und das seit 1870. Ziel ist es, Wein- und Feinspitzen stets etwas Besonderes zu bieten. Im Weingut bilden die Basis dafür Spitzenlagen im Sausal wie Kittenberg oder Flamberg, von denen frische, fruchtbetonte Weine mit knackiger Säure und schönem Trinkfluss gekeltert werden. Die erste Adresse um die Schneeberger-Weine zu genießen, ist natürlich die für ihre außerordentliche Qualität bekannte Buschenschank der Familie.

4.

WARGA-HACK
8442 Kitzeck im Sausal, Gauitsch 20
+43 3456 228 20
biowein@warga-hack.at
www.warga-hack.at
Bioweinbau ist im Sausal und generell in der Steiermark aufgrund der hohen Niederschlagsmengen eine echte Herausforderung – Rainer Hack hat sie angenommen und gemeistert. Das Ergebnis sind spannende Bioweine – am besten zu kosten in der idyllischen Buschenschank.

5.

WEINGUT ALBERT – CHRISTIAN CRAMER
8442 Kitzeck im Sausal, Gauitsch 19
+43 3456 22 39
weingutalbert@aon.at
www.weingut-albert.at

Das Weingut Albert der Familie Cramer ist ein besonderer Platz. Ein alter Gutshof in atemberaubender Aussichtslage mit einer urgemütlichen Buschenschank und Gästezimmern, die man nach einer Vertikalverkostung und ausgiebiger Jause gerne in Anspruch nimmt. Zu Kosten haben Christian und Junior Leopold Cramer allerhand, vom Schilchersekt über leichte und kräftige Weißweine von Sauvignon und Co bis hin zum Pinot noir und einem abschließenden Edelbrand aus eigener Erzeugung.

6.

WOHLMUTH
8441 Kitzeck im Sausal, Fresing 24
+43 3456 23 03
wein@wohlmuth.at
www.wohlmuth.at

Das Sortiment im Weingut Wohlmuth (Gründungsjahr 1803) ist breit gefächert, besonderes Augenmerk gilt aber dem Riesling, der im Sausal eine große Tradition hat, den weißen Burgundersorten und natürlich dem Sauvignon blanc. Es ist ein großes Vergnügen, die Sauvignon-Stafette vom Klassik über den Kitzecker und das Lagen-Duo Steinriegl und Hochsteinriegl bis zum Edelschuh durchzukosten und dabei die feinen Unterschiede herauszuriechen und zu schmecken. Das sind Weine von internationaler Spitzenklasse – davon gibt es hier noch einige mehr.

7.

MALLI
8442 Kitzeck im Sausal, Einöd 38
+43 3456 31 59
weingut-malli@aon.at
www.weingut-malli.at
Hochklassiger Heuriger mit spannenden, mineralischen Weinen von einigen der steilsten Lagen des Sausal.

8.

WEINGUT LORENZ – FAMILIE PRONEGG
8442 Kitzeck im Sausal, Einöd 8
+43 3456 23 11
kontakt@weingut-lorenz.at
www.weingut-lorenz.at
Weingut, Buschenschank, Gästezimmer – alles da im Hause Lorenz. Zudem ist Michael Lorenz ein sehr ambitionierter Weinmaker, dessen Ehrgeiz es ist, aus den Sausaler Schieferböden Rieslinge, Sauvignons und Co mit maximaler Mineralität und Rasse zu keltern.

9.

LAMBAUER
8442 Kitzeck im Sausal, Greith 19
+43 3456 22 35
nfo@weingut-lambauer.at
www.weingut-lambauer.at
Im schmucken gelben Winzerhaus der Familie Lambauer findet man die klassische steirische Dreierkombination von Weingut, Buschenschank und Gästezimmern samt Swimmingpool. Geheimtipp: Der Cabernet Sauvignon des Hauses, der nur in Topjahrgängen gekeltert wird.

10.

SCHAUER
8442 Kitzeck im Sausal, Greith 21
+43 3456 35 21
office@weingut-schauer.at
www.weingut-schauer.at
Das Weingut Schauer gehört zu den dynamischsten Betrieben im Sausal, getrieben von den beiden Juniorchefs Stefan und Bernhard Schauer, die hier mächtig Gas geben. Das Ergebnis sind idealtypische Sausaler Terroirweine von den Steillagen um Kitzeck, allen voran Sauvignon blanc, die weißen Burgundersorten und der Riesling. Besonders „aussichtsreich" und lauschig ist die gepflegte Buschenschank der Familie Schauer, mitten in der Großlage Gaisriegel – das Reich von Seniorchefin Elisabeth Schauer.

11.

SCHWARZ
8442 Kitzeck im Sausal, Greith 35
+43 3456 30 64
weingut-schwarz@aon.at
www.schwarz-kitzeck.at
Das Weingut Schwarz mit Buschenschank und Gästezimmern ist längst ein Kitzecker Klassiker. Feinfruchtige Weine sind hier die Stärke, doch wenn auf dem Etikett Wunsum oder Steinriegl steht, spielt's Granada.

12.

SCHMÖLZER
8444 St. Andrä-Höch, Altkerschegg 72
+43 3185 82 47
info@schmoelzer-schneeberger.at
www.schmoelzer-schneeberger.at
In der neu aufpolierten Buschenschank genießt man Weine, die immer wieder bei Prämierungen aufzeigen und deren Spektrum vom duftigen Muskateller bis zur mächtigen „Privat"-Linie reicht.

13.

FELBERJÖRGL
8442 Kitzeck im Sausal, Höch 47
+43 3456 31 89
E-Mail: info@felberjoergl.at
Internet: www.felberjoergl.at
Hans Peter Temmel vom Weingut Felberjörgl war einer der ersten im Sausal, die sich anschickten, das Qualitätspotenzial der hiesigen Lagen voll auszuloten. Das Ergebnis sind vielfach ausgezeichnete Weine wie Morillon Höchleiten, Weißburgunder Kreuegg oder der mächtige Traminer vom Mosergut. Für eingehende Studien empfiehlt sich die Buschenschank des Hauses in bezaubernder Einzellage.

14.

KAARRIEGEL
Die etwas andere Buschenschank
8444 St. Andrä-Höch, Rettenberg 97
+43 664 253 20 20
wein@kaarriegelat
www.karriegel.at
Christof Heissenberger hat vom legendären Franz Hirschmugl die Philosophie der Eigensinnigkeit, Eigenständigkeit und Naturverbundenheit übernommen. Aus ihr entstehen „langsame", durchaus ein bisschen widerborstige und spannende Weine jenseits des Mainstreams.

15.

GERNGROSS
8441 Fresing, Hochbrudersegg 11
+43 3456 29 22
info@weingut-gerngross.at
www.weingut-gerngross.at
Seit 1956 betreibt die Familie Gerngross in einer der schönsten Aussichtslagen des Sausal ihre weitum bekannte Buschenschank, und Reinhold Gerngross hat auch mit seinen Weinen – allen voran von der Paradelage Hochbrudersegg – schon früh auf Topqualität gesetzt. Inzwischen ist Junior Michael, der seine Liebe zum Wein geschickt mit jener zum guten Essen kombiniert, bereits die treibende Kraft im Weinkeller.

16.

PICHLER-SCHOBER
8505 St. Nikolai im Sausal
Mitteregg 26
+43 3456 34 71
weingut@pichler-schober.at
www.pichler-schober.at
Die Familie Pichler bietet ihren Gästen ein kleines Paradiesgärtlein mit idyllischer Buschenschank samt Vinothek und einem blitzsauberen Weingut das eine gewaltige Vielfalt an feinen Tropfen hervorbringt; wer länger bleiben will, checkt im hübschen Winzerhaus ein.

17.

HARKAMP
8505 Flamberg 46
+43 3185 306 30
weingut@harkamp.at
www.harkamp.at
Von seinen Weingärten am Oberburgstall bei Flamberg und am Kogelberg nahe Seggau keltert Hannes Harkamp Weine von eigenständiger Stilistik und tiefer Mineralik. Diese sind selten vordergründig, laden aber zu eingehender Beschäftigung ein. Gekostet haben sollte man die Sauvignon blancs von beiden Lagen; der Unterschied zwischen kalkreichen Sandböden (Oberburgstall) und Schiefer (Kogelberg) tritt hier deutlich zu Tage. In den vergangenen Jahren hat sich Harkamp auch mit seinen Sekten aus der eigenen Sektmanufaktur profiliert, die zweifellos zu den besten des Landes zählen.

1.

RESTAURANT/HOTEL STARIBACHER
8430 Leibnitz/Kaindorf, Grottenhof 5
+43 3452 825 50
hotel@staribacher.at
www.staribacher.at
Hervorragend essen im Kastaniengarten oder am „Kitchen-Table“ (= Kuchl-Tisch), schön wohnen und im Wellnessbereich relaxen – ein Komplettangebot, das man schwer ablehnen kann.

2.

WINZERHAUS AM KOGELBERG
8430 Kaindorf an der Sulm
Kogelberg 10–11
+43 3452 834 51
winzerhaus@kogelberg.at
www.kogelberg.at
Längst legendär! Wer den Weg zu Peter und Michael Mosser (Küche) und Klaus Zechner (Weinzauberer) einmal gefunden hat, kommt immer wieder.

3.

KOSCHAK WIRT UND WEINBAUER
8451 Heimschuh, Nestelberg 43
+43 3456 24 01
+43 650 990 30 99
koschak@aon.at
www.koschak.at
Der Schmäh vom Wirt ist so trocken wie seine köstlichen Eigenbauweine – dazu steuert Silvia Koschak herrlich bodenständige Gerichte bei, unter anderem vom Sulmtaler Huhn und, wenn gerade einer vorbeifliegt, vom berühmten Kapaun.

4.

KIRCHENWIRT HEBER
8442 Kitzeck im Sausal, Steinriegel 52
+43 3456 22 25
kirchenwirt.kitzeck@aon.at
www.kirchenwirt-heber.at
Wer so eine Lage hat, müsste eigentlich gar nicht so gut kochen – Gertraude Heber macht es trotzdem!

5.

WEINHOF KAPPEL
8442 Kitzeck im Sausal, Steinriegel 25
+43 3456 23 47
office@weinhof-kappel.at
www.weinhof-kappel.at
Wer hier gelandet ist, müsste das Haus gar nicht mehr verlassen. Weingarten-Pool, Wellness, feine Küche und Weine aus eigener Erzeugung sind die Argumente dafür.

6.

ZUR HUBE
8443 Gleinstätten, Sausal 51
+43 3457 32 71
restaurant@zurhube.at
www.zurhube.at
Gingi Peez-Petz ist Autodidaktin und eine wundervolle Köchin. Die Öffnungszeiten variieren ein wenig (vorher anrufen!), aber wer einmal auf der verwunschen-schönen Terrasse des Hauses sitzt, will von hier nie wieder weg.

7.

TOM R – PFARRHOF SANKT ANDRÄ
8444 St. Andrä-Höch 1
+43 660 400 87 34
pfarrhof@tomr.at
www.TomR.at
Fast zu schön um wahr zu sein: Ein wunderschön renovierter Pfarrhof, eine geniale, liebevoll zelebrierte Küche, ein prall gefüllter Weinkeller – das Paradies von Thomas und Katharina Riederer ist Gott sei Dank auch Gästen zugänglich.

8.

HARKAMP
8505 Flamberg 46
+43 3185 228 00
office@weingartenhotel.at
www.weingartenhotel.at
Ganz nah am Himmel – vielleicht wollen hier darum so viele Menschen heiraten? Toller Platz über den Weingärten und Heinz Harkamp ist einer, der in der Küche einfach alles kann. Im Keller die Weine von Bruder Hannes, aber auch eine fette Batterie gereifter Bordeaux’.

GÄSTEZIMMER AUF
SCHLOSS SEGGAU
8424 Leibnitz, Seggauberg 4
+43 3452 711 23
www.seggau.com
Modernes Seminarhotel mit komfortablen Zimmern nebst historischen Gemäuern.

WEINHOF KAPPEL
Kitzeck
s. Essen

PANORAMAHOTEL
RESTAURANT STEIRERLAND
8442 Kitzeck im Sausal, Höch 10
+43 3456 23 28
office@steirerland.co.at
www.steirerland.co.at
Gepflegtes Viersternehotel in herrlicher Lage (die Adresse „Höch“ ist hier wörtlich zu verstehen), in dem eine gute, leichte Regionalküche gepflegt wird.

HOTEL STARIBACHER
s. Essen

WEINGARTENHOTEL HARKAMP
8505 St. Nikolai im Sausal
Flamberg 46
+43 3185 22 80
office@weingartenhotel.at
www.harkamp.at
Hier wohnt man in modernen und teilweise ein wenig „schrägen“ Zimmern hoch über den Weingärten der Lage Burgstall.

Wohnen beim Winzer
WEINGUT RUPP
Familie Pronegg
8442 Kitzeck im Sausal, Steinriegl 26
+43 3456 22 84
weingut-rupp@aon.at
www.urlaubambauernhof.at/weingut-rupp

WEINGUT SCHWARZ
Kitzeck, s. Winzer

KERNÖL-MÜHLE HARTLIEB
8451 Heimschuh 107
Tel.: +43 3452 82 55 10
www.hartlieb.at
Im Museum und in der Produktion kann man sehen, wie Öl hergestellt wird; zahlreiche Ölspezialitäten stehen zum Kosten und Kaufen bereit.

FLAMBERGER –
BRAUEREI LÖSCHER
8505 St. Nikolai im Sausal, Flamberg
+43 3185 32 66
flamberger@utanet.at
Vielfältige Bierspezialitäten aus der Kleinbrauerei; Michael Löscher braute schon längst Craft Beer, bevor der Begriff zur Modeerscheinung wurde.

DESTILLERIE WEUTZ
8505 St. Nikolai im Sausal Nr. 6
+43 3185 344 40
www.weutz.at
In der ersten steirischen Whisky-Destillerie entstehen neben vielen Obst- und Fruchtbränden auch Single Malts.

KÄSEREI JOSEF FISCHER
8442 Kitzeck im Sausal, Neurath 19
+43 3456 34 65, +43 664 545 13 65
info@fischer-kaese.at
www.fischer-kaese.at
Nicht nur in den Alpen wird guter Käse gemacht, sondern auch im Sausal. Das beweist Josef Fischer mit köstlichem Camembert, Brie, Schittkäse und Co.

WEINKELLER SCHLOSS SEGGAU
8430 Leibnitz, Seggauberg 1
+43 3452 82 43 50
schloss@seggau.com
www.seggau.com
Der imposante, 300 Jahre alte bischöfliche Weinkeller ist regelmäßig Schauplatz für Weinverkostungen und andere Veranstaltungen. Im dazugehörigen Weinladen kauft man die Seggauer Weine, Edelbrände und steirische Spezialitäten.

Organisierte Genusstouren
TRAKTORGAUDI WEINLAND SÜDSTEIERMARK
Individuelle Traktortouren beispielsweise entlang der Sausaler Weinstraße (mit Besuch des Weinmuseums, Weinverkostung, Buschenschankbesuch) oder per Traktor von Schloss zu Schloss; www.traktorgaudi.at

FEINSCHMECKERRALLYE
6 Gänge werden in 6 verschiedenen Lokalen der Region genossen, den Transport übernimmt das Gästetaxi.

5-SINNE-GENUSSTOUR
Wandern und radeln kombiniert mit verkosten und genießen bei Weingütern und Buschenschänken.

Informationen zu diesen und vielen anderen Angeboten und Veranstaltungen unter: www.sulmtal-sausal.at

NOSTALGIE AUF RÄDERN
Die motorisierte Welt derFahrzeuge, Motoren verschiedener Bauart, Radios und über 5000 großformatige Fotos aus der motorisierten Welt der Fünfziger- und Sechzigerjahre; Großklein, Nestelberg 94, www.nostalgieaufraedern.at

HÖCHSTER KLAPOTETZ DER WELT AM DEMMERKOGEL
Das Wahrzeichen des Weinlandes ist der achtflügelige Klapotetz am Demmerkogel, der vom 25. Juli (Jakobi) bis 11. November (Martini) in Betrieb ist. Toller Aussichtspunkt. St. Andrä-Höch, ganzjährig zu besichtigen.

NATURPARKZENTRUM GROTTENHOF
Ein 8 Hektar großer Landschaftspark mit Naturparkmuseum, Gastronomie, Veranstaltungen, und einem riesigen Kindererlebnispark.

FLUSSWANDERN AUF DER SULM
Unterwegs mit offenen Kanadier-Booten. Dauer: 2,5 Stunden, Start in Heimschuh; +43 664 442 12 13, www.movingwater.at

STERNENABENDE
Einen Streifzug zu den Himmelsjuwelen unternimmt Klaus Tschernschitz mit Besuchern, +43 650 831 05 26 www.sternenabend.at

Weltgrößter Klapotetz am Demmerkogel

Wein, Kultur und Kunst
TEMPELMUSEUM FRAUENBERG
Das Museum zeigt römische Lebensweise und die religiös-kultische Bedeutung des Sulmtals in der Römerzeit. Seggauberg, Frauenberg 17

SCHLOSS SEGGAU
Ein Kunst- und Kulturjuwel der Südsteiermark, eine Schlossführung ist empfehlenswert, Weinverkostungen möglich. Seggauberg 1
www.seggau.com

HALLSTATTMUSEUM GROSSKLEIN
Einblick in das Leben und die Bedeutung der hallstattzeitlichen Siedlung auf dem Burgstallkogel bei Großklein, dem wichtigsten Zentrum der Südsteiermark in der frühen Eisenzeit. Großklein 9, +43 664 271 44 14, Susanne Niebler, Kustodin

RÖMERMUSEUM FLAVIA SOLVA
Auf dem historischen Grabungsfeld der Römerstadt in Wagna wurde ein neues Landesmuseum errichtet, in dem die Geschichte des Römischen Reiches und der Stadt Flavia Solva gezeigt wird; Wagna. www.museum-joanneum.at

ERLEBNIS-WEINLEHRPFAD WEINBAUSCHULE SILBERBERG
Der Pfad führt auf 1,5 Kilometer durch die steilsten Weingärten der Südsteiermark und erzählt die Geschichte des Weinbaus in der Steiermark. Frei zu besichtigen. Kaindorf an der Sulm, Kogelberg 16, www.silberberg.at

WEINMUSEUM KITZECK
Das erste steirische Weinmuseum in Kitzeck zeigt in einem alten Bauernhaus bäuerliches Hausgerät und die Entwicklung der Kellerwirtschaft mit den dazugehörenden Geräten.
Kitzeck im Sausal, Steinriegel 15

URBANISTATUE UND RIESENREBLAUS
Die 5 Meter hohe und 3 Tonnen schwere Urbanistatue vom Sulmtaler Schmiedekünstler Ewald Stani ziert den Eingang des Weinlehrpfades. Auch eine 250 Kilo schwere Reblaus befindet sich auf dem Weg. Leibnitz, Kogelberg 16 www.silberberg.at

TERMINE
- Leibnitzer Hobbykünstlermarkt Leibnitz (Aug.)
- Junkerpräsentation Schloss Harrachberg (Nov.)
- Südsteirisches Weinfest Leibnitz (Okt.)
- Steirische Weinwoche Leibnitz (Sept.)
- Römern. Jeden Mittwoch vom Mai bis Oktober, Wagna

INFORMATION
Tourismusverband Sulmtal-Sausal – Weinland.Südsteiermark, 8442 Kitzeck im Sausal, Steinriegel 15
+43 3456 35 00
info@sulmtal-sausal.at
www.sulmtal-sausal.at

Südoststeiermark – Genuss um den Vulkan

Im südoststeirischen Thermen- und Vulkanland sprudeln nicht nur heiße Quellen, sondern auch köstliche Weine, edle Brände, feinstes Kernöl und viele andere Säfte. Dazu gibt's Schinken, Würste, Schokolade, Obst und Co. Willkommen im Schlaraffenland!

Die Südoststeiermark hat sich in den vergangenen zehn, fünfzehn Jahren entwickelt wie kaum eine zweite Weinregion im Land. Heute wartet die Region zwischen Riegersburg und Bad Radkersburg auch abseits der Thermen mit einer genusstouristischen Infrastruktur auf, die allen Bedürfnissen gerecht wird, und dennoch fehlt der Region das Glatte, Glänzende und schon ein wenig Herausgeputzte, das der Südsteiermark inzwischen anhaftet. Die Strukturen sind im Grunde bäuerlich geblieben, auch wenn man neue Produkte entwickelt und Vermarktungswege für diese gefunden hat, und die typisch-steirische Gemütlichkeit hat sich trotz einer gewissen Weltoffenheit, die inzwischen Einzug gehalten hat, nach wie vor erhalten.

Mich fasziniert aber auch die Landschaft der Südoststeiermark, mit ihren – wie radelnde Genießer gerne bestätigen werden – gar nicht so sanften Hügeln und ihrer abwechslungsreichen Struktur. Wälder folgen auf Wiesen, Obstbäume auf Maisplantagen, Kürbisfelder auf Weinreben – und dazwischen immer wieder Schweineställe, denn hier wird, ganz im Gegensatz etwa zu Südtirol, nicht nur der Schinken in die würzige Luft gehängt, sondern auch die dafür notwendigen Schweine gezüchtet. Unzählige Straßen und Wege durchpflügen das Land, und man kann sich zwar sehr leicht verfahren, steht aber trotzdem niemals an: Die Landschaft ist nach allen Richtungen offen und mit etwas Glück „navigiert" man sich schon vom nächsten Hügel aus anhand weithin sichtbarer Anhaltspunkte wie der Riegersburg, Schloss Kapfenstein oder den Kirchtürmen von Straden wieder auf den richtigen Weg zurück.

Der Norden des Südens Auf diesem Weg in Richtung Südoststeiermark verlocken einige vielversprechende Vorposten bereits zum frühzeitigen Verlassen der Autobahn. So etwa in Hartberg, wo man sich nach wenigen Minuten mitten im zauberhaften Naturpark Pöllautal befindet. Der bezirzt nicht nur durch landschaftliche Schönheit, sondern auch durch regionale Spezialitäten wie die Hirschbirne, die wiederum von einem der Pioniere der heimischen Edelbrenner-Szene, dem Obsthof Retter, perfekt in die Flasche destilliert wird. Diese und andere Destillate, Essige und Co genießt man am besten im neu gestalteten Restaurant der Familie Retter am Pöllauberg. Dort findet der erfahrene Genussreisende auch gleich ein weiteres kulinarisches Highlight – und zwar in jeder Hinsicht. Seit 1628 ist der Berggasthof König direkt neben der Wallfahrtskirche am Pöllauberg bereits eine gastliche Stätte und Familie König verwöhnt ihre Besucher mit köstlich-bodenständiger Küche und einer Weinauswahl, der man die Weinbegeisterung der Wirtsfamilie deutlich anmerkt. Apropos Wein: Obwohl in der Region der Obstbau eindeutig an erster Stelle steht, hält in Kaibing, nahe dem Stubenbergsee, Karl Breitenberger auch die Fahne des Weinbaus hoch. Die feinen Weine des Hauses kann man gleich in der Buschenschank zu selbst gebackenem Brot und vielen hauseigenen Produkten verkosten und genießen – womit einmal ein genussvoller Anfang gemacht wäre!

Weine vom Basalt Um nun in das Kerngebiet des südoststeirischen Weinlands zu gelangen, fahren wir von Kaibing durch das Feistritztal weiter bis Ilz. Dort wartet in Walkersdorf mit dem „Gasthaus Haberl" und „Fink's Echte Delikatessen" gleich die nächste verlockende Anlaufstation auf einreisende Gäste. Hans-Peter Fink ist dem Wiener Publikum noch von seiner Zeit als „Sacher"-Küchenchef in bester Erinnerung. Seine Frau Bettina zeichnet für allerlei eingelegte und eingekochte Köstlichkeiten im Glas, von Essigfrüchten bis zu Chutneys und Marmeladen, verantwortlich, und ihr Bruder Mario Haberl ist als Herr über einen bestens sortierten Weinkeller jederzeit in der Lage, eine kleine Weinreise durch die Südoststeiermark zu gestalten, ohne dass sich der Gast auch nur vom Tisch erheben muss. Trotzdem wäre es schade, diese Genussreise nur mit dem Finger auf der Landkarte zu absolvieren, denn bereits auf der nächsten Anhöhe erspäht man in der Ferne die Riegersburg, und jetzt geht es mitten hinein ins Wein- und Genusseldorado des Vulkanlands.

Aber keine Angst vor dem Vulkan: Dass es hier so richtig heiß zuging, ist rund zwei Millionen Jahre her, doch haben die vulkanischen Aktivitäten Spuren hinterlassen, die noch heute sichtbar sind und die auch den Weinbau der Region beeinflussen. So steht das Schloss von Kapfenstein ebenso wie die Riegersburg auf ehemaligen Vulkankegeln, und die Böden, die neben Sand und Lehm auch aus vulkanischem Basalt und seinem Verwitterungsgestein bestehen, geben den Weinen der Südoststeiermark eine besondere, charakteristische Würze. Dazu kommt, am Schnittpunkt zwischen trockenem pannonischem und feuchtwarmem Mittelmeerklima, ein besonders mildes Wetter. Das verhilft auch den Rotweintrauben zu hoher Reife und erlaubt es uns mit etwas Glück sogar noch im November auf der Terrasse der entzückenden Winzerei am Starzenberg zu sitzen und es uns mit einem guten Glas Weißburgunder und einer bestechenden Aussicht auf die Riegersburg gut gehen zu lassen.

Tor zum Genuss: Schlosswirt Kapfenstein

Wein- und Weitblick auf St. Anna am Aigen

Die Familie Eibel, deren Weingut sich wenige Kilometer von hier entfernt am Schießlkogel bei Hatzendorf befindet, hat hier ein perfektes Buschenschank-Idyll geschaffen und mit der Wiederbepflanzung der historischen Weingärten auch für das passende Umfeld gesorgt. Nach dem Motto „Vom Einfachen das Beste" kostet man sich durch herrliche Schinken, Käse und andere Schmankerln, und wenn man vom vielen Weinkosten ermattet sein sollte, fällt man nur einmal um und befindet sich in Alois Gölles' modernem „Genusshotel Riegersburg", das die andere Hälfte des Hügels einnimmt. Der bekannte Edelbrand- und Essig-Zampano hat mit diesem eleganten 46-Zimmer-Haus eine Lücke in der Region geschlossen und das Konzept ganz auf Genussreisende ausgerichtet.

Die Südoststeiermark erleben Für Wanderlustige befinden sich in Gehweite die sehr empfehlenswerte Buschenschank Bernhart, wo man unter anderem die Weine von den Weingärten auf der Riegersburg genießt, und die „Hofbergstubn" von Stefan Wippel, der sein Handwerk beim „Fink" in Riegersburg gelernt hat und nun zu Hause köstlich aufkocht. Auch hier findet man tadellose Weine aus dem Familienweingut und ebenso wie beim Bernhart ist bei Speis und Trank der Blick auf die imposante Ostseite der Riegersburg inbegriffen. Ein Verdauungsspaziergang da hinauf empfiehlt sich auf jeden Fall aber ganz besonders dann, wenn man als nächstes Sepp Zotters „Schoko-Laden-Theater" oder die „Vulcano-Schinkenwelt" ins Visier nimmt. Vor mehr als zwanzig Jahren hat Zotter begonnen, sich mit handgeschöpften Schokoladen zu beschäftigen, vor fünfzehn kehrte er in seine Heimat, in das winzige Nest Bergl zurück und begann hier in einem bescheidenen Zubau zu seinem Elternhaus spektakuläre Schokoladen wie die längst legendäre „Grammelnussn" zu kreieren. Inzwischen sind Zotter-Schokoladen eine landauf, landab bekannte Marke und Bergl wurde dank Zotters Schokoladenwelt zu einer Pilgerstätte für Ausflügler und Naschkatzen von nah und fern. Wer auf die Frage: „Süßes oder Saures?" gerne mit „Salziges!" antwortet, sollte noch ein, zwei Hügel weiterfahren und in Auersbach in die „Vulcano-Schinkenwelt" eintauchen. Seit dem Jahr 2000 werden hier von einer engagierten Produzenten-Gemeinschaft luftgetrocknete Schinken, Rohwürste und andere Delikatessen vom Schwein auf höchstem Niveau produziert – 2012 hat man rund um die Produktion ein Besucherzentrum geschaffen, das den Schinken nicht nur kost-, sondern auch erlebbar machen soll.

Essig-Kult und Wein im Schloss Nach diesem Abstecher in den Norden geht unsere Genusstour nun aber wieder in südlicher Richtung weiter. Vorbei an Riegersburg und halt, nicht so schnell: Da war links ein Schild, das den Weg zum Gölles angezeigt hat. Also einmal kurz den Berg hinauf und schon befindet man sich mitten zwischen Hunderten Essigfässern, in denen der kostbare Stoff reift, bevor er Salate in genussaffinen Haushalten und der guten Gastronomie des Landes benetzen darf. Gölles hat es verstanden, das Thema Essig in Österreich neu zu positionieren, und wer ein paar Tropfen seines alten Apfel-Balsamessigs auf seinen Salat träufelt, mischt nicht nur einfach eine Marinade ab, sondern begeht eine beinahe kultische Handlung. Rückgrat eines perfekten Marketings ist im Hause Gölles aber immer eine zuverlässige Spitzenqualität – und das gilt für die Edelbrände genauso wie für den Essig. Über Fehring geht es nun weiter in Richtung Kapfenstein, man fahrt uber einen Hügel und dann kommt so

unvermittelt die Abzweigung zum Schlossberg, dass man sie leicht übersehen könnte. Macht nichts, denn von unten sieht das Ensemble aus Schlossberg, Kirche und dem Schloss hoch oben über den Weinbergterrassen ebenso imposant wie pittoresk aus. Also schnell ein Foto und dann zur Weinverkostung bei Georg Winkler-Hermaden. Sein Zweigelt „Olivin" hat nicht nur ein wichtiges Kapitel steirischer, sondern sogar österreichischer Rotweingeschichte geschrieben, kostenswert sind aber auch alle anderen Weine. Spannend etwa ein Vergleich der Traminer von der Lage Kirchleiten in Kapfenstein und dem Gewürztraminer vom Ölberg in Klöch. Hervorragend auch der feinperlig-elegante Sekt vom Pinot noir – aber den kann man sich dann gleich oben im Schlossrestaurant als Aperitif zu einem schönen Menü in historischen Mauern oder auf der herrlichen Restaurant-Terrasse genehmigen.

Wirtshaus für Gourmets Eine der schönsten Möglichkeiten in der Steiermark Wein zu kosten und zu kaufen bietet die im wahrsten Sinne des Wortes aussichtsreiche „Gesamtsteirische Vinothek" in St. Anna am Aigen, einige Kilometer südlich von Kapfenstein. Anspruch auf Vollständigkeit wird hier nicht erhoben, dafür findet man immer wieder auch interessante Winzertipps aus der Region.

Wer es dagegen lieber gastronomisch auf die Spitze treiben will, fährt über Bairisch Kölldorf und vorbei am berühmten „Styrassic Park" hinüber nach Trautmannsdorf zum „Steira Wirt". Das Wirtshaus von Sonja und Richard Rauch ist eines wie aus dem Märchenbuch, mit angeschlossener Fleischhauerei – aus der nicht nur die besten Fleischstücke, sondern auch der exzellente „Johann-Schinken" stammt –, rustikalem Wirtshausflair und einer Küche, die tatsächlich alle Stückln spielt. Richard Rauch beherrscht sowohl die traditionell-bodenständige Küche – ein Schweinsbratl sollte man hier nicht versäumen – als auch die Haute cuisine und den Umgang mit Edelprodukten mit schlafwandlerischer Sicherheit. Kongenial ergänzt werden die kulinarischen Darbietungen des jungen Meisterkochs durch die Weinempfehlungen seiner Schwester Sonja, die nicht nur eine g'standene Wirtin, sondern auch eine ebensolche Weinexpertin ist.

Borstenvieh und Schweinespeck Dem aufmerksamen Leser wird es nicht entgangen sein: Bei einer Genussreise in die Südoststeiermark geht es längst nicht mehr um die Frage, wo man hingehen soll, sondern was man diesmal aus Zeitmangel auslassen muss. Geradezu verpflichtend ist freilich ein Besuch in der Genusswunderwelt der Familie Neumeister in Straden. Es ist schon mehr als zwanzig Jahre her, als ich hier erstmals auf der Holzbank der damaligen Buschenschank „Saziani Stub'n" gesessen bin und ehrfürchtig die Weine verkostet habe, die Albert Neumeister aus den Holzfässern des daneben befindlichen Gewölbekellers abzog. Dort befindet sich heute der elegante Bereich des Gourmetrestaurants, das vom jungen Küchenchef Harald Irka mit einer faszinierenden, hauchzarten Küche bespielt wird. Ein mehrgängiges Menü wird zur spannenden Geschmacks-Abenteuerreise, die Kombinationen lesen sich auf der Karte oft ungewohnt – doch auf dem Teller stimmt dann einfach alles. Dass man dazu Topweine aus dem Hause Neumeister trinkt, versteht sich eigentlich fast von selbst. Zu meinen Favoriten zählen der Rote Traminer Steintal und der beerenfruchtige Pinot noir, doch auch mit Sauvignon & Co kann ich gut leben. Gut schlafen lässt sich's gleich nebenan, denn das „Schlafgut Saziani" macht seinem Namen alle Ehre.

Die Neumeisters waren in Straden die Qualitätspioniere, doch inzwischen hat sich rund um den Ort mit den vier Kirchen und den drei Kirchtürmen eine Genussszene etabliert, die allein schon eine Reise wert wäre. Im Ortsteil Karbach betreibt Walter Frauwallner sein Weingut, ein Toptipp mit dem möglicherweise besten Rotwein aus Blauen-Wildbacher-Trauben in der Steiermark, aber auch Welschriesling, Weißburgunder, Sauvignon blanc & Co, die zu Recht immer wieder mit höchsten Auszeichnungen bedacht werden.

Bereits auf dem „Gegenhang" finden wir in Hof die Genussoase der Familie Krispel mit Buschenschank, Weinbau, Schinkenproduktion und hübschen Gästezimmern. Für den Weinbau zeichnet inzwischen Junior Stefan Krispel verantwortlich, der den Stil des Hauses – einerseits Weine zum fröhlichen Dahintrinken, andererseits mächtige Granaten in Weiß und Rot – erfolgreich weiterentwickelt, während sich Toni Krispel nun noch intensiver mit seinem „Neusetzer", dem Speck und Schinken vom Wollschwein, auseinandersetzt und regelmäßig für die Gäste der Buschenschank oder angemeldete Gruppen auch persönlich aufkocht.

Ein weiterer hervorragender Tipp in dieser Ecke ist das Weingut Triebl, hoch oben am Stradener Berg: Hier sind auch die Rotweine mehr als einen Kostschluck wert, und wer gerne länger bleiben will, hat als Feriendomizil die Wahl zwischen einem klassischen Weingarten-Stöckl, einem außergewöhnlich Oktagon-Turm aus Holz und dem nagelneuen „Spiegelhaus" – alles mitten im Weingarten und mit bester Aussicht über das Weinland.

Spitzenwein im Süden Weiter geht es nun in Richtung Klöch, doch bevor wir dort ankommen, wartet mit dem Weinhof Platzer in Tieschen noch ein weiteres Wein-Highlight auf uns. Schon Senior Manfred Platzer war stets ein Tüftler und Perfektionist, sein Sohn Robert, der nicht nur Wein macht, sondern auch sehr viel darüber nachdenkt, wie er das macht, steht ihm da um nichts nach. Sein Credo: „Höchste Qualität – objektiv nachvollziehbar – keine Scherze!" So entsteht in einem Keller, der so sauber ist, dass man tatsächlich fast vom Boden essen könnte, eine wirklich beeindruckende Weinserie von lauter Individualisten, sprich: Weinen mit Charakter.

Bei einem anderen Winzer, der es nie an Dynamik fehlen ließ und sich inzwischen sogar der Biodynamie verschrieben hat, kommt man zwar nicht zufällig vorbei, doch die Stichfahrt in den hübschen Weinbauort St. Peter am Ottersbach lohnt sich, um bei Alfred Ploder vorbeizuschauen. Sein Weingut Ploder-Rosenberg ist nicht nur Produktionsstätte für hochkarätige Tropfen in Weiß und Rot, sondern auch regelmäßig Schauplatz von kulturellen Veranstaltungen, Ausstellungen oder Seminaren. Alfred „Fredi" Ploder selbst ist ein umtriebiges Original und

Im Keller des Weinguts Winkler-Hermaden fühlt sich auch die Kellerkatze wohl.

stets bestrebt, mit seinem Schwung auch die gesamte Region zu beleben.

Im Zeichen der Rose Zum Schluss unserer Reise wartet nun noch die traditionelle Traminer-Hochburg Klöch auf uns. Einstmals berühmt, erlebte die Region eine längere Schwächephase, gewann aber durch eine Reihe junger Winzer zuletzt wieder an Boden. Auf vulkanischen Böden gedeihen hier mächtige Traminer mit dem typischen Duft der Rose, und Winzer wie Josef Nell (Weingut Giessauf-Nell), Fritz Frühwirth oder Stefan Müller verstehen es, der Sorte all ihre Facetten zu entlocken. Im Weingut Müller lässt sich da gleich ein ganzes Traminer-Symposium abhalten: leicht, trocken und fruchtig, mit etwas Restsüße, mit und ohne Holz, als Spät- oder Auslese und schließlich, ordentlich süß, aber immer noch trinkfreudig – die Beerenauslese. Dass der Traminer auch ein exzellenter Speisenbegleiter sein kann, lässt sich im Restaurant und Hotel „Schöne Aussichten“ am Hochwarth ausloten, wo Maria und Georg Müller-Koschar als engagierte und umsichtige Gastgeber fungieren.

Bei so viel Landschaft, die wir nun gesehen haben, ist ein Stadtbummel durch Bad Radkersburg eigentlich der logische Abschluss dieser Wein- und Genussreise. Der alte Stadtkern atmet schon beinahe mediterranes Flair, und mittendrin wartet unsere letzte Genussadresse auf dieser Route: Wer von der Südoststeiermark als „Schlaraffenland“ schwärmt, darf den „Metzgerwirt“ auf keinen Fall auslassen. Hier fliegen Würste, Ripperln und Steaks besonders tief, dafür sorgt schon die angeschlossene Fleischhauerei, und die Wirtsfamilie Christandl, die sorgt dafür, dass man sich vom Wirtshaustisch am liebsten nicht mehr erheben würde.

Schafft man es doch, so hat man sich nach dieser Genusstour eigentlich ein paar Tage in einem der Thermenhotels der Südoststeiermark verdient – bei leichter Kost und viel Bewegung …

Das südoststeirische Weinland weist als einziges in Österreich teilweise Böden vulkanischen Ursprungs auf, die den Weinen einen eigenständigen Charakter verleihen. Die Weine geraten hier, an der Schnittlinie zwischen dem pannonischen, mediterranene und alpinen Klima kraftvoll, würzig und konzentriert. Sie weisen zwar nicht die vordergründige Frucht der Südsteirer auf, glänzen aber mit Tiefgang, Vielschichtigkeit und langer Lagerfähigkeit. Gute Voraussetzungen auch für Rotweinsorten, die Weine mit Qualität und Finesse erbringen. Eine besondere Rolle spielt der Traminer in seinen Spielarten vom Gewürztraminer bis zum Roten Traminer. Daneben findet man aber alle steirischen Sorten vom Welschriesling und Muskateller über Weiß- und Grauburgunder bis zu Sauvignon blanc und Morillon.

WEINGÜTER

1 Breitenberger, Kaibing
2 Eibel, Hatzendorf/Schießlkogel
3 Bernhart, Riegersburg
4 Winkler-Hermaden, Kapfenstein
5 Neumeister, Straden
6 Frauwallner, Straden
7 Krispel, Straden/Neusetz
8 Triebl, St. Anna am Aigen
9 Platzer, Tieschen
10 Ploder-Rosenberg, St. Peter/Ottersbach
11 Giessauf-Nell, Klöch
12 Frühwirth, Klöch
13 Müller, Klöch

LOKALE

1 Retter, Pöllauberg
2 Berggasthof König, Pöllauberg
3 Gasthaus Haberl, Ilz/Walkersdorf
4 Wippl's Hofbergstubn, Riegersburg
5 Schlosswirt Kapfenstein, Kapfenstein
6 Steira Wirt, Trautmannsdorf
7 Saziani Stub'n, Straden
8 Schöne Aussichten, Klöch
9 Metzgerwirt, Bad Radkersburg

1.

BREITENBERGER
8221 Kaibing 71
+43 3113 877 10
karl@breitenbergerwein.at
www.breitenbergerwein.at
Weinbaumeister und Diplomsommelier Karl Breitenberger ist der Hohepriester der Weinkultur im Apfelland rund um St. Johann bei Herberstein und die ausgezeichnete Buschenschank der Familie ein beliebter Treffpunkt. Dafür sorgen unter anderem zahlreiche Aktivitäten rund um Wein und Kultur sowie zum Thema „Römerweinstraße", dem auch der leichte und fröhlich zu trinkende „Urbanus" gewidmet ist. Darüber hinaus findet sich aber in der hauseigenen Vinothek die gesamte steirische Sortenpalette vom Muskateller über den Sauvignon blanc bis zum kräftigen Zweigelt.

2.

EIBEL
8361 Hatzendorf, Schießl 12
+43 664 176 38 44
weingut@eibel.at
www.eibel.at
Buschenschank: Winzerei am Starzenberg
8333 Altenmarkt bei Riegersburg 136
Alois Eibel ist ein beharrlicher Einzelkämpfer, und wenn er sich etwas in den Kopf gesetzt hat, dann zieht er das auch durch. Am Schießlkogl bei Hatzendorf reaktivierte er den schon in Vergessenheit geratenen Weinbau ebenso wie am Starzenberg bei Riegersburg, wo die Familie die auf einem alten Presshaus aufgebaute und heute wieder von Reben umgebene „Winzerei" betreibt. Die steht für herrlichen Panoramablick auf die Riegersburg, feinste Jausen mit vielen hausgemachten Köstlichkeiten und natürlich die ausgezeichneten Weine von Tausendsassa Alois Eibel.

3.

WEINGUT UND BUSCHENSCHANK BERNHART
8333 Riegersburg 61
+43 3153 83 79
bernhart@buschenschank.at
www.weingut-bernhart.at
Erste Reihe fußfrei sitzt man in der beliebten Buschenschank Bernhart und genießt dabei den Blick auf die Riegersburg, von der auch einige der besten Weine des Hauses stammen.

4.

WINKLER-HERMADEN
8353 Kapfenstein 105
+43 3157 23 22
weingut@winkler-hermaden.at
www.winkler-hermaden.at
Die Weine des renommierten Betriebs, in dem neben Georg und Margot Winkler-Hermaden auch die junge Generation bereits kräftig mitmischt, stammen von besten Lagen rund um den Kapfensteiner Schlossberg sowie vom Klöcher Ölberg und Hochwarth. Schon immer baute man hier auf vorhandene Ressourcen wie Holz aus den eigenen Wäldern für die Barriquefässer, zuletzt kam auch die Hinwendung zum biologischen Weinbau dazu. Sehenswert sind die beiden Keller des Gutes, der „Drachen-" und der „Löwenkeller", die immer wieder Schauplatz von weinkulturellen Veranstaltungen sowie Entstehungsort für eine breite Palette exzellenter Weine sind.

5.

NEUMEISTER
8345 Straden 42
+43 3473 83 08
weingut@neumeister.cc
www.neumeister.cc
Albert Neumeister war wohl der kompromissloseste Qualitätsfanatiker in der Südoststeiermark – den Rücken gestärkt hat ihm dabei seine Frau Anni mit der bekannten Buschenschank „Saziani Stub'n". Mit dem Bau des spektakulären „Treppenkellers" am Sazianiberg in zwei Etappen (zuerst Funktion, dann Repräsentation) hoben die Neumeisters den Weinbau auf eine neue Ebene. Junior Christoph geht den

beschrittenen Qualitätspfad konsequent weiter, und Weine wie die schon legendären Sauvignon blancs und der Morillon „Moarfeitl“ zählen zu den besten des Landes. Ein besonderes Schmankerl ist der „Alte Reben“ aus den ältesten Sauvignon-blanc-Reben des Landes.

6.

FRAUWALLNER
8345 Straden, Karbach 7
+43 3473 71 37
weingut@frauwallner.com
www.frauwallner.com

Vor mehr als einem Jahrzehnt hat Walter Frauwallner die gemischte Landwirtschaft der Eltern in Karbach übernommen und daraus einen Weinbaubetrieb geformt, der in der höchsten österreichischen Qualitätsliga mitspielt. Der Kellerneubau am Hochrosenberg – mit prächtigem Fernblick auf den Stradener Kogel – war dann nur eine logische Konsequenz auf dem Weg vom „Jungen Wilden“ zur fixen Größe. Frauwallners Klassik-Weine sind wunderbar trinkfreudig, die Lagenweine

von Hochrosenberg und Buch komplexe, langlebige Modellathleten und der Rotwein vom Blauen Wildbacher ein spektakulärer Exot von hoher Klasse.

7.

KRISPEL
8345 Hof bei Straden, Neusetz 29
+43 3473 78 62
wein@krispel.at
www.krispel.at

Wein, Stein und Schwein – das sind drei wesentliche Ingredienzen im Wein-Genuss-Imperium der Krispels. Der im Basalt gereifte „Neusetzer“-Speck inspirierte Stefan Krispel, Gleiches auch einmal mit Wein zu versuchen: Das Ergebnis ist der „B1“, eine komplexe, im hohlen Basalt-Block gereifte Weißweincuvée, die zugleich eine Weltpremiere darstellt. Daneben gibt es hier jede Menge Frisches und Fruchtiges, das perfekt zur feinen Jause passt, aber auch komplexe und dichte „Meditationsweine“ vom Weiß- und

Grauburgunder, Sauvignon blanc oder Traminer, die ihre gesamte Komplexität erst nach einer entsprechenden Reifephase preisgeben.

8.

TRIEBL
8354 St. Anna am Aigen
Giesselsdorf 42
+43 3158 25 30
franz.triebl@utanet.at
www.triebl.com

Das Weingut Triebl befindet sich wohl an einem der schönsten Plätze der Südoststeiermark am Stradenberg – und damit das so bleibt, legt Franz Triebl großen Wert auf eine nachhaltige und schonende Bearbeitung seiner Weingärten. Die danken es ihm mit gesundem, vitalem Traubenmaterial, aus dem eine breite Palette feinwürziger, fruchtbetonter und animierender Weine entsteht, wobei auch die Lagenweine trotz ihrer Komplexität nie übermächtig geraten und immer auch einen schönen Trinkfluss bewahren. Mit seinem Zweigelt Exklusiv und der Cuvée Stradenberg lotet Triebl auch das Rotweinpotenzial der Südoststeiermark voll aus.

9.

WEINHOF PLATZER
8355 Tieschen, Pichla 25
+43 3475 23 31
platzer@weinhof-platzer.at
www.weinhof-platzer.at

Vielfach ausgezeichnet ist der Welschriesling des Hauses, der wesentlich mehr kann, als man dieser Sorte überhaupt zutrauen würde. Doch auch die anderen Weine vom Sauvignon blanc über die weißen Burgundersorten bis hin zum Syrah „Laudatio“ zählen zu den besten der Region.

10.

PLODER-ROSENBERG
8093 St. Peter am Ottersbach 86
+43 3477 32 34
office@ploder-rosenberg.at
www.ploder-rosenberg.at

Fredi Ploder ist ein „Bionier“ der Südoststeiermark, im Weinbau stets auf der Suche nach neuen Horizonten bis hin zum (Orange-) „Bernsteinwein“ aus der Amphore.

11.

GIESSAUF-NELL
8493 Klöch 63
+43 3475 72 65
giessauf-nell@aon.at
www.giessauf-nell.at

Josef Nell ist einer der besten Traminer-Produzenten des Landes – zu kosten in der hauseigenen Buschenschank.

12.

FRÜHWIRTH
8493 Klöch, Deutsch Haseldorf 46
+43 3475 23 38
weingut@fruehwirth.at
www.fruehwirth.at
In der klassisch gemütlichen Buschenschank mit Sonnenterrasse mitten in den Weinbergen genießt man nicht nur feine Traminer, sondern auch außergewöhnliche Rotweine wie den „Roten Koasasteffl".

13.

WEINGUT UND GÄSTEHAUS MÜLLER
8493 Klöch 51, Ölberg
+43 3475 71 60
mail@weingut-mueller.at
www.weingut-mueller.at
Das Weingut und Gästehaus der Familie Müller ist der beste Platz für ein Traminer-Seminar. Es gibt nichts, das es hier nicht gibt, und sogar ein Traminer-Sekt darf da nicht fehlen.

1.

RETTER
8225 Pöllauberg bei Hartberg 88
+43 3335 26 90
hotel@retter.at
www.retter.at
Gut essen, fein trinken und schön wohnen im Naturpark Pöllauberg; Tipp: Verkostung der Edelbrände!

2.

BERGGASTHOF KÖNIG
8225 Pöllauberg bei Hartberg 5
+43 3335 23 11
office@berggasthof-koenig.at
www.berggasthof-koenig.at
Allein die Anfahrt ist ein Genuss – der sich dann bei köstlicher Regionalküche und Weinkultur vom Feinsten fortsetzt.

3.

GASTHAUS HABERL UND FINK'S ECHTE DELIKATESSEN
8262 Ilz, Walkersdorf 23
+43 3385 260
office@fink-haberl.at
www.fink-haberl.at
Hier isst man nicht nur gut, sondern bestbürgerlich – von Vollprofis in Sachen Küche und Keller umsorgt, bleiben keine Wünsche offen.

4.

WIPPL'S HOFBERGSTUBN
8333 Riegersburg, Hofberg 67
+43 3153 200 60
office@hofbergstubn.at
www.hofbergstubn.at
Heurigenjause, Schwammerlgulasch, Gourmetmenü? Stefan Wippel beherrscht das alles – die Aussicht auf die Riegersburg gibt's gratis dazu.

5.

SCHLOSSWIRT KAPFENSTEIN
8353 Kapfenstein 1
+43 3157 30 03 00
hotel@schloss-kapfenstein.at
www.schloss-kapfenstein.at
Traumhafter Ausblick – herrliche Regionalküche, Weine aus dem eigenen Gut, ein wahres Schlaraffenland auf dem Basaltfelsen.

6.

STEIRA WIRT
8343 Trautmannsdorf 6
+43 3159 41 06
office@steirawirt.at
www.steirawirt.at
Hochküche mit Bodenhaftung – das zelebriert Richard Rauch, einer der besten Köche des Landes, in diesem urgemütlich gebliebenen Wirtshaus.

7.

RESTAURANT SAZIANI STUB'N
8345 Straden 42
+43 3473 86 51
saziani@neumeister.cc
www.neumeister.cc
Die absolut erträgliche Leichtigkeit des guten Essens: Harald Irkas Küche ist fein, filigran und überraschend; auch nach einem vielgängigen Menü fühlt man sich noch pudelwohl.

8.

SCHÖNE AUSSICHTEN
8493 Klöch, Hochwarth 10
+43 3475 75 45
info@schoeneaussichten.at
www.schoeneaussichten.at
Der Name ist Programm – und die gute Küche steht der Aussicht um nichts nach.

9.

METZGERWIRT
8490 Bad Radkersburg
Emmenstraße 2–6
+43 3476 21 68
metzgerwirt@aon.at
www.metzger-wirt.at
Ein Schlemmerparadies für jedermann; hier kehren Direktoren genauso so gerne ein wie Radlfahrer – und jeder Gast ist gleich willkommen.

GENUSSHOTEL RIEGERSBURG
8333 Riegersburg, Starzenberg 144
+43 3153 202 00
genuss@hotel-riegersburg.at
www.hotel-riegersburg.at
Modernes Wohnen mit Blick auf die Riegersburg – dazu genießt man Edelbrände, Essige, hausgereiften Käse und Biorindfleisch von Hausherr Alois Gölles.

SCHLOSS KAPFENSTEIN
s. Essen
Individuell und stilvoll gestaltete Zimmer und Appartements im Schloss und den Außentürmen.

LANDHAUS SUDY
8345 Straden
Kronersdorf 40
+43 3473 82 87
www.sudy.info
Komfortable Frühstückspension mit Schwimmbiotop.

KLÖCHERHOF DOMITTER
8493 Klöch 4
+43 3475 22 06
kloecherhof@aon.at
www.kloecherhof.at
Sympathisches, familiär geführtes Hotel mitten in der Traminerhochburg Klöch mit moderen Zimmern, guter Küche und eigenem Weinbau. Radler herzlich willkommen!

HOTEL SCHÖNE AUSSICHTEN
s. Essen
Zauberhaftes Landhaus mit Garten-Swimmingpool und namensgebender Traum-Aussicht.

BAD RADKERSBURG
Zahlreiche Wohnmöglichkeiten in unterschiedlichen Komfort- und Preislagen.

GESAMTSTEIRISCHE VINOTHEK
ST. ANNA AM AIGEN
8354 St. Anna am Aigen
+43 3158 28 01
www.gesamtsteirische-vinothek.at

REGIONALVINOTHEK KLÖCH
(geöffnet von Ostern bis Allerheiligen täglich 15–19, So 1012 Uhr)
Der beste Platz, um sich durch die Vielfalt der Klöcher Traminer zu kosten. Angeschlossen ist auch ein Weinbaumuseum.

BAD RADKERSBURGER
VINOTHEK-CAFÉ
8490 Bad Radkersburg, Langgasse 7
www.kolleritsch.com
Zum Kolleritsch-Imperium gehört außerdem das Weingut, die Destillerie und das Winzer-Hotel mit „Gourmetkuchl".

VULCANO-SCHINKEN-
MANUFAKTUR
8330 Feldbach, Auersbach 26
+43 3114 21 51
www.vulcano.at
Schinken, Würste und Co – wie im Schlaraffenland.

ALOIS GÖLLES
SCHNAPSBRENNEREI UND
ESSIG-MANUFAKTUR
8333 Riegersburg, Stang 52
+43 3153 75 55
www.goelles.at
Nur das Reine ist das Feine – hochwertige Essige und Edelbrände.

ZOTTER SCHOKOLADEN-
MANUFAKTUR
8333 Riegersburg, Bergl 56
+43 3152 55 54
www.zotter.at
Die Welt der Schokolade unter einem Dach – sehens- und kostenswert.

FAMILIE REICHER
SPARGEL UND CO
8350 Mahrensdorf 5 (bei Kapfenstein)
+43 3157 24 46
www.reicher-spargel.at
Frischer Spargel, Erdbeeren, Kernöl und Co.

BERGHOFER GETREIDE-
UND ÖLMÜHLE
8350 Fehring, Bahnhofstraße 25
+43 3155 22 22 22
www.berghofer-muehle.at
Kernölproduktion zum Anschauen – und Kosten.

KÜRBISHOF KOLLER
8350 Fehring, Weinberg 78
+43 3155 34 14
www.kuerbishof-koller.at
Kürbiskernpesto, Kürbiskonfitüre, Kürbisnudeln und -chutney.

GREISSLEREI DEMERIN
8345 Straden 5
+43 3473 759 57
www.demerin.at
Ausgewählte Köstlichkeiten aus der Region.

WEINHANDL MÜHLE
8345 Straden, Dirnbach 12
+43 3473 82 86
www.weinhandl-muehle.at
Über 200 Produkte aus dem Bereich Natur- und Biokost sowie Mahlprodukte.

KOSTBAR
DAS GLASHAUS
8490 Bad Radkersburg
Halbenrainerstraße 6–8
+43 664 927 00 18
www.dasglashaus.co.at
So wie jene im Weingut Krispel wartet auch die „kostBar" im „Glaushaus" in Bad Radkersburg mit rund 400 ausgewählten Genussprodukten aus der Region auf.

KRISPEL
s. Winzer
Viele regionale Spezialitäten und natürlich die gesamte Krispel-Palette mit Neusetzer Speck, Schinken, Würsten, Aufstrichen und Co.

STYRASSIC PARK
Mehr als 75 Saurier sind auf einem Areal von 5 Hektar zu bestaunen. Es gibt speziell für Kinder entwickelte Führungen, Projekte und Aktionen. Ganzjährig geöffnet. Bad Gleichenberg
+43 3159 287 50
office@styrassicpark.at
www.styrassicpark.at

TIERPARK HERBERSTEIN
130 heimische und exotische Tiere wie Geparden, Wölfe, Bären und Kängurus befinden sich hier. Die Zooschule bietet kindgerechte Führungen an. Ganzjährig geöffnet.
St. Johann bei Herberstein
+43 3176 882 50, www.herberstein.co.at

SCHLOSS HERBERSTEIN
Einblicke in die über 700-jährige Geschichte des Schlosses, St. Johann bei Herberstein. 0 31 76/882 50
www.herberstein.co.at

JEDE MENGE BADEFREUDEN …
… bieten Thermen und Seen in der Umgebung wie Therme Loipersdorf, Therme Radkersburg, H2O-Therme oder im Sommer der Stubenbergsee oder das Seebad Riegersburg, Freibad Fürstenfeld.

AUSSICHTSPUNKT HEISSBERG
Der Aussichtspunkt mit gemütlicher Riesenholzliege lädt zu einem beschaulichen Rundumblick, Fehring.

Kutschenfahrt mit dem SCHLOSSKUTSCHER Eine unvergessliche Fahrt mit dem einzigen „Schlosskutscher" Österreichs. Berühmt ist mittlerweile die Schlosstour: Vom Schloss Stubenberg zum Park von Schloss Schielleiten und zum „Marienhof" des Schlosses Herberstein.
+43 664 382 32 02
www.schlosskutscher.at

Wein, Kultur und Kunst
WEINWEG DER SINNE
Der Weinwanderweg in St. Anna am Aigen beansprucht alle Sinne des Wanderers im Einklang mit Natur, Kulinarium, Musik und den Menschen der Region. Empfehlenswert ist die Mitnahme des Begleitprospekts (Download auf der Website). Entfernung: circa 15 Kilometer von Fehring.
+43 3158 23 40, www.st-anna.at

STEIRISCHE SCHLÖSSERSTRASSE
Das kulturelle Highlight der Oststeiermark ist die Schlösserstraße, die unter anderem Schloss Stubenberg, Schielleiten und Herberstein mit Pöllau, Aichberg und der Festenburg verbindet.
+43 3176 200 50
www.schloesserstrasse.com

STYRIAN SUMMER ART
Der Naturpark Pöllauer Tal in der Oststeiermark steht im Juli ganz im Zeichen der Kunst. Im Rahmen von „styrian summer_art" finden mehr als 25 Workshops und Atelierklassen für AnfängerInnen und Fortgeschrittene sowie ein Symposium statt.
www.styriansummerart.at

Südburgenland – Blaufränkisch im Schlaraffenland

Die südburgenländische Weinidylle ist nach wie vor intakt – doch die Zahl der empfehlenswerten Winzer und guten Wirtshäuser hat sich in den vergangenen Jahren so stark erhöht, dass aus dieser verschlafenen Ecke des Burgenlands inzwischen ein kleines Schlaraffenland geworden ist.

Es gab schon einmal einen Boom im Südburgenland, als der Eisenberg die Heurigenmeile der Grazer in idealer Distanz für einen Sonntagsausflug und der Uhudler ein sagenumwobener Zaubertrank war. Dann wurde es still in der Region, und die später als „Weinidylle" apostrophierte Region war ein bisschen zu idyllisch. Ein paar Einzelkämpfer wie Felix Körper, die Familie Wiesler und Hermann Krutzler zeigten zwar, dass hier ein guter Boden für Rotwein ist, doch sollte es noch einige Jahre dauern, bis das Südburgenland zu jenem Schlaraffenland mutierte, als das es sich heute präsentiert und das wir jetzt besuchen wollen.

Denn Ruhe und Idylle sind hier nach wie vor zu finden, und die Qualität der Weine, die vor allem durch ihren eigenständigen Charakter geradezu einzigartig sind, rechtfertigt auch eine längere Anfahrt. Dabei erspähen wir bereits während der Anreise einige jener mächtigen, steinernen Denkmäler, die dem Land seinen Namen gegeben haben: die Burgen Schlaining, bekannt für ihre Sammlungen, sowie Lockenhaus und Bernstein. Das „Schlosshotel Bernstein" ist eine stilvolle und ursprüngliche Bleibe für all jene, die gerne einmal ein paar Tage ohne Fernseher und andere Berieselungsmaschinen verbringen wollen. Auf gutes, authentisches Essen muss man hier aber nicht verzichten: Am Holzherd der Schlossküche wird köstlich-traditionell aufgekocht, und der Schlosshof oder der wunderschöne „Rittersaal" aus dem 18. Jahrhundert bieten dafür ein außergewöhnliches Ambiente. Apropos: Nicht minder außergewöhnlich ist der Standort unseres zweiten Genusstipps in Bernstein: die „Kantine 48", das Lokal am

Naturbadesee von Bernstein. Im See gibt es frisches Quellwasser, während in der Kantine den Sommer über verschiedene Küchen-Kapazunder wie Bernie Rieder oder Klaus Mally lokal bis mediterran aufkochen – auf jeden Fall ein außergewöhnliches Erlebnis.

Von den Pralinen zum Welschriesling Wer es lieber süßer hat, der sollte seinen Ausflug ins Südburgenland in Bad Tatzmannsdorf beginnen. Dort befindet sich, noch bevor man in den Ort hinunterfährt, gleich nach dem Bahnübergang auf der linken Seite die „Pralinen Manufaktur Spiegel". Hier werden mehr als 50 Sorten Konfekt erzeugt. Händisch, frisch und ohne Konservierungsmittel: ein süßer Traum für alle Naschkatzen. Dazu passt, so unglaublich das auch klingen mag: Welschriesling. Ich verdanke diesen Tipp dem Schokoladenzampano Sepp Zotter und habe ihn vielfach selbst auf seinen Wahrheitsgehalt hin überprüft. Da trifft es sich gut, dass mit Rechnitz eine der besten Welschriesling-Destinationen des Landes die nächste Station unserer Reise ist. Der resche Weiße mit der knackigen Säure fühlt sich hier besonders wohl. Denn Rechnitz liegt direkt am Fuße des Geschriebensteins, mit beachtlichen 884 Metern immerhin die höchste Erhebung des Burgenlands. Von dessen Bergflanken strömt am Abend und in der Nacht kühle Luft ins Tal, die für eine besonders intensive Aromenausbildung in den Trauben sorgt.

In Verbindung mit den leichteren Böden ist Rechnitz damit, im Gegensatz zu den südlicher gelegenen Weinbauzentren am Eisenberg und Csaterberg, für Weißweine prädestiniert. Der beste Weg in die Weinberge und Kellergassen von Rechnitz führt durch den Ort: So kommt man bei der Ortsvinothek „Reichermühle" vorbei und hat die Gelegenheit, die Weine der Region schon einmal zu verkosten. Namen, auf die man dabei achten sollte, sind unter anderem die Winzer Thomas Straka, Klaus Herist und Reinhard Koch. Hat man es nicht besonders eilig, dann empfiehlt es sich, von hier aus per pedes weiterzureisen, denn ein locker zu gehender Rundkurs durch die Kellergassen führt – Einkehr-Aufenthalte natürlich nicht mitgerechnet – nach rund einer Stunde wieder zu diesem Platz zurück. So spaziert man von einem Keller zum anderen – irgendwer hat immer ausgsteckt –, kostet da und dort ein Glas Wein und genießt die Ruhe und die herrliche Aussicht in Richtung Ungarn. Auf manchen der alten

Kellerstöckln findet man auch heute noch magyarische Aufschriften: Sie erinnern an jene Zeit vor dem Ersten Weltkrieg, als das Gebiet ein Teil von Ungarn war.

Im Zentrum steht der Eisenberg Weiter geht es jetzt in Richtung Süden, zum Eisenberg, allerdings nicht auf direktem Weg, denn erst heißt es noch einen Abstecher nach Welgersdorf zu machen, um dort bei Uwe Schiefer vorbeizuschauen. Nach Jahren in der Wiener Gastronomie hat er sich 1995 den Traum vom eigenen Weingut erfüllt – mit gerade einmal 0,65 Hektar Rebfläche, doch die befanden sich immerhin in der Lage Szapary am Eisenberg. Schiefer glaubte an das Potenzial des Terroirs und schaffte es auch, dieses in Form von packenden Blaufränkischen in die Flasche zu bringen. Inzwischen ist er dort längst nicht mehr allein, Winzerkollegen wie Mathias Jalits, dessen hervorragende Weine man auch im Wirtshaus der Familie in Badersdorf genießen kann, Thomas Kopfensteiner und Reinhold Krutzler in Deutsch-Schützen sowie etliche andere mehr schöpfen ebenfalls aus dem Potenzial des Eisenbergs.

Diese imposanteste und wohl auch beste Großlage der Region gab schon einmal dem gesamten Weinbaugebiet den Namen. Nun heißt es Südburgenland, doch wurde eine „DAC Eisenberg" geschaffen, die das gesamte Gebiet umfasst. Unter dieser Bezeichnung dürfen ausschließlich

Luftig: Aussichtsrampe am Eisenberg

Typisch: Schieferboden am Eisenberg

Weine der Sorte Blaufränkisch vermarktet werden, die für die Region besonders typisch sind und denen sie ihren guten Ruf verdankt. Nun aber gleich hinter dem Ort Burg hinauf auf den Eisenberg, wo man noch vor dem Wein auf die Imkerei „Wald im Eichenwald“ von Bioimker Stubits trifft, der nicht nur feinsten Bienenhonig, sondern auch Propolissalbe, Gelee Royal und andere Produkte rund um die Biene anbietet.

Von hier aus führt eine kleine Straße, die sogenannte „Obere Kellergasse“, ringförmig um den „Grat“ des Eisenbergs; bis ganz nach oben reichen die Weingärten, und es bietet sich geradezu an, in einem der Heurigen, die den Weg säumen, einzukehren und neben der herrlichen Aussicht auch gleich eine zünftige Jause zu genießen. Etwas unterhalb des Wegs befindet sich mitten in den Weinbergen eine Aussichtsplattform in Form eines Riesensprungbretts. Das Gefälle nutzend, ragt es scheinbar mitten in den Himmel hinein und ist daher ohne eine einzige Stufe mühelos zu begehen. Eine Kurve weiter befindet sich die „Vinothek am Eisenberg“ (vormals „Vinum Ferreum“), wo man neben anderen Weinen und Delikatessen der Region auch die ausgezeichneten Weine des Weinprojekts „Groszer Wein“ von Quereinsteiger Matthias Krön verkosten kann. Nomen est omen. Wer beim Blaufränkisch von Toplagen wie Szapary oder Saybritz hängenbleibt oder die Wirkung der in diesem Weingut üblichen 1-Liter-Flasche unterschätzt, kann gleich hinter der Vinothek im schmucken „Koasaschlössl“ einchecken und dort mit Blick über die Reben komfortabel residieren.

Genusstipps und Quereinsteiger Zwischen den Weinbergen, die zu den besten der Region zählen, schlängelt sich nun eine schmale Straße durch den „Hummergraben“ hinunter auf die Hauptstraße nach Deutsch-Schützen. Noch bevor man den Ort erreicht, führt ein Weg hinauf in den Weinberg, wo viele Winzer des Ortes ihre Toplagen bewirtschaften. Erste auffällige Landmark ist das wohl jüngste Weingut des Südburgenlands, „StephanO“, mit dem sich der Wirtschaftsinformatiker Stephan Oberpfalzer und die Neurochirugin Monika Killer-Oberpfalzer einen Lebenstraum erfüllt haben. Ein Traum, von dem auch andere etwas haben, denn die Weine aus diesem modernen Betrieb sind nicht von schlechten Eltern. Nun geht es weiter den Berg hinauf, und dort sticht als Erstes der schmucke Doppelkeller der Krutzlers ins Auge, die Heimat des legendären „Perwolff“, der es als erster Wein des Südburgenlands an die Spitze der heimischen Rotweinlandschaft geschafft hat. Dann folgt der Arkadenhof der Familie Wachter-Wiesler, der modern ausgebaute Schützenhof der Familie Körper-Faulhammer und eine ganze Reihe anderer Winzerhäuser und Kellerstöckln, die der überall ausgeschilderten „Weinidylle“ wirklich Ehre machen. Einen Besuch wert ist „Wachter-Wieslers Ratschen“ hoch oben in den Weingärten. In alten Mauern, die mit jungem Design stilsicher ergänzt wurden, führt die engagierte Familie ein ausgezeichnetes Restaurant samt Vinothek, Kaufladen und der spektakulären „Wohnothek“ – moderne Holz-Lodges mitten im Weingarten.

Doch der Ratschen ist nicht der einzige Lichtblick in einer Ecke, die noch vor wenigen Jahren kulinarisches Brachland war. Wir biegen in Höll, einem winzigen Weiler, wo noch fast vor jedem Haus ein offener Brunnen steht, nach rechts ab und fahren so lange weiter, bis wir glauben, uns verirrt zu haben – dann taucht plötzlich Harmisch auf. Hier kocht im „Gasthaus Csencsits“ der ehemalige „Taubenkobel“-Küchenchef Jürgen Csencsits auf und zieht dabei alle Register, von bodenständigen Klassikern bis zu feiner Gourmetküche, wobei immer das regionale Produkt im Vordergrund steht. Eines dieser regio-

Eisenberg
Weinberge

nalen Produkte findet Csencsits übrigens gleich ein paar Häuser weiter beim Winzer Rainer Stubits, dessen Heuriger aufgrund der Qualität von Wein und Speisen zu Recht als Geheimtipp gilt. Stubits' Weingärten befinden sich am Csaterberg, einer rund 50 Hektar großen, von Wäldern gesäumten Weinbauenklave mit besonderem landschaftlichen Reiz und ausgezeichneten Rotweinen.

Fährt man von Höll weiter in Richtung Osten, so erreicht man nahe der ungarischen Grenze das „Dorf ohne Grenzen", Bildein. Hier, wo die Historie noch besonders lebendig erscheint, wurde das „burgenländische geschichte(n)haus" errichtet, in dem man nicht nur die Geschichte des jüngsten österreichischen Bundeslands nachvollziehen, sondern sie sich von den Bildeiner Frauen, den sogenannten „geschichte(n)haus-Damen", erzählen lassen kann. Nach einem kleinen Aufenthalt in Eberau – das geschichtsträchtige Wasserschloss im verwilderten Park ist zwar ziemlich desolat, aber dennoch oder gerade deshalb einen Blick wert – wählt man jetzt am besten die westliche Route durch die Weinberge in Richtung Gaas und Moschendorf. Dies nicht zuletzt deshalb, weil uns hier in den Reben bei Kulm gleich zwei gastliche Stätten begegnen: der Heurige des Weinguts Poller aus Höll, der unter anderem für seinen „Sautanz" bekannt ist, und das idyllisch-gemütliche Schenkhaus der Schauspieler-Familie Weinek, die als Quereinsteiger ihr Weingut in Hagensdorf, im äußersten Süden des Südburgenlands, betreiben.

Uhudler im Kellerviertel Frisch gestärkt fahren wir nun in dieser Richtung weiter – hinein ins Reich des Uhudlers mit dem Weinmuseum von Moschendorf, wo neben der sagenhaften Rabiatperle auch die 60 jeweils besten Weine des Südburgenlands verkostet und gekauft werden können. Lange Zeit war der Trunk aus amerikanischen Direktträgerreben wie Noah oder Isabella, die Ende des letzten Jahrhunderts zur Bekämpfung der Reblaus importiert worden waren, wegen vermeintlich gesundheitsschädlicher Wirkung verboten. Später wurde er dann legalisiert, ehe ihm die EU im Jahr 2015 wieder den Garaus machen wollte, was nach heftigem Protest der Österreicher aber abgeschmettert werden konnte. Der Legendenbildung rund um die erdbeerduftige Weinspezialität hat all das jedenfalls keineswegs geschadet.

Hat man nun schon allerhand Bemerkenswertes an Kellergassen und Presshäusern gesehen, so steht das Schönste dennoch erst bevor. In Heiligenbrunn, einem kleinen Ort etwas abseits der Durchzugsstraße, findet man nicht nur seine heilige Ruhe, sondern auch das historische Kellerviertel, das mit seinen rund 80 strohgedeckten Weinkellern in Österreich einzigartig ist. Diese mit Lehm beworfenen Holzblockbauten muten auf den ersten Blick wie ein Freilichtmuseum an, stehen aber zumindest teilweise in voller Verwendung; spaziert man ein bisschen herum, so findet man bald einen Weinkeller, der den Buschen heraußen hat, und kostet in dieser pittoresken Umgebung zu einer ordentlichen Hauerjause nicht nur Uhudler, sondern auch andere bodenständige Weine wie Welschriesling oder Blaufränkisch. Einer der Keller gehört übrigens der Familie Krutzler, die im Ort ein veritables Hotelrestaurant betreibt; hier finden ermattete Weinreisende eine komfortable Bleibe und eine ambitionierte Küche mit pannonisch-bodenständigem Einschlag. Wer freilich beim Besuch des Kellerviertels Lust bekommen hat, einmal in so einem Kellerstöckl seine Zelte aufzuschlagen, dem kann ebenfalls geholfen werden: Als Projekt des Naturparks Weinidylle wurden sogenannte „Kellerstöckl-Appartements" geschaffen. Hier wohnt man mitten in den Weingärten und genießt bei zeitgemäßem Komfort doch den rustikalen Charme des einfachen Lebens – und natürlich die guten Weine der Region.

Die Bandbreite der Weine reicht vom Rechnitzer Welschriesling bis zum Uhudler in Heiligenbrunn, wobei die besten Weine der Region aus dem Gebiet Eisenberg/Deutsch-Schützen und vom Csaterberg stammen. Vor allem der Blaufränkische nimmt von den tiefgründigen, eisenhaltigen Böden ein erdig-mineralisches Aroma an, das ihn unverwechselbar macht. Diesem Umstand wurde Rechnung getragen, indem man den Blaufränkisch zum Gegenstand einer „DAC Eisenberg" gemacht hat. Die Bezeichnung steht für gebietstypische Blaufränkisch-Weine aus dem Weinbaugebiet Südburgenland.

WEINGÜTER

1 Straka, Rechnitz
2 Herist, Rechnitz
3 Koch, Rechnitz
4 Schiefer, Welgersdorf
5 Jalits, Badersdorf
6 Wachholder, Burg
7 Groszer Wein, Burg/Eisenberg
8 Kopfensteiner, Deutsch-Schützen
9 Unger, Deutsch-Schützen
10 StephanO, Deutsch-Schützen
11 Krutzler, Deutsch-Schützen
12 Wachter-Wiesler, Deutsch-Schützen
13 Wallner, Deutsch-Schützen
14 Körper-Faulhammer, Deutsch-Schützen
15 Stubits, Harmisch
16 Poller, Höll
17 Weinek, Hagensdorf

LOKALE

1 Burg Bernstein
2 Kantine 48, Bernstein
3 Das Kulinarium im Petersbräu, Großpetersdorf
4 Wachter-Wieslers Ratschen, Deutsch-Schützen
5 Csencsits, Kohfidisch/Harmisch
6 Krutzler, Heiligenbrunn
7 Die Kanzlei, Güssing
8 Walits-Guttmann, Deutsch-Tschantschendorf
9 Gibiser, Heiligenkreuz im Lafnitztal
10 Zum Türkenwirt, Mogersdorf
11 Raffel, Jennersdorf
12 Leitgeb – Zum alten Weinstock, Rudersdorf

1.

STRAKA
7471 Rechnitz, Kostergasse 16
+43 3363 795 80, +43 664 201 63 96
office@weinbau-straka.at
www.weinbau-straka.at
Thomas Straka keltert einen außergewöhnlichen Welschriesling von mehr als 70 Jahre alten Rebstöcken. Daneben verkostet man im mitten in den Weinbergen gelegenen Buschenschank zu Produkten vom Mangalitza-Schwein fruchtig-elegante Weiße und für die Region sehr beachtliche Rotweine.

2.

HERIST
7471 Rechnitz, Badergasse 34
+43 3363 203 03
wein@herist.at
www.herist.at
Im Angebot des Weinguts finden sich nicht nur feinwürzige Welschrieslinge, sondern auch schöne Weine der weißen und roten Burgunderfamilie.

3.

KOCH
7471 Rechnitz, Neuegasse 7
+43 664 421 53 08
office@koch-weine.at
www.koch-weine.at
Trotz der Minirebfläche von nur zwei Hektar hat die Familie Koch bereits einmal den Sieger im „SALON Österreichisch Wein" gestellt. Genießen kann man die Weine im hübsch renovierten Kellerstöckl, wo mehrmals im Jahr ausgsteckt ist.

4.

SCHIEFER
7503 Großpetersdorf/Welgersdorf 3
+43 664 521 90 47
weinbau.schiefer@aon.at
www.weinbau-schiefer.at

Der Quereinsteiger Uwe Schiefer schaffte es als Erster, den Eisenberg wieder auf die heimische Weinlandkarte zu setzen. Mit fast fanatischer Konsequenz entlockt Schiefer seinen Lagen am Eisenberg und Königsberg Blaufränkische von bestechender Terroir-Authentizität. Daneben keltert er aber auch einen feinkörnigen Pinot noir vom Hannersberg und einen mächtigen, konzentrierten Merlot. Neben seinen ebenfalls sehr beachtlichen Weißweinen findet man im Schiefer-Sortiment neuerdings auch einen Grünen Veltliner und einen Blaufränkisch vom Leithagebirge im Nordburgenland – animierende, strukturierte Weine, die pures Trinkvergnügen bereiten.

5.

JALITS
7512 Badersdorf
Untere Dorfstraße 16
+43 664 330 38 27
office@jalits.at
www.jalits.at
Mathias Jalits ist sozusagen Winzer im zweiten Bildungsweg: Weil zum Familienbetrieb auch ein Gasthaus gehört, absolvierte er seine erste Ausbildung im Gastrofach. Am Ende siegte aber doch die Liebe zum Wein, und die spürt man auch in Jalits' Weinen, angefangen bei einem feinfruchtig-würzigen Welschriesling vom Csaterberg bis hin zu seinen strukturierten, spannungsgeladenen Blaufränkischen vom Eisenberg. Die Flaggschiffe des Betriebs sind der Blaufränkische „Diabas" und die Cuvée Steinberg – Weine mit Struktur und Kraft, die sich auf einige Reifejahre in der Flasche freuen.

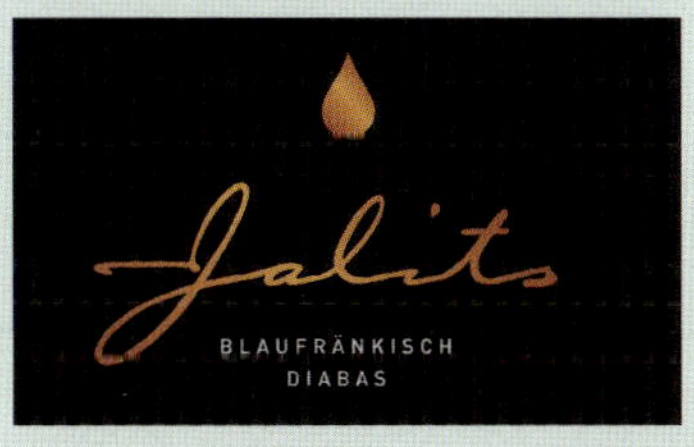

6.

WACHHOLDER
7473 Burg 22
+43 676 978 48 38
weinbau-wachholder@gmx.at
www.weinbau-wachholder.at
Das Weingut von Vater Ernst und Tochter Judith Wachholder zählt mit seinen mineralischen Blaufränkischen vom Eisenberg zu den Geheimtipps im Südburgenland.

7.

GROSZER WEIN
7473 Burg 95
Kanzlei Wien: +43 1 512 17 44 16
kanzlei@groszerwein.at
www.groszerwein.at
Als „Vinum Ferreum" wollte das Unternehmen, das über einige der besten Lagen am und um den Eisenberg verfügt, nicht recht abheben. Quereinsteiger Matthias Krön und Kellermeister Markus Bach brachten dann den entscheidenden Schub: In aufsehenerregende 1-Liter-Retroflaschen werden erstklassige Weine gefüllt, allen voran natürlich die terroirgeprägten Blaufränkischen vom Eisenberg.

8.

KOPFENSTEINER
7474 Deutsch-Schützen 38
+43 3365 22 36
weingut@kopfensteiner.at
www.kopfensteiner.at
Bekannt wurde der Betrieb zunächst unter Senior Manfred Kopfensteiner vor allem durch die kraftvolle Cuvée „Border" mit Traubenmaterial vom Schützener Weingebirge. Junior Thomas legt mit Blaufränkischen vom Eisenberg, die mittlerweile zu den Toprotweinen des Landes zählen, noch ein Schäuferl drauf.

9.

UNGER
7474 Deutsch-Schützen 106
+43 3365 22 48
office@geraldunger.at
www.geraldunger.at
Gerald Unger kam über den Umweg der Gastronomie zum Weinbau und

keltert heute in seinem blitzsauberen Betrieb ausdrucksstarke Rotweine regionaler (Blaufränkisch „Limitation") und internationaler Prägung.

10.

STEPHANO
7474 Deutsch-Schützen
Weinberg 150
+43 664 263 69 39
office@stephano.at
www.stephano.at

Ganz schön beeindruckend kann es aussehen, wenn sich zwei Menschen einen Traum erfüllen. 2008 konnten Stephan Oberpfalzer und Monika Killer-Oberpfalzer einen Weingarten in bester Lage mit rund einem Hektar am Deutsch-Schützener Weinberg kaufen – und fanden Gefallen am Landleben und am Weinbau. In den folgenden Jahren wurde ein neuer Keller errichtet und die Rebfläche auf inzwischen fünf Hektar in Deutsch-Schützen und am Eisenberg ausgeweitet. Daraus entstehen Weine mit poetischen Namen aus dem Fundus von Shakespeares Theaterfiguren, die sich in kürzester Zeit in der Oberliga des Südburgenlands etabliert haben.

11.

KRUTZLER
7474 Deutsch-Schützen 84
+43 3365 22 42, +43 3365 22 55
weingut@krutzler.at
www.krutzler.at
Hermann Krutzler hat im Südburgenland Pionier- und Aufbauarbeit geleistet und mit seinen Blaufränkischen erst-

mals auch überregionale Erfolge erzielt. Heute leitet sein Sohn Reinhold den Betrieb und keltert Spitzenweine von Rieden in Deutsch-Schützen und am Eisenberg. Der „Perwolff" zählt zu den besten und langlebigsten Rotweinen des Landes, und der reinsortige Merlot ist ein Juwel für fortgeschrittene Weingenießer. Einige Jahre Flaschenreife sind die Voraussetzung, um Krutzlers beste Weine in ihrer ganzen Vielschichtigkeit genießen zu können.

12.

WACHTER-WIESLER
7474 Deutsch-Schützen
Hauptstraße 26
+43 3365 22 45
weine@wachter-wiesler.at
www.wachter-wiesler.at
Der Betrieb entstand aus der „Fusion" der Weingüter beider Familien und bekam mit dem jungen Christoph Wachter als Kellermeister nochmals einen Qualitätsschub. Viele Auszeichnungen regnet es seither, aber das ist nicht die Hauptsache. Vielmehr sind es die Weine von Schützen und vom Eisenberg, allen voran die Blaufränkischen, die hier ganz besonders fein und elegant, strukturiert und animierend gelingen. Weiter so!

13.

WALLNER
7474 Deutsch Schützen 117
+43 3365 22 95
weingut@wallner.at
www.wallnerwein.at
Wo Wallner draufsteht, steckt ordentlich Dampf dahinter. Die kraftvoll-langlebigen Rotweine verkostet man am besten im gepflegten Buschenschank der Familie Wallner.

14.

SCHÜTZENHOF
7474 Deutsch-Schützen
Weinberg 159
+43 3365 22 03
weingut@schuetzenhof.cc
www.schuetzenhof.cc
Felix Körper, dem der Blaufränkisch „Senior" gewidmet ist, begann bereits 1952 seine Weine auf Flaschen zu füllen und zählte damit zu den frühen Pionieren des burgenländischen Weinbaus. Inzwischen ist mit Markus Faulhammer schon die übernächste Generation am Werk. Sehenswert ist der moderne, offene Weinkeller, der nicht nur Heimat von Top-Blaufränkischen, sondern auch regelmäßig Schauplatz von kulturellen und (wein-)kulinarischen Veranstaltungen ist.

15.

STUBITS
7512 Harmisch 12
+43 3366 765 8, +43 664 465 85 64
office@stubits.at
www.stubits.at
Ein Geheimtipp im etwas versteckt gelegenen Harmisch mit feingliedrig-eleganten, aber auch ganz schön kraftvollen Weinen vom eigenwilligen Terroir am Csaterberg.

16.

POLLER
7474 Deutsch-Schützen, Höll 43
+43 664 515 19 26
helmut@weingut-poller.at
www.weingut-poller.at
Das nagelneue Weingut samt Heurigenrestaurant am Kulmer Weinberg ist ein moderner Gegenentwurf zur südburgenländischen Kellerstöckl-Romantik. Dass die Familie neben dem ambitioniert geführten Weingut auch eine Schweinezucht betreibt, führt zu regelmäßigen „Sautanz"-Terminen und Grillabenden im Heurigen.

17.

WEINGUT UND
BUSCHENSCHANK WEINEK
7522 Hagensdorf 28
+43 3324 200 82
office@weinek-wein.at
www.weinek-wein.at
Erst war es die Liebe zum Südburgenland und zum Landleben an sich, die Theater-Dramaturgin Eva und Schauspieler Martin Weinek, bekannt als „Fritz Kunz" aus der TV-Serie „Kom-

missar Rex", hierher gebracht hat. Man kaufte ein Weingartenstöckl, pflanzte auch ein paar Rebstöcke aus – und wurde vom Weinvirus erfasst. Inzwischen lebt die Familie in Hagensdorf und betreibt neben dem Weinbau ein wunderschönes „Schenkhaus" in Kulm-Weinberg, wo man zu jahreszeitlich angepassten kulinarischen Köstlichkeiten die feinen Weine des Hauses genießt. Uhudler darf dabei ebenso wenig fehlen wie würziger Welschriesling oder der ausgezeichnete Blaufränkisch Gruiberg mit seinem eigenständigen Lagencharakter.

1.

BURG BERNSTEIN
7434 Bernstein, Schlossweg 1
+43 3354 63 82
urlaub@burgbernstein.at
www.burgbernstein.at
Ein zauberhafter, geschichtsträchtiger Platz für Individualisten (hier lebte der bekannte Wüstenforscher László Ede Almásy, dessen Leben als Vorlage für den – freilich ziemlich fiktiven – Film „Der englische Patient" diente), an dem man wunderschön wohnen, aber auch eine traditionelle, bodenständige Küche genießen kann. Reservierung empfohlen.

2.

KANTINE 48
7434 Bernstein, Badgasse 48
+43 3354 200 03
www.kantine48.at
Noch ein Platz für Inidividualisten: Nur im Sommer kochen in dieser „Schwimmbad-Kantine" abwechselnd versierte Küchenchefs auf – eine Sommerküche der etwas anderen Art. Reservieren kann nicht schaden.

3.

DAS KULINARIUM IM PETERSBRÄU
7503 Großpetersdorf, Ungarnstraße 10
+43 676 906 59 59
office@kulinarium-petersbraeu.at
www.kulinarium-petersbraeu.at
Gebraut wird hier zwar nicht mehr, doch ist das „Kulinarium" seit der Übernahme durch Karlheinz und Francesca Jung eine weitere empfehlenswerte Adresse im Südburgenland mit freundlichem Ambiente und gekonnt verfeinerter Regionalküche.

© Petersbräu/Jung

4.

WACHTER-WIESLERS RATSCHEN
7474 Deutsch-Schützen 254
+43 3365 200 82
office@ratschen.at
www.ratschen.at
Ein zauberhafter Platz mitten am Weinberg, eine geschmackvolle Kombination von alten Mauern und modernen Gestaltungselementen, dazu moderne Regionalküche und ein perfekter Weinservice durch Restaurantleiter Thomas Fassl, Wein-Aficionados noch aus seiner Zeit als Leiter des Weinkellers im Wiener „Palais-Coburg" bekannt. Außergewöhnlich: die „Wohnothek" ein paar Schritte weiter den Berg hinauf.

5.

CSENCSITS
7512 Harmisch 13
+43 3366 772 20
gasthaus@csencsits.at
www.gasthaus-csencsits.at

© Csencsits

Mit meisterlicher Hand brilliert Jürgen Csencsits im klassischen und anspruchsvollen Küchenfach. Bestens gefüllt ist der Weinkeller des Hauses, der unter der Obhut von Ehefrau und Restaurantchefin Melanie Csencsits steht und einen klaren, regionalen Schwerpunkt aufweist, den Rest der Weinwelt aber keineswegs negiert. Die erste kulinarische Adresse im Südburgenland.

6.

GENUSSGASTHOF UND HOTEL BEIM KRUTZLER
7522 Heiligenbrunn 16
+43 3324 72 40
post@hotel-krutzler.at
www.hotel-krutzler.at
So wie das Ambiente präsentiert sich hier auch die Küche: gepflegt und gutbürgerlich. Dabei stehen immer wieder österreichisch-ungarische Grenzgänge auf dem Programm, womit man die Tradition der Monarchie auf dem Teller wohlschmeckend weiterpflegt.

7.

DIE KANZLEI
7540 Güssing, Hauptstraße 27
+43 3322 439 72
mahlzeit@diekanzlei-guessing.com
www.diekanzlei-guessing.com
Wenn ein gelernter Jurist ein Lokal eröffnet, ist der Name „Die Kanzlei" fast eine logische Folge. Zum Glück staubt Philipp Kroboth, der sein Kochhandwerk unter anderem im „Taubenkobel" perfektioniert hat, hier aber keine alten Akten ab, sondern kocht mit Produkten aus der nächsten Umgebung frisch und beherzt auf.

8.

WALITS-GUTTMANN
7535 Deutsch Tschantschendorf 27
+43 33 27 22 85
info@gasthof-walits-guttmann.com
www.gasthof-walits-guttmann.com
Hoch gelobt werden die Grammelpogatscherln von Herta Walits-Guttmann. Aber man sollte sich daran nicht satt essen, schließlich warten ja da noch andere schlaraffische Genüsse vom Gänseleberstrudel bis zum Reindlrostbraten vom Zickentaler Moorochsen.

9.

GIBISER
7561 Heiligenkreuz im Lafnitztal
Obere Hauptstraße 10
+43 3325/42 16-0
info@g-gibiser.at
www.g-gibiser.at
In den heimeligen Stuben mit Wohnzimmeratmosphäre kümmert sich Gerlinde Gibiser persönlich um ihre Gäste. Verfeinerte Regionalküche und einiges an „Drumherum" wie den Kräuterpfad oder die liebevoll gepflegten Weingartenstöckln, die zum Kurzurlaub einladen.

10.

ZUM TÜRKENWIRT
8382 Mogersdorf 23
+43 3325 82 45
tuerkenwirt@wellcom.at
www.tuerkenwirt.com
Regionale Schmankerln mit saisonalem Schwerpunkt – im Frühling zum Beispiel Spargel, Lamm und Kitz – stehen hier auf dem Programm.

11.

RAFFEL
8380 Jennersdorf, Hauptplatz 6
+43 3329 466 22
hotel@raffel.at
www.raffel.at
Der Klassiker ist wieder da – im Restaurant, Bistro oder der Csarda gibt's die legendäre Gänseleber, ein saftiges Steak, aber auch Modernes vom Burger bis zum Veggie-Wrap.

12.

LANDGASTHOF LEITGEB –
ZUM ALTEN WEINSTOCK
7571 Rudersdorf, Hauptstraße 13
+43 3382 716 21
gasthof@zumaltenweinstock.at
www.zumaltenweinstock.at
Eine zuverlässige Adresse für feine Regionalküche auf hohem Niveau – natürlich auch mit dazu passender Weinauswahl.

KOASA-SCHLÖSSL
7474 Eisenberg an der Pinka
+43 3365 200 79
residenz@koasa.at
www.koasa.at
In wunderschöner Lage, hoch oben am Eisenberg, wohnt man hier in modernem Ambiente und mit jeglichem Komfort.

GASTHOF GIBISER
Heiligenkreuz im Lafnitztal
s. Essen
Wohnen im Weingartenstöckl

HOTEL-RESTAURANT KRUTZLER
Heiligenbrunn
s. Essen
Komfortable Zimmer und gute Küche im eigenen Restaurant.

HOTEL BURG BERNSTEIN
Bernstein
s. Essen
Schlossherrlich wohnen in authentischen Gemächern – aber ohne Telefon und Fernseher!

WELLNESS- UND
BRENNEREIHOTEL LAGLER
7543 Kukmirn 137
+43 3328 320 03
info@lagler.cc
www.lagler.cc
Komfortabel wohnen, Wellness genießen und gut essen mitten in der Natur. Tipp: die hervorragenden Edelbrände des Hauses.

WOHNEN IM KELLERSTÖCKL
Alte Kellerstöckln im Naturpark Weinidylle wurden unter Einbeziehung der bestehenden Substanz behutsam zu Ferienappartements adaptiert. Ein guter Tipp für Individualurlauber, die gerne mitten in den Weingärten wohnen möchten.

Information
Tourismusregion Güssing-Stegersbach
7540 Güssing, Hauptplatz 7
+43 3326 520 52
info@suedburgenland.com
www.kellerstoeckl.info

HOTEL RAFFEL
Jennersdorf
s. Essen

VINOTHEK REICHERMÜHLE
7471 Rechnitz, Faludigasse 5
+43 664 218 54 90 (Heidi Bradl)
vinothek.reichermuehle@gmx.at
Internet: www.geschriebenstein.at

VINOTHEK AM EISENBERG
7474 Eisenberg, Obere Kellergasse 120
+43 3365 200 90
vinothek_am_eisenberg@gmx.at
www.am-eisenberg.at
Große Auswahl an regionalen Weinen und herrlicher Blick über den Eisenberg.

VINOTHEK IM GASTHOF
ZUM WEINBERG
7512 Kohfidisch, Klein Tschater 11
+43 3366 772 45
www.csaterberg.at
Vinothek der Weine vom Csaterberg – untergebracht in einem empfehlenswerten Wirtshaus samt komfortablen Gästezimmern.

PRALINEN MANUFAKTUR SPIEGEL
7431 Bad Tatzmannsdorf
Tatzmannsdorfer Str. 55
+43 3353 84 82
spiegel@burgenland.org
www.pralinenmanufaktur.at

LENDL'S BACKSTUBE
7521 Bildein, Hauptstraße 132
+43 3323 29 15
www.lendls.at
Ausgezeichnete Lebkuchen sind die Spezialität des Hauses.

STREMTALER SCHMANKERL ECK
7540 Güssing, Stremtalstraße 21a
+43 3322 425 27
Zahlreiche Produkte aus der Region, unter anderem eingelegte Gemüse, Sugos etc. von den sogenannten „Hianzn-Frauen".

ALOISIAS MEHLSPEISKUCHL &
KAFFEESTUB´N
7512 Badersdorf 118
+43 3366 773 69
www.aloisia.at
Torten und Hochzeitsbäckerei vom Feinsten.

DIE ROSENGALERIE
7535 Güttenbach 369
+43 3327 24 07
www.rosengalerie.at
Rosenprodukte, Kräuter, Bäder, Tees, Schafmilchseife, Kräuter- und Blütensirupe.

BIOBAUERNHOF HAMEDL
7535 Deutsch-Tschantschendorf 26
+43 3327 86 79
Kochkurse, Brot und Gebäck, Wohnen am Bauernhof.

BIOIMKER SCHWAB
7540 Moschendorf 148
+43 3324 63 88
Seminare, Gelee Royale; vorher anrufen.

IMKEREI „WALD IM EICHENWALD" STUBITS
7474 Eisenberg, Burg 120
+43 3365 23 10
Wald- und Blütenhonige, Bienenwachs, Honiglebkuchen.

RITTERBURG LOCKENHAUS
Die letzte Ritterburg Österreichs befindet sich im Naturpark Geschriebenstein, Erlebnisburgführungen für Gruppen, gelegentlich Templerführungen, Ausstellungen, Ritteressen.
www.ritterburg.at

BURG SCHLAINING
Beherbergt das „Europäische Museum für Frieden", Sammlungen, in den Prunkräumen jährlich wechselnde Sonderausstellungen.
Stadtschlaining, Baumkircher Gasse 1, www.stadtschlaining.at

BURG GÜSSING
Die älteste Burg des Burgenlands thront auf einem erloschenen Vulkankegel, Burgmuseum und Ausstellungen. April bis Oktober geöffnet. +43 3322/434 00, www.burgguessing.info

WEINMUSEUM MOSCHENDORF
18 Museumsgebäude, 3 Vinotheken und ein Weinlehrpfad! Was will das Weinherz mehr? Von Mai bis Oktober nachmittags geöffnet. +43 3324 63 18, www.moschendorf.at

FREILICHTMUSEUM GERESDORF
Mehr als 30 typisch südburgenländische bäuerliche Gebäude können besichtigt werden. Geöffnet von Ende März bis Mitte November. Geresdorf bei Güssing 66, +43 33 28 322 55, www.freilichtmuseum-gerersdorf.at

AUSWANDERERMUSEUM
Mehr als 9000 Personen aus dem Raum Güssing emigrierten nach Amerika. Dieses Museum gibt Einblicke in die Amerikabewegung. Geöffnet von Mai bis Oktober (Sa, So, Fei), Güssing, Stremtalstraße 2, www.burgenlander.com

KINDER-ERLEBNISMÜHLE
Die Wassermühle in Markt Neuhodis im Naturpark Geschriebenstein ist eine vielbesuchte Attraktion, die Kids werden mit Leiterwagen ausgestattet und müssen zunächst von einem Bauernhof Getreide holen. Führung nach Voranmeldung. Naturparkverein Markt Neuhodis, +43 664 505 7879

FELSENMUSEUM BERNSTEIN
Die Marktgemeinde Bernstein ist wegen ihrer weltweit einzigartigen Edelserpentin-Fundstelle bekannt, Bernstein gibt es dort aber auch. Kunsthandwerkstätten im Ort. Bernstein, Hauptplatz 5, +43 3354 66 20, www.felsenmuseum.at

Guter Boden für Rotwein: das Weingebirge von Deutsch-Schützen

Mittelburgenland – Im Reich der roten Riesen

Das Mittelburgenland liegt zwar geografisch in der Mitte, doch was den Rotwein angeht, befinden sich die hiesigen Winzer eindeutig an der Spitze. Mit dem Blaufränkisch wurde aus einem Niemandsland das Blaufränkischland – eine Reise ins Herz des östereichischen Rotweins.

Man braucht keinen Pass, um ins Blaufränkischland zu reisen, und seit der Grenzöffnung zu Ungarn auch nicht einmal mehr eine Stunde, um von Wien über Sopron nach Deutschkreutz zu gelangen. Das ist eine Möglichkeit – zur anderen kommen wir gleich, erst einmal ein kurzer Überblick. Das Mittelburgenland ist aufgrund seiner überschaubaren Größe und der Dichte an hervorragenden Winzern das ideale Zielgebiet für eine kleine Rotweinreise. Im Mittelpunkt sollte dabei allerdings der Wein und weniger die Kulinarik stehen, denn so dicht sich hier die ausgezeichneten Winzer aneinanderreihen, sind die kulinarischen Highlights – von den vielen durchaus empfehlenswerten Heurigen einmal abgesehen – nach wie vor dünn gesät. Man kann das aber auch positiv sehen: Im Mittelburgenland dreht sich eben alles um den Wein, genauer gesagt um den Rotwein und ganz genau gesagt: um den Blaufränkischen. Bereits Ende der Achtzigerjahre, als der Rotweinanbau in Österreich noch ziemlich richtungslos war und neue Sorten wie der Cabernet Sauvignon und der Merlot in Mode kamen, setzte man hier kompromisslos auf diese alte, autochthone Sorte und dokumentierte dies, indem man die Region kurzerhand „Blaufränkischland" nannte. Mehr als die Hälfte der Rebfläche sind im Mittelburgenland inzwischen mit Blaufränkischreben bestockt, und dementsprechend führte man auch eine „DAC Mittelburgenland" ein, durch die der Blaufränkische als Leitsorte endgültig zementiert wurde.

Von Bergen beschützt Warum sie hier so hervorragende Ergebnisse bringt, lässt sich teilweise schon

Einzigartig: der Schaflerhof der Familie Igler beim Schloss Deutschkreutz

Monumental: der Arachon-Keller in Horitschon von Wilhelm Holzbauer

bei der „traditionellen" Anreise ins Mittelburgenland erahnen. Wir kommen auf der S31 von Mattersburg und erreichen bei Sieggraben eine Seehöhe von rund 500 Metern. Damit befinden wir uns auf der Höhe des Ödenburger Gebirges, das für das Mittelburgenland einen Schutzwall gegen kühlere Klimaeinflüsse und Regenfälle aus dem Norden darstellt. Im Westen durch die Bucklige Welt und im Süden vom Günser Gebirge abgeschirmt, entsteht so ein Becken, das nur nach Osten, also Ungarn, hin offen ist, von wo warme, pannonische Klimaeinflüsse die Trauben reifen lassen. Die zweite Voraussetzung für Blaufränkische bester Qualität sind die schweren, sandig-lehmigen Böden, die den Weinen Fülle und Struktur verleihen.

Drittens müssen schließlich die technischen Voraussetzungen genannt werden, die hier in den vergangenen zwanzig Jahren geschaffen wurden, um die im Weingarten entstandene Qualität auch in die Flaschen zu bringen. Das Mittelburgenland hat einen enormen Kellerbauboom erlebt, den kaum ein Winzer ungenutzt verstreichen ließ. Die einen bauten dabei hinter relativ bescheidener Fassade die – gottlob ausgesprochen langen – Hinterhöfe mit modernen Hightech-Weinschmieden zu, die anderen stellten sich gleich regelrechte Châteaus mitten in die Weingärten. Am Ende hatte man sich nicht nur den nötigen Platz und die modernste Technologie für die Weinbereitung geschaffen, sondern den Weinen auch den stilvollen Rahmen in Form von sehenswerten Verkostungsräumlichkeiten gegeben.

Von Liszt zum Rotwein Bis wir die Schnellstraße bei St. Martin verlassen, haben wir bereits eine ganze Reihe von Burgen und Schlössern passiert, die hier wie die Perlen einer Schnur aufgereiht sind. Forchtenstein, mächtig und weithin sichtbar im Norden, Kobersdorf, wo im schönsten Wasserschloss des Burgenlands zur Sommerszeit die „Kobersdorfer Schloss-Spiele" stattfinden, und Landsee, eine der größten Burgruinen Mitteleuropas. Und noch zwei Sehenswürdigkeiten: In Lackenbach harrt ein Wasserschloss mit romantischem Arkadenhof der Besichtigung, und in Raiding wurde aus dem einst bescheidenen Liszt-Museum, das daran erinnert, dass hier der große Komponist und Pianist Franz Liszt im Jahr 1811 das Licht der Welt erblickt hat, ein veritables Liszt-Zentrum samt modernem Konzertsaal und dazugehörigem „Liszt-Festival".

Regionalvinothek Vinatrium Deutschkreutz

Wer jetzt bereits hungrig ist, der sollte gleich einmal beim „Horvath" in Ritzing seinen Anker auswerfen. Anker deshalb, weil dieses Lokal seit vielen Jahren ein sicherer Hafen für hungrige Weinlandpilger ist. Auch wenn das über die Jahrzehnte entstandene Ensemble naturgemäß diverse Epochen und Stile unter einem Dach vereint, fühlt man sich hier nicht nur wegen der guten Küche, sondern auch aufgrund der routinierten Weinberatung durch Hausherr Ernst Horvath wohl. Dieser wartet mit manch feinem Tropfen auf und kann auch andere Trümpfe, wie einen bestens gefüllten Digestifwagen und einen Zigarren-Humidor, aus dem Ärmel ziehen. Wo gibt es so etwas sonst noch? Ein Platz zum Wohlfühlen ist seit jeher auch die „Traube" in Neckenmarkt, Dorfwirtshaus, gepflegtes Restaurant und schmuckes Hotel in einem. Viel Regionales und Saisonales steht hier auf der Speisekarte, und das wird auch gekonnt auf den Teller gebracht.

Damit sind wir wirklich schon mitten drin, im Herzen des Rotweinlandes, das aus den Orten Neckenmarkt, Horitschon und Deutschkreutz besteht. Um sich erst einmal einen Überblick über die Vielfalt des hiesigen Weinbaus zu verschaffen, bietet sich ein Besuch in den Ortsvinotheken von Horitschon und Neckenmarkt an, in denen die wichtigsten Weine der jeweiligen Gebiete versammelt sind. Wer nicht nur kosten, sondern auch die Weingärten durchstreifen und dabei etwas lernen will, dem sei der rund 1,5 Kilometer lange Rotweinlehrpfad von Horitschon empfohlen. Ein anderer „Rotweinpfad"

Barriquekeller im Schaflerhof

führt durch die Keller einiger der bekanntesten Winzer des Landes. Dabei gilt es nicht nur jede Menge zu verkosten, sondern auch allerhand zu besichtigen und zu bestaunen. Schon rein optisch unterstreichen etwa die Keller des Gemeinschaftsprojekts „Arachon“ in Horitschon, der Weingüter Heinrich und Kirnbauer in Deutschkreutz oder des Weinguts Bayer in Neckenmarkt, dass es sich um eine ganz besondere Sub-stanz handelt, die hier hergestellt wird und auch einen entsprechenden Rahmen braucht.

Kellertour in Deutschkreutz Kaum ein anderes Weinbaugebiet weist auf engstem Raum eine derartige Dichte an Topproduzenten auf wie das Mittelburgenland – man sollte sich also Zeit nehmen, selbst wenn man nur bei bekannten Namen Halt machen will. Lehrner, Kerschbaum, Weninger, Wellanschitz, Bayer, Heinrich, Gager, Gesellmann, Igler… Und jetzt kommen wir doch noch zu einer Sehenswürdigkeit, oder besser gesagt, gleich zu zweien. Einmal dem Deutschkreutzer Schloss, das sich im Privatbesitz des Malers Anton Lehmden befindet. Dieser hat vor vielen Jahren die inzwischen längst zum Markenzeichen gewordenen tIgler-Etiketten gestaltet. Und zweitens zum sogenannten „Schaflerhof“, einem zum Schloss gehörenden Gutshof aus dem Ende des 18. Jahrhunderts, den die Iglers mit viel Feingefühl revitalisiert und zum Barriquekeller mit Verkaufsraum und Vinothek ausgebaut haben. Während der Sommermonate wagte man sich heuer mit der italophilen „Summerkuchl“ auch in den Bereich der Kulinarik vor – möge diese beherzte Initiative ein langes Leben haben!

Auch in der nochmals aufgewerteten Gebietsvinothek „Vinatrium“ hat man sich verstärkt des Themas Kulinarik angenommen – soll keiner sagen, dass es nicht doch Hoffnung gibt! – und bietet zur kaum zu überbietenden Weinauswahl mit mehr als 400 Weinen von 50 Winzern aus dem Mittelburgenland auch kleine, feine Happen aus regionalen Produkten an.

Dobro Dosli Spätestens jetzt sollten sich im Kofferraum nicht mehr nur Socken und Zahnbürste befinden. Darum kann der Wein ruhig mal Pause machen und sich das Augenmerk auf die Natur und die Idylle am Wegesrand richten. Durch den Kreutzer Wald, der auch ein beliebter Lieferant für Fassholz ist, geht es weiter über Nikitsch, das über ein hübsches Schloss und ein Dorfmuseum mit Töpferei verfügt, sowie Kroatisch Minihof. Vor vielen Häusern steht hier noch ein offener Ziehbrunnen, und am Ortsrand wird man mit einem freundlichen „Dobro Dosli“ willkommen geheißen. Man sieht Raps- und Maisfelder, und der Wein macht sich rar, bis man nach Lutzmannsburg kommt. Der Ort war früher ein recht verschlafenes Weinbaudorf, ehe knapp an der Grenze zu Ungarn die Sonnentherme Lutzmannsburg-Frankenau errichtet wurde. Sie brachte einiges an Leben und Infrastruktur in diesen südlichsten Winkel des Rotweingebiets, wenngleich nicht alles, was seither gebaut wurde, auch das Auge erfreut.

Im Ort selbst, wo viele der Winzerfamilien bereits seit Jahrhunderten ansässig sind, sieht man aber noch die schönen, lang gestreckten Arkadenhöfe, die für die Region charakteristisch sind. Will man auch Weinreben sehen, so muss man sich auf das beeindruckende Hochplateau des „Lutzmannsburger Weingebirges“ hinaufschrauben. Auf rund 150 Hektar Rebfläche stehen hier vor allem Blaufränkisch-Rebstöcke, die aufgrund der schweren, lehmigen Böden besonders charaktervolle, erdig-rustikale Weine mit intensiver Aromatik bringen.

Damit hätten wir die Grenze des Weinbaugebiets Mittelburgenland eigentlich erreicht, wären da nicht die Brüder Pfneisl gewesen, die Ende der Neunzigerjahre längst verwaiste Weingärten in Kleinmutschen neu ausgepflanzt haben. Ein Abstecher von der Straße bei Unterpullendorf hinauf lohnt sich, denn hier ist nicht nur der größte Shiraz-Weingarten Österreichs angelegt, sondern auch ein architektonisch interessanter Barriquekeller mit der programmatischen Aufschrift „Born to make wine“ gebaut worden.

So sieht es aus, das neue Gesicht des Weinbaus im Mittelburgenland.

FENDT

Im Kerngebiet des Blaufränkischlandes zwischen Horitschon, Neckenmarkt und Deutschkreutz sind die sanften Hügel fast ausschließlich mit Weinstöcken bewachsen – ein Rebenmeer, soweit das Auge reicht. Es dominieren die Rotweinsorten, allen voran der Blaufränkische. Gute Weißweine – vom Weißburgunder über Chardonnay bis Sauvignon blanc – kommen vor allem aus Deutschkreutz.

WEINGÜTER

1 Rotweingut Maria Kerschbaum, Lackenbach
2 Arachaon T-FX-T, Horitschon
3 Bauer-Pöltl, Horitschon
4 Iby, Horitschon
5 Paul Kerschbaum, Horitschon
6 Lehrner, Horitschon
7 Weninger, Horitschon
8 Iby-Lehrner, Horitschon
9 Wellschanschitz, Neckenmarkt
10 Wieder, Neckenmarkt
11 Lang, Neckenmarkt
12 Tesch, Neckenmarkt
13 Bayer, In singo Leonis, Neckenmarkt
14 Draxler, Haschendorf
15 Ernst, Deutschkreutz
16 Gager, Deutschkreutz
17 Gesellmann, Deutschkreutz
18 J. Heinrich, Deutschkreutz
19 Igler, Deutschkreutz
20 K + K Kirnbauer, Deutschkreutz
21 Josef und Maria Reumann, Deutschkreutz
22 Strehn, Deutschkreutz
23 Weber, Lutzmannsburg
24 Pfneisl, Frankenau-Unterpullendorf

LOKALE

1 Horvath, Ritzing
2 Zur Traube, Neckenmark
3 Posch's Buschenschank, Deutschkreutz
4 Vinatrium, Deutschkreutz
5 Kreitza Keller, Deutschkreutz
6 Weingasthof Krail, Oberpullendorf

1.

ROTWEINGUT MARIA KERSCHBAUM
7322 Lackenbach
Dreifaltigkeitsgasse 30
+43 2619 85 05
maria@weingut-kerschbaum.at
www.weingut-kerschbaum.at

Rotwein ist hier Trumpf, was sonst? Mutter Maria Kerschbaums Liebling: die gemeinsam mit Gabi Kerschbaum vom Weingut Paul Kerschbaum gekelterte Cuvée „Women". Junior David brilliert mit „Davids Show Reserve".

2.

ARACHON T-FX-T
7312 Horitschon
Günser Straße 54
+43 2510 423 21
www.arachon.com

Der kulinarisch und önophil absolut affine Stararchitekt Wilhelm Holzbauer plante die würdig Heimstätte des Arachon. Aus dem Gemeinschaftsprojekt von Manfred Tement, F.X. Pichler und Illa Szemes entsteht der Topwein „Arachon evolution" und der Zweitwein „a'Kira", die nicht nur im Inland erfolgreich unterwegs sind.

3.

BAUER-PÖLTL
7312 Horitschon, Brunnenweg 1
+43 2610 432 26
weinhof@bauerpoeltl.at
www.bauerpoeltl.at

Tradition gehört weiterentwickelt, das findet Familie Bauer-Pöltl und bewirtschaftet ihre Weingärten bereits seit dem Jahrgang 2007 biodynamisch – mit durchaus wohlschmeckenden Ergebnissen vom trinkfröhlichen Zweigelt bis Blaufränkisch „Alte Reben Premium".

4.

ROTWEINGUT IBY
7312 Horitschon, Kirchengasse 4a
+43 2610 422 92
weingut@iby.at
www.iby.at

Anton Iby war einer der Ersten, der seine Vision vom reinen Rotweingut entwickelt und umgesetzt hat, und nebenbei auch treibende Kraft bei der Entstehung des „Blaufränkischlandes". Anton Junior setzte behutsam nächste Schritte, stellte den Betrieb auf biodynamische Bewirtschaftung um und schafft es, in seinen Weinen wie der Cuvée „Quintus" und dem Blaufränkisch Dürrau Kraft und animierende Finesse zu vereinen. Dass Iby-Weine für ein langes Leben konzipiert sind, wurde bereits bei Jahrgangsvertikalen der vergangenen zwei Jahrzehnte eindrucksvoll unter Beweis gestellt.

5.

PAUL KERSCHBAUM
7312 Horitschon, Hauptstraße 111
+43 2610 423 92
weingut@kerschbaum.at
www.kerschbaum.at

Paul Kerschbaum begann erst 1989, Weine in Flaschen zu füllen, wurde aber schon bald zu einem der wesentlichen Protagonisten des österreichischen „Rotweinwunders". Der Betrieb wuchs infolge der Nachfrage nach Kerschbaum-Weinen rasch, das Sortiment hielt Kerschbaum aber bewusst immer überschaubar. Inzwischen haben Weine wie der Blaufränkisch Dürrau oder die Cuvées „Impressario" und „Kerschbaum" am Ortsrand von Horitschon mit einem neuen Keller auch ein fashionables Heim bekommen, wo Junior Michael Kerschbaum bereits als verantwortlicher Kellermeister werkt.

6.

LEHRNER
7312 Horitschon, Hauptstraße 56
+43 664 455 69 99
weingut@paul-lehrner.at
www.paul-lehrner.at

Geradlinig und schnörkellos – so ist Paul Lehrner, und so sind auch seine Weine. Der Verfechter eines Rotweintyps mit Kraft und Saft ist in der österreichischen Rotweinszene mit Weinen wie dem Blaufränkisch „Steineiche" und der Cuvée „Paulus" längst zu einer fixen Größen geworden.

7.

WENINGER
7312 Horitschon, Florianigasse 11
+43 2610 421 65
weingut@weninger.com
www.weninger.com

Franz Reinhard Weninger setzt ganz auf Terroir, das in Weinen wie der Cuvée „Veratina", dem Blaufränkisch „Saybritz" oder dem Edel-Blaufränker „Dürrau" akkurat zum Ausdruck kommt. Die Vielfalt ist dabei groß, denn die Lagen des Betriebs befinden sich nicht nur in Horitschon, sondern auch im ungarischen Balf bei Sopron und am südburgenländischen Eisenberg.

8.

IBY-LEHRNER
7312 Horitschon, Hauptstraße 34
+43 2610 421 13
info@weinverkauf.net
www.weinverkauf.net

Drei Generationen bündeln im sympathischen Familienbetrieb ihre Kräfte, wobei Michael Lehrner als Kellermeister dafür verantwortlich ist, dass aus ausgezeichneten Lagen wie Dürrau erstklassige Rotweine in die Flaschen kommen.

9.

WELLANSCHITZ
7311 Neckenmarkt, Lange Zeile 28
+43 2610 423 02
info@wellanschitz.at
www.wellanschitz.at
2015 konnte Familie Wellanschitz das 50-jährige Bestehen ihres Betriebs feiern – natürlich auch mit tollen, gereiften Rotweinen. Kein Wunder, denn bereits in den Achtzigerjahren zählte man zu den ersten Betrieben, die ganz auf Rotwein und hier vor allem auf den Blaufränkischen gesetzt haben. Beste Lagen und der Einsatz der ganzen Familie bringen hier Weine, die in der heimischen Topliga mitspielen.

10.

WIEDER
7311 Neckenmarkt
Lange Zeile 76
+43 2610 424 38
info@weingut-juliana-wieder.at
www.weingut-juliana-wieder.at
Seit vielen Jahren ist das Weingut Juliana Wieder ein Leitbetrieb im Mittelburgenland mit einer breiten Phalanx erstklassiger Rotweine und ein paar weißen „Farbtupfern" wie dem burgundisch ausgebauten Chardonnay. Zweimal im Jahr öffnet die Familie ihre „Georgischenke", wo man alle Topweine zu hausgemachten Köstlichkeiten genießen kann.

11.

LANG
7311 Neckenmarkt
Rathausgasse 20
+43 2610 423 84
office@rotweinelang.at
www.rotweinelang.at
In diesem Musterbetrieb entstehen moderne Weine, die zwar Power und Konzentration zeigen, von der Stilistik her aber eher die feine Klinge führen. Flaggschiffe sind die Blaufränkischen wie die DAC-Reserve und die Topcuvée „Excelsior". Mit dem Projekt „Raue Liebe", bei dem ein Top-Blaufränkisch nach dreieinhalb Jahren im Keller noch ein Jahr lang im Fass vergraben wird, setzt man noch eins drauf – ganz nach dem Motto des Hauses: Guter Wein braucht lang!

12.

TESCH
7311 Neckenmarkt
Herrengasse 26
+43 2610 436 10
titan@tesch-wein.at
www.tesch-wein.at
Weinfreaks der ersten Stunde werden sich noch erinnern können, dass Josef Tesch bereits in den Achtzigerjahren mit ausgezeichneten Blaufränkischen aufgezeigt hat. Heute pflegen Josef senior und Junior „Joe" mit exzellenten Weinen wie dem „Titan" oder dem Ausnahmewein „Patriot" diese Tradition weiter.

13.

BAYER, KELLEREI IN SIGNO LEONIS
7311 Neckenmarkt
Wirtschaftspark 5
+43 2610 426 44
bayer@weinfreund.at
www.weinfreund.at
Schon in den Achtzigern agierte Heribert Bayer hinter den Kulissen als Berater etlicher Topwinzer von heute. Und beim eigenen Weingut, für das inzwischen Junior Patrick verantwortlich zeichnet, gab es in Sachen Qualität ebenfalls nie Kompromisse. Bayer-Weine sind etwas Besonderes, keine Massenware, auch nicht billig – aber sie wirken. Das gilt für den Blaufränkisch „In signo Sagittarii" ebenso wie für die Cuvée „In signo Leonis" und die Weinrarität namens „Herzblut".

14.

DRAXLER
7311 Neckenmarkt
Haschendorf 17
+43 2610 423 91
office@weingut-draxler.at
www.weingut-draxler.at
Eine Fundgrube für stoffige, dichte Rotweine aus biodynamischer Produktion mit einem ausgezeichneten Preis-Leistungs-Verhältnis.

15.

ERNST
7301 Deutschkreutz
Elisabethgasse 31
+43 664 386 02 20
www.winery-ernst.at
Aus der „Garage Winery" des „jungen Wilden" Bernhard Ernst stammen einige interessante Weißweine, vor allem aber auch spannende, strukturierte und animierende Rote von teilweise sehr alten Rebanlangen rund um Deutschkreutz. Teuer und großartig: „La Mission".

16.

WEINGUT GAGER
7301 Deutschkreutz
Karnergasse 8
+43 2613 803 85
info@weingut-gager.at
www.weingut-gager.at
Für Horst Gager muss ein Rotwein vor allem eines haben – Power. Bekannt wurde das Weingut mit der Cuvée „Quattro", spannend sind auch die Weine mit neuen Rebsorten wie der „Q2" (Zweigelt und Roesler) oder der Spitzentropfen „Tycoon" aus Cabernet Sauvignon, Blaufränkisch und Tannat.

17.

GESELLMANN
7301 Deutschkreutz
Lange Gasse 65
+43 2613 803 60
weingut@gesellmann.at
www.gesellmann.at
Albert Gesellmanns Spitzengewächse wie der Blaufränkisch Hochberc, die Cuvée „G" aus Blaufränkisch und

St. Laurent sowie die Klassiker „Bela Rex“ und „Opus Eximium“ sind eigenständige Charakterweine, die auch hohe Anforderungen an den Gaumen des Kosters stellen – und ihn dafür mit fantastischen Aromen, toller Struktur und nicht versiegendem Trinkfluss belohnen.

18.

J. HEINRICH
7301 Deutschkreutz
Karnergasse 59
+43 2613 89 61 50
office@weingut-heinrich.at
www.weingut-heinrich.at

Silvia Heinrich ist das Paradebeispiel dafür, wie man als Frau in einer Männerdomäne sehr erfolgreich unterwegs sein kann. Die auch international bestens vernetzte Winzerin schafft das und hat daneben noch Zeit und Energie für spannende Weinkreationen wie den „Cupido“ – einen Wein voller Geschichten und Poesie. Es gibt aber auch ganz Klassisches, das herrlich schmeckt, wie den Blaufränkisch Goldberg von bis zu 60 Jahre alten Rebstöcken. Moderne Winzerzimmer laden zum Verweilen ein.

19.

IGLER
7301 Deutschkreutz, Langegasse 49
Schaflerhof: geöffnet Fr u. Sa 10–12 und 13–18 Uhr
+43 2613 803 65
info@weingut-igler.at
www.weingut-igler.at

1981 holte Hans Igler 30 gebrauchte Barriquefässer vom Château Latour in Bordeaux – und wurde damit zu einem wesentlichen Impulsgeber für die Entwicklung des Rotweins in Österreich in den folgenden Jahren und Jahrzehnten. Heute wird das Vorzeigeweingut von einem starken Team, bestehend aus Waltraud Reisner-Igler, Wolfgang Reisner und ihrem Sohn Clemens, der die Kellerwirtschaft verantwortet, geleitet. Die Weine mit dem auffälligen Etikett des in Deutschkreutz lebenden Malers Anton Lehmden wie die Cuvée „Vulcano“, der Blaufränkisch Birii oder die Topcuvée „Ab Ericio“ zählen regelmäßig zum Besten, was es in Österreich zum Thema Rotwein gibt.

20.

K + K KIRNBAUER
7301 Deutschkreutz, Rotweinweg 7
+43 2613 897 22
kirnbauer@phantom.at
www.phantom.at

Mit Kleinigkeiten gibt sich ein Walter Kirnbauer nicht ab. Wenn man schon baut, dann gleich ein „Château“, und zwar mitten im Weingarten. Ein wahrhaft spektakulärer Betriebssitz, und dass die Weine dem um nichts nachstehen, dafür sorgen Walter und Junior Markus Kirnbauer im starken Team mit der ganzen Familie. Der „Signature-Wine“ des Hauses ist die Cuvée „Phantom“, die ein breites Publikum begeistert, aber auch echte Klasse hat, wie eine Vertikalverkostung der ersten 20 Jahrgänge bewiesen hat. Bei den Kirnbauers geht es aber noch besser, etwa mit dem Cabernet franc „Konquest“, der ausschließlich in Großflaschen abgefüllt wird; wie gesagt, keine Kleinigkeiten.

21.

JOSEF UND MARIA REUMANN
7301 Deutschkreutz
Neubaugasse 39
+43 2613 804 21
info@weingut-reumann.at
www.weingut-reumann.at

Die Weine des symphatischen Winzerpaars Josef und Maria Reumann kommen ganz schön herum – kein Wunder, denn sie haben nicht nur Qualität, sondern auch Beständigkeit, eben Wein, zu dem man immer wieder gerne hingreift. Die Cuvée „Phönix“ aus allen roten Rebsorten ist das Markenzeichen des Betriebs, doch um den Titel des besten Reumann-Weines gibt es ein ordentliches Gedränge. Denn da sind noch der kernige Top-Blaufränkische „V-Max“ und schließlich der formidable „vinum sine nomine“. Eine mögliche Erklärung für diesen Namen: Dem Winzer fehlten bei der ersten Verkostung die Worte …

22.

STREHN
7301 Deutschkreutz
Weinbergweg 1
+43 2613 893 62
office@strehn.at
www.strehn.at

Einer der großen Weinbaubetriebe in Deutschkreutz, der sich unter der Ägide der jungen Generation – Pia, Andy und Patrick Pfneisl – im qualitativ hochwertigen Bereich neu positioniert hat. Auf diesem Weingut ist nicht nur gut trinken, sondern auch schön wohnen.

23.

WEBER
7361 Lutzmannsburg
Neustiftgasse 15
+43 2615 870 10
info@weingut-fam-weber.at
www.weingut-fam-weber.at

Seit Generationen „webt“ diese alteingesessene Winzerfamilie den Stoff, aus dem die Blaufränkisch-Träume sind. Kraftvoll, erdig, konzentriert und langlebig.

24.

PFNEISL
7452 Frankenau-Unterpullendorf
Gutshof Mutschen
+43 2613 800 48
wein@weingut-pfneisl.at
www.weingutpfneisl.at

Josef, Franz und Gerhard Pfneisl begannen erst 1997 damit, eigene Weine zu vermarkten. Um im Meer der Blaufränkisch-Winzer herauszustechen, setzten sie auf Shiraz – mit eindrucksvollen Ergebnissen. Ebenfalls stark: die Cuvée „Pentagon“ aus fünf Rebsorten und der Topwein „Hexenberg“ aus Shiraz und Merlot.

1.

RESTAURANT HORVATH
7323 Ritzing, Lange Zeile 92
+43 2619/67 2 29
office@restaurant-horvath.at
www.restaurant-horvath.at
Seit vielen Jahren eine fixe Größe im Blaufränkischland: Kreative Regionalküche trifft hier auf eine tolle Weinauswahl und genussvolle Nebengeräusche, vom Edelbrand bis zur Zigarre.

2.

ZUR TRAUBE
7311 Neckenmarkt
Herrengasse 42
+43 2610 422 56
info@gasthof-zur-traube.at
www.gasthof-zur-traube.at
Engagiert geführtes Wirtshaus mit guter Regionalküche. Vorzüglich: das Steak von bester Fleischqualität und dazu einen gut gereiften Roten aus dem hauseigenen Schauweinkeller.

3.

POSCH'S BUSCHENSCHANK
ZUM SCHNITZELHEURIGEN
7301 Deutschkreutz, Mühllallee 2
+43 2613 892 38
info@schnitzelheuriger.at
www.schnitzelheuriger.at
Schnitzel gibt es hier natürlich auch, und für den großen Hunger sogar riesige, daneben aber auch legendäre Spareribs und andere deftige Köstlichkeiten. Den Wein dazu liefert die Hausvinothek.

4.

VINATRIUM
7301 Deutschkreutz
Hauptstraße 55
+43 2613 897 68
vinothek@vinatrium.at
www.vinatrium.at
Mo bis Do 13–9 Uhr, Fr u. Sa 10–19 Uhr, So und Fei 10–18 Uhr
Zur größten Weinauswahl des Mittelburgenlands gibt es auch kleine, feine Happen mit regionalen Produkten.

5.

KREITZA KELLER
Familie Hofstädter
7301 Deutschkreutz
Rausnitzstraße 14
+43 2613 895 09, +43 664 482 87 31
www.kreitzakeller.at
Gepflegter Buschenschank im alten Kreuzgewölbe mit empfehlenswerten Eigenbauweinen.

6.

WEINGASTHOF KRAIL
7350 Oberpullendorf
Hauptstraße 37
+43 2612 422 20
krail.gasthof@burgenland.org
www.krail.at
Zu ausgezeichneter pannonischer und internationaler Küche – Spezialität: Steaks und Co vom heißen Stein – schöpft man aus einem Fundus von rund 80 Weinen der gut sortierten Vinothek. Gästezimmer im Haus.

GASTHAUS ZUR TRAUBE
Neckenmarkt
s. Essen

GASTHOF SCHREINER
7301 Deutschkreutz
Girmer Straße 45
+43 2613 803 22
info@hotel-schreiner.at
www.hotel-schreiner.at
Gepflegtes Hotel mit Swimmingpool und Wellnessbereich.

WEINGUT J. HEINRICH
Deutschkreutz
s. Winzer

WEINGUT GAGER
Deutschkreutz
s. Winzer

THERMENHOTEL
VIER JAHRESZEITEN
7361 Lutzmannsburg
Am Thermengelände 4
+43 2615 81 22 20
info@thermenhotel.com
www.thermenhotel.com
Komfortables Viersternehotel mit direktem Zugang zur Therme und eigener Vinothek.

VINOTHEK HORITSCHON
Horitschon, Kirchenplatz 1
+43 664 88 63 89 16
office@vinothek-horitschon.at
www.vinothek-horitschon.at
Do bis So 13–18 Uhr

VINOTHEK ALTES RATHAUS
7311 Neckenmarkt, Rathausgasse 1
+43 664 521 64 65
Do bis So 15–18 Uhr oder nach Voranmeldung.

VINATRIUM DEUTSCHKREUTZ
s. Essen

HELGA UND JOHANN HAUSENSTEINER
7332 Kobersdorf
Lustfeldgasse 12
+43 650 582 52 15
Hier einzukaufen ist eine Lust: Liköre, Chutneys, Pestos, eingelegte Pilze und Co.

HOFLADEN MAGEDLER
7361 Lutzmannsburg
Hauptstraße 30
+43 2615 872 16
Feinstes Walnussöl, Marmeladen und bäuerliche Produkte.

STADTBÄCKEREI GRADWOHL
7350 Oberpullendorf
Hauptstraße 5
+43 2612 431 01
www.gradwohl.info
Vollkornprodukte wie Kamutbrot, außerdem Kräuter, Honig, Nüsse Marmeladen und anderes.

MARTERLWANDERWEG
Bringt Interessierte zu Kapellen, Bildstöcken und Wegkreuzen. 40 Denkmäler dieser Art werden in Deutschkreutz liebevoll gehegt und gepflegt. Die Wanderwege sind im Marterlführer beschrieben.

BESUCH AUF DEM VULKAN
Wie kommen die Basaltkugeln auf den Pauliberg? Das erfährt man bei einer Vulkanführungen durch das Basaltwerk. Pauliberg, +43 2618 688 88

SCHLOSS DEUTSCHKREUTZ
Das Renaissanceschloss mit zweigeschossigen Hofarkaden und Ecktürmen beherbergt eine Gemäldeausstellung des Besitzers Anton Lehmden. Führungen von Mitte Mai bis Mitte September, sonst gegen Voranmeldung.
+43 2613 202 00
www.schlossdeutschkreutz.at

FREILICHTMUSEUM UNTERRABNITZ
Eine frühmittelalterliche bäuerliche Ansiedlung. Mai bis Oktober auf Anfrage. Unterrabnitz, +43 2616 88 77
www.fruehmittelalterdorf.at

FRANZ-LISZT-MUSEUM
Das Geburtshaus von Franz Liszt mit Schausammlung und Rundgang. Von Palmsonntag bis Oktober geöffnet. Raiding, Franz-Liszt-Straße 42
+43 2619 72 20
www.lisztzentrum.at

FAHNENSCHWINGER WEINBAUMUSEUM
Zeigt die Geschichte des Weinbaus im Blaufränkischland. Von Mai bis Oktober geöffnet. +43 2610 422 63
www.neckenmarkt.eu

MUSEUM SCHLOSS LACKENBACH
„Der Natur auf der Spur" ist das Motto des im ehemaligen Renaissance-Wasserschloss Lackenbach untergebrachten Museums. Lackenbach
+43 2619 200 12

TERMINE
- Rotwein Opening Horitschon (Mai)
- Rotweinfestival Deutschkreutz (Juli)
- Rotweintage Neckenmarkt (Mitte Aug.)
- Lange Nacht des Rotweins Neckenmarkt (Nov.)

Um den Neusiedler See – Weinvielfalt rund ums Wasser

Es gibt nichts, was es im Weinland rund um den Neusiedler See nicht gibt: Weiß, rot, süß und prickelnd präsentiert sich hier die Weinwelt – und dazu gibt es ein einzigartiges Naherholungsgebiet für Bewegungshungrige zu Wasser und zu Land.

Wer sich einmal die Mühe macht, den Neusiedler See auf österreichischer Seite von Mörbisch bis nach Illmitz an einem Tag zu umrunden, wird staunen, durch welch abwechslungsreiche Landschaft er da unterwegs ist. Erst hügelig, dann sogar gebirgig – zumindest aus Sicht des Ostösterreichers – und am Ende brettleben verbindet diese Region die letzten Ausläufer der Alpen mit der Ungarischen Tiefebene. Der Neusiedler See selbst ist ein perfektes Beispiel dafür, wie sehr der Weinbau von den Gegebenheiten der Natur geprägt ist. Er liegt da wie eine riesige Badewanne – ein Vergleich, der sich allein schon wegen der geringen Wassertiefe von gerade einmal zwei Metern aufdrängt – und wird beschützt, gewärmt und gut durchlüftet. Beschützt vom Leithagebirge, das gut gegen Nordwind ist, gewärmt von der Sonne und der warmen Luft, die von der Pannonischen Tiefebene hereinströmt und gut durchlüftet, weil hier, am Ende der Alpen, zur Freude der Surfer, Segler und Kiter, stets ein kräftiger Wind weht. All das kommt natürlich auch dem Weinbau zugute, der in der Region das beherrschende Thema und – erst neben der Landwirtschaft, heute neben dem Tourismus – seit Jahrhunderten auch die Lebensgrundlage der Menschen darstellt. War es früher vor allem der Süßwein, der dem Land zu Bekanntheit und Ruhm verholfen hat, so profilierte man sich seit den Achtzigerjahren als das Rotweinreservoir Österreichs. Allerdings wachsen gerade an den Hängen des Leithagebirges und im Ruster Hügelland auch wirklich ausgezeichnete Weißweine, die das Wein-

triumvirat am Neusiedler See komplettieren. Quasi zum Drüberstreuen gibt es schließlich noch die prickelnde Abteilung – spätestens seit die rührige Familie Szigeti Gols und den Seewinkel zum Sekteldorado gemacht hat.

Natur und Grenzen Die Neusiedler-See-Runde – und durch die Grenzöffnung zu Ungarn kann das erstmals seit den Zeiten der österreichisch-ungarischen Monarchie wieder ohne jegliche Formalitäten eine ganze Runde sein – führt durch zwei offizielle Weinbau- und zwei DAC-Gebiete. Das klingt kompliziert und ist es auch, darum zum besseren Verständnis eine kurze Erläuterung. Das Weinbaugebiet Neusiedlersee-Hügelland reicht von Mörbisch bis Breitenbrunn. Daran schließt das Weinbaugebiet Neusiedlersee an, das früher Seewinkel hieß und bis Illmitz, Apetlon und Pamhagen im Süden reicht. Die Grenzziehung dazwischen ist aus weinbaulicher Sicht wenig sinnvoll, denn geologisch gesehen reicht das zum Neusiedlersee-Hügelland gehörige Leithagebirge bis kurz vor Neusiedl am See. Dem wurde mit der Schaffung einer „Leithaberg DAC“ Rechnung getragen, die sowohl typischen Weiß- als auch Rotweinen gilt, und das Gebiet des Leithagebirges von Großhöflein bis Jois umfasst. Einige Jahre später folgte dann die „Neusiedlersee DAC“, die dem Zweigelt gewidmet ist und an die Leithaberg DAC anschließt, also nicht ganz ident mit dem Weinbaugebiet ist. Ist das alles denn so wichtig?, werden Sie sich jetzt vielleicht fragen. Ja und nein. Fährt man um den Neusiedler See, so braucht man sich um solche Grenzziehungen nicht wirklich zu kümmern. Dem aufmerksamen Verkoster wird es aber nicht entgehen, dass es sehr wohl einen Unterschied macht, ob er sein Glas gerade in Rust, Donnerskirchen oder Illmitz erhebt – und überdies erweist man sich in fröhlicher Runde als Experte, wenn man über diese komplizierten Zusammenhänge kompetent Auskunft geben kann.

Alte Meister, urige Reben Doch nun genug theoretisiert und rasch hinein in den Wein. Das heißt von Wien aus gesehen über die praktische Autobahn A3 bis zur Abfahrt Müllendorf, und zwei Minuten später steht man schon mitten in den Reben von Großhöflein. Mit Kollwentz und Leberl warten hier gleich zwei Weingiganten, wobei man gerade bei Andi Kollwentz die erwähnte Dreifaltigkeit von Weiß-, Rot- und Süßwein in bester Qualität serviert bekommt. Fündig wird man hier aber auch bei weniger bekannten Namen wie Wagentristl oder Mariell, wo sich zum Wein auch ein kostenswertes Edelbrände-Sortiment gesellt. In unmittelbarer Nachbarschaft befindet sich schon Eisenstadt, die Hauptstadt des Burgenlands, die neben dem Weinbau vor allem durch die Namen Haydn und Esterházy geprägt ist. Der Fürstenfamilie verdankt die Stadt das mächtige Schloss im Zentrum ebenso wie die Tatsache, dass sie Joseph Haydn über Jahrzehnte als „Hofkompositeur“ beschäftigt und ihm so den nötigen Freiraum für viele seiner Kompositionen geschaffen hat. Haydn schätzte übrigens den Wein der Esterházy, der bis vor wenigen Jahren im Schlosskeller bereitet wurde. Inzwischen ist das Weingut nach Trausdorf ausgesiedelt, das wir auf dem Weg zum Neusiedler See gleich passieren werden. Doch erst gilt es noch, einen Abstecher hinüber nach Sankt Georgen zu machen, wo mit Hans Moser einer der versiertesten „Hauptstadt-Winzer“ werkt und wir zugleich den Schauplatz einer weinhistorischen Sensation streifen. Im Jahr 2000 wurde in einem Gestrüpp bei St. Georgen ein alter Rebstock gefunden, freigeschnitten und untersucht. 2006 wurde dann zweifelsfrei festgestellt, dass es sich dabei um die bislang unbekannte Mutterrebe des Grünen Veltli-

Malerisch: die Kellergasse in Breitenbrunn

ners handelt. Nach jahrelanger, sorgsamer Vermehrung konnten 2014 die ersten kleinen Schlucke von Reben, die aus diesem Ur-Veltliner gezogen wurden, verkostet werden. Inzwischen wurde ein Versuchsweingarten mit 1000 Rebstöcken angelegt – die Chancen steigen also, einmal eine Probe von diesem besonderen Stoff verkosten zu können.

Bis es so weit ist, setzen wir aber erst einmal unsere Reise fort. Am Weg von Eisenstadt nach St. Margarethen steht direkt an der Hauptstraße das moderne Esterházy-Weingut, das auf jeden Fall einen Zwischenstopp lohnt. Die Architektur ist hochmodern, die Technik vom Feinsten, und unter der Ahnengalerie in Öl ruhen in den Barriquefässern die wertvollsten Tropfen des traditionsreichen Hauses.

Vorbei am Römersteinbruch, dessen Freiluftbühne jeden Sommer Schauplatz von Konzerten und Opernaufführungen ist, geht es über das Ruster Hügelland hinunter zum See, wo wir erst einmal nach rechts abbiegen und Mörbisch einen Besuch abstatten. Hier spielt sich der Kulturbetrieb auf einer Seebühne ab. Sehenswert sind jedoch auch die schönen, alten Langhäuser mit ihren schmalen Innenhöfen. Bekannte Winzer sind die Schindlers, die hier als erste mit Toprotweinen aufgezeigt haben, der Quereinsteiger Günther Schönberger und Cabernet-Spezialist sowie „Weinphilosoph" Bernhard Fiedler.

Rust: Ausbruch für die Freiheit In der pittoresken, stets belebten Weinstadt Rust bietet sich ein ganz anderes Bild als im dörflichen, ruhigen Mörbisch. Der Hauptplatz ist von stolzen, alten Bürgerhäusern gesäumt, und man sollte sich auf jenen Fall einen kleinen Spaziergang durch die Altstadt gönnen, ehe man im köstlichen Heurigen der Schandls, dem lauschigen Hofgarten von „Mooslechners Bürgerhaus" oder im ver-

steckten „Hofgassl" versickert. Ruster Wein wird schon seit Jahrhunderten hoch geschätzt. 1681 hat man sich dann das Statut einer „Freistadt" mit Gold und edlem Ausbruchwein von der Obrigkeit erkauft. Dieser hat hier eine lange Tradition und wird von den Topwinzern des Ortes wie Feiler-Artinger, den Triebaumers oder Heidi Schröck nach wie vor liebevoll gepflegt. In Oggau heißt es schon wieder einkehren, entweder im traditionsreichen „Herztröpferl" der Familie Mad oder im Gut Oggau, wo Eduard Tscheppe und Stephanie Tscheppe-Eselböck im Heurigen zu ihren Weinen kleine Köstlichkeiten servieren. Eselböck at its best gibt es im Stammhaus, dem „Taubenkobel" in Schützen am Gebirge – seit Langem ein Fixstern am kulinarischen Himmel des Burgenlands und eines der besten Lokale Österreichs. Nur ein paar Schritte weiter befindet sich das Weingut der Familie Prieler, die von den kargen Lagen des Schützener Weingebirges wie dem Goldberg wahrhaft flüssiges – wenn auch rotes – Gold schürfen.

Die Weine vom Leithakalk Nun streifen wir das Leithagebirge, dessen großes Potenzial erst in den vergangenen Jahren so richtig erkannt wurde. Kalk- und Schieferböden in Verbindung mit den kühlen Winden, die hier am Abend und in der Nacht in Richtung See wehen, sorgen für eine ausgeprägte Terroirnote und intensive Aromen. Nicht zuletzt deshalb greifen schon seit einigen Jahren auch die Topbetriebe aus Gols gerne nach Lagen im Norden des Neusiedler Sees. Insbesondere in Donnerskirchen mit seiner schönen Bergkirche und der neuen Genussakademie Burgenland im historischen „Martinschlössl" entstehen bemerkenswerte Weißweine, was man in den Betrieben des „Donnerskirchner Weinquartetts" mit den Weingütern Liegenfeld, Sommer, Erbhof Bayer und Neumayer bestens nachverkosten kann.

In Purbach sollte man den österreichweit einzigartigen Kellerplatz mit seinen hübschen Kellern und Presshäusern gesehen und die Weine der engagierten Winzer Birgit Braunstein und Thomas Schwarz gekostet haben, die mit neuen Zugängen an eine alte Weinbautradition anknüpfen. Auch was die kulinarische Nahversorgung angeht, ist Purbach ein Highlight: Mit dem Weingasthof Braunstein – „Paulis Stuben", dem Restaurant „Fossil" im alten Weinkeller, dem „Kloster am Spitz" hoch über den Reben

Land der Türme: Purbach, Jois, Donnerskirchen

Arbeit macht Spaß: Klaus Egle und Martin Pasler

Seeluft schnuppern in Podersdorf

und dem wunderschönen „Gut Purbach“ des jungen Küchenmeisters Max Stiegl hat man gleich vier wunderbare Adressen zur Auswahl.

Weiter geht es nun über Breitenbrunn mit seiner lauschigen Kellergasse hinauf nach Jois. Direkt an der Hauptstraße befindet sich der „Landmark“-Weinkeller von Leo Hillinger, an dem man ohnehin nur schwer vorbeikommt, und – hoppala – nicht gleich weiterfahren, denn abseits der Hauptstraße ist Jois ein entzückender, kleiner Weinort. Hoch über dem See liegt das Weingut von Martin Pasler, in Österreich immer noch fast ein Geheimtipp, weil er so viel Wein nach Deutschland exportiert, und unten am See finden wir eine der besten Adressen für genussvolles Chillen am Wasser – das nach längerer Pause wieder geöffnete Restaurant „Seejungfrau“.

Im Zentrum des Rotweins An der Schnittlinie zwischen Weinbergen und Schilf bewegen wir uns nun weiter in Richtung Neusiedl am See. Da hier der sonst fast durchwegs von einem breiten Schilfgürtel umgebene See einigermaßen frei zugänglich ist, erfreut sich Neusiedl eines regen Bade- und Sporttourismus, wobei auch hier an vielen Häusern das obligatorische „Flaschenwein“-Schild nicht fehlt, und mancherorts wird dieser Flaschenwein gleich direkt an der Straße angeboten. Ganz andere Formen der Weinpräsentation findet man in der modernen Vinothek des „Weinwerk Burgenland“ oder in Fritz Töschs „Landgasthof am Nyikospark". Der rührige Patron hat mit seinem Restaurant ein kulinarisch-önophiles Zentrum für die ganze Region geschaffen, das auch von den hiesigen Winzern gerne heimgesucht wird. Etwas legerer geht es gleich vis-à-vis in Töschs „Ur-Lokal“, dem mediterranen „Da Capo“ zu – Italofeeling am Neusiedler See und dazu Weine von dies- und jenseits des Brenners. Zu einem Treffpunkt für Gäste aus nah und fern hat sich die trendige „Mole West“ unten am See entwickelt; schönere Sonnenuntergänge gibt es am Neusiedler See nicht, doch Küche und Keller verlassen sich erfreulicherweise nicht nur auf den Zauber dieses Naturschauspiels.

Auf dem Weg von Neusiedl ins Süßweinparadies des Seewinkels, fahren wir eine echte „Rotwein-Meile“ ab. Obwohl in dieser Region, ähnlich wie in Rust, durchaus gute Bedingungen für Weiß- und Prädikatsweine herrschen, haben Winzer wie Axel Stiegelmar, Josef Pöckl, Gernot Heinrich, Hans Nittnaus, Gerhard Pittnauer, Heinrich Leitner, Judith Beck oder Josef Umathum mit ihren hochkarätigen Rotweinen der Gegend einen eindeutigen Stempel aufgedrückt. Einen Besuch wert ist hier auch Schloss Halbturn, wo im herrschaftlichen Ambiente nach einem kräftigen Relaunch des gesamten Weinbaus ebenfalls einige der besten und spannendsten Tropfen der Region der Verkostung harren.

Rare Vögel, süße Weine Spätestens ab Frauenkirchen beginnt das Reich der Vögel – das Naturschutzgebiet mit seinen zahlreichen Lacken und Seen bietet nicht nur dem fliegenden Wahrzeichen des Neusiedler Sees, dem Klapperstorch, sondern zahlreichen anderen Vogelarten Unterschlupf – und jenes der süßen Weine. Aufgrund der hohen Luftfeuchtigkeit ist der Botrytispilz hier ein oft und gern gesehener Gast. Er durchsticht die Traubenhaut, und durch die darauffolgende Verdunstung von Flüssigkeit steigt der relative Zuckergehalt in der Traube enorm an. Auf diese Weise kann die Spezialität des Seewinkels, hochgradige Prädikatsweine, gekeltert werden. Nur an wenigen anderen Plätzen der Welt wie Tokaj in Ungarn oder Sauternes in Frankreich ist das in diesem Umfang möglich.

Zahlreiche internationale Verkostungserfolge der hiesigen Winzer haben die Prädikatsweine des Seewinkels inzwischen weit über die Grenzen des Landes hinaus bekannt gemacht, wobei das renommierte Weingut Kracher zweifellos die Speerspitze darstellt. Süße Weine gibt es freilich bereits im Surferparadies Podersdorf, wo man diese im schon legendären „Gasthaus zur Dankbarkeit" idealerweise in Kombination mit dem berühmten „Jiddischen Hühnerleberaufstrich" genießt.

Eine solche Unterlage kann jedenfalls nicht schaden, denn im „Gemüseparadies Seewinkel" warten auf den Weinfreund noch eine ganze Reihe weiterer Herausforderungen: Das mächtige, auf Rotweine spezialisierte Weingut Salzl in Illmitz, Roland Steindorfer, der in allen Kategorien punktet, Erich Scheiblhofer, der hier den California-Style salonfähig gemacht hat, Chardonnay-Primus Heinz Velich, Shootingstar Hannes Reeh, Strohweinspezialist Gerhard Nekowitsch, Richard und Robert Goldenits oder Günther Fink, der zum Wein auch gleich noch feine Produkte wie Essige und Öle produziert – um nur einige zu nennen.

Man sieht: Eine Querverkostung dauert ein wenig, und wenn man zwischendurch einer Stärkung bedarf, wird man in dieser fruchtbaren Ebene ebenfalls leicht fündig: In Illmitz mit dem „Illmitzer", „Presshaus Haider" oder „Karlo", in Apetlon beim Wirtshaus mit dem klingen Namen „Zum Fröhlichen Arbeiter". Dass man nach so einer Tour ebenfalls fröhlich ist, versteht sich irgendwie von selbst, müde aber auch, und darum böte sich jetzt die „St. Martins Therme und Lodge" bei Frauenkirchen an, um noch ein, zwei genussvolle Relaxtage anzuhängen, während denen der Genuss freilich ebenfalls nicht zu kurz kommen muss.

Neusiedlersee-Hügelland

Spitzenqualität und Vielfalt – das sind die Trümpfe dieser Weinbauregion. Der Neusiedler See sorgt für ausreichend Feuchtigkeit, um regelmäßigen Botrytisbefall der Trauben zu ermöglichen; damit sind beste Voraussetzungen für Hochprädikatsweine gegeben. Das vom Osten und Südosten hereinwirkende pannonische Klima bringt die nötige Wärme, damit die Rotweintrauben voll ausreifen können. Schließlich schützen Leitha- und Rosaliagebirge vor raueren nördlichen Klimaeinflüssen; kühle Fallwinde, die diese Hügelketten überwinden, bewirken die nötige nächtliche Abkühlung, um auch fruchtige und säurebetonte Weißweine keltern zu können.

WEINGÜTER

1 Kollwentz, Großhöflein
2 Leberl, Großhöflein
3 Mariell, Großhöflein
4 Wagentristl, Großhöflein
5 Hans Moser, St. Georgen
6 Nehrer, St. Georgen
7 Esterházy, Trausdorf
8 Tinhof, Trausdorf
9 Schuster, St. Margarethen
10 Schindler, Mörbisch
11 Schönberger, Mörbisch
12 Grenzhof-Fiedler, Mörbisch
13 Feiler-Artinger, Rust
14 Giefing, Rust
15 Schandl, Rust
16 Schröck, Rust
17 Ernst Triebaumer, Rust
18 Günter Triebaumer, Rust
19 Seiler, Rust
20 Mad/Haus Marienberg, Oggau
21 Gut Oggau
22 Prieler, Schützen am Gebirge
23 Liegenfeld, Donnerskirchen
24 Sommer, Donnerskirchen
25 Braunstein, Purbach
26 Kloster am Spitz, Purbach
27 Höpler, Breitenbrunn

LOKALE

1 Henrici, Eisenstadt
2 Ohr, Eisenstadt
3 Osteria e Vineria del Corso, Eisenstadt
4 Mooslechners Wirtshaus Rusterhof, Rust
5 Wirtshaus im Hofgassl, Rust
6 Zum Herztröpferl, Oggau
7 Sebastiankeller, Oggau
8 Taubenkobel, Schützen am Gebirge
9 Fossil, Purbach
10 Gut Purbach
11 Kloster am Spitz, Purbach
12 Weingasthof Braunstein, Purbach

1.

KOLLWENTZ
7051 Großhöflein, Hauptstraße 120
Büro & Verkauf: Gartengasse 4 B
+43 2682 65 15 80
kollwentz@kollwentz.at
www.kollwentz.at

Schon Senior Anton Kollwentz setzte bedingungslos auf Qualität, reüssierte früh mit Hochprädikaten, schuf mit dem „Steinzeiler“ einen der großen Rotweine Österreichs und verkaufte, tatkräftig unterstützt von seiner Frau Margarete, seine edlen Tropfen bis zum Arlberg. Junior Andi fand dennoch Luft nach oben: Mit akribischem, fast fanatischem Einsatz geht er zur Sache und mischt in jeder Kategorie an der Spitze mit: Ein Solitär der Sauvignon blanc Steinmühle, Chardonnay Tatschler und Gloria als leuchtendes Zweigestirn, der Pinot noir Dürr vom reinen Leithakalk und die herausragenden Blaufränkischen Setz und Point.

2.

LEBERL
7051 Großhöflein, Hauptstraße 91
+43 2682 678 00
weingut@leberl.at
www.leberl.at
Bekannt sind die Leberls für ihre strukturierten, dichten und langlebigen Rotweine, allen voran die Cuvée „Peccatum“, und den Cabernet-Merlot Leberl-Weine brauchen etwas Reifezeit, dafür sind ab Weingut oft noch ältere Jahrgänge zu vernünftigen Preisen zu haben. Ein echter Geheimtipp: der Sauvignon blanc Tatschler.

3.

MARIELL – WEIN & SCHNAPS
7051 Großhöflein, Hauptstraße 74
+43 2682 615 22
weinundschnaps@mariell.at
www.mariell.at
Gabi und Richard Mariell wurden zuerst durch ihre vielfach ausgezeichnete Brennerei bekannt, zählen inzwischen aber auch zu den Topwinzern am Leithaberg. Inzwischen keltern die beiden biozertifiziert von den kalkreichen Weinhängen ebenbürtige Weiß- und Rotweine mit Mineralität und Strahlkraft, die eine längere Reifephase mit zusätzlicher Finesse belohnen.

4.

WAGENTRISTL
7051 Großhöflein, Rosengasse 2
+43 2682 614 15
weingut@wagentristl.com
www.wagentristl.com
Mit der Übernahme des in fünfter Generation betriebenen Familienweinguts brachte Rudi Wagentristl jede Menge frischen Schwung mit. Das sieht man schon an der modernen Flaschenaufmachung und erkennt es ebenso an deren Inhalt: markante Weine mit viel Würze und Spannkraft, mit ausgeprägtem Charakter und großer Zukunft.

5.

HANS MOSER
7000 Eisenstadt
St.-Georgener-Hauptstraße 13
+43 2682 666 07
weingut@hans-moser.at
www.hans-moser.at
Hans Moser ist seit vielen Jahren eine der fixen Größen in der nordburgenländischen Weinlandschaft. Einige der wärmsten Lagen am Fuße des Leithagebirges nennen die Mosers ihr Eigen, und da ist es klar, dass der Fokus auf stoffigen und dichten Rotweinen, allen voran dem Blaufränkischen, liegt. Das Spektrum ist gleichwohl breit gestreut, vom weißgepressten Syrah „Harys“ über einen facettenreichen Fächer von Chardonnays bis Syrah, Merlot und dem Primus „Vintage Top Select“ aus den reifsten Trauben von vier Rebsorten.

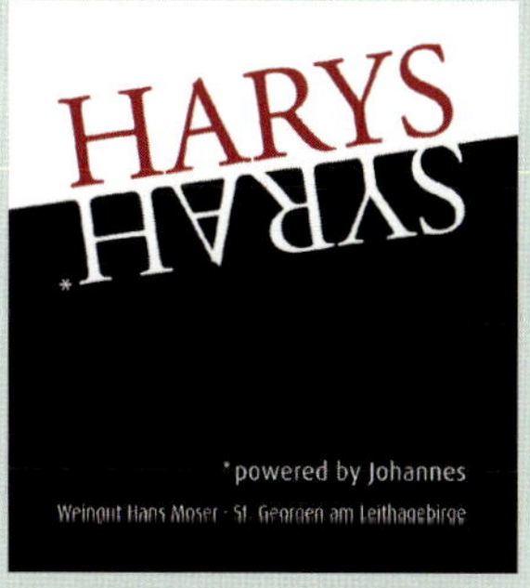

6.

NEHRER
7000 St. Georgen, Hauptstraße 16
+43 2682 643 80
weingut@nehrer.at
www.nehrer.co.at
Der „Leithaberg Rot“ aus Blaufränkisch und Zweigelt ist der Prototyp eines strukturierten, terroirbezogenen und trinkanimierenden Weines und damit die beste Visitenkarte des Hauses. Daneben punktet man mit einer breiten Vielfalt erstklassiger Weiß- und Rotweine von 24 Hektar bester Lagen am Südhang des Leithagebirges.

7.

ESTERHÁZY WEIN
7061 Trausdorf 1
+43 2682 633 48
wein@esterhazy.at
www.esterhazywein.at

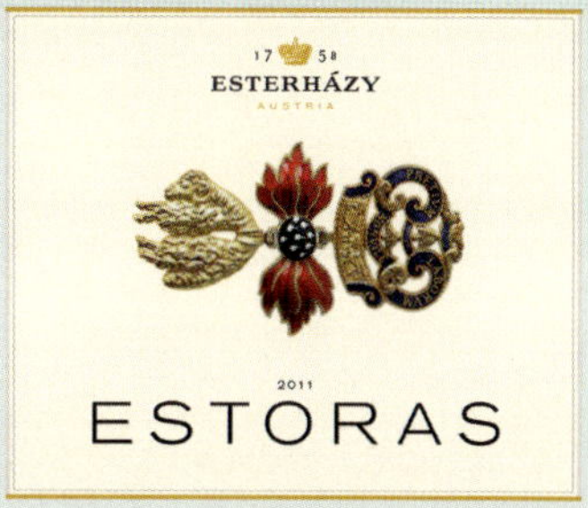

Mit dem Befreiungsschlag des Komplettneubaus einer modernen Kellerei und dem Auszug aus den engen Kellerräumlichkeiten im Eisenstädter Schloss schaffte man auch qualitativ wieder den Anschluss an die einstige Bedeutung des Esterházy-Weins. Beste Rieden bilden die Grundlagen für erstklassige Weine in Weiß und Rot vom trinkfreudigen „Estoras“ über den aromatischen Pinot blanc Tatschler und die mineralisch-wurzigen Leithaberg-DAC-Weine bis zu den roten Lagenweinen und der Spitzencuvée „Tesoro“, die nicht nur in Österreich, sondern auch auf vielen internationalen Märkten geschätzt werden.

8.

TINHOF
7061 Trausdorf
Eisenstädter Straße 10
+43 2682 626 48
wein@tinhof.at
www.tinhof.at
Erwin Tinhof verkauft einen guten Teil seiner würzig-aromatischen Weiß- und Rotweine im Ausland – aber ein bisschen was bleibt Gott sei Dank auch für den heimischen Markt übrig.

9.

SCHUSTER
7062 St. Margarethen
Prangergasse 2
+43 2680 26 24
weingut@rosischuster.at
www.rosischuster.at
Rosi Schuster ist eine der Rotwein-Pionierinnen des Burgenlands, und wer die Geduld hat, kann erleben, wie aus ihren Topweinen wie der Cuvée „C.M.B."
mit den Jahren ein veritabler Bordeaux wird. Ihr Sohn Hannes, der heute den Betrieb leitet, fokussiert sich stark auf die autochthonen Rebsorten Blaufränkisch und St. Laurent – mit spannenden Ergebnissen.

10.

SCHINDLER
7072 Mörbisch, Neustiftgasse 6
+43 2685 83 26
office@weingut-schindler.at
www.weingut-schindler.at
Mit seiner roten „Cuvée d'Or" war Franz Schindler in den Achtzigerjahren ein Pionier des österreichischen Rotweinbaus. Eine Tradition, die auch von Junior Ferry erfolgreich fortgeführt wird. Tipp: der reinsortige Merlot.

11.

SCHÖNBERGER
7072 Mörbisch, Hauptstraße 82
+43 2685 82 66
ente@schoenberger.eu
www.schoenberger.at
Als erfolgreicher Quereinsteiger bewirtschaftet Günther Schönberger seine Weingärten seit Jahren nach biologisch-dynamischen Prinzipien und keltert eine bunte Palette von ausgezeichneten Weinen, darunter auch Pinot noir und sogar der rare Viognier.

12.

GRENZHOF-FIEDLER
Mörbisch, Weinzeile 2
+43 2685 82 76
weingut@grenzhof-fiedler.at
www.grenzhof-fiedler.at
Der Winzer und Lektor der Weinakademie Rust macht sich viele Gedanken über den Weinbau und lässt seine Kunden und Freunde via „Weinpresse" auch daran teilhaben. Im Keller liegen vor allem interessante Rotweine wie der reinsortige Cabernet Sauvignon.

13.

FEILER-ARTINGER
7071 Rust, Hauptstraße 3
+43 2685 237
office@feiler-artinger.at
www.feiler-artinger.at

Das Weingut der Familie Feiler-Artinger ist einer der großen, traditionsreichen Betriebe von Rust. Senior Hans leistete Aufbauarbeit, Junior Kurt stellte inzwischen auf biodynamische Wirtschaftsweise um und brachte auch die Rinderhaltung zurück in die einstmals gemischte Landwirtschaft. Hauptaugenmerk liegt aber natürlich beim Wein, wo man in jeder Kategorie ganz vorne mitspielen kann. Highlights sind unter anderem die weißen Burgundersorten, der elegante, beerenfruchtige Pinot noir, die großen Rotweinklassiker „Solitaire" und Cabernet-Merlot „1000X" sowie natürlich die Ruster Ausbrüche, die zu den großen Süßweinen der Welt zählen.

14.

GIEFING
7071 Rust, Hauptstraße 13
+43 2685 379
giefing@wein-rust.at
www.wein-rust.at
Bunte, einprägsame Etiketten aus der Hand des befreundeten Malers Gerhard Almbauer, märchenhafte Namen wie „Cardinal", „Marco Polo" oder „Ca-

vallo" und stoffige, mächtige Rotweine sind das Markenzeichen des gelernten Küchenmeisters Erich Giefing.

15.

SCHANDL
7071 Rust, Haydngasse 3
+43 2685 265
info@schandlwein.com
www.schandlwein.com
Paul und Elle Schandl leiten die Geschicke im traditionsreichen Familienbetrieb – seit 1741! – und widmen sich neben einem breiten klassischen Sortiment auch Raritäten wie dem Furmint und dem hierzulande raren Cabernet franc, der mit Cabernet Sauvignon zur Cuvée verschmolzen wird. Tipp: der Ruster Ausbruch.

16.

HEIDI SCHRÖCK
7071 Rust, Rathausplatz 8
+43 2685 229
heidi@heidi-schroeck.com
www.heidi-schroeck.com

Heidi Schröck macht, wie man heute zu sagen pflegt, „ihr Ding". Ihre Triebfeder ist die Liebe zum Wein, zu ihrem alten Hauerhaus mitten in Rust, zu ihren Weingärten – und natürlich zu ihrem Liebling, dem Ruster Ausbruch. Während anderswo alles immer größer, schneller und besser werden muss, hat sie ihren eigenen Takt, geht behutsam mit der Natur und dem Wein um und bringt schon auch einmal einen Ausbruch nach über zehn Jahren auf den Markt. Jede Verkostung mit der auch international bestens vernetzten Winzerin ist eine spannende Reise in die Welt der Weine jenseits des Mainstreams.

17.

ERNST TRIEBAUMER
7071 Rust, Raiffeisenstraße 9
+43 2685 528
ernst@triebaumer.com
www.triebaumer.com
Eigenständigkeit ist der Familie Triebaumer wichtig, darum ist man vom reinen Weinbaubetrieb auch wieder zu einer gemischten Landwirtschaft unterwegs, deren Produkte man unter anderem in Richard Triebaumers Hofladen am Rathausplatz kaufen kann. Legendär sind die Weine des Hauses, allen voran

der Blaufränkisch Mariental, mit dem Ernst Triebaumer vor dreißig Jahren ein neues Kapitel der österreichischen Rotweingeschichte aufgeschlagen hat. Dabei sind Triebaumer-Weine gar nicht so mächtig, wie man vielleicht glauben könnte, sondern stets strukturiert, mineralisch und spannungsgeladen – konzipiert für ein langes und würdevolles Leben.

18.

GÜNTER TRIEBAUMER
7071 Rust, Neue Gasse 18
+43 676 724 87 97
weingut@triebaumer.at
www.triebaumer.at
Günter Triebaumer konzentriert sich ganz auf die „Ruster Kernkompetenzen", die für ihn aus Furmint, Gelbem Muskateller, Blaufränkisch und Ruster Ausbruch bestehen. Das Ziel: das Terroir des Ruster Hügellandes in den Weinen riech- und schmeckbar zum Ausdruck zu bringen. Wem das zu theoretisch ist, der sollte sich einmal die beiden Top-Blaufränker „Plachen" und „Oberer Wald" nebeneinander einschenken – dann wird alles klar.

19.

SEILER
7071 Rust, Conradplatz 10
+43 2685 644 90
office@weingut-seiler.at
www.weingut-seiler.at
Mit 400 Jahren Weinbautradition im Rücken keltert Georg Seiler im wunderschönen, historischen Winzerhaus die ganze traditionelle Bandbreite des Ruster Weins, wozu bei ihm auch der rare Furmint zählt. Genussvoll nachzukosten sind seine Weine im hellen, gemütlichen Hofheurigen des Hauses.

20.

WEINGUT MAD/HAUS MARIENBERG
7063 Oggau, Antonigasse 1
+43 2685 72 07
office@weingut-mad.at
www.weingut-mad.at
Die „Herztröpferl", die auch im gleichnamigen Gasthaus der Familie verabreicht werden, sind ausgesprochen vielfältig und von großer Substanz. Kein Wunder, keltert man hier doch vor allem Rotweine von besten Lagen in Oggau und Rust wie etwa den stoffig-vollmundigen Blaufränkisch Marienthal.

21.

GUT OGGAU
7063 Oggau, Hauptstraße 31
+43 664 206 92 98
office@gutoggau.com
www.gutoggau.com
Eduard Tscheppe und Stephanie Tscheppe-Eselböck keltern ihre Weine mit den markanten Porträt-Etiketten nach biodynamischen Richtlinien und verwöhnen ihre Gäste in ihrem zauberhaften Heurigen mit dem programmatischen Namen „Gut drauf" mit erlesenen Köstlichkeiten.

22.

PRIELER
7081 Schützen am Gebirge
Hauptstraße 181
+43 2684/22 29
weingut@prieler.at
www.prieler.at
Mit ihrem Edel-Blaufränker von der steinigen Lage Goldberg holten sich die Prielers die bis dahin höchste Bewertung von Wein-Guru Robert Parker für einen heimischen Rotwein. Eine weitere Bestätigung für die seit vielen Jahren konsequent umgesetzte Qualitätsphilosophie der Familie, die uns so schöne und langlebige Weine wie den delikaten Pinot noir, die Cuvée Schützener Stein oder den mineralischen Pinot blanc Seeberg beschert.

23.

ANDREAS LIEGENFELD
7082 Donnerskirchen
Johannesstraße 25
+43 2683 83 07
weingut@liegenfeld.at
www.liegenfeld.at
Mit tatkräftiger Unterstützung seiner Frau Gerda schaffte es Andreas Liegenfeld, seine zahlreichen Verpflichtungen, unter anderem als Spitzenfunktionär der Weinwirtschaft, mit dem Weinbau unter einen Hut zu bringen und auch dort an der Spitze mitzumischen. Die besonderen klimatischen Voraussetzungen von Donnerskirchen nutzend, setzen die Liegenfelds großteils auf Weißweine,

wobei das Spektrum von trinkvergnüglichen Weinen praktisch aller gängigen Rebsorten wie Welschriesling, Grüner Veltliner, Sauvignon und Co bis zum komplexen, mineralischen Top-Veltliner mit dem programmatischen Namen „Himmelreich" führt.

24.

LEOPOLD SOMMER
7082 Donnerskirchen
Johannesstraße 25
+43 2683 85 04
info@weingut-sommer.at
www.weingut-sommer.at

Sommer-Weine schmecken eigentlich zu jeder Jahreszeit – und zwar nicht nur den Freunden des Hauses, sondern auch den Verkostern bei so manchem Weinwettbewerb. Qualität ist hier Trumpf, daran arbeitet Familie Sommer seit 1698, und da kommt ein ganz schönes Sortiment zusammen. Ursprünglich vor allem in Weiß gehalten, sind inzwischen auch würzig-mineralische Rotweine wie der Blaufränkisch Leithaberg DAC dazugekommen, die hier ebenfalls beste Figur machen. Primus inter Pares ist der Grüne Veltliner von der ältesten Lage Donnerskirchens, dem „Himmelreich“, die mit viel Einsatz rekultiviert wird.

25.

BIRGIT BRAUNSTEIN
7083 Purbach, Hauptgasse 8
+43 2683 59 13
birgit@braunstein.at
www.braunstein.at
Birgit Braunstein will ihre Weine möglichst im Einklang mit der Natur und den Elementen keltern und hat ihren Betrieb darum auf biodynamische Bewirtschaftung umgestellt. Ihre Weine sind nicht vordergründig, sondern legen akkurates Zeugnis des Terroirs am Leithagebirge ab und bestechen durch ihre Mineralik und ihre Individualität. Zu verkosten gibt es in Braunsteins stilvoll restauriertem Kellergewölbe eine Menge: Man fängt am besten bei den weißen Burgundersorten an und arbeitet sich dann mit Weinen wie dem Zweigelt vom Goldberg und dem Pinot noir vom Sonnenberg bis zu den „Granden“, Cuvée „Oxhoft“ und Blaufränkisch Felsenstein vor.

26.

KLOSTER AM SPITZ – THOMAS SCHWARZ
7083 Purbach, Waldsiedlung 2
+43 676 960 88 75
weingut@klosteramspitz.at
www.klosteramspitz.at
Anbiedernd sind die Weine von Thomas Schwarz nicht, vielmehr wollen sie erobert sein, aber wenn man sich einmal mit ihren angefreundet hat, lassen sie nicht mehr locker. Die Burgundercuvée „Muschelkalk“ ist klarer, mineralischer Ausdruck des Bodens am Leithaberg. Von rund 50 Jahre alten Blaufränkisch-Anlagen stammen die Blaufränkischen Eisner und Rohrwolf – herrlich vielschichtig und mit enormer Spannung. Das trinkt man zu allem gern, auch wenn Schwarz in seinem Heurigen wieder zu „Schwein und Wein“ an den Leithaberg ruft.

27.

HÖPLER
7091 Breitenbrunn, Heideweg 1
+43 2683 23 90 70
office@hoepler.at
www.hoepler.at
Stark international orientiertes Weingut mit klassischem (Blaufränkisch Kirchberg, Pinot noir Rosenberg) und trendigem Sortiment (Cuvée „K 7“), das auf ein junges Publikum zugeschnitten ist. Besuchenswert sind auch „Höplers Weinräume“ (www.weinraeume.at) – eine künstlerische, interaktive Installation rund um das Thema Wein.

1.

HENRICI
7000 Eisenstadt, Esterházyplatz 5
+43 2682 628 19
restaurant@henrici.at
www.restaurantesterhazy.at
In den ehemaligen Hofstallungen des Schlosses Esterházy, die stilsicher in ein modernes Restaurant verwandelt wurden, zaubert man aus regionalen Produkten feine Gerichte mit urban-mediterranem Touch – und der Esterházy-Rostbraten darf ebenfalls nicht fehlen.

2.

OHR – RESTAURANT PLATANE
7000 Eisenstadt, Ruster Straße 51
+43 2682 624 60
info@hotelohr.at
www.hotelohr.at
Klassisch bodenständig oder gediegen international – man speist in diesem traditionsreichen Haus auf jeden Fall ausgezeichnet.

3.

OSTERIA E VINERIA DEL CORSO
7000 Eisenstadt, Hauptstraße 48b
+43 650 990 72 17
www.osteria-corso.at
Essen wie in Italien – und das mitten in Eisenstadt. Das geht, dank Ex-Bankmanager Helmut Hager als Padrone und Küchenchef Fabio Antenucci. Die Küche ist köstlich und authentisch, zweimal die Woche gibt's fangfrischen Fisch, und wer einmal Weine trinken will, die nicht aus dem Burgenland stammen, ist hier ebenfalls an der richtigen Adresse.

4.

MOOSLECHNERS WIRTSHAUS RUSTERHOF
7071 Rust, Rathausplatz 18
+43 2685 61 62
office@hotelbuergerhaus-rust.at
www.hotelbuergerhaus-rust.at
In diesem alten Haus mit den heimeligen Stuben schmeckte es nicht nur

dem „Winzerkönig“ der gleichnamigen TV-Serie. Hier lässt sich’s hervorragend essen, und im Sommer grillt Hausherr Michael Mosslechner persönlich für seine Gäste.

5.

WIRTSHAUS IM HOFGASSL
7071 Rust, Rathausplatz 10
+43 2685 607 63
www.hofgassl.at
In der fast schon mediterran anmutenden Idylle eines der schönsten Hofgärten von Rust lässt sich’s gut sitzen, essen und trinken.

6.

ZUM HERZTRÖPFERL
7063 Oggau, Triftgasse 1
+43 2685 72 58
office@herztroepferl.at
www.herztroepferl.at
Längst ein Klassiker: Zur deftig-pannonischen oder kreativ-regionalen Küche genießt man die ausgezeichneten Weine des Familienweinguts.

7.

SEBASTIANKELLER
7063 Oggau, Sebastianstraße 68
+43 2685 72 97
office@sebastiankeller.at
www.sebastiankeller.at
Pannonische Küche mit Schwerpunkt auf Neusiedler-See-Fisch, der vom Oggauer Fischer Helmut Schwarz stammt.

8.

TAUBENKOBEL
7081 Schützen am Gebirge
Hauptstraße 33
+43 2684 22 97 20
restaurant@taubenkobel.at
www.taubenkobel.at
Die Familie Weissgerber-Eselböck bietet ihren Gästen neben kreativer Küche auf höchstem Niveau und einer breiten Weinpalette mit dem Schwerpunkt „natural wines“ auch gediegene Landhauszimmer zum Übernachten und eine volksnähere „Greißlerei“ mit kleinen Snacks und exklusiven Take-away-Produkten.

9.

FOSSIL
7083 Purbach, Kellergasse 6K
+43 2683 210 25
office@restaurant-fossil.at
www.restaurant-fossil.at
Dieses Fossil präsentiert sich mit einer der feinsten Küchen am Neusiedler See, flankiert von einer Topweinauswahl noch höchst lebendig. Regelmäßig finden hier auch Wein-Dinners mit Topwinzern der Region statt.

10.

GUT PURBACH
7083 Purbach, Hauptgasse 64
+43 2683 560 86
office@gutpurbach.at
www.gutpurbach.at
Der Name ist Programm, denn bei Max Stiegl ist im wunderschönen Ambiente eines alten, penibel restaurierten Lesehofs wahrhaftig gut essen. Nicht nur aber auch, wenn es um köstliche Kreationen aus der Innereienküche geht.

11.

KLOSTER AM SPITZ
7083 Purbach, Waldsiedlung 2
+43 2683 55 19
restaurant@klosteramspitz.at
www.klosteramspitz.at
Ein wunderbarer Platz oberhalb von Purbach mit Blick auf den See – da stehen Küche und Keller nicht zurück!

12.

WEINGASTHOF BRAUNSTEIN – PAULI’S STUBEN
7083 Purbach, Fellnergasse 1a
+43 2683 551 30
restaurant@braunstein.at
www.braunstein.at
Köstlich-regionale Küche mit hervorragenden Grundprodukten die vielfach auch Klassisch-Pannonisches neu interpretiert. Dazu gibt’s – nicht nur – Birgit Braunsteins edle Weine.

OHR
Eisenstadt
s. Essen

KLOSTER AM SPITZ
Purbach
s. Essen

PAULI’S STUBEN
Purbach
s. Essen

TAUBENKOBEL
Schützen am Gebirge
s. Essen
Die geschmackvoll und individuell eingerichteten Zimmer im Landhaus und das Paradiesgärtlein samt Schwimmbiotop erreichen die Qualität der Musteridyllen von „Home & Garden“.

RUSTERHOF
Rust
s. Essen

MOOSLECHNERS BÜRGERHAUS
7071 Rust, Hauptstraße 1
+43 26 85 61 62
office@hotelbuergerhaus-rust.at
www.hotelbuergerhaus-rust.at
Traumhaft revitalisiertes Bürgerhaus aus dem Jahr 1537, mit individuell ausgestatten, luxuriösen Zimmern und einem verwunschen schönen, romantischen Innenhof. Perfekt als Hideaway oder für Feste und Anlässe.

SEEHOTEL RUST
7071 Rust, Am Seekanal 2-4
+43 2685 381
www.seehotelrust.at

HAUS IM SEE
H-9400 Fertörakos
Am Ende der Hauptmole
Reservierungen online via Homepage
www.hausimsee.at
Romantisches Hideaway im Wasser mit kleiner, aber feiner Küche, das von der Familie Eselböck-Weißgerber mit hohem Qualitätsanspruch geführt wird.

WOHNEN BEIM WINZER
Wer mit seinem Urlaub am Neusiedler See ein Weinerlebnis aus erster Hand verbinden will, wohnt am besten gleich beim Winzer. Viele Weinbaubetriebe haben in den vergangenen Jahren komfortable, gemütliche Gästezimmer und Appartements eingerichtet und bieten darüber hinaus ein vielfältiges Angebot rund um das Thema Wein von der Verkostung und Kellerführung über Weingartenwanderungen bis hin zur Begleitung des Winzers und der Weinwerdung über das ganze Jahr.

Information
Urlaub am Bauernhof im Burgenland
7000 Eisenstadt, Esterházystraße 15
+43 2682 70 24 10, uab@lk-bgld.at
www.burgenland-farmholidays.com

SELEKTION VINOTHEK BURGENLAND
7000 Eisenstadt, Esterházyplatz 4
+43 2682 633 45
wein@selektion-burgenland.at
www.selektion-burgenland.at
In den alten Hofstallungen befindet sich die modern gestaltete, bestens bestückte Vinothek. Mit Blick auf das Schloss verkostet man zu kleinen, feinen Happen ausgewählte Wein-Flights oder genießt gleich die ganze Flasche …

WEINAKADEMIE ÖSTERREICH
(mit Gebietsvinothek)
7071 Rust, Hauptstraße 31
+43 2685 685 30
www.weinakademie.at

BUSCHENSCHANK SCHANDL
7071 Rust, Haupstraße 20
+43 2685 265
Köstlich-authentische Küche, gemütliches Ambiente – unbedingt reservieren.

HOFLADEN
BEATE & RICHARD TRIEBAUMER
7071 Rust, Rathausplatz 4
+43 2685 204 38
www.richardtriebaumer.at
Hier kauft man Weine vom Weingut Ernst Triebaumer und all jene kleinen Köstlichkeiten, die man in Italien „Alimentari“ nennt.

BACCHUSKELLER
7092 Winden am See
+43 2160 75 11
www.weingutleeb.at
Genussvoll schmausen und trinken im alten Gewölbe, direkt am Radweg.

GENUSSQUELLE STROHMAYER
7091 Breitenbrunn
Prangerstraße 49
+43 2683 52 02
www.genussquelle.at
Alles rund um die Kirsche und Spezialitäten aus allen Genussregionen des Burgenlands.

WEIN & PROSCIUTTO HANS BAUER
7023 Pöttelsdorf, Bachzeile 24
+43 664 537 94 91
bauer@wein-prosciutto.at
www.wein-prosciutto.at
Dass einer in dieser Region ordentliche Weine keltert, ist nicht so ungewöhnlich. Wenn er aber so wie Hans Bauer

auch Prosciuotto macht, der dem italienischen Original um nichts nachsteht, eher schon.

VINTAGE
7082 Donnerskirchen
Johannesstraße 32
+43 2683 853 44
www.vintage-neumayer.at
Weinbar mit feinen Weinen des Donnerskirchner Weinquartettts und kulinarischen Köstlichkeiten.

FLEISCHEREI SANDHOFER
7081 Purbach, Türkenstraße 1
www.sandhoferwurst.at
Fleisch- und Wurstspezialiäten wie Kirschenschinken oder Leberpastete mit Kirschen.

HAUS AM KELLERPLATZ
Tourismusinfo und Vinothek
7081 Purbach, Am Kellerplatz 1
+43 2683 59 20
www.haus-am-kellerplatz.at
täglich von 9 bis 19 Uhr
Herzstück ist die Leithaberg-Vinothek mit rund 350 Weinen von mehr als 60 Leithaberg-Winzern. Revolutionär das Weinverkostungssystem: 8 Enomatic-Weinspender halten 64 Weine stets frisch zur Verkostung in 1/32-, 1/16- oder 1/8-Mengen bereit. Das macht theoretisch maximal … ach ja, die Tourismusinformation ist zum Glück im gleichen Haus.

Herztröpferl

Neusiedlersee

Der Seewinkel ist das heißeste und trockenste Weinanbaugebiet des Landes; ungefähr 1900 Sonnenstunden sind die Voraussetzung dafür, dass hier die Weinlese bereits Anfang September beginnt. Am Nordrand des Neusiedler Sees sorgen kühle Fallwinde aus dem Leithagebirge für ausgeprägt fruchtige Weine, ansonsten dominiert das heiße pannonische Klima. Daraus resultieren hochreife Rotweine vom Zweigelt über den Blaufränkisch und den Cabernet Sauvignon bis hin zu St. Laurent und Pinot noir. Im südlichen Seewinkel ermöglicht der regelmäßige Botrytisbefall der Trauben kontinuierlich das Keltern von Hochprädikatsweinen.

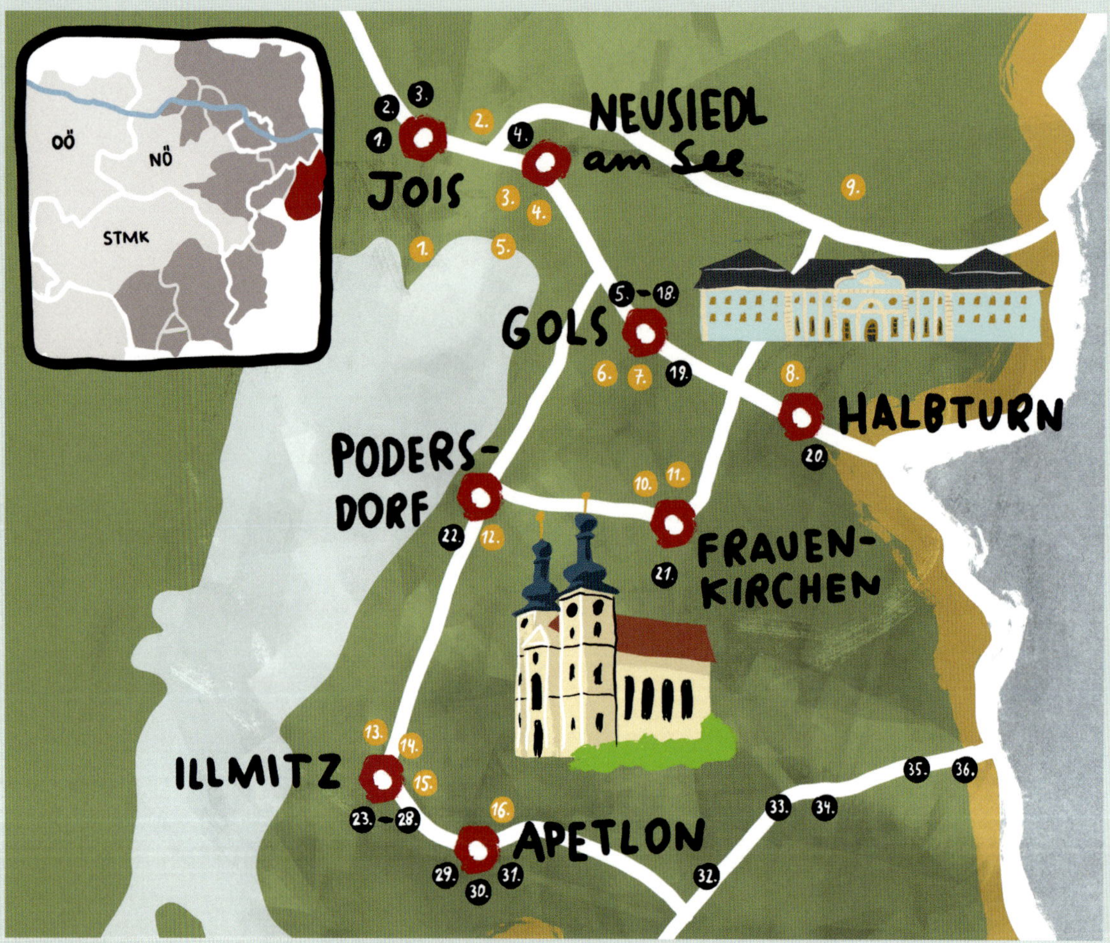

WEINGÜTER

1 Altenburger, Jois
2 Hillinger, Jois
3 Pasler, Jois
4 Rittsteuer, Neusiedl am See
5 Paul Achs, Gols
6 Werner Achs, Gols
7 Beck, Gols
8 Gernot und Heike Heinrich, Gols
9 Juris – Stiegelmar, Gols
10 Leitner, Gols
11 Heinrich Lunzer, Gols
12 Anita und Hans Nittnaus, Gols
13 Hans und Christina Nittnaus, Gols
14 Gerhard und Brigitte Pittnauer, Gols
15 Claus Preisinger, Gols
16 Helmut Preisinger, Gols
17 Renner, Gols
18 Szigeti, Gols
19 Pöckl, Mönchhof
20 Schloss Halbturn
21 Umathum, Frauenkirchen
22 Josef Lentsch (Dankbarkeit), Podersdorf
23 Angerhof Hans Tschida, Illmitz
24 Kracher – Weinlaubenhof, Illmitz
25 Nekowitsch, Illmitz
26 Salzl, Seewinkelhof, Illmitz
27 Schwarz, Andau (Verkauf: Illmitz)
28 Christian Tschida, Illmitz
29 PMC Münzenrieder, Apetlon
30 Steindorfer, Apetlon
31 Velich, Apetlon
32 Fink, Wallern
33 Richard Goldenits, Tadten
34 Robert Goldenits, Tadten
35 Reeh, Andau
36 Scheiblhofer, Andau

LOKALE

1 Seejungfrau, Jois
2 Zur alten Mauth, Neusiedl am See
3 Landgasthaus am Nyikospark, Neusiedl am See
4 Da Capo, Neusiedl am See
5 Mole West, Neusiedl am See
6 Birkenhof, Gols
7 Varga, Gols
8 Knappenstöckl, Halbturn
9 L'altro vino vinoteca – alimentari, Nickelsdorf
10 Altes Brauhaus, Frauenkirchen
11 Sittinger, Frauenkirchen
12 Gasthaus zur Dankbarkeit, Podersdorf
13 Illmitzer, Illmitz
14 Johannes-Zeche, Illmitz
15 Presshaus Haider, Illmitz
16 Zum fröhlichen Arbeiter, Apetlon

1.

ALTENBURGER
7093 Jois, Untere Hauptstraße 62
+43 2160 710 89
contact@markusaltenburger.com
www.markusaltenburger.com
Markus Altenburger versucht in seinen Weinen das spezielle Terroir des Leithagebirges einzufangen. Der Schwerpunkt liegt bei Blaufränkisch und Chardonnay – in kleinen Mengen, aber mit hoher Qualität.

2.

HILLINGER
7093 Jois, Hill 1
+43 2160 831 70
office@leo-hillinger.com
www.leo-hillinger.com
Leo Hillinger ist anders als die anderen Winzer. Er designt – eine Winery, eine ganze Latte von Outletshops, Weine und: sich selbst. Und, das muss man ihm lassen: Er tut das alles höchst erfolgreich.

3.

MARTIN PASLER
7093 Jois, Obere Hauptstraße 44
+43 664 380 21 84
office@martinpasler.com
www.martinpasler.com
Rot- und Weißweine voll Spannung und salziger Mineralik keltert Martin Pasler von den Kalk- und Schieferböden am Leithagebirge, dazu exzellente und langlebige Hochprädikatsweine. Eine Verkostung im Weingut Pasler – mit spektakulärem Blick auf den Neusiedler See – gerät zur spannenden Reise durch alle Weinstile.

4.

RITTSTEUER
7100 Neusiedl am See
Hauptplatz 18
+43 2167 20 11
office@weingut-rittsteuer.at
www.weingutrittsteuer.at
Die Rittsteuers holen die Sonne und das warme Klima ihrer Lagen mit Blick auf den Neusiedler See in die Flaschen: perfekt umgesetzt in der weißen und roten Cuvée „Am See“.

5.

PAUL ACHS
7122 Gols, Neubaugasse 13
+43 2173 23 67
office@paul-achs.at
www.paul-achs.at
„Mister Pinot noir“ setzt heute verstärkt auf Lagen-Blaufränkische aus besten Golser Rieden, mit denen er zu Recht höchste Bewertungen einfährt.

6.

WERNER ACHS
7122 Gols, Goldberg 5
+43 2173 239 00
mail@wernerachs.at
www.wernerachs.at
Werner Achs beschränkt sich auf das Wesentliche und keltert nur ganz wenige Weine – doch diese Fokussierung macht sich in höchster Qualität bemerkbar.

7.

JUDITH BECK
7122 Gols
Untere Hauptstraße 108
+43 2173 27 55
judith@weingut-beck.at
www.weingut-beck.at
Individuelle, ausdrucksstarke Weine von Pinot noir, Blaufränkisch und Co sind das Markenzeichen der engagierten Winzerin, die auch Mitglied der Gruppe „Pannobile“ ist.

8.

GERNOT UND HEIKE HEINRICH
7122 Gols, Baumgarten 60
+43 2173 317 60
weingut@heinrich.at
www.heinrich.at
Als Leitbetrieb hat man quasi die Verpflichtung, Möglichkeiten auszuloten

und Trends zu setzen. Gernot und Heike Heinrich haben diese Möglichkeiten mit ihren hochklassigen Weiß- und Rotweinen, allen voran „Gabarinza“ und „Salzberg“, in Gols voll ausgeschöpft und dann begonnen, sich mit dem Terroir am Leithagebirge auseinanderzusetzen. Strukturierte, mineralische Weine wie Weißburgunder und Blaufränkisch Leithaberg sowie Pinot noir Leithakalk sind das köstliche Ergebnis. Spannend auch die jüngsten „Kinder“ im Keller aus der Familie der „natural wines“ wie der Neuburger „Freyheit“.

9.

WEINGUT JURIS
Axel und Herta Stiegelmar
7122 Gols, Marktgasse 12–18
+43 2173 27 48
office@juris.at
www.juris.at

Georg Stiegelmar, Individualist und Visionär, war seiner Zeit voraus und hat immer schon ein Stück weiter gedacht als viele seiner Winzerkollegen. Axel und Herta Stiegelmar verfolgen ebenfalls ihren eigenen Weg, auf den inzwischen so mancher andere eingebogen ist. Ihre Weine sind keine austauschbaren „Trinkmarmeladen“, sondern charaktervoll und feingliedrig, mit forderndem Gerbstoff und animierender Struktur. Spannend auch die trinkbaren „Terroir-Studien“ in Form von vier Pinot noirs aus unterschiedlichen Lagen.

10.

LEITNER
7122 Gols, Quellengasse 33
+43 2172 25 93
weingut@leitner-gols.at
www.leitner-gols.at
Der Syrah wurde zum Markenzeichen des Hauses, doch die burgundischen Pannobiles in Weiß und Rot stehen ihm um nichts nach.

11.

HEINRICH LUNZER
7122 Gols, Breitenäcker 1
+43 2173 25 00
weingut@heinrich-lunzer.at
www.heinrich-lunzer.at
Seit Langem keltert Heinrich Lunzer Weine von verlässlich hoher Qualität. Highlights: die rote Cuvée „d´amitié" und die weißen und roten Burgunder-Sorten.

12.

ANITA UND HANS NITTNAUS
7122 Gols, Untere Hauptstraße 49
+43 2173 22 48
office@nittnaus.at
www.nittnaus.at
Hans Nittnaus wollte es noch nie jedem recht machen, und dennoch wurde sein „Commondor" von allen geliebt. Immer wieder beschreitet er neue Wege, die ihn unter anderem zum Leithabebirge führen, wo er das größte Potenzial für charakterstarke Terroirweine sieht.

13.

HANS UND CHRISTINE NITTNAUS
7122 Gols, Untere Hauptstraße 105
+43 2173 21 86
weingut@nittnaus.net
www.nittnaus.net
Hans und Christine Nittnaus haben sich mit Weinen wie den Rotweincuvées „Vigor Rubeus" oder „Nit ana" in der ersten Reihe der Golser Winzer etabliert.

14.

GERHARD UND
BRIGITTE PITTNAUER
7122 Gols, Neubaugasse 90
02173/34 07
weingut@pittnauer.com
www.pittnauer.com
Gerhard Pittnauer ist der Künstler unter den Golser Winzern. Schräge Homepage, gezeichnete Etiketten – was mag

da wohl drin sein, in diesen auffälligen Flaschen? Auffällige Weine natürlich, vorzugsweise von den Burgundersorten St. Laurent und Pinot noir und natürlich vom Blaufränkischen, wo Pittnauer die unterschiedlichen Lagencharaktere von Rosenberg, Altenberg, Ungerberg und Bühl auslotet. Ganz groß auch der Merlot – ein bissl widerborstig, spannend, strukturiert, aber auch mit Fleisch auf den Rippen. Ein echter Pittnauer eben.

15.

CLAUS PREISINGER
7122 Gols, Goldbergstraße 60
+43 2173 25 92
wein@clauspreisinger.at
www.clauspreisinger.at
Claus Preisinger liebt seinen Beruf, allein schon deshalb, weil er da nicht viel tun muss. Zumindest in seinem sehenswerten, modernen Keller, wo er seine Weine so weit wie möglich machen lässt, was sie wollen – mit überzeugenden Ergebnissen.

16.

HELMUT PREISINGER
7122 Gols, Neubaugasse 19
+43 2173/23 62
office@weingut-preisinger.at
www.weingut-preisinger.at
Langweilig wird es mit den Weinen Helmut Preisingers nie. Denn neben „ganz normalen" Tropfen keltert er auch Extravaganzen wie den Grauburgunder „S.EX" (Sehr Extrem), die vielleicht nicht jedermanns Sache, doch immer höchst spannend sind.

17.

RENNER
7122 Gols, Obere Hauptstraße 97
+43 2173 22 59
wein@rennerhelmuth.at
www.rennerhelmuth.at
Neue Dynamik bringen die Töchter Susanne und Stefanie, neue Horizonte eröffnet die Umstellung auf organisch-biologische Bewirtschaftung mit dem Jahrgang 2012. Was bestehen bleibt sind Topqualitäten, vor allem bei den hochkarätigen Rotweinen wie Zweigelt und Blaufränkisch vom Altenberg.

18.

SZIGETI
7122 Gols, Am Anger 31
+43 2173 21 67
sektkellerei@szigeti.at
www.szigeti.at
Das kongeniale Brüderpaar Norbert (Produktion) und Peter Szigeti (Marketing) hat ein prickelndes Imperium geschaffen. Einerseits versektet man die

Grundweine für viele namhafte Winzer im Land, andererseits hat man selbst ein umfassendes Sortiment von hochklassigen Sekten in allen nur erdenklichen Formaten – von der winzigen „Sektbombe" bis zu Riesenflaschen –, Stilen und Geschmacksrichtungen geschaffen. Dabei findet man Lagen- ebenso wie Sortensekte, nicht nur aus dem Burgenland, sondern auch von dort, wo die jeweilige Sorte die besten Ergebnisse bringt. Fazit: Wo Szigeti drauf steht, ist Qualität drin.

19.

PÖCKL
7123 Mönchhof, Zwergäcker 1
+43 2173 802 58
info@poeckl.com
www.poeckl.com
Josef Pöckl war einer der Ersten im Burgenland, die aufgebrochen sind und

ihren Horizont irgendwo da hinten in Bordeaux gesehen haben. Bereits 1986 spezialisierte er sich auf Rotwein, und schon bald wurde das schwarz-rote Etikett zum Synonym für Spitzenrote aus Österreich. Daran hat sich bis heute nichts geändert, virtuos beherrscht René Pöckl, der die Kellerarbeit seit dem Jahr 2002 verantwortet und schon früh mit seiner Cuvée „Rêve de Jeunesse“ Aufsehen erregt hat, sein Handwerk. So folgt dem Topwein „Admiral“ ein veritables Flottengeschwader in Rot, flankiert von einem Chardonnay und exzellenten Hochprädikatsweinen.

20.

SCHLOSS HALBTURN
7131 Halbturn, Im Schloss
+43 2172 201 62
wein@schlosshalbturn.com
www.schlosshalbturn.com

Durch einen kräftigen Investitions- und Innovationsschub wurde aus einem traditionsreichen, aber dahindümpelnden Weingut ein Spitzenbetrieb, geformt nach dem Vorbild französischer Châteaux. Von hervorragenden Lagen stammen Rotweine wie der St. Laurent, der Pinot noir oder die Cuvée „Jungenberg“.

21.

UMATHUM
7132 Frauenkirchen
St.-Andräer-Straße 7
+43 2172 244 00
office@umathum.at
www.umathum.at

Die Zweigelt „Ried Hallebühl“ machte den großen Weinvordenker Josef Umathum bekannt, doch sein Sortiment bietet auch zahlreiche andere Highlights vom Blaufränkisch „Joiser Kirschgarten“ über den St. Laurent vom Stein bis zum mineralischen Pinot gris.

22.

JOSEF LENTSCH
(Zur Dankbarkeit)
7141 Podersdorf
Hauptstraße 39
+43 2177 22 23
office@dankbarkeit.at
www.dankbarkeit.at

Erfolgreich und mit äußerst überzeugenden Ergebnissen schaffte Josef Lentsch lange Zeit den Spagat, Wirt und Winzer gleichzeitig zu sein. Mit Tochter Christine bekam er inzwischen im Weinbau Verstärkung, und das wird sich nicht nur positiv auf die Lebensqualität des Hausherrn, sondern auch auf die Weine auswirken. Die sind wahre Freudenbringer, nicht kompliziert oder unnahbar, sondern wie vertraute Freunde. Das Burgundische steht im Vordergrund, Pinot noir und Pinot gris bringen den Gaumen ebenso zum Singen wie die edelsüßen Hochprädikatsweine.

23.

ANGERHOF HANS TSCHIDA
7142 Illmitz, Angergasse 5
+43 2175 31 50
weingut@angerhof-tschida.at
www.angerhof-tschida.at

Einer der profiliertesten Prädikatsweinwinzer des Seewinkels – mit einer ganzen Latte von vielfach ausgezeichneten Gold-Tröpferln.

24.

KRACHER - WEINLAUBENHOF
7142 Illmitz, Apetlonstraße 37
+43 2175 33 77
office@kracher.at
www.kracher.at

Mit dem Welterfolg seiner Süßweine hat Alois Kracher ein Stück österreichischer Weingeschichte geschrieben. Eine Geschichte, die von seinem Sohn Gerhard im besten Sinne weiter getragen wird. Dabei setzt auch er auf die Internationalität des Weines, verteilt seine edelsüßen Hochprädikate in viele Länder der Welt und holt mit seinem Weinhandel „Kracher Fine Wine“ edelste Tropfen aus aller Herren Länder nach Österreich. Die gemeinsame Sprache ist immer der Wein.

25.

NEKOWITSCH
7142 Illmitz, Urbanusgasse 2
+43 2175 20 39
info@nekowitsch.at
www.nekowitsch.at

Man muss keinen großen Betrieb haben, um große Weine zu keltern. Das beweist Gerhard Nekowitsch mit seinen herrlichen Schilfweinen von roten und weißen Trauben. Prädikat: Edel!

26.

SALZL SEEWINKELHOF
7142 Illmitz, Obere Hauptstraße 16
+43 2175 23 40
salzl@wein-salzl.at
www.salzl.at

Edelsüße Hochprädikatsweine gibt es hier natürlich auch, schließlich ist man in Illmitz. Doch die eindrucksvollen Barrique-Batterien im Keller des Seewinkelhofs künden schon davon, wo hier der Wind herweht. Kraftvolle und stoffige Rotweine sind die Kernkompetenz von Josef und Junior Christoph Salzl, die ganz bewusst diesen Stil verfolgen, der sich aus dem trockenen und heißen Klima im Seewinkel ergibt. Dichte Granaten wie die Cuvée „3-5-8" oder die Premiumweine „Sacris" und Cabernet Franc machen beste Figur zu einem Steak oder auch zu einer feinen Zigarre.

27.

SCHWARZ
7163 Andau, Hauptgasse 21
Vertrieb: Fine Wine Trade GmbH
+43 2175/33 77
fine-wine-trade@kracher.at
www.thebutcher.at
Ex-Fleischhauermeister Hans Schwarz ist einer der großen Charakterdarsteller der heimischen Weinszene. Als Hohepriester am Grillfeuer predigt er den einfachen, unkomplizierten Zugang zu großen Weinen – allen voran seinem „Schwarz Rot", mächtig und vollmundig, ein Ereignis wie der Winzer selbst.

28.

CHRISTIAN TSCHIDA
7142 Illmitz, Apetloner Straße 23
+43 2175 241 58
wein.tschida@aon.at
www.tschidaillmitz.at
Wenn man Tschida heißt und in Illmitz auffallen will, muss man etwas Außergewöhnliches bieten. Bei Christian Tschida sind das nicht nur die Namen der Weine („Domkapitel", „Himmel auf Erden"), sondern auch die Weine selbst, mit ihrer spröden Individualität, die sie zum Trinkvergnügen für Fortgeschrittene machen.

29.

WEINGUT PMC MÜNZENRIEDER
7143 Apetlon, Triftgasse 21
+43 2175 267 00
office@weingut-pmc.at
www.weingut-pmc.at
Das Weinangebot der Brüder Münzenrieder spannt einen weiten Bogen von edelsüßen Hochprädikaten bis zu dichten und stoffigen Rotweinen – zu verkosten im sehenswerten neuen Weinkeller.

30.

STEINDORFER
7143 Apetlon, Illmitzer Straße 25
+43 2175 22 41
office@weingut-steindorfer.at
www.weingut-steindorfer.at
Ernst Steindorfer hat das Staffelholz bereits an seinen Sohn Roland weitergegeben, und der hat es mit einem Landessieger für die Chardonnay „Grande Reserve" gleich zum Olymp hinaufgetragen. Ein weiterer Beweis für die Vielseitigkeit der Steindorfers. Hier findet man einen reschen Welschriesling ebenso wie weiße Burgundersorten im internationalen Stil und die ganze Palette von Rotweinen bis hin zu den Spitzenweinen wie Cuvée „Supremus Reserve" und „STE Merlot Grand Reserve". Nicht fehlen dürfen zum Schluss natürlich auch die vielfach prämierten Hochprädikate.

31.

VELICH
7143 Apetlon, Seeufergasse 12
+43 2175 31 87
weingut@velich.at
www.velich.at
Mit seinem Chardonnay „Tiglat" hat Heinz Velich ein Stück österreichische Weißweingeschichte geschrieben, doch er kann es mit seinen exzellenten Hochprädikatsweinen auch süß. Tipp: schöner wohnen in den stilvoll renovierten, alten Zollhäusern gleich beim Weingut (Residenz Velich).

32.

FINK
7151 Wallern, Bahnstraße 66
+43 2174 23 84
weingut@fink.at
www.fink.at
Der Seewinkel ist ein fruchtbarer Boden – und das keineswegs nur für Weinreben. Günter Fink macht sich das zunutze und bietet neben dem Rebensaft auch kreative Produkte an, mit denen er die hiesige Vielfalt widerspie-

gelt: Fruchtessige aus Tomaten, Gurken oder Marillen gehören da ebenso dazu wie Traubenkernöl und Bio-Verjus. Finks Weinangebot ist im wahrsten Sinne des Wortes bunt, beginnt es doch mit den fröhlichen Rosé-Kreationen „Fink Pink" in still und prickelnd und reicht bis zu den stoffigen Rotweinen Blaufränkisch „Alte Eiche" und Cuvée „Fringilla".

33.

RICHARD GOLDENITS
7162 Tadten, Obere Hauptstraße 9
+43 2176 36 38
office@goldenits.com
www.goldenits.com
Aus biologisch bewirtschafteten Weingärten keltert Richard Goldenits die gesamte Palette vom Frizzante bis zur Trockenbeerenauslese – und als Draufgabe edle Brände.

34.

ROBERT GOLDENITS
7162 Tadten, Untere Hauptstraße 8
+43 2176 22 94
robert@goldenits.at
www.goldenits.at
Mit seinen Cuvées „Tetuna" und „Mephisto" hat Robert Goldenits eindrucksvoll bewiesen, dass auch im wärmsten Winkel des Burgenlands charaktervolle Rotweine entstehen können.

35.

REEH
7163 Andau, Augasse 11
+43 2176 270 11
wein@hannesreeh.at
www.hannesreeh.at

Der Seewinkel bietet genügend Sonne und Wärme, um die Trauben voll ausreifen zu lassen. Gerade deswegen ist für Hannes Reeh weniger oft mehr, darum kommt seine Spitzenweinlinie auch mit der Bezeichnung „unplugged" auf den Markt. Das bezieht sich vor allem auf die Kunst des Weglassens – etwa von Reinzuchthefen, Schönungsmitteln oder Enzymen. Hier sollen nur die Rebe, der Boden und ein wenig unterstützendes Holz zum Ausdruck kommen – was in puristische, spannungsgeladene Weine mit Tiefgang und Potenzial mündet.

36.

SCHEIBLHOFER
7163 Andau
Halbturner Straße 1a
+43 2176 26 10
office@scheiblhofer.at
www.scheiblhofer.at
Die Scheiblhofers kreieren ihre eigene Weinwelt – wer sie näher kennenlernen will, ist im modernen, luftigen Gästehaus beim Weingut bestens aufgehoben. Mit dem „Big John" schuf Senior Johann einen Wein-Superhit, der einfach jedem schmeckt, Erich surft mit seiner „Collection"-Linie erfolgreich auf der Welle der „California-Style"-Weine, die er konsequent wie kein anderer umgesetzt hat. Der Neusiedler See wird hier zum Pazifik.

1.

SEEJUNGFRAU
7093 Jois, Hafen 1
+43 650/420 07 43
www.seejungfrau.at
Hafenrestaurant mit exotisch-internationaler Küche zum Frühstücken, Chillen tagsüber oder Fisch genießen am Abend.

2.

ZUR ALTEN MAUTH
7100 Neusiedl am See
Eisenstädter Straße 205
+43 2167 81 29
kurt@mauth-windholz.at
www.mauth-windholz.at
In diesem unscheinbar wirkenden „Rasthaus" zelebriert die Familie Windholz pannonische Küche at its best. Legendär: der Heringsschmaus.

3.

LANDGASTHAUS AM NYIKOSPARK
7100 Neusiedl am See
Untere Hauptstraße 59
+43 2167 402 22
landgasthaus@nyikospark.at
www.nyikospark.at
In einem der schönsten Lokale des Burgenlands gibt's zu kreativer Küche auf hohem Niveau alles, was das Herz des Weinfreundes begehren könnte.

4.

DA CAPO
7100 Neusiedl am See
Untere Hauptstraße 78
+43 2167 85 42
landgasthaus@nyikospark.at
www.nyikospark.at
Wunderbar italienisch essen, dazu Golser Bier und, je nach Gusto, Weine aus Italien oder Pannonien. Der Name ist Programm!

5.

MOLE WEST
7100 Neusiedl am See
+43 2167 202 05
office@mole-west.at
www.mole-west.at
Ein Hauch von Venice-Beach und Pacific-Coast-Highway an den Gestaden des Neusiedler Sees. Modern gestylt, offen zum Wasser, praktisch immer voll, aber dennoch mit gutem Küchen- und Getränkeniveau sowie unüberbietbaren Sonnenuntergängen.

6.

BIRKENHOF
7122 Gols, Birkenplatz 1
+43 2173 234 60
info@birkenhof-gols.at
www.birkenhof-gols.at
In der gemütlichen Gaststube, dem modernen Restaurant oder dem luftigen, weitläufigen Garten kredenzt man eine kreative Küche mit pannonischem Hintergrund, dazu Wein aus eigener Produktion oder von den burgenländischen Kollegen; hier fehlt es dem Weinlandpilger an nichts.

7.

VARGA
7122 Gols, Untere Hauptstraße 123
+43 2173 22 31
varga.emmerich@aon.at
www.varga.co.at
Emmerich Varga sorgt als Berufsfischer dafür, dass man hier stets Seefische in bester Qualität auf dem Teller hat.

8.

KNAPPENSTÖCKL – SCHLOSS HALBTURN
7131 Halbturn, Im Schloss
+43 2172 823 90
info@knappenstoeckl.at
www.knappenstoeckl.at
Köstlich speisen im malerischen, barocken Innenhof des Schlosses – am besten wochentags, dann ist der Trubel nicht so groß.

9.

L'ALTRO VINO VINOTECA – ALIMENTARI
2425 Nickelsdorf, Paulahof
+43 664 451 12 31
laltrovino@utanet.at
www.laltrovino.at
Ein Geheimtipp, der jeden Umweg lohnt. Mitten im Nichts, im Schatten der Windräder, ein bezaubernder Platz, wo man bei Dimitri Martini genießt wie im – italienischen – Wohnzimmer. Reservierung unbedingt erforderlich!

10.

ALTES BRAUHAUS
7132 Frauenkirchen
Kirchenplatz 27
+43 2172 22 17
storch@altesbrauhaus.at
www.altesbrauhaus.at
Im idyllischen Arkadenhof und den gemütlichen Stuben mit Gewölbedecken ist man sieben Tage die Woche bei pannonischer Küche und einer umfangreichen, brieftaschenfreundlich kalkulierten Weinkarte willkommen.

11.

SITTINGER
7132 Frauenkirchen, Hauptstraße 39
+43 2172 23 07
landgasthaus@sittinger.at
www.sittinger.at
Auf die Teller kommen Wildgerichte, Weidelamm oder Neusiedler-See-Fischsuppe – und die hauseigene Vinothek liefert die stimmige Begleitung.

12.

GASTHAUS ZUR DANKBARKEIT
7141 Podersdorf, Hauptstraße 39
+43 2177/22 23
office@dankbarkeit.at
www.dankbarkeit.at

Der Klassiker im Seewinkel. „Ihr Wirt und Winzer – Josef Lentsch" – das ist wörtlich zu nehmen, in diesem gemütlichen Lokal, in das man einfach immer wieder gern einkehrt. Wunderbar bodenständige Küche und dazu die Weine, die man genau hier, genau zu diesem Essen trinken will.

13.

ILLMITZER
7142 Illmitz, Sandgasse 16
+43 2175 21 47
haider@illmitzer.com
www.illmitzer.com
Hier wird alles zu kulinarischen Köstlichkeiten verarbeitet, was in und um Illmitz wächst und gedeiht – und dazu gibt's natürlich auch den hiesigen Wein.

14.

JOHANNES-ZECHE
7142 Illmitz, Florianigasse 10
+43 2175 23 35
office@johannes-zeche.at
www.johannes-zeche.at
Zu authentisch-pannonischer Küche trinkt man regionale Weine aus der hauseigenen Seewinkel-Vinothek.

15.

PRESSHAUS HAIDER
7142 Illmitz, Apetloner Straße 13
+43 2175 27 30
presshaus.haider@aon.at
www.presshaus.com
Wo die Winzer sind, da lass dich nieder. Wo sonst gibt's zum Krautfleisch auch Bordeaux?

16.

ZUM FRÖHLICHEN ARBEITER
7143 Apetlon, Quergasse 98
+43 2175 22 18
www.tschidas.at
Zur bodenständigen Küche trinkt man Weine aus der Vinothek, die mehr als 100 Positionen der regionalen Weinelite beherbergt.

FERIENDORF SEEPARK WEIDEN
7121 Weiden am See
+43 2167 73 22
welcome@seepark.at
www.seepark.at
Wohnen in hübschen Chalets am Wasser.

HOTEL WENDE
7100 Neusiedl am See
Seestraße 40 – 42
+43 2167 81 11
anfrage@hotel-wende.at
www.hotel-wende.at
Kulinarik und Wellness am See.

HOTEL AM NYIKOSPARK
Neusiedl am See
s. Essen
Modern und zentral gelegen.

BIRKENHOF
Gols
s. Essen

HOTEL-FERIENDORF VILA VITA PANNONIA
7152 Pamhagen, Storchengasse 1
+43 2175218 00
info@vilavitapannonia.at
www.vilavitapannonia.at
Hoteldorf mit Zimmern, Appartements, Bungalows und Naturteich. Gute Küche und eine bestens sortierte Vinothek mit 10.000 Flaschen.

ST. MARTINS THERME UND LODGE
7132 Frauenkirchen, Im Seewinkel 1
+43 2172 205 00
info@stmartins.at
www.stmartins.at
Die moderne Therme im Seewinkel ist der ideale Platz zum Relaxen, Wohnen, Genießen oder Vögelbeobachten …

Windmühle in Podersdorf

HOTEL NATIONALPARK
7142 Illmitz, Apetloner Straße 56
+43 2175 36 00
office@hotel-nationalpark.com
www.hotel-nationalpark.com
Modernes Haus mit Restaurant und Wellnessbereich – perfekter Ausgangspunkt für Seewinkel-Safaris.

WOHNEN BEIM WINZER (u. a.)
Residenz Velich, s. Winzer
Salzl Seewinkelhof, s. Winzer
Scheiblhofer, s. Winzer

SAILERS VINOTHEK
7132 Frauenkirchen, Kirchenplatz 27
+43 664 410 96 97
vinothek@sailers.at
www.sailers.at
Burgenländische Spitzenweine und regionale Spezialität, unter anderem von Erich Stekovics.

NATIONALPARKVINOTHEK STEINDORFER
Apetlon
s. Winzer

BLUMEN THELL
7121 Weiden am See
Obere Hauptstraße 37
+43 2167 401 58
weinladen@blumen-thell.at
www.blumen-thell.at
Origineller Mix aus Blumenhandlung und Vinothek.

WEINWERK BURGENLAND
7100 Neusiedl am See
Obere Hauptstraße 31
+43 2167 207 05
vinothek@weinwerk-burgenland.at
www.weinwerk-burgenland.at
Moderne, auch architektonisch eindrucksvolle Vinothek im historischen Gemäuer. Rund 400 Weine von 140 Produzenten bieten hier einen eindrucksvollen Überblick über das burgenländische Weinschaffen.

WEINKULTURHAUS UND TOURISMUSINFORMATION GOLS
7122 Gols, Hauptplatz 20
+43 2173 200 39
info@weinkulturhaus.at
www.weinkulturhaus.at
Außer Dienstag ganzjährig geöffnet – in der angeschlossenen Vinothek warten 400 Weine von 100 Golser Winzern, die verkostet und zu Ab-Hof-Preisen gekauft werden können.

HEURIGER PRESCHITZ
7100 Neusiedl am See
Kalvarienbergstraße 29
+43 2167 72 62
www.preschitz.at
Engagiert geführter Heuriger mit hervorragenden, regionalen Produkten.

GOWERL HAUS
7142 Illmitz, Apetlonerstraße 17
+43 2175 263 77
www.gowerlhaus.at
In diesem Heurigen dreht sich alles um Produkte vom selbst gezüchteten Mangalitza-Schwein.

FLEISCHEREI KARLO
7152 Pamhagen, Rosengasse 1
+43 2174 21 26
www.fleischerei-karlo.at
Hervorragende Produkte vom typischen, grauen Steppenrind.

SEEWINKLER NUDELN
7152 Pamhagen, Hauptstraße 53
+43 2174 21 46
www.seewinkler-eierteigwaren.at
Nudeln in allen Variationen – bunt und gut.

GEMÜSESCHAUGARTEN WALLERN
7151 Wallern, Hauptstraße 36
+43 664 103 2 13
Dem Gemüse beim Wachsen zuschauen – kosten und kaufen.

BIO-SCHAFZUCHT HAUTZINGER
7162 Tadten, Jägerweg 15
+43 2176 26 93
www.schafzucht-hautzinger.at
Joghurt und Käse aus Bio-Schafmilch, Würste und Aufstriche, handwerklich erzeugt.

PARADEISERKAISER ERICH STEKOVICS
7132 Frauenkirchen
Podersdorfer Straße 24
+43 676 966 07 05
www.stekovics.at
Sein Leben gehört der Tomate – die er in rund 3000 Spielarten züchtet. Bekannt sind auch Stekovics' herrliche eingelegte Gemüse und Co.

Kronen Zeitung

Gans gut – Das Burgenland im Zeichen des Federviehs

Herbstzeit heißt im Burgenland auch Gansl-Zeit. Das liebe Federvieh hat im pannonischen Raum eine lange Tradition und ist mit der Burgenländischen Weidegans in Top-Qualität verfügbar. Das bedeutet genussvolle Aussichten für Weinreisende!

Die Geschichte ist legendär. Hans Nittnaus, berühmter Winzer aus Gols, pilgerte vor mehr als drei Jahrzehnten in das bekannte Wiener Goutmetlokal „Altwienerhof", um dem weinaffinen, aber recht bärbeißigen Patron Rudi Kellner seine Weine anzudienen. „Was?", soll der gesagt haben, „wo sind Sie her? Aus Gols? Gansln können's mir bringen, aber doch keinen Wein!" Nun, was den Wein angeht, so hat sich seither einiges geändert, aber diese kleine Anekdote illustriert, dass die Gans aus dem Burgenland zu jeder Zeit eine gefragte Delikatesse war.

Ein schönes Gänseleben Heute gilt das mehr denn je, denn die Burgenländische Weidegans darf auf heimischen Weiden frisches Gras fressen und sich eines mehr als doppelt so langen Lebens erfreuen wie herkömmliche Mastgänse. Dass sich das auch positiv auf die Fleischqualität auswirkt, liegt auf der Hand und freut den Genießer. Ganz besonders natürlich im Herbst, denn da hat die Gans Saison, und das Burgenland feiert sein heimliches „Wahrzeichen" mit einem eigenen Festival und zahlreichen anderen Veranstaltungen rund ums Federvieh.

Der Gans ihr Festival Das „Gans Burgenland Genuss Festival" findet dabei alljährlich in der pittoresken Atmosphäre der alten Weinstadt Rust statt, die an drei Tagen zum Tummelplatz für Feinspitze und Hersteller landestypischer Köstlichkeiten wird. Hier findet sich das gesamte kulinarische Spektrum des Burgenlands wieder. Im Mittelpunkt stehen neben der Kulinarik die Kultur und die Tradition, dazu gibt es Bühnen- und Kinderprogramme und eine Erlebnismeile entlang des 1. Burgenländischen Weinwanderwegs in Oggau. Weitere Schauplätze sind unter anderem Bad Tatzmannsdorf, wo Delikatessen und ein feines Degustationsmenü warten, Purbach mit einer Genussmeile, die Csárda des Vila Vita Pannonia in Pamhagen mit einem kulinarisch-musikalischen Gourmetfest und St. Martin mit einem Martinimarkt samt Martinsnacht-Gala vor Martini.

Der Wein zur Gans Warum es ausgerechnet ein Gansl-Braten ist, der zu Martini auf den Tisch kommt, erzählt die Legende vom heiligen Martin, dem burgenländischen Landespatron. Der wollte das Landleben nicht gegen ein prunkvolles Dasein im Bischofspalast eintauschen und verbarg sich vor dem Episkopat im Gänsestall. Doch das laute Geschnatter des Geflügels verriet sein Versteck. Seither landet zu Martini sozusagen „strafweise" ein Gansl im Rohr.

Untrennbar mit der Gans verbunden ist der Wein. Zu Martini wird aus dem „Staubigen" durch die Weintaufe der „Heurige", der von den Winzern zum Verkosten freigegeben wird. Erst dann darf mit ihm angestoßen werden. Dieser Brauch wird am Neusiedler See beim „Martiniloben" gepflegt, aber auch im Mittel- und Südburgenland begrüßt man den jungen Wein mit allerlei Festen und Veranstaltungen.

Einen Überblick und detaillierte Informationen findet man auf dem weinkulinarischen Genussportal des Burgenland Tourismus „Burgenland schmeckt", wo qualitativ hochwertige Angebote aus Tourismus, Wein- und Landwirtschaft gemeinsam „unter einem Dach" auf einem Webportal vorgestellt werden.

www.burgenland-schmeckt.at

Carnuntum – Ausflug zu den alten Römern

Carnuntum ist als Weinregion für Kultur- und Geschichtsinteressierte ebenso attraktiv wie für Familien mit Kindern und Genussreisende. Die Römer haben hier nicht nur steinerne Zeugen ihrer Zivilisation hinterlassen, sondern auch der Weinkultur kräftig auf die Sprünge geholfen.

Die Zeiten, als man hier Wein aus Römern getrunken hat, sind zwar weitgehend vorbei, dennoch begegnet man hier vom spektakulären Römertor über die Ausgrabungen bis zum ehemaligen Amphitheater an vielen Plätzen den Zeichen der römischen Besiedelung. Carnuntum, bestehend aus einem Legionslager und einer zivilen Siedlung, war die Hauptstadt der Provinz Ober-Pannonien und die wichtigste römische Ansiedlung auf dem Gebiet des heutigen Österreich. Und weil da, wo die Römer waren, auch der Wein nicht weit war, können die Winzer dieses Landstrichs auf eine Weinbautradition zurückblicken, die zumindest bis zur Römerzeit zurückreicht.

Das, mögen Sie jetzt vielleicht einwenden, hat in Zeiten des Stahltanks und des biologischen Säureabbaus nicht mehr allzu viel zu bedeuten. Natürlich, die Methoden der Weinbereitung haben sich in den vergangenen zweitausend Jahren etwas verändert und, glücklicherweise, verbessert – auch wenn heute so mancher Winzer wieder damit beginnt, Amphoren im Boden einzugraben.

Was jedoch im Großen und Ganzen gleich geblieben ist, sind die Bedingungen, die Böden und Klima für den Weinbau bieten. Hier zählt das Gebiet im Osten von Wien sicher zu den begünstigten in Österreich. Vereinfacht gesagt, vereint es nämlich die Vorzüge des niederösterreichischen und des burgenländischen Weinlands. Vom Norden, also von Niederösterreich, kommen die kühleren Einflüsse, die den Weinen Frucht, Säure, Struktur und Frische bringen. Vom Süden und Osten dagegen macht sich der warme, pannonische Klimaeinfluss bemerkbar – er lässt die Trauben reifen und schafft vollmundige Tropfen mit

weicher Textur. Zudem mischt sich hier die Donau ins Klimageschehen ein, die mit ihren Wassermassen das ganze Jahr über einen temperaturausgleichenden Einfluss hat, auch wenn sie von den Weinbergen der Region kaum je zu sehen ist.

Der besondere Reiz der Weinbauregion Carnuntum liegt folgerichtig darin, dass hier sowohl für Weiß- als auch für Rotweine gleichermaßen gute Bedingungen herrschen, wenngleich sich in den vergangenen Jahren das Augenmerk immer stärker auf die Roten gerichtet hat. Den Anfang machten dabei Weine der Sorte Zweigelt, die – und dabei handelt es sich offensichtlich um eine besondere Vorliebe der Göttlesbrunner Winzer – nach seltenen, in der Region nistenden Vögeln benannt wurden: Hans Pitnauers „Bienenfresser" und Walter Glatzers „Dornenvogel" sind schon legendär. Neben dem Zweigelt sind in der Region um Göttlesbrunn St. Laurent, Pinot noir und Cabernet Sauvignon die wichtigsten Rebsorten, wobei sich da und dort auch Merlot und Syrah dazu gesellen. Am Spitzerberg hingegen liegt das Hauptaugenmerk eindeutig auf der Sorte Blaufränkisch, die hier geradezu eine beeindruckende Renaissance erlebt hat.

Fein essen in der Wüste Das alles findet man praktisch vor der Haustür von Wien – darum eignet sich Carnuntum auch bestens für vinophile Kurztrips und Einkaufstouren im Nahbereich der Großstadt, die man problemlos mit einem Abstecher ins schaurig-schöne Outlet-Center von Parndorf verbinden kann. Das Gebiet beginnt bei Fischamend und erstreckt sich südlich der Donau bis Berg an der slowakischen Grenze. Der ideale Zubringer ist die Flughafen- oder Ostautobahn, wobei man entweder in Fischamend abfährt und auf Nebenstraßen über das Arbesthaler Hügelland nach Arbesthal gelangt oder die Autobahn erst bei Bruck an der Leitha verlässt und zwei, drei Kilometer nach Göttlesbrunn zurückfährt. Es lohnt sich aber auch, ein bisschen durch die Gegend zu streifen, denn wo noch vor wenigen Jahren in Sachen Kulinarik bereits die Wüste begann, findet man heute gleich zwei absolut besuchenswerte Oasen vor: Den „Hauslauerhof" im kleinen Örtchen Haslau an der Donau, der es immerhin zum „niederösterreichischen Top-Wirt" gebracht hat, und den „Muhr" in Gallbrunn, wo es in der Küche noch etwas mehr in Richtung Gourmandise geht. Wenn man schon hier unten ist, sollte man, ausgerüstet mit einem Navi oder einer detaillierten Straßenkarte, auch gleich den Winzer Trapl in Stixneusiedl besuchen, der seine Weine von hiesigen Lagen und jenen des etwas weiter entfernten Spitzerberges zieht.

Nach diesen lohnenden Vorgeplänkeln bewegen wir uns nun ins Herz des Gebiets, zu den drei benachbarten Orten Göttlesbrunn, Höflein und Arbesthal. Vor allem in Göttlesbrunn erlebte ab Mitte der Neunzigerjahre der Rotwein einen enormen Aufschwung. Neben den schon erwähnten Pionieren waren es Namen wie Gerhard Markowitsch, Grassl, Netzl und später auch Lukas Markowitsch, Taferner oder Pimpel, die mit ihren modern gemachten, stoffig-mächtigen Rotweinen Furore machten. Für feine Zwischentöne sorgen inzwischen Winzer und Winzerinnen wie Birgit Wiederstein, die das Göttlesbrunner Terroir wieder ganz anders interpretiert als die „Großen". Mit dem Aufschwung des Weinbaus, entwickelte sich auch die dazugehörige Infrastruktur. Wohnen und Essen war in Göttlesbrunn lange Zeit ein Problem, doch inzwischen findet man nicht nur ein weiches Kissen, sondern mit dem „jungWirt" und dem „bittermann Vinarium" gleich zwei Weihestätten gepflegter Gastlichkeit und Weinkultur.

Das können die umliegenden Orte Arbesthal und Höflein nicht bieten, engagierte Winzer und empfehlenswerte Heurige hingegen schon. Dazu zählen unter anderen Johann Böheim und Robert Nadler in Arbesthal und das

Läuft doch super: Grete Wiederstein bei der Weinlese mit dem historischen Steyr-Traktor

Weingut der Familie Artner in Höflein, wo man im gepflegten Heurigen am alten Bauernhof einige der mächtigsten Rotweine des Landes unter freiem Himmel oder in den gemütlichen Stuben genießen kann.

Blaufränkisch-Paradies Spitzerberg Weiter geht es jetzt in Richtung Petronell und somit ins Reich der Römer. Nimmt man die kleine Straße von Höflein über die Felder, so kommt man direkt am berühmten „Heidentor" vorbei und passiert anschließend in Petronell den Archäologischen Park mit seinen Ausgrabungen. Die zahlreichen, gut erhaltenen Grundmauern, Heizungssysteme, Straßen und Fundstücke, vor allem aber auch die originalgetreuen Rekonstruktionen ganzer Gebäude bieten auch für Nicht-Geschichtskundler und junge Gäste einen ausgezeichneten Einblick in das Leben der Römer, die sich hier bis zur Mitte des 4. Jahrhunderts angesiedelt hatten.

Ein wenig südlich von Petronell befindet sich die zu Prellenkirchen gehörende Großlage Spitzerberg. Ehemals war hier das Weinbauzentrum der Region, und Prellenkirchen wies vor hundert Jahren 1000 Hektar Rebfläche auf. Heute sind es noch rund 125 – eine Folge des jahrzehntelangen Dornröschenschlafs der Rieden am Spitzerberg, der lediglich für seine hübschen, rustikalen Kellergassen und seine süffigen Weißweine geschätzt wurde. Seine eigentliche Bestimmung war und ist jedoch der Rotwein, und in den vergangenen Jahren wurde das von einigen Winzern auch erkannt.

Inzwischen ist der Spitzerberg zu neuem Leben erwacht und die Weine – vor allem sind es Blaufränkische – bilden eine Art ideologischen Widerpart zu denen aus Göttlesbrunn. Was dort mächtig, alkoholreich, holzbeladen und mitunter geradezu marmeladig wirkt, ist hier strukturiert, säurebetont, eng gestrickt und animierend. Ähnliches gilt für die Weine von Berg im äußersten Osten des Weinbaugebiets, wo ein Häuflein der Aufrechten rund um Horst Pelzmann beweist, dass auch an den Hängen der Königswarte das Potenzial für ausgezeichnete Rotweine vorhanden ist. Die Königswarte ist übrigens der östlichste Berg Österreichs und so gesehen auch der letzte Weinberg. Von der Aussichtswarte selbst genießt man einen großartigen Blick über Bratislava in die Slowakei und kann dabei auch auf die militärische Satellitenspionagestation hinüberschauen, die das Heeresnachrichtenamt zur Zeit des Kalten Krieges mithilfe der USA errichtet hat. Ein bisschen gruselig wirkt das, darum steigen wir jetzt lieber wieder hinunter und steuern einen der gastfreundlichen Carnuntiner Heurigen an; vielleicht haben sie dort ja doch noch einen schönen „Römer" in irgendeinem Gläserschrank versteckt …

Große Lage ganz im Osten: der Spitzerberg bei Prellenkirchen

Die Weinlandschaft in Carnuntum ist statistisch tatsächlich, aber in der öffentlichen Wahrnehmung noch viel stärker vom Rotwein dominiert. Hier werden derzeit zwei Hauptstilrichtungen verfolgt: die mächtigen, manchmal sogar an Neue-Welt-Weine erinnernden Typen, die in und um Göttlesbrunn zu finden sind, und die eher drahtige, struktur-, gerbstoff- und säurebetonte Linie, für die vor allem die Blaufränkischen vom Spitzerberg stehen. Obwohl derzeit etwas ins Hintertreffen geraten, findet man hier aber sehr wohl auch fruchtig-würzige Weißweine vom Grünen Veltliner über Sauvignon blanc bis Chardonnay.

WEINGÜTER

1 Trapl, Stixneusiedl
2 Böheim, Arbesthal
3 Nadler, Arbesthal
4 Glatzer, Göttlesbrunn
5 Grassl, Göttlesbrunn
6 Marko, Göttlesbrunn
7 Gerhard Markowitsch, Göttlesbrunn
8 Netzl, Göttlesbrunn
9 Pimpel, Göttlesbrunn
10 Pitnauer, Göttlesbrunn
11 Taferner, Göttlesbrunn
12 Wiederstein, Göttlesbrunn
13 Artner, Höflein
14 Payr, Höflein
15 Schenzel-Wallner, Bruck an der Leitha
16 Jahner, Wildungsmauer
17 Pimpel, Petronell
18 Muhr-van der Niepoort, Rohrau
19 Dietrich, Prellenkirchen
20 Pelzmann, Berg

LOKALE

1 Merzendorfer, Fischamend
2 Muhr, Gallbrunn
3 Haslauerhof, Haslau an der Donau
4 „bittermann" Vinarium, Göttlesbrunn
5 Der jungWIRT, Göttlesbrunn
6 Zum Goldenen Adler („Der G'selchte"), Bruck an der Leitha
7 Zum Goldenen Anker, Hainburg

1.

TRAPL
2463 Stixneusiedl, Hauptstraße 16
+43 2169 24 04
wein@trapl.com
www.trapl.com

Von Lagen bei Arbesthal und am Spitzerberg keltert Johannes Trapl kraftvolle Rotweine, die aber niemals übermächtig und üppig sind, sondern durch ihre Struktur und Mineralik gefallen und immer auch animierendes Trinkvergnügen bieten.

2.

JOHANN BÖHEIM
2464 Arbesthal, Hauptstraße 38
+43 2162 88 59
wein@gut-boeheim.at
www.gut-boeheim.at

Johann Böheim, dessen Spitzenrotwein „Stuhlwerker" heißt, ist zum Glück kein Zimmermann, darum setzt er das Holz auch bei seinen Spitzenweinen wohl dosiert ein. Neben den kräftigen Roten gibt es hier auch eine beachtliche Bandbreite an Grünen Veltlinern.

3.

NADLER
2464 Arbesthal, Zwetschkenzipf 12
+43 2162 81 81, +43 664 182 86 73
info@weingut-nadler.at
www.weingut-nadler.at

Während die Toprotweine durchaus in die Phalanx hiesiger Spitzenkreszenzen passen, gibt es hier auch Heurigen-Kompatibles, dem es dennoch nicht an Qualität fehlt. Tipp: der Heurige des Hauses.

4.

WALTER GLATZER
2464 Göttlesbrunn, Rosenbergstraße 5
+43 2162 84 86
info@weingutglatzer.at
www.weingutglatzer.at

Walter Glatzer ist bereits ein Urgestein der Göttlesbrunner Weinszene. Der Zweigelt „Dornenvogel" machte ihn bekannt, doch auch seine anderen Roten wie die Topcuvée Gotinsprun spielen regelmäßig in der Oberliga. Tipp: Der fruchtig-aromatische Weißburgunder.

5.

GRASSL
2464 Göttlesbrunn, Am Graben 4–6
+43 2162 84 83
weingut.grassl@aon.at
www.weingut-grassl.com

Mit den Cuvées Bärnreiser und Bärnreiser Reserve geht es bei den Grassls wuchtig zur Sache und auch Pinot noir und St. Laurent sind wahre Faserschmeichler mit Tiefgang. Ein echtes Familienweingut, bei dem alle mit Hand anlegen – und so erfolgreich unterwegs sind.

6.

MARKO (LUKAS MARKOWITSCH)
2464 Göttlesbrunn, Kiragstettn 1
+43 2162 82 26
info@weingut-marko.com
www.weingut-marko.com

Lukas Markowitschs Großvater Johann hat den Betrieb 1950 als Weinkellerei und -handel begründet, Lukas Vater Johann war dann einer der Ersten in Göttlesbrunn, der zu neuen Qualitätshorizonten aufbrach und besonderen Wert auf Weine von eigenen Rebflächen legte. Das Ergebnis waren erstaunliche Substrate in Weiß und Rot, Weine in denen man die Kraft förmlich spürte, die hier in Boden und Klima steckt. Lukas Markowitsch blieb es dann vorbehalten,

diesen Weinen noch den Feinschliff zu geben und sie mit der nötigen Spannung und Finesse zu versehen. Neben kraftvollen Roten wie der Cuvée „Lukas" pflegt er auch eine breite Palette von Weiß- und Süßweinen.

7.

GERHARD MARKOWITSCH
2464 Göttlesbrunn, Pfarrgasse 6–8
+43 2162 82 22
weingut@markowitsch.at
www.markowitsch.at

Gerhard Markowitsch war in Göttlesbrunn ein Winzer der zweiten Generation, ging aber mit einem Drive an den Start, der ihn binnen weniger Jahre in die erste Reihe nicht nur der hiesigen, sondern auch der österreichischen Winzerschaft brachte. Mit seiner Rotweincuvée Rosenberg schlug er ein neues Kapitel in der heimischen Rotweinszene auf, doch bewies er in der Folge Vielfältigkeit mit einem feinfruchtigen Pinot noir von höchster Güte, aber auch exzellenten Weißweinen vom Grünen Veltliner, Chardonnay und Co.

8.

NETZL
2464 Göttlesbrunn, Rosenbergstraße 17
+43 2162 82 36
weingut@netzl.com
www.netzl.com

Mit nur drei Hektar Rebflächen in einem gemischten landwirtschaftlichen Betrieb sind Franz und Christine Netzl an den Start gegangen, und als sie qualitativ so richtig durchstarteten, waren die Töchter des Hauses Annemarie und Christina, die der Topcuvée des Hauses „Anna Christina" den Namen gaben, noch kleine Mädchen. Inzwischen hält man bei 26 Hektar Rebfläche in besten Lagen des Arbesthaler Hügellandes, und Christina ist bereits voll in den Betrieb integriert. So vergeht die Zeit, und das ist gut so, denn auch die Netzl-Weine wurden immer besser – ob Grüner Veltliner, weiße Burgundersorten oder natürlich die breite Phalanx der Roten: Wo Netzl drauf steht, ist verlässlich Qualität drin!

9.

GERHARD PIMPEL
2464 Göttlesbrunn, Kirchenstraße 19
+43 2162 200 49
weingut@gerhardpimpel.at
www.gerhardpimpel.at
Gerhard Pimpel bewirtschaftet einige der besten Weinberge von Göttlesbrunn wie Bärenreiser und Rosenberg – darum vielleicht auch der Name der Cuvée „Downhill", die nur noch vom Merlot „Optime" getoppt wird.

10.

HANS PITNAUER
2464 Göttlesbrunn
Weinbergstraße 4–6
+43 2162 82 49
weingut@pitnauer.com
www.pitnauer.com
Hans Pitnauer ist ohne Zweifel der Doyen des Göttlesbrunner Weinbaus. Schon in jungen Jahren musste er aufgrund einer Erkrankung seines Vaters die Betriebsleitung übernehmen, und er tat dies mit Engagement und Begeisterung. Schon in den Achtzigerjahren zeigte er mit seinem „Bienenfresser", was in einem Zweigelt alles drinstecken kann. Doch das war erst der Anfang: Die bordeleske Cuvée „Franz Josef", der Syrah „Pegasos" und die Cuvée „Quo vadis" waren weitere Meilensteine in Pitnauers Weinschaffen, für das er inzwischen mit zahlreichen Auszeichnungen wie etlichen Landessiegern bedacht wurde. Immer stark sind bei Pitnauer, der inzwischen tatkräftig von Junior Johannes im Betrieb unterstützt wird, auch die Weißweine Muskateller, Grüner Veltliner und der schon legendäre Muskateller-Strohwein „Big Game".

11.

TAFERNER
2464 Göttlesbrunn, Pfarrgasse 2
+43 2162 84 65
weingut@tafi.at
www.tafi.at
Im Sandstein-Gewölbekeller von „Tafis Heurigen" kostet man zur traditionellen Heurigenjause modern vinifizierte Rotwein-Granaten wie den Cabernet Sauvignon „Tribun" oder die Cuvée „Excalibur", aber auch Erfrischendes wie etwa den stets vorzüglichen Gelben Muskateller.

12.

WIEDERSTEIN
2464 Göttlesbrunn, Weinbergweg 1
+43 2162 8436
winzerin@wiederstein.at
www.wiederstein.at
In der „Weiberwirtschaft" der Familie Wiederstein läuft einiges anders, als es im doch recht traditionellen Göttlesbrunn üblich ist. Allein schon die Tatsache, dass Birgit Wiederstein sich hier als Frau in die durchwegs männliche Winzerriege stellt, erregt Aufsehen. Das tun freilich auch ihre Weine, die ein bisschen gegen den Strich gebürstet sind und mit Spannung, Struktur, Finesse und Trinkfreudigkeit aufwarten. Mutter Grete ist nicht nur der gute Geist im Haus, sondern pflegt mit ihren Edelbränden eine eigene, eigenständige Genusslinie.

13.

ARTNER
2465 Höflein, Dorfstraße 93
(Heuriger: Dorfstraße 43)
+43 2162 631 42 (Heuriger: 631 48)
weingut@artner.co.at
www.artner.co.at
Weine wie der weiße und rote „massive a." sind wahrhaft eine substanzielle Attacke für den Gaumen; üppige Tropfen zum Meditieren – in kleinen Dosen. Doch die Artners keltern auch Süffigeres, und das passt dann prima zum bekannten Heurigen im alten Bauernhof.

14.

PAYR
2465 Höflein, Dorfstraße 18
+43 2162 623 56
robert@weingut-payr.at
www.weingut-payr.at
Robert Payr bewirtschaftet Rieden in Höflein und am Spitzerberg. Er beweist mit seinen eleganten, charaktervollen Rotweinen ein gutes Händchen und stellt deren Substanz unter Beweis, indem er gelegentlich auch eine gute Zigarre dazu raucht. Tipp: Die Weißen sind auch nicht zu verachten!

15.

SCHENZEL-WALLNER
2460 Bruck an der Leitha, Feldgasse 36
+43 2162 632 60
weingut@schenzel.com
www.schenzel.com
Willi Schenzels Weißweine stammen aus Bruck an der Leitha – einst ein bekanntes Weingebiet, das aber ein wenig in Vergessenheit geriet. Die Roten kommen vom Spitzerberg, wo Schenzel lange Zeit ein Rufer in der Wüste war. Nun ist diese Ecke – übrigens auch ein beliebtes Revier für Segelflieger – wieder im Aufwind, und Schenzel keltert von dort einige ausgezeichnete Rotweine, die sich auch gut im modern gestalteten Heurigen des Hauses trinken lassen.

16.

JAHNER
2403 Wildungsmauer, Donaustraße 23
Heuriger: Feldgasse 32
+43 664 494 19 62, +43 2163 23 26
weingut@jahner.at
www.jahner.at
Leo Jahner startete als einer der jungen Wilden von Carnuntum, und das erkennt man schon am Heurigen des Hauses, der sich im modernen Kleid von Stein, Glas und Holz präsentiert. Sehr gute Weine gibt es hier auch, und wie es sich für einen Wilden gehört heißt die rote Topcuvée „Wild Wall".

17.

JOSEF PIMPEL
2404 Petronell, Brucker Straße 6
+43 2163 22 36
weingut@pimpel.com
www.pimpel.com
Josef Pimpel hat Lagen am Rosenberg in Göttlesbrunn, in Petronell und am Spitzerberg. Dementsprechend vielfältig präsentieren sich die Charaktere seiner ausgezeichneten Weine.

18.

MUHR-VAN DER NIEPOORT
2471 Rohrau, Untere Hauptstraße 7
+43 664 180 40 39
d.muhr@wine-partners.at
Die aus Rohrau stammende Wein-PR-Lady Dorli Muhr und Dirk van der Niepoort zählten zu den Ersten, die den Weinbau am Spitzerberg wieder wachgeküsst haben. Mit sehr archaischen Methoden – die Trauben werden teilweise mit den Füssen gestampft – entstehen hier spannungsgeladene, in der Jugend mitunter sogar fast spröde Weine mit feinem Säurespiel.

19.

DIETRICH
2472 Prellenkirchen, Hauptplatz 1
+43 699 10 50 06 73
christian.dietrich@aon.at
www.weinbau-dietrich.com
Christian Dietrich ist einer der wenigen „echten" Spitzerberg-Winzer, die hier auch ihren Betriebssitz haben; seine Weine sind strukturiert und elegant, geprägt vom feinen Gerbstoff und einer einladenden Beerenfrucht.

20.

HORST UND IRENE PELZMANN
2413 Berg, Hauptstraße 27
0664/373 21 75, 0664/14 69 101
weingut.pelzmann@aon.at
www.weingut-pelzmann.at

Ganz im Osten der Hundsheimer Berge mit Blick auf das nahe Bratislava, liegt Berg nicht gerade an den Durchzugsrouten der Wein-Karawane, ist aber gerade deshalb ein Kleinod des Weinbaugebiets Carnuntum. Hier betreibt die Familie Pelzmann seit mehr als 150 Jahren Weinbau, und Horst Pelzmann hat seine Weingärten auf der Königswarte und am Spitzerberg, wo der Rotwein eine große Tradition hat, die aber lange in Vergessenheit geraten war. Nun ist Pelzmann mit seinen strukturierten und finessenreichen, aber dennoch kräftigen Blaufränkischen eine der treibenden Kräfte für die Renaissance dieser Region. Verkosten kann man diese ebenso wie die feinen Weißweine im Heurigen des Betriebs.

1.

MERZENDORFER
2401 Fischamend
Hainburger Straße 1
+43 2232 763 14
merzendorfer@utanet.at
www.merzendorfer.at
„Wir bitten zu Fisch", heißt es in diesem nach eigenen Angaben „ältesten Fischrestaurant Österreichs" mit einer Tradition seit 1790. Was sonst, in Fisch - am - End ..?

2.

MUHR
2463 Gallbrunn bei Schwechat
Hauptstraße 87
+43 2230 285 80
info@muhr.co.at
www.muhr.co.at
Drei Generationen packen hier mit an. Die Küche unter der Leitung von Jakob Muhr, der unter anderem im „Arlberg Hospiz" und beim legendären Rudi Kellner gewirkt hat, spannt in der

Küche einen weiten Bogen von regionalen Zutaten bis zu internationaler Gourmandise und lässt es dabei auch an Edelprodukten nicht fehlen.

3.

HASLAUERHOF
2402 Haslau an der Donau
Hauptstraße 17
+43 2232 802 21
info@haslauerhof.at
www.haslauerhof.at
Ein Landgasthof wie er sein soll – und mitten in der Gaststube steht der Herd. Nicht nur als Zierde, denn Patron Roland Lukesch wirft diesen Ofen auch immer wieder mal an. Auf dem Programm steht eine bodenständige, verfeinerte Regionalküche – vom veredelten Donaufisch bis zum idealtypischen Schweinsbratl. Wer es dem Meister nachmachen will, bucht einen Kochkurs in der intimen „Private Kuchl".

4.

„BITTERMANN" VINARIUM
2464 Göttlesbrunn,
Abt-Bruno-Heinrich-Platz 1
+43 2162 811 55
info@bittermann-vinarium.at
www.bittermann-vinarium.at
Adi und Bettina Bittermann haben nach ihren Jahren in „Vikerls Lokal" für ihre große Fangemeinde in der ehemaligen Volksschule von Göttlesbrunn ein sinnenfrohes Zentrum der Genüsse geschaffen. Im geschmackvoll eingerichteten Restaurant wird der Gast mit einer gekonnt gemachten Regionalküche, die alle Stückerln spielt und sich auch furchtlos dem Innereien-Thema widmet, verwöhnt; die flüssige Zuspeis stammt aus der bestens sortierten Regionalvinothek im ersten Stock. Ein besonderer Leckerbissen ist die von „Grill-Weltmeister" Adi betriebene „1. Carnuntum Grillschule", in der es stets heiß hergeht. Wer nicht selbst Hand anlegen will, kann sich Steaks und Co natürlich auch vom Meister persönlich auf den Rost legen lassen.

5.

DER JUNGWIRT
IM WINZERHOF PAUL
2464 Göttlesbrunn, Landstraße 36
+43 2162 89 43
info@derjungwirt.at
www.derjungwirt.at
Johannes Jungwirth hat der damals schon aufstrebenden Weinszene von Göttlesbrunn als Erster einen kulinarischen Mittelpunkt gegeben. Zu einer perfekt verfeinerten Regionalküche schöpft man hier aus der hauseigenen Vinothek, die mit Weinen von nah und fern bestens bestückt ist. Regelmäßig ist der „jungWirt" auch Schauplatz von vielgängigen Weinmenüs, bei denen die Qualitäten von Küche und Keller voll ausgespielt werden.

6.

ZUM GOLDENEN ADLER
(„DER G'SELCHTE")
2460 Bruck an der Leitha, Altstadt 5
+43 2162 622 52
info@dergselchte.at
www.dergselchte.at
Natürlich gibt es beim gestandenen Meisterkoch Thomas Scherhaufer g'selchte Würsteln – aber darüber hinaus auch herzhafte Hausmannskost mit vielen Innereien und, wenn gewünscht, feine Gourmandisen. Sehenswert: die authentischen, alten Gaststuben – das Wirtshaus lebt!

7.

ZUM GOLDENEN ANKER
2410 Hainburg an der Donau
Donaulände 27
+43 2165 648 10
restaurant@goldeneranker.at
www.goldeneranker.at
In diesem schönen, alten Gasthof mit historischen Tonnengewölben und schattigem Gastgarten findet man Hotel, Restaurant und Vinothek unter einem Dach.

ZUM GOLDENEN ANKER
Hainburg
s. Essen

GÄSTEHAUS EDELMANN
2464 Göttlesbrunn, Rosenbergstraße 31
+43 2162 84 55
weingut@edelmann.co.at
www.edelmann.co.at

MUHR
Gallbrunn
s. Essen

VINOTHEK „RÖMERWEINSTRASSE CARNUNTUM“ im Gasthaus zum goldenen Anker
s. Essen

Vinothek im „BITTERMANN“ VINARIUM
s. Essen

VINOTHEK BEIM JUNGWIRT IM WINZERHOF PAUL
s. Essen

NATIONALPARK DONAUAUEN
Eine in Europa einzigartige Flussauenlandschaft, geführte Wanderungen, Kinderprogramm, Bootsexkursionen. Schloss Orth Nationalpark-Zentrum, Orth/Donau, +43 2212 35 55, www.donauauen.at

ARCHÄOLOGISCHER PARK CARNUNTUM
Die bedeutendste römische Siedlung in Österreich mit dem Amphitheater Bad Deutsch-Altenburg, Freilichtmuseum Petronell oder dem Museum Carnuntinum (lediglich 0,5 Prozent der antiken Stadt sind übrigens freigelegt). www.carnuntum.co.at

SCHLOSS HOF
Ein Gesamtkunstwerk des europäischen Barock mit Barockgarten des Prinzen Eugen. Von April bis November geöffnet, Schlosshof 1, +43 2285 200 00, www.schlosshof.at

JAGDSCHLOSS ECKARTSAU
Letzter Aufenthaltsort von Kaiser Karl in Österreich, mit historischem Landschaftsgarten. Führungen von April bis Oktober, Eckartsau, +43 2214 22 40-11, www.schlosseckartsau.at

Zeugen der Vergangenheit: Archäologischer Park Carnuntum (oben) und das Heidentor bei Petronell

Thermenregion – Vom Gumpoldskirchner zum Vöslauer

Was macht der Wiener, wenn er einmal nicht in Wien zum Heurigen gehen will? Er fährt in die Thermenregion, denn auch hier liegt das Gute ganz nahe: Gemütliche Wirtshäuser, tolle Weine mit den Spezialitäten Rotgipfler und Zierfandler sowie zahlreiche Heurige, die Kulinarik und Wein auf höchstem Niveau verbinden.

Zunächst erst einmal eine Begriffsklärung, die Sie, geschätzte Leserin und Sie, lieber Leser, davon abhalten soll, ein paar Hundert leere Kilometer im Auto abzuspulen. Das Weinbaugebiet Thermenregion liegt südlich von Wien und nicht etwa in der Südoststeiermark. Wenn Ihnen also der Sinn nach Kernöl, Vulcano-Schinken oder Zotter-Schokolade steht, dann lesen Sie hier nicht weiter, sondern blättern zurück zum Kapitel über das Weinland zwischen Riegersburg und Radkersburg. Haben Sie hingegen Lust auf einen genussvollen Kurztrip, der Sie nur wenige Kilometer über die Wiener Stadtgrenzen hinaus in das Reich von Weinraritäten wie dem Zierfandler und dem Rotgipfler, feinem Pinot noir und mächtigem St. Laurent führt, dann heißt es jetzt einsteigen – zum Beispiel in die Badner Bahn. Womit wir schon beim Thema der Bezeichnung dieses Weinbaugebiets sind, die über die Jahrzehnte öfters gewechselt hat und heute doch alles andere als selbsterklärend ist. Bis zum Jahr 1976 trug es den Namen der Kurstadt Baden, dann wurde es bis 1985 in die zwei Teile „Bad Vöslau“ und „Gumpoldskirchen“ getrennt, ehe mit einer Weingesetznovelle die heutige Bezeichnung festgeschrieben wurde. All dem zum Trotz hält sich für das Gebiet nach wie vor auch die tradierte Bezeichnung „Südbahn“ – nachvollziehbar, denn immerhin rattert diese mitten durch die Weinberge von Gumpoldskirchen, Pfaffstätten und Baden.

Ausgsteckt is

Am Strand von Gumpoldskirchen Wir wollen dieses Weinbaugebiet aber nicht nur im Vorbeifahren erleben, denn es gibt hier jede Menge zu entdecken und zu genießen – und erst für die Heimfahrt bietet die Bahn wieder eine interessante Alternative, falls die Nachforschungen einmal zu intensiv ausgefallen sein sollten. Unsere Genusstour beginnt unmittelbar im Süden von Wien, in Perchtoldsdorf, das mit der Stadt baulich längst zusammengewachsen ist. Man spricht vom „Speckgürtel“ Wiens, und tatsächlich haben sich viele – aufgrund der Immobilienpreise meist eher betuchte – Stadtbewohner hier niedergelassen, sodass ein Bevölkerungsmix entstand, in dem die autochthonen Perchtoldsdorfer schon beinahe wie Exoten wirken ... Wie dem auch sei: Die Nähe zu Wien macht Perchtoldsdorf zu einem geradezu prädestinierten Ausflugsziel, und weil hier Wein gekeltert wird, blüht seit jeher auch die Heurigenszene. Dasselbe gilt übrigens für die ganze Thermenregion und insbesondere für den berühmten Weinbauort Gumpoldskirchen. Doch was für Weinbau und Winzer lange Zeit ein wahrer Segen war, entwickelte sich in der Neuzeit des österreichischen Weinbaus mit seiner rasanten Qualitätsentwicklung eher zum Fluch. Denn da, wo der Wein im eigenen Haus problemlos verkauft werden kann, ist das Interesse gering, aufwendig Topqualitäten zu produzieren und diese Weine mit viel persönlichem Einsatz zur vermarkten.

Einige Weinhauer der Thermenregion sind aber dennoch auf den Zug aufgesprungen, und das hat erfreulicherweise dazu geführt, dass gerade hier die inzwischen selten gewordene Kombination von Heurigem und Spitzenweinen gehäuft auftritt. In Perchtoldsdorf ist das zum Beispiel Georg Nigl, den der Betrieb eines Schmuckkästchens von einem Heurigen keineswegs daran hindert, vor allem mit seinen formidablen Rotweinen in der heimischen Szene für Aufsehen zu sorgen. Dabei gilt der Bereich zwischen Perchtoldsdorf im Norden und Baden im Süden eigentlich als klassische Weißweinregion – und das mit gutem Grund. Wir bewegen uns hier an den ehemaligen Uferzonen des Urmeers Paratethys, das einst das gesamte Wiener Becken füllte und an seinen Rändern Korallen, Muscheln und Schalentiere ablagerte, die sich noch heute in Form von besonders kalkreichen Böden bemerkbar machen. Diese bieten bestimmten Rebsorten wie den Südbahnklassikern Zierfandler und Rotgipfler, aber auch den Burgundersorten vom Weißburgunder und Neuburger über Grauburgunder und Chardonnay bis hin zu Pinot noir beste Voraussetzungen und sorgen für besonders mineralische und strukturierte Weine. Viele dieser Sorten haben in der Region eine jahrhundertealte Tradition, und um dieser auf die Spur zu kommen, begeben wir uns jetzt zum Freigut Thallern bei Gumpoldskirchen.

Zeitreise zum Grauen Mönch Im Jahr 1141 durch eine Schenkung des Markgrafen Leopold IV. an das Zisterzienserstift Heiligenkreuz begründet, ist es das älteste ohne Unterbrechung bewirtschaftete Weingut Österreichs. Die Zisterzienser brachten aus Burgund ihr Wissen um den Weinbau sowie auch dort heimische Rebsorten wie den Grauburgunder (der nach den grauen Kutten der Mönche hierzulande auch „Grauer Mönch“ genannt wurde) oder den Pinot noir mit, der im Jahr 1394 im Raum Gumpoldskirchen erstmals urkundlich erwähnt wurde. Heute ist das Freigut Thallern, das inzwischen von einer Pächtergemeinschaft rund um den südsteirischen Weinzampano Erich Polz betrieben wird, wieder prima in Schuss. Dazu gehört auch, dass man von Toplagen rund um das historische, nach dem Vorbild des Zisterzienserweinguts Clos de Vougeot in Burgund errichtete Anwesen wieder ausgezeichnete

Blick auf Thallern

Fachsimpeln mit Karl Alphart

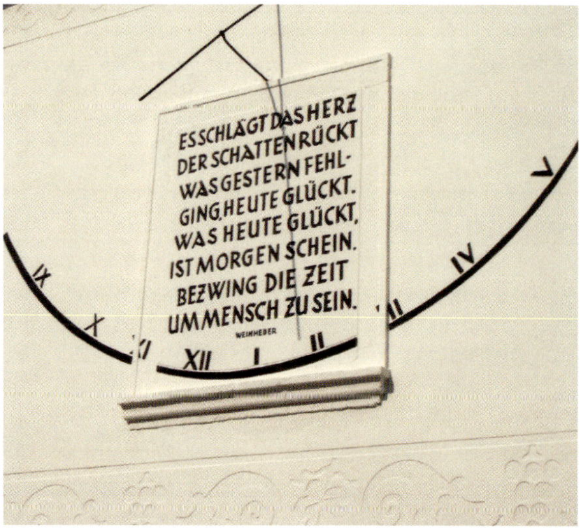

Weine vinifiziert. Doch darüber hinaus wurde dieser magische Platz zu einer Hochburg der Genüsse vor den Toren Wiens: Die einstmals berühmte Backhendlstation erblühte unter der Leitung von Florian Fritz als „Klostergasthof Thallern“ zu neuem kulinarischem Leben. Und durch die erste Regionalvinothek der Thermenregion und ein modern gestaltetes Tagungshotel, das in den historischen Räumlichkeiten des Klosterweinguts eingerichtet wurde, wird das Thallerner Genussensemble komplettiert.

Besuch im Weinhimmel Das Herz des Thermenweinbaus schlägt zweifellos im benachbarten Gumpoldskirchen, dem malerisch in den Weingärten gelegenen Straßendorf mit den jahrhundertealten Lesehöfen und dem Schloss des Deutschen Ordens als Wahrzeichen. Jahrzehntelang galt der Ort als Weinhimmel der Wiener und als Inbegriff des Heurigenortes. Nicht zuletzt deshalb wurde hier trotz eines gewissen Vorsprungs – der „Gumpoldskirchner“ war einst bei Weinfreunden auf der ganzen Welt bekannt und beliebt – die qualitative Weiterentwicklung des heimischen Weinbaus lange Zeit verschlafen. Immerhin gibt es heute wieder eine Handvoll Winzer wie Othmar Biegler, Gustav Krug, Johannes Gebeshuber vom Weingut Spaetrot oder Harald Zierer, die das Potenzial der Spitzenlagen rund um Gumpoldskirchen wirklich nutzen.

Sehr wohl erkannt haben dies aber auch andere Winzer, die inzwischen immer mehr Weingärten in Gumpoldskirchen bewirtschaften. Dazu zählen „Nachbarn“ wie Karl Alphart in Traiskirchen und der Johanneshof Reinisch in Tattendorf ebenso wie hellsichtige Weinvisionäre vom Schlage eines Erich Polz oder Fred Loimer, der das Erbe des großen Friedl Schellmann weiterpflegt. Sie alle sehen hier beste Bedingungen für große Weine, insbesondere die traditionellen Zierfandler und Rotgipfler sowie die weißen Burgundersorten und den Pinot noir, die kalkreiche Böden lieben. Schade nur, dass sich die Heurigenkultur in Gumpoldskirchen meist jenseits der Spitzenweine abspielt, doch mit dem „Spaetrot-Heurigen“ in der Wiener Straße und dem „Alten Zechhaus“ der Familie Krug gleich vis-à-vis vom Rathaus findet man auch hier empfehlenswerte Anlaufstellen, wenn Hunger und Durst zugleich gestillt sein wollen. Kein Heuriger, aber ebenfalls eine empfehlenswerte Adresse ist das mit großem Engagement geführte Lokal „3er Haus“ am Schrannenplatz, gleich neben dem Spaetrot-Heurigen und damit ebenfalls im Zentrum von Gumpoldskirchen – mit dem positiven Nebeneffekt, dass man vom Schanigarten vor dem Haus alles unter Kontrolle hat, was hier vorbeifährt oder -defiliert.

Die Wiege des Rotweins Mitten durch die Weinrieden geht es nun weiter in Richtung Pfaffstätten und Baden. Im Herbst, wenn der erste Sturm gepresst ist, stehen hier entlang der Straße und der I. Wiener Hochquellenwasserleitung ein paar improvisierte Schanken mit einfachen Heurigenbänken, und die Winzer warten mit den ersten Vorboten des neuen Weinjahrgangs auf. Sturm, Schmalzbrot, Herbstsonne im Gesicht – das lässt sich aushalten. Intensiviert werden diese Darbietungen noch an zwei Wochenenden im September, wenn rund 80 Winzer aus der Thermenregion zur „Genussmeile“ in die Weingärten laden.

Baden selbst bietet mit dem Casino, der sehenswerten Altstadt, der Pferderennbahn und den vielen Bade- und Kureinrichtungen neben dem Wein eine Vielzahl von Anlaufstellen für Menschen mit unterschiedlichsten Interessen. Die Stadt, die immer unter einer Dunstglocke, bestehend aus einem Gemisch von Kaisernostalgie, Kurortsbeschaulichkeit und Schwefeldampf zu liegen scheint, hat freilich auch für Weinfreunde ihren Reiz. Einige gute Heurigenbetriebe befinden sich mitten im Stadtgebiet, während der beste Winzer dieser Ecke, Leo Aumann, unweit von hier in Tribuswinkel sein Weingut samt Heurigem betreibt. Der hat sich vor allem mit seinen mächtigen Rotweinen vom Harterberg und Badnerberg einen Namen gemacht und steht damit in einer guten Tradition.

Denn unweit von hier, in Bad Vöslau, wurde bereits vor mehr als 150 Jahren ein wesentliches Kapitel österreichischer (Rot-)Weingeschichte geschrieben, als Robert Alwin Schlumberger, der Begründer der bekannten Sektkellerei, mit Rotweinen aus Cabernet Sauvignon, Merlot und Blauem Portugieser internationale Erfolge erzielte. Die Schlumberger-Rotweine gibt es nach wie vor, wobei die Topcuvée „Schlumberger Privatkeller" vor allem in der guten Gastronomie zu finden ist. Der spannendste Betrieb in Sooß ist das Weingut und der Heurige der Familie Fischer. Ebenfalls nicht arm an Tradition, immerhin betreibt man hier seit mehr als 350 Jahren Weinbau, hat Christian Fischer den Charakter der Vöslauer Rotweine in den vergangenen Jahrzehnten definiert, und der beliebte Heurige der Familie mit dem idyllischen Garten bietet diesen Weinen die perfekte Bühne.

Verdursten muss auch im Weingasthof „Hawlik's Schlemmereck" in Bad Vöslau niemand, der neben ausgezeichneter, deftig-bodenständiger Küche mit einer bestens bestückten Gebietsvinothek aufwartet. Ein paar Autominuten von hier entfernt findet man in der Waldeinsamkeit von Ödlitz bei Berndorf ebenfalls eine empfehlenswerte Adresse: Die Backhendln im „Waldgasthof Schimanszky" sind legendär, das Wild stammt aus dem eigenen Jagdrevier, und der mit 250 Positionen gespickte Weinkeller liefert die passende Unterspülung.

Letzter Zug: 23 Uhr 18 Ans nach Hause fahren denken wir aber jetzt einmal noch gar nicht, denn nun geht es zurück in die Ebene, und über Autobahn und Südbahn drüber in den östlichen Teil der Thermenregion. Eine ganz andere Weinwelt eröffnet sich hier, in der sogenannten „Steinhölle". Die Böden der Lagen rund um die Weinbauorte Teesdorf und Tattendorf sind schwer und tiefgründig und, wie der Namen schon sagt, mit vielen Steinen durchsetzt, die für eine gute Wärmespeicherung sorgen. Reife und vollmundige Rotweine sind das Markenzeichen dieses Gebiets, das vor allem für St. Laurent und Pinot noir bekannt ist. Einer der guten Heurigen, ob Johanneshof Reinisch, Leopold Auer oder Johann Gisperg, hat immer geöffnet und lädt zu vertiefenden Rotweindegustationen ein. Sind diese abgeschlossen, macht man entweder einen Abstecher nach Ebreichsdorf zum formidablen Gourmetlokal der Brüder Rosenbauch, oder es geht über Oeynhausen hinüber nach Traiskirchen, einem wahren Epizentrum der Heurigen- und Weinkultur.

Kurz auf einen Nenner gebracht, könnte man das so zusammenfassen: Karl Alphart ist der Rotgipfler, Johann Stadlmann der Zierfandler und Andreas Schafler ist beides, also so gesehen der Spätrot-Rotgipfler, wie die Cuvée aus den Sorten Zierfandler und Rotgipfler auch genannt wird. Selbstverständlich verfügen die genannten Weingüter noch über ein wesentlich breiter sortiertes Arsenal an Weinen in Weiß und Rot. Für zweckdienliche Studien eignen sich die Heurigen dieser Betriebe, in denen Catherina Schafler, Michaela Stadlmann und Lisi Alphart dafür sorgen, dass die Kulinarik dem Wein absolut auf Augenhöhe begegnet.

Dasselbe lässt sich vom nahe gelegenen „Jagdhof" in Guntramsdorf sagen, der, auch wenn dieser Ausdruck vielleicht ein wenig altmodisch ist, ein wahres Schlemmerparadies darstellt. Unter der gastfreundlichen Aufmerksamkeit der Familie Fakler biegen sich hier die Tische unter Köstlichkeiten von Wild, Fisch und Co, und man kann wohl sagen, dass es keinen Weinkeller mit einem derartigen Repertoire an Weinen aus der Thermenregion gibt wie diesen. Ach ja, und dann wäre außerdem zu erwähnen, dass es hier komfortable Zimmer gibt – und dass die Badner Bahn auch in Guntramsdorf Halt macht. Letzter Zug zur Wiener Staatsoper: 23 Uhr 18.

Die Weine der Thermenregion zeichnen sich durch ihre hohe Reife und kraftvolle Statur aus, wobei es ihnen selten an ausreichender Säure fehlt. Neben den Rotweininseln Sooß und Bad Vöslau gilt vor allem Tattendorf als Rotweinzentrum der Region, während in Gumpoldskirchen, Traiskirchen und Pfaffstätten eher die Weißweine dominieren. Zierfandler und Rotgipfler sind die regionalen Spezialitäten, Neuburger und Blauer Portugieser nach wie vor sehr verbreitet, aber meist nur als einfache Weine für den Heurigen anzutreffen. Sehr gute Qualitäten entstehen aus den Burgundersorten Weißburgunder und Chardonnay, Pinot noir und St. Laurent.

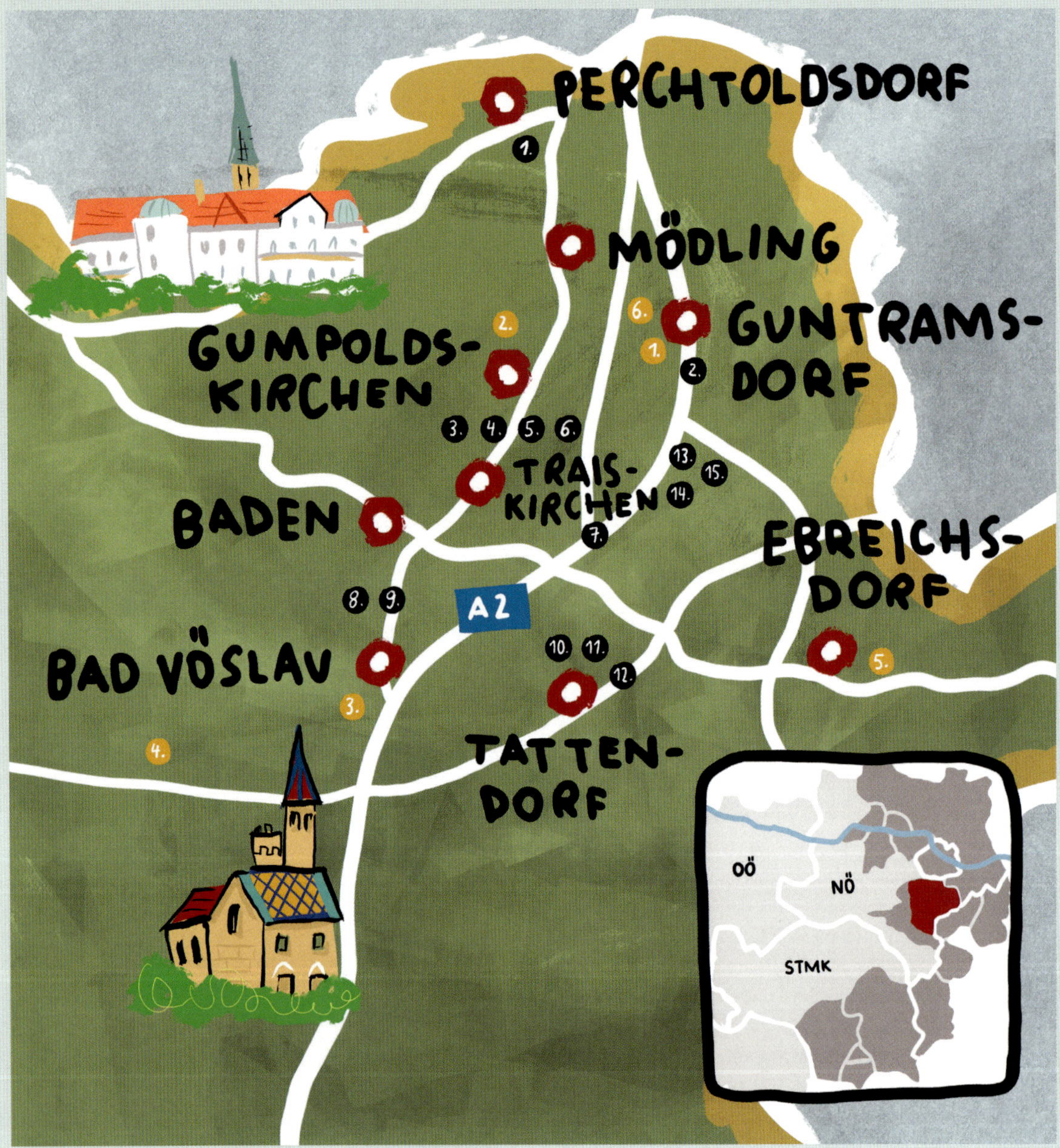

WEINGÜTER

1 Nigl, Perchtoldsdorf
2 Stiftsweingut Heiligenkreuz – Freigut Thallern
3 Biegler, Gumpoldskirchen
4 Krug, Gumpoldskirchen
5 Spaetrot Gebeshuber, Gumpoldskirchen
6 Zierer, Gumpoldskirchen
7 Aumann, Tribuswinkel
8 Robert Schlumberger, Bad Vöslau
9 Christian Fischer, Sooß
10 Reinisch (Johanneshof), Tattendorf
11 Auer, Tattendorf
12 Gisperg, Teesdorf
13 Karl Alphart, Traiskirchen
14 Stadlmann, Traiskirchen
15 Schaflerhof, Traiskirchen

LOKALE

1 Klostergasthaus Thallern
2 3er Haus, Gumpoldskirchen
3 Weingasthof Hawlik's Schlemmereck Bad Vöslau
4 Waldgasthof Schimanszky Berndorf-Ödlitz
5 Rosenbauchs, Ebreichsdorf
6 Jagdhof, Guntramsdorf

1.

GEORG UND HELENE NIGL
2380 Perchtoldsdorf, Vierbatzstraße 5
Buschenschank: Kunigundbergstraße 57
+43 1 865 65 31
helene@nigl.com
www.nigl.com
Georg Nigl zeigt, dass auch in Perchtoldsdorf große Weine entstehen können, und der Heurige der Familie ist ein echtes Kleinod.

2.

STIFTSWEINGUT HEILIGENKREUZ – FREIGUT THALLERN
2352 Gumpoldskirchen, Thallern 1
+43 2236 534 77
weingut@thallern.com
www.thallern.com
Von einigen der wertvollsten Rieden des Gebiets wie Wiege, Ronald und Student keltert man vor allem Rotgipfler, weiße Burgundersorten, Pinot noir und St. Laurent sowie als – vermeintliche – Besonderheit den Riesling, der hier aber eine lange, inzwischen jedoch fast in Vergessenheit geratene Tradition hat und sehr delikate, mineralische Weine hervorbringt.

3.

BIEGLER
2352 Gumpoldskirchen
Wiener Straße 16–18
+43 2252 621 96
weingut.biegler@kabsi.at
www.weingut-biegler.at

Den legendären Heurigen gibt es leider nicht mehr, doch in diesem traditionsreichen Betrieb entstehen klassische Zierfandler und vor allem Rotgipfler, die man durchaus als idealtypisch für das Gumpoldskirchner Gebiet bezeichnen kann. Da spielt Othmar Biegler dann auch das ganze Register durch, nicht nur trocken, sondern immer wieder auch mit Spät- und Auslesen, großen Weinen mit fast unbeschränkter Lebensdauer und mitunter sogar mit Hochprädikatswein bis zur Trockenbeerenauslese. Das Sortiment ist freilich breit aufgestellt, Riesling, Sauvignon blanc und Weißburgunder machen da ebenso viel Freude wie etwa der feinfruchtig-strukturierte Pinot noir.

4.

KRUG
2352 Gumpoldskirchen, Kirchenplatz 1
+43 2252 622 47
office@krug.at
www.krug.at
In historischen Gemäuern (die Familie betreibt hier seit 1549 Weinbau) des ganzjährig geöffneten Heurigen „Altes Zechhaus" genießt man Gustav Krugs kräftig-aromatische Weißweine und Rote wie die Cuvée „Die Versuchung", die zeigen, dass auch Gumpoldskirchner Rotwein etwas kann.

5.

SPAETROT GEBESHUBER
2352 Gumpoldskirchen
Jubiläumsstraße 43
+43 2252 611 64
office@spaetrot.com
www.spaetrot.com
Im Keller der ehemaligen Winzergenossenschaft pflegen Johanna und Johannes Gebeshuber die alte Weinbautradition des Ortes weiter. Der Fokus liegt auf Zierfandler und Rotgipfler mit den Spitzenweinen Zierfandler Modler und Rotgipfler Laim. Ein toller Platz, um diese Weine zu genießen, ist der Spaetrot-Heurige in der Wiener Straße 1 mit wunderschönem Ambiente, das Alt und Neu perfekt kombiniert, und ambitionierter Kulinarik von Meisterkoch Harald Brunner.

6.

ZIERER
2352 Gumpoldskirchen
Badner Straße 36
+43 2252 621 69
zierer@weingut-zierer.at
www.weingut-zierer.at
Zierfandler und Rotgipfler sind die Domäne von Harald Zierer. Neben den trocken ausgebauten Weinen setzt er dabei auf kräftige, vollmundige Typen und stellt in besonderen Jahren noch hochkarätige Beeren- oder Trockenbeerenauslesen darüber.

7.

AUMANN
2512 Tribuswinkel
Oberwaltersdorfer Straße 105
+43 2252 805 02
weingut@aumann.at
www.aumann.at

Bekannt geworden ist Leopold Aumann vor allem mit seinen kraftvollen Rotweinen, mit denen er aufgezeigt hat, welches Potenzial in den Lagen rund um Baden steckt. Die Reserven von St. Laurent, Pinot noir und Zweigelt sind großes, leistbares Trinkvergnügen, während die Rotweingiganten Cuvée Harterberg, Harterberg Merlot und Badnerberg zu den Toprotweinen des Landes zählen. Daneben keltert Aumann aber auch eine ganze Palette hochkärtiger Weißweine, allen voran natürlich Zierfandler und Rotgipfler – nachzukosten und zu genießen im gepflegten Heurigen der Familie bei Tribuswinkel.

8.

WEINGUT ROBERT SCHLUMBERGER
2540 Bad Vöslau
Hans-Haderer-Gasse 8
+43 2252 765 26
services@schlumberger.at
www.schlumberger.at
Vertrieb: Top Spirit VertriebsGmbH
+43 1 368 68 92
Wenn eine Lektion in Sachen Weingeschichte so gut schmeckt, sitzt man gerne auch ein bisschen nach: Der „Schlumberger Privatkeller“ entsteht in der Tradition des Weinbaupioniers Robert Schlumberger nach dem Vorbild eines klassischen Bordeaux: Dicht, dunkelbeerig und mit edlen Holznoten ist er ein Rotwein mit Format.

9.

CHRISTIAN FISCHER
2500 Sooß, Hauptstraße 33
+43 2252 871 30
christian@weingut-fischer.at
www.weingut-fischer.at
Christian Fischer ist ein Meister des strukturierten, animierenden Rotweins jenseits der Trinkmarmelade. Pinot noir, Cuvée Gradental oder Merlot Premium vereinen Kraft mit Eleganz und schmecken am besten nach einigen Reifejahren. Für Spezialisten: Immer wieder keltert Fischer auch Ausnahmeweine in streng limitierter Auflage: 100 Cases, das heißt: 1200 Flaschen – und das war's!

10.

REINISCH (JOHANNESHOF)
2523 Tattendorf, Im Weingarten 1
+43 2253 814 23
office@j-r.at
www.j-r.at
Das Tattendorfer Musterweingut repräsentiert die ganze Bandbreite der Thermenregion-Weine. Von Lagen in Gumpoldskirchen und Tattendorf stammen einerseits kräftig-vollmundige Weine wie St. Laurent, Merlot oder Pinot noir, aber auch echte Südbahnklassiker wie die Reserven vom Zierfandler und Rotgipfler.

11.

AUER
2523 Tattendorf, Pottendorfer Straße 14
+43 2253 812 51
office@weingutauer.at
www.weingutauer.at
Pinot noir und St. Laurent von Leopold Auer zählen zu den Spitzenkreszenzen der Thermenregion – doch auf der Weinkarte des urgemütlichen Heurigen findet man auch weniger elaborierte Tropfen, die gleichwohl großes Trinkvergnügen bereiten.

12.

GISPERG
2524 Teesdorf, Hauptstraße 14
+43 2253 814 64
wein@weingut-gisperg.at
www.weingut-gisperg.at
Das Weingut Gisperg ist ein Musterbeispiel für die Spezialität der Thermenregion – die Kombination von Topweinen und einem Heurigen, der ebenfalls weit mehr bietet, als man sich von einem Heurigen erwartet. Wer sich hier durch das Sortiment kosten will, braucht aber auch eine ordentliche Grundlage, denn es gibt eigentlich nichts, was es hier nicht gibt. Zweigelt, St. Laurent, Pinot noir in diversen Gewichtsklassen und Ausbauweisen, Merlot und Cabernet Sauvignon, die weißen Burgundersorten sowie der gehätschelte Neuburger und schließlich die wuchtige Rotwein-Granate „Kontrast“, für die Johann Gisperg junior verantwortlich zeichnet.

13.

KARL ALPHART
2514 Traiskirchen, Wiener Straße 46
+43 2252/523 28
weingut@alphart.com
www.alphart.com
Karl Alphart hat sich als Großmeister des Rotgipflers profiliert, Sohn Florian steht dem Senior in Sachen Qualitätsanspruch um nichts nach. „Alles außer Mittelmaß“ lautet die Devise im Hause

Alphart, und das zieht sich schmeckbar durch das ganze Sortiment. Der Rotgipfler ist das Flaggschiff, die „Rotgipfler Rodauner Top-Selektion“ wohl das Beste, was diese Sorte hervorbringen kann. Nicht übersehen sollte man aber auch andere Weinpreziosen, vom klassischen Neuburger über den sanft vom Holz geküssten Chardonnay bis hin zum fruchtig-eleganten, samtigen Pinot noir. Weine mit Potenzial für ein langes Leben – mit denen man aber auch im formidablen Heurigen der Alpharts kurzen Prozess machen kann …

14.

STADLMANN
2514 Traiskirchen, Wiener Straße 41
+43 2252 523 43
kontakt@stadlmann-wein.at
www.stadlmann-wein.at
Wer Zierfandler in bester Qualität und allen erdenklichen Spielarten genießen will, der ist im traditionsreichen Hauerhaus der Familie Stadlmann an der richtigen Adresse. Angeführt wird die Phalanx vom Zierfandler Mandel-Höh, der von der Paradelage an der Südbahn mit mehr als 45 Jahre alten Rebstöcken stammt.

Ein komplexer, langlebiger Wein und Maßstab für Zierfandler schlechthin. Ein lange Tradition in der Region haben Riesling und Neuburger, die hier ebensowenig fehlen dürfen wie der Rotgipfler. Abgerundet wird das Sortiment durch eine kleine, feine Auswahl an Rotweinen und Hochprädikate vom Zierfandler als hochkarätige, edle Raritäten.

15.

SCHAFLERHOF
2514 Traiskirchen, Wiener Straße 9–11
+43 2252 523 78
wein@schaflerhof.at
www.schaflerhof.at
Der Schaflerhof gehört seit Generationen zu den Fixpunkten in der Weinlandschaft der Thermenregion. Im gemütlichen Heurigen genießt man Zierfandler, Rotgipfler und Co von leicht und trocken bis zum Hochprädikat sowie kraftvolle, dichte Rotweine.

1.

KLOSTERGASTHAUS THALLERN
2352 Gumpoldskirchen
+43 2236 533 26
office@klostergasthaus-thallern.at
www.klostergasthaus-thallern.at
Einstmals als Backhendlstation bekannt, fliegen heute auch noblere „Hendln" wie Gänse und Fasane durch die gemütlichen Gaststuben, in denen eine gehobene, bodenständige Küche zelebriert wird, die größtenteils auf Produkte der Region zurückgreift.

2.

3ER HAUS
Schrannenplatz 3
2352 Gumpoldskirchen
+43 676 783 70 90
reservierungen@3erhaus.at
www.3erhaus.at
In einem der ältesten Häuser von Gumpoldskirchen betreiben Christian Nehr und Sabine Roschmann mit viel Verve ihr gemütlich-gediegenes Wirtshaus. Die Küche ist regional und auch ein bissl international, die Produkte ausgewählt und die Qualität exzellent. Wein spielt hier, im Herzen von Gumplskirchen, natürlich eine zentrale Rolle.

3.

WEINGASTHOF HAWLIK'S SCHLEMMERECK/VINOTHEK
2540 Bad Vöslau, Hauptstraße 1
+43 2252 753 88
hawlik.schlemmereck@aon.at
www.schlemmereck.at
Alpenlachs, Schneeberg-Lamm, Wild, Pilze und andere hochwertige Grundprodukte bilden die Basis für Walter Hawliks regional und saisonal orientierte Küche. Die passenden Weine dazu findet man in der hauseigenen Gebietsvinothek.

4.

WALDGASTHOF SCHIMANSZKY
2560 Berndorf III-Ödlitz
Rosenstraße 18
+43 2672 823 20
waldgasthof@schimanszky.com
www.schimanszky.com
Für seine Backhendln wurde der idyllisch gelegene Gasthof bekannt, doch inzwischen findet man hier auch eine eigene Genussmanufaktur, eine Brennerei und eine Vinothek mit 250 Positionen.

5.

ROSENBAUCHS
2483 Ebreichsdorf, Rechte Bahnzeile 9
+43 2254 723 38
office@rosenbauchs.at
www.rosenbauchs.at
Irgendwann war das schicke Lokal der Zwilingsbrüder Rosenbauch ein Bahnhofsrestaurant – doch daran erinnert heute weder das moderne Ambiente noch die erlesene Küche. Wer wirklich gut essen will, ist bei Küchenmeister Franz an der richtigen Adresse, während Weinakademiker Karl für die perfekte vinophile Begleitung sorgt. Angeschlossen an das Lokal ist Rosenbauchs Vinothek und Genussshop mit internationaler Weinauswahl und feinen Delikatessen – for the road.

6.

JAGDHOF
2353 Guntramsdorf, Hauptstraße 41
+43 2236 522 25
info@jagdhof.cc
www.jagdhof.cc
Der „Jagdhof" ist ein wahres Schlemmereldorado, das aber – den Wirtsleuten sei dank – keinerlei abgehobene Gourmettempel-Allüren aufweist. Zu köstlich-bodenständiger Küche trinkt man hier das Beste aus der Thermenregion und von überall sonst. Tipp: die regelmäßig stattfindenden Weinverkostungen mit Genießermenüs.

HOTEL LANDHAUS MOSERHOF
2352 Gumpoldskirchen
Wiener Straße 53
+43 2252 25 66 50
reception@landhaus-moserhof.at
www.landhaus-moserhof.at
Hinter der Fassade eines der ältesten Häuser von Gumpoldskirchen verbirgt sich ein modernes, komfortables Hotel samt Swimmingpool im großzügig gestalteten Innenhof.

FREIGUT THALLERN
s. Winzer
Einzigartiges Wohngefühl in stilvoll adaptierten Zimmern, die im ehemaligen „Grangienhaus" (Vorratshaus) aus dem 16. Jahrhundert eingerichtet wurden; Hauskapelle für Hochzeiten!

TURMHOF
2352 Gumpoldskirchen
Josef-Schöffel-Straße 9
+43 2252 60 73 33
office@hotel-turmhof.at
www.hotel-turmhof.at
„Wohnen, Leben, Tagen" im geschmackvoll eingerichteten, modernen Hotel mit Blick auf die Weingärten – da weiß man, wo man ist.

SPÄTZEREI
2352 Gumpoldskirchen
Wiener Straße 1
+43 664 88 43 90 10, +43 2252622 30
www.spaetzerei.at
Spaetrot-Weine, Frühstück, Mittagessen, Weinbar, Bio- und Slow-Food-Produkte – ein Platz für jede Tageszeit.

GEBIETSVINOTHEK IM FREIGUT THALLERN
2352 Gumpoldskirchen, Thallern 1
+43 2236 534 77
vinothek@freigut-thallern.at
Tolle Auswahl an Weinen der Thermenregion und ein erlesenes Feinkostsortiment.

VINOTHEK WEINKULT
2500 Baden, Pfarrgasse 7
+43 699 12 80 65 46
www.weinkult.at
Bar und Vinothek mit 250 Weinen im Sortiment.

WEINGUT & HEURIGER CEIDL
2500 Baden, Vöslauer Straße 15
+43 664 230 54 74, +43 2252 889 63
weingut@ceidl.at
www.ceidl.at

BADENER HAUERVINOTHEK
2500 Sooß, Brusattiplatz 2
+43 2252 456 40
badener.hauervinothek.@aon.at
www.hauervinothek.at

GUT DORNAU
2544 Leobersdorf
+43 2256 626 66
www.gutdornau.at
Süßwasserfische vom Feinsten.

SCHOKOMANUFAKTUR XOCOLAT
2500 Baden, Theresiengasse 1
+43 2252 86 65 47
www.xocolat.at

CAFÉ KONDITOREI L. HEINER
2380 Perchtoldsdorf, Wiener Gasse 16
+43 1 869 01 07
www.heiner.co.at

LEBZELTEREI METZGER
2380 Perchtoldsdorf, Marktplatz 7
+43 1 865 97 15
www.lebzelterei.at

BADNER BIOBAUERNMARKT
Biobauern am Marktstand
Ecke Friedrichstraße/Albrechtgasse
2500 Baden
Jeden 3. Sa im Monat 8.30–12 Uhr

BAUERNMARKT BADEN
2500 Baden
Untere Wassergasse
Bauernmarkt in der Fußgängerzone
Do, Fr, Sa 9–12 Uhr, +43 2252 226 00

ROLLETTMUSEUM BADEN
Präsentiert die Geschichte des Kurortes von der Jungsteinzeit bis heute.
2500 Baden, Weikersdorfer Platz 1
+43 2252 482 55, täglich außer Dienstag geöffnet

STIFT HEILIGENKREUZ
Die Zisterzienserabtei, die seit dem Jahr 1133 ohne Unterbrechung besteht, ist die größte kulturelle und geistliche Attraktion des Wienerwaldes. Heiligenkreuz im Wienerwald, Führungen täglich, +43 2258870 30,
www.stift-heiligenkreuz.at

ROSARIUM
Österreichs größter Rosengarten im Badener Doblhoffpark mit mehr als 600 Rosensorten, im Juni und im Oktober blühen die königlichen Blumen.

SEEGROTTE HINTERBRÜHL
Hier befindet sich der größte unterirdische See Europas, Führung mit Bootsfahrt. Hinterbrühl, +43 2236 263 64,
www.seegrotte.at

TERMINE
- Weinfestival Thermenregion, Baden (Mai) www.weinfestival.at
- Mödlinger Weinfest (Juli, Aug.)
- Weinfest Gumpoldskirchen (Aug.)
- Genussmeile am 1. Wiener Wasserleitungsweg (Sept.)
- Badener Weintaufe (Nov.) www.hauervinothek.at

INFORMATION
www.thermenregion-wienderwald.at

Spitzenlagen für Zierfandler und Rotgipfler: Mandel-Höh und Rodauner

Zwischen Donau und March – Kellergassen und Pferdeköpfe

Der sanfte Übergang vom Weinviertel zum Marchfeld ist eine Weinroute für den zweiten Blick – zwischen Pferdekopfpumpen für die Ölförderung und Windrädern findet man idyllische Kellergassen und urige Plätzchen. Ein Entschleunigungsprogramm vor den Toren Wiens.

Wenn man über Erdöl spricht, denkt man an die Wüsten Arabiens, Ölbohrplattformen in der Nordsee, die eisigen Weiten Sibiriens oder vielleicht noch wild gewordene Fracking-Desperados in den USA. Dass es auch im Weinviertel eine gar nicht so kleine Ölförderung gibt, wissen außer den unmittelbaren Anrainern nur wenige. Dabei ist diese durchaus nicht unbedeutend: 1949 wurde bei Matzen immerhin das größte zusammenhängende Ölfeld Mitteleuropas angebohrt, und noch heute liefert das südliche Weinviertel als eines der besterkundeten Ölgebiete der Welt rund 85 Prozent der jährlich in Österreich geförderten Ölmenge von etwa einer Million Tonnen. Damit deckt man rund 10 Prozent des österreichischen Jahresbedarfs, und beim Erdgas, das in derselben Region gefördert wird, ist es sogar noch ein bisschen mehr.

Warum Sie das alles wissen sollen, wenn Ihnen doch der Sinn lediglich nach einem schön gekühlten Glas Grünem Veltliner im Schatten einer Akazie steht und das Öl bestenfalls die Saure Wurst benetzen soll, die Sie sich womöglich dazu bestellen? Es geht darum, dass sie wissen, was auf Sie zukommt und nicht erschrecken, wenn Sie hier die fleißigen Pferdekopfpumpen sehen, die Tag und Nacht Öl aus der Weinviertler Erde fördern. Aber die entdecken Sie ohnehin erst auf den zweiten Blick, werden Sie doch inzwischen von den weit riesigeren Windrädern überragt, die zwar saubere Energie erzeugen, aber das

Landschaftsbild nicht unbedingt aufwerten. Wie dem auch sei: Am Marchfeldrand findet man Ölpumpen, Windräder, Weingärten und Kellergassen in friedlicher Koexistenz, und das ist es eben genau, was diesem Landstrich sein eigenes und einzigartiges Gepräge gibt.

Ein Blick übers Wasser Doch da, wo unsere Reise beginnt, ist vom Öl – abgesehen von einer nahe gelegenen Schiffstankstelle – noch nicht wirklich viel zu sehen. Vielmehr schauen wir aufs Wasser der Donau, und zwar von der Terrasse des Donaurestaurants „Tuttendörfl" aus. Die Lage hier ist einzigartig, und man blickt auf die vorbeiziehenden Schiffe oder hinüber Richtung Stift Klosterneuburg und – so die Tageszeit passt – kann einen wunderschönen Sonnenuntergang verfolgen. Hier lässt sich fein speisen und trinken, auch Weine aus der Region spielen eine Rolle, nur sollte man zumindest ein bissl adjustiert sein, denn das Ambiente ist eher dem angrenzenden Golfplatz angepasst als dem Radweg, der zwischen Terrasse und Donau verläuft. Im weiteren Verlauf unserer Reise auf dem Weg nach Mannersdorf ist der Dresscode dann nicht mehr so wichtig, denn die Lokale, die wir hier besuchen, sind großteils Heurige, und dort geht es eher leger, aber dafür umso gemütlicher zu. Auch ist die Gegend, die wir nun bereisen – von Ausnahmen abgesehen – nicht unbedingt das Land der elaboriertesten Weine, und unser Weg wird auch nicht von architektonischen Meisterwerken und den darin befindlichen Hightech-Weinmaschinerien gesäumt sein. Eher geht es ursprünglich und bodenständig zu – hier ist das Weinviertel noch der Sehnsuchtsort, den viele Städter suchen. Dennoch ist der Wein wichtig und allgegenwärtig: Die vielen Kellergassen mit den einfachen Presshäusern und ein paar Tischen im Freien laden herzlich dazu ein, sich ihm genussvoll anzunähern.

Auf dieser Tour von Korneuburg nach Mannersdorf an der March streifen wir an den Heurigenort Bisamberg an, bewegen uns durch ein eher profilloses Hügelland auf die Brünner Straße zu und fahren dann entlang der Schnittlinie zwischen Marchfeld im Süden sowie Hochleithenwald und später, weiter östlich, Matzner Wald im Norden. Dieser Übergang zwischen Flachland und sanften Erhebungen wird weitgereiste und einigermaßen fantasiebegabte Weinfreunde vielleicht an die Côte de Beaune in Burgund erinnern, während Mannersdorf mit seiner Lage an den Marchauen Assoziationen an Tokaj weckt, was sich ja auch in den Weinen des Ortes in gewissem Maße widerspiegelt.

Vom Stadtrand in die Kellergassen Unsere erste Heurigenanlaufstation befindet sich im kleinen Ort Bisamberg. In den ehemaligen Stallungen des Schlosses haben Irene Langes und Josef Kainz, zwei Quereinsteiger, die ihre Trauben vor allem aus Wiener Lagen beziehen, ihr Quartier aufgeschlagen. Mehrmals im Jahr wird in den stilvoll renovierten Räumen eines Nebentrakts des Bisamberger Schlosses „ausgsteckt" – die

Gemütlich: Heuriger Minkowitsch am Rochusberg

Energie Old School: Pferdekopfpumpe zur Ölförderung

Energie neu: Wind und Wein

eingeschworene Fangemeinde weiß es zu schätzen. Mehr Übersicht bietet der Bergheurige von Leonhard Langer, ganz oben auf dem Bisamberg; vom Parkplatz Gamshöhe aus geht man ein Stück durch den Wald und wird dafür auf der Terrasse der kleinen, einfachen Buschenschank mit einem schönen Blick über Klosterneuburg und Wien belohnt.

Unser nächstes Fernziel ist die wunderbare „Schüller-Kellergasse" in Enzersfeld. Um dorthin zu kommen gibt es zwei Routen. Entweder über Stetten, wo wir dem Paradebetrieb der Familie Pfaffl einen längeren Besuch abstatten. Länger deshalb, weil es hier so viel Gutes zu kosten gibt, wobei der Grüne Veltliner natürlich die Hauptrolle spielt. Nebenbei kann man hier auch einen Abstecher in die „Fossilienwelt" machen, die einen guten Einblick vermittelt, warum die Weine hier so schmecken, wie sie schmecken. Route zwei führt uns über Hagenbrunn, quasi einen Heurigenvorort von Wien. Empfehlenswert sind hier unter anderem die Weingüter Wannemacher und Deutsch mit ihren als „niederösterreichische Top-Heurige" ausgezeichneten Heurigenbetrieben und das Weingut der Familie Schwarzböck. Die hat zwar keinen Heurigen, aber exzellente Weine und einen modernen Kostraum, der mehrmals im Jahr Schauplatz von Veranstaltungen rund um den Wein wie die schon legendäre „Weinviertel-DAC-Party", die „Weinlounge" im Sommer oder die „Big Bottle Night" ist. Außerdem hat man die Heurigenfrage hier anders und auf durchaus elegante Weise gelöst. Ebenso wie die Weingüter Pfaffl, Fischer und Haller bestückt man den Weinkeller des Heurigen Heilig in Hagenbrunn: ein ungewöhnliches Heurigenkonzept, das sich auch im modern gestylten Ambiente dieses Betriebs ausdrückt.

Weiter geht es nun über Enzersfeld, wo sich ein Spaziergang durch die authentischen Kellergassen wie „Schüllerkeller", „Satzkeller" oder „Fürstenbergkeller" empfiehlt, auf dem man jedenfalls Unterbrechungen für eine kleine Einkehr miteinplanen sollte. Von Enzersfeld heißt es jetzt übersetzen – unter der Nordautobahn durch, die den dicken Verkehr kanalisiert und aus der Brünner Straße südlich des Hochleitenwalds wieder eine ganz normale Straße gemacht hat. So gelangen wir über Eibesbrunn nach Pillichsdorf, wo eine andere Variation zum Thema Kellergasse wartet: Diese verläuft nämlich zweizeilig, mit einem begrünten Mittelstreifen und zwei Abzweigungen wohl fast einen Kilometer weit in die Weinberge hinauf. Zahlreiche Heurigenbetriebe, die in zum Teil recht stattlichen Presshäusern untergebracht sind, säumen die Kopfsteinpflasterstraßen, und die Chancen, dass gerade der eine oder andere davon geöffnet ist, stehen in der schönen Jahreszeit recht gut. Wer es darauf nicht ankommen lassen will, sollte sich den Termin des Pillichsdorfer Kellergassenfestes im September in seinem Kalender rot anstreichen. Sehenswert ist in Pillichsdorf auch die etwas überdimensioniert wirkende Kirche, die deshalb scherzhaft auch als „Dom vom Marchfeldrand" bezeichnet wird und deren Kern auf das 13. Jahrhundert zurückgeht.

Das ölige Weinviertel Auch Bockfließ, unser nächstes Ziel, hat kulturhistorisch einiges anzubieten, was bereits bei einer ersten Ortsdurchfahrt ins Auge sticht, wie etwa den Pranger aus dem Jahr 1417, an den bis 1783 während der Marktzeiten die Spitzbuben gekettet wurden, oder das denkmalgeschützte, alte Fachwerkhaus direkt an der Straße. Etwas versteckt liegt linker Hand das Schloss Bockfließ mit dem für uns relevanten Schlosskeller und natürlich dem von der Familie Pfaffl bewirtschafteten Schlossweingut, das nicht nur über einen imposanten Keller und zwei mächtige Baum-

Imposant: Die Rochuskapelle ist das Wahrzeichen der Region.

pressen aus dem Jahr 1698, sondern auch über feine Weine vom Löss verfügt. Der schattige Garten des Schlosskellers wäre zwar ein Grund, hier noch länger zu verweilen, doch auf uns warten bereits die Ölfelder des Weinviertels. Tatsächlich haben die nun folgenden Orte Auersthal, Matzen und Prottes in den vergangenen Jahrzehnten von ihren unterirdischen Öl- und Gasvorkommen sicherlich mehr profitiert als vom Weinbau. Ölbohrtürme wird man hier zwar vergeblich suchen, doch die typischen, sogenannten „Pferdekopfpumpen", die oft mitten in den Weingärten ihren einförmigen Dienst verrichten, gehören zum Landschaftsbild.

In Auersthal haben sich die Wirtsleute des Gasthofs und Hotels „Sommer" – übrigens eine komfortable Bleibe mitten im Weinland – etwas Besonderes einfallen lassen: Im wunderschönen, teilweise 450 Jahre alten Gewölbekeller findet man nicht nur die Weine von 15 Winzern der Region, sondern kann sich für seine eigenen guten Tropfen ein „Wein-Appartement" mieten.

Während Matzen selbst mit Kellergassen nicht eben gesegnet ist, findet man in Raggendorf einen hübschen, kleinen Kellerberg, in Groß Engersdorf sogar ein ganzes Kellerviertel, in dem während des Sommers immer mehrere Betriebe ausgsteckt haben, und auch in Prottes braucht man nach Kellergassen und Heurigen nicht lange zu suchen; die eigentliche Attraktion dieses Ortes ist freilich nicht etwa ein Wein-, sondern ein Erdöllehrpfad, an dem allerlei Bohrer, Pumpen, Bagger und Fahrzeuge inmitten einer idyllischen Landschaft besichtigt werden können. Auch das „Barbarakreuz", das weithin sichtbar über Prottes ragt und im Andenken an die Erdölarbeiter aus Teilen eines Bohrturmes gefertigt wurde, weist auf die Bedeutung hin, die das schwarze Gold für die Region hatte und hat.

Das Süße zum Schluss Wir wollen uns damit vom Brennstoff abwenden und vorbei an Ollersdorf – die dortigen, wahrhaft idyllischen Kellergassen weisen teilweise großartige Sonnenuntergangs-Qualitäten auf – und Angern nun schließlich nach Mannersdorf an der March vorstoßen. Die Nähe der March und die damit verbundenen Frühnebel bescheren den Weintrauben hier einen regelmäßigen Botrytisbefall; dadurch ist es oft möglich, Hochprädikatsweine bis hin zur Trockenbeerenauslese zu keltern, was im Weinviertel eine absolute Rarität darstellt. Spezialist in dieser Disziplin ist seit Langem Roland Minkowitsch, der hier herrliche Prädikatsweine vom Gewürztraminer und Riesling keltert. Unbedingt besichtigen sollte man die Rochuskapelle, im Volksmund „Wutzelburg" genannt, nicht nur wegen ihrer schönen Lage ganz oben auf dem Rochusberg oder ihrer historischen Bedeutung – immerhin stammt sie aus dem Jahr 1648 –, sondern auch wegen des ausgedehnten Kellerbergs, der hier angelegt wurde. Ein besonders hübscher Platz an dessen Fuß ist der Heurige von Josef und Jutta Minkowitsch: Hier ergibt sich nicht nur die beste Perspektive für einen „Selfie" mit der Rochuskapelle im Hintergrund, sondern auch die Gelegenheit, im Schatten eines alten Baumes bei einer guten Jause und feinen Weinen in diesem stillen Winkel des Weinviertels den Herrgott einen guten Mann sein zu lassen.

Während man auf der Korneuburger Seite, also westlich der Brünner Straße eher den klassischen Weinviertler oder auch „Brünnerstrassler" Weintypus mit frischer Frucht und knackiger Säure vorfindet, erreichen die Weine entlang des Hochleithen- und des Matzner-Waldes, bedingt durch pannonische Klimaeinflüsse, eine höhere Reife und wirken daher kraftvoller und stoffiger. Eine Ausnahmestellung kommt den Weinen aus der Gegend um Mannersdorf an der March zu, wo – aufgrund regelmäßiger Edelfäule (Botrytis) – immer wieder schöne Prädikatsweine möglich sind.

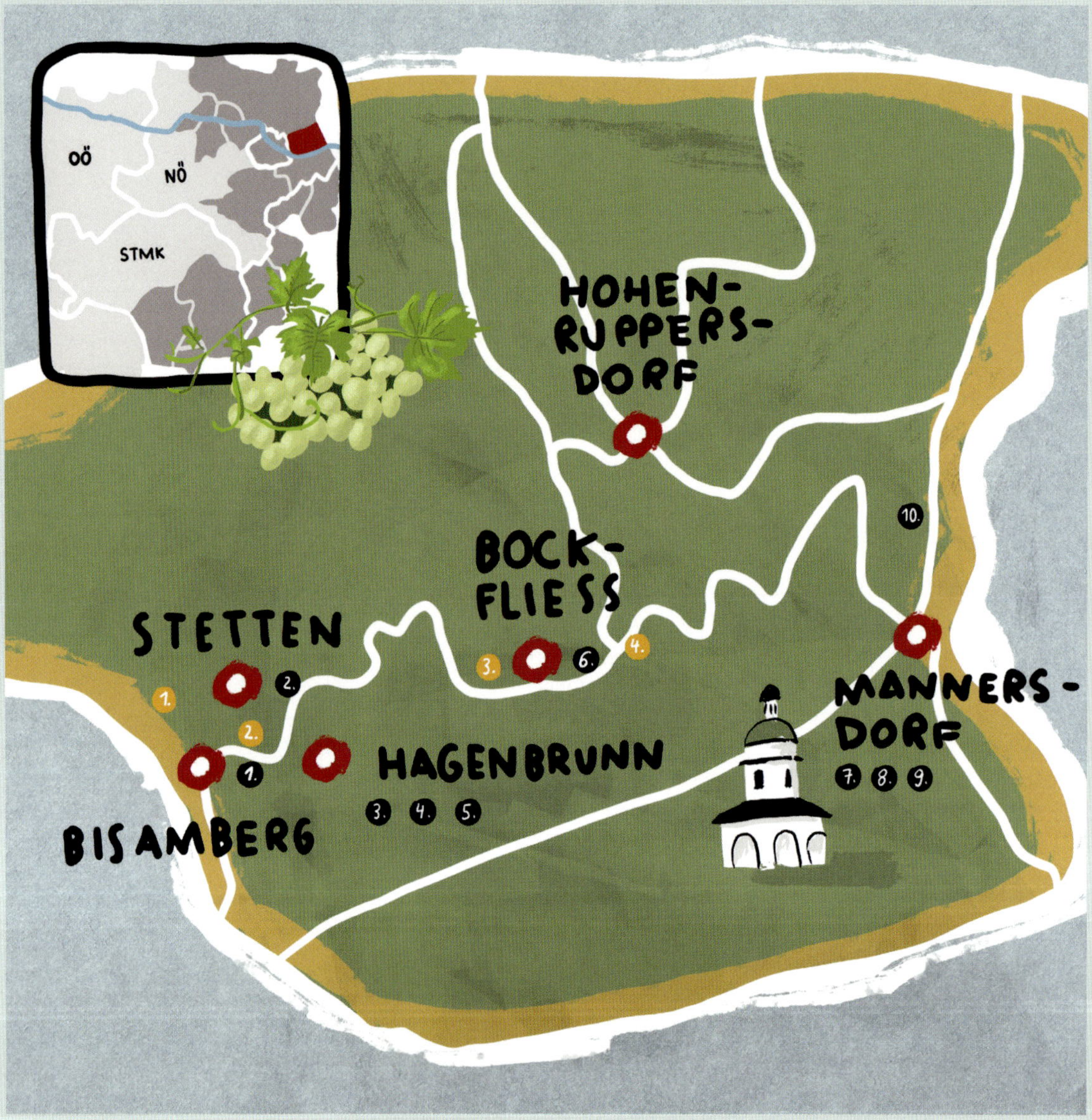

WEINGÜTER

1 Langes, Bisamberg
2 Pfaffl, Stetten
3 Deutsch, Hagenbrunn
4 Schwarzböck, Hagenbrunn
5 Wannemacher, Hagenbrunn
6 Schlossweingut Bockfließ
7 Roland Minkowitsch Mannersdorf an der March
8 Gerhard Lobner, Mannersdorf an der March
9 Josef und Jutta Minkowitsch Mannersdorf an der March
10 Herbert Zillinger, Ebenthal

LOKALE

1 Donaurestaurant Tuttendörfl Korneuburg
2 Landgasthof Schloss Bisamberg
3 Schlosskeller Bockfließ
4 Hotel-Gasthof-Vinothek Sommer Auersthal

1.

LANGES
2102 Bisamberg, Josef-Dabsch-Straße 2
+43 664 413 68 69
info@weingut-langes.at
www.weingut-langes.at
Würzige grüne Veltliner, elegante Rieslinge und stoffiger Zweigelt haben der Quereinsteigerin zu mancher Auszeichnung verholfen. Tipp: Beim Heurigen gibt es auch regelmäßig Musikveranstaltungen.

2.

PFAFFL
2100 Stetten, Hauptstraße 24
+43 2262 67 34 23
wein@pfaffl.at
www.pfaffl.at

Der Familienbetrieb der Pfaffls ist das Weinviertler Vorzeigeweingut. Dementsprechend spielt hier natürlich auch der Grüne Veltliner alle Stückerln und zeigt als Lagenwein etwa von Zeiseneck, Hundsleiten und Goldjoch das Potenzial dieser Sorte und die Vielfalt der Lagencharakteristika. Damit erschöpft sich das Programm der Pfaffls aber noch längst nicht: Mineralischer Riesling, stoffiger Chardonnay und Rotweine wie der elegante Pinot noir oder die Topcuvées „Exzellent Reserve" und „Heidrom Grand Reserve", deren Herkunft in einer Blindprobe wohl nur schwer zu erraten wäre, warten hier ebenfalls auf eine genussvolle Verkostung.

3.

DEUTSCH
2102 Hagenbrunn, Weinberggasse 40
+43 226267 25 62
office@weingut-deutsch.at
www.weingut-deutsch.at
Zu hausgemachten Spezialitäten wie Fleisch- und Grammelknödel oder Press- und Blutwurst trinkt man im ausgezeichneten Heurigen der Familie Deutsch nicht nur frische und saftige Grüne Veltliner, sondern auch dichte und konzentrierte Rotweine.

4.

Schwarzböck
2102 Hagenbrunn, Hauptstraße 58
+43 2262 67 27 40
weingut@schwarzboeck.at
www.schwarzboeck.at
Ordnung muss sein, wenn man so ein beachtliches Weinsortiment hat wie Anita und Rudi Schwarzböck. Darum gibt es neben der prickelnden Abteilung mit Frizzante und elegantem Rieslingsekt die Linien „Leicht & Lebhaft", „Vom Bisamberg" und „Premium Edition". Fündig wird man hier auf jeden Fall, denn der hohe Qualitätsanspruch zieht sich durch, vom hauchzarten Grünen Veltliner „Nine point five" mit 9,5 Prozent Alkohol bis hin zu hochkarätigen Granaten wie dem Grünen Veltliner „Fassreserve" oder den roten Reserven von Zweigelt und Merlot. Das sind dicht gewirkte, stoffige Weine mit großer Struktur, denen man unbedingt ein paar Jahre Reifezeit vergönnen sollte.

5.

WANNEMACHER
2102 Hagenbrunn, Hauptstraße 41
+43 2262 67 27 95
wannemacher@aon.at
www.weingut-wannemacher.at
Die ausgezeichneten Qualitätsweine des Hauses kostet man am besten im – auch bei Gästen aus Wien äußerst beliebten – Heurigen in Hagenbrunn. Ein Tipp: Die saftig-fruchtigen Rieslinge zählen zu den besten im weiten Umkreis.

6.

SCHLOSSWEINGUT BOCKFLIESS
Vertrieb im Weingut R&A Pfaffl, Stetten, siehe dort
www.schlossweingutbockfliess.at
Das von der Familie Pfaffl bewirtschaftete Weingut Schloss Bockfließ verfügt über einen sehenswerten Keller mit zwei mächtigen, alten Baumpressen. Interessant sind hier vor allem die Weißburgunder und Grünen Veltliner.

7.

Roland Minkowitsch
2261 Mannersdorf an der March
Kirchengasse 64
+43 2283 25 83, +43 2283 36 39
weingut@roland-minkowitsch.at
www.roland-minkowitsch.at
Roland Minkowitsch war über Jahrzehnte ein einsamer Leuchtturm in diesem stillen Winkel des weiten Weinlandes Weinviertel. Inzwischen wird er im Betrieb von seinem Neffen Martin und dessen Frau Blandine unterstützt, womit die Tradition gewahrt und Kontinuität gewährleistet ist. Die feinen und eleganten Rieslinge des Hauses wie der „De Vite" genießen zu Recht einen legendären Ruf, hervorragend präsentieren sich aber auch die langlebigen Prädikatsweine wie Spät- und Auslesen vom Riesling und Gewürztraminer. Sie sind echte Raritäten und köstliche Essenzen zum Einfach-so-Trinken oder als Begleiter zu Blauschimmelkäse, asiatischer Küche oder zu einer feinen Zigarre.

8.

GERHARD LOBNER
2261 Mannersdorf an der March
Hauptstraße 62
+43 2283 23 91
info@weingut-lobner.at
www.weingut-lobner.at
Unter der Leitung von Gerhard Lobner, der auch als Geschäftsführer der Weingüter Mayer am Pfarrplatz und Rotes Haus in Wien fungiert, darf man sich von diesem traditionsreichen Weingut in Sachen Riesling, Veltliner, Chardonnay oder Traminer wieder einiges erwarten.

9.

JOSEF UND JUTTA MINKOWITSCH
2261 Mannersdorf an der March
Kirchengasse 14
+43 2283 23 62
weingut@minkowitsch.at
www.minkowitsch.at
Die junge Agnes Minkowitsch ist eines der aufstrebenden Winzertalente der Region – von der Qualität ihrer Weine überzeugt man sich am besten im hübschen Heurigen am Rochusberg.

10.

HERBERT ZILLINGER
2251 Ebenthal, Hauptstraße 17
+43 676 724 29 60
info@zillingerwein.at
www.zillinger.at
Grüner Veltliner ist die Spezialität von Biowinzer Herbert Zillinger, doch mit Weinen wie dem mächtigen Traminer „Profund“ beweist er auch seine Bandbreite in Sachen Weinstile.

1.

DONAURESTAURANT
TUTTENDÖRFL
2100 Korneuburg, Tuttendörfl 6
+43 2262 72 48 50
restaurant@tuttendoerfl.com
www.donaurestaurant.com
Ein Restaurant der alten, aber guten Schule. Ausgezeichnete Küche direkt an der Donau mit Blick auf Klosterneuburg – und dazu Weine von der mit viel Liebe zusammengestellten Weinkarte.

2.

LANDGASTHOF
SCHLOSS BISAMBERG
2103 Bisamberg/Schloss
Schlossgasse 1
+43 2262 631 02
info@landgasthof-bisamberg.com
www.landgasthof-bisamberg.com

3.

SCHLOSSKELLER BOCKFLIESS
2213 Bockfließ, Schlossplatz 5
+43 2288 22 68
schlosskeller@aon.at
www.schlosskeller.at
In der schönen Jahreszeit wird im weitläufigen Gastgarten gegrillt, ansonsten bietet man in den hübsch adaptierten historischen Gemäuern gute, regionale Küche mit ausgewählten Grundprodukten.

4.

HOTEL-GASTHOF-VINOTHEK
SOMMER
2214 Auersthal, Hauptstraße 112
+43 2288 225 30, +43 676 502 39 38
office@hotel-sommer.at
www.hotel-sommer.at
www.wein-apartements.at

GASTHAUS SOMMER
s. Essen

GASTHOF SCHEITERER
2202 Enzersfeld, Hauptstraße 37–39
+43 2262 67 33 29
scheiterer@aon.at
www.scheiterer.at

GASTHOF PENSION
SCHWEINBERGER
2100 Stetten, Hauptstraße 6
+43 2262/67 34 88
schweinberger@surfeu.at
www.tiscover.at/gasthof-schweinberger

WOHNEN AM WEINGUT
bei Herbert Zillinger, Ebenthal
s. Winzer

BERGHEURIGER
LEONHARD LANGER
Weingut: 2103 Bisamberg
Bundesstraße 102
+43 2262 634 10
Heuriger: Obere Innerthalen 19
Prima Aussicht über das Donautal, einfaches, rustikales Ambiente. Einziger Nachteil: die etwas unorthodoxen Öffnungszeiten: von Di–Fr im April und Mai sowie September und Oktober; im Sommer leider geschlossen. Am besten vorher anrufen oder auf der Homepage der Gemeinde Langenzersdorf kundig machen: www.langenzersdorf.gv.at

HEURIGER HEILIG
2102 Hagenbrunn, Stammersdorfer Straße 11
+43 664 100 27 50
heuriger@heuriger-heilig.at
www.heuriger-heilig.at

Ungewöhnliches Heurigenkonzept im modernen Ambiente. Vier Winzer des Ortes liefern die Weine, Familie Heilig kredenzt dazu eine klassische Heurigenjause sowie warme Schmankerln vom Blunzngröstl bis zum Kaiserschmarren.

WEINBAU UND HEURIGER LACKNER
2102 Klein-Engersdorf, Hauptstraße 43
+43 2262 749 82
weinbau.lackner@aon.at
www.lackner-der-heurige.com
Ein Heuriger der etwas anderen Art: hell und modern, mit viel Holz und Glas – und feine Weine gibt es hier natürlich auch.

WEINGUT UND HEURIGER FALK
2213 Bockfließ
Engersdorfer Straße 19
+43 2288 22 71
office@weingut-falk.at
www.weingut-falk.at
Würzige, regionstypische Veltliner sind die Stärke dieses Familienbetriebs.

KARTOFFELLADEN HELLMER
Auersthal, Hauptstraße 141
+43 22 88/23 93
täglich 7–19 Uhr, Selbstbedienung; verschiedenste Kartoffelsorten.

BURG KREUZENSTEIN
Bis ins 12. Jahrhundert reichen die Anfänge der imposanten Burg zurück. 1645 durch die zurückweichenden Schweden gesprengt, ist die imposante Märchenburg, die man heute sieht, allerdings eine Rekonstruktion aus dem 19. Jahrhundert. Macht nichts, hier kann man so richtig ins mittelalterliche Leben eintauchen. Ein toller Platz auch für Kinder! Bei Leobendorf
www.kreuzenstein.com

ROCHUSKAPELLE
Die Rundkapelle präsentiert sich als weithin sichtbarer frühbarocker Bau, der den im Norden des Ortes liegenden Kellerberg bekrönt.
Mannersdorf an der March

KELLERGASSEN-SPAZIERGÄNGE
sind in Groß Engersdorf, Prottes, Ollersdorf und Mannersdorf (Kellerberg) empfehlenswert.

FOSSILIENWELT WEINVIERTEL
650 fossile Arten sind hier versammelt, der Sensationsfund von Stetten ist die größte fossile Perle der Welt. Diese Perle ist nicht nur der größte, sondern auch einer der ältesten „Muschelschätze", Schürffelder für Kids.
Stetten, Austernplatz 1
+43 2262 624 09
www.fossilienwelt.at

TERMINE
- Ortsweinkost Prottes (Mai)
- Tag der offenen Kellertür Ollersdorf (Mai)
- Enzersfelder Kellergassenfest (Juni)
- Weinherbst-Auftakt am Mannersdorfer Rochusberg (Sept.)
- Pillichsdorfer Kellergassenfest (Sept.)
- Klosterneuburger Leopoldifest (Nov.)

Brünner Straße – Am Highway des Weinviertels

Die Brünner Straße ist das Herzstück des Weinviertels. Sie verbindet den Süden mit dem Norden, führt dabei mitten durch eine der ursprünglichsten Weinlandschaften Österreichs und hat sogar einem allseits bekannten Weintyp seinen Namen gegeben.

Es war ein langer Weg von der berühmten Bernsteinstraße, dem ältesten Handelsweg Europas, die von der Ostsee ans Mittelmeer und auch durch das Weinviertel führte, bis zur Autobahn A5, oder besser: Weinviertel-Autobahn, die in wenigen Jahren durchgehend von Wien bis zur tschechischen Grenze führen und die Brünner Straße stark entlasten wird. Diese folgt weitgehend der Trasse der alten Bernsteinstraße und hat im Laufe ihrer langen Geschichte viel gesehen. Napoleon marschierte hier durch, die kaiserliche „Fahrpost" verkehrte auf der damals „Kaiserstraße" genannten Route zwischen Wien und Brünn, und die Weinfuhrwerker versorgten die Hauptstadt mit jenen reschen Tropfen, die schließlich nach der geschichtsträchtigen Straße benannt wurden: den Brünnerstrasslern. Der Begriff wurde zum Synonym für einen leichten, spritzigen und säurebetonten Grünen Veltliner, der nicht zuletzt den Vorteil hat, dass man unbeschadet auch größere Mengen davon trinken kann. Das logische Gebinde dafür war der „Doppler", eine 2-Liter-Flasche, hierzulande auch liebevoll als Austro-Magnum bezeichnet. Heute, da sich die allgemeinen Qualitätsbestrebungen auch in der Verwendung von 0,75-Liter-Bouteillen dokumentieren, ist seine Bedeutung eindeutig im Schwinden begriffen.

Das weite Land des Veltliners Es dauerte länger als anderswo, bis dieses eher strukturschwache, weite Land aus seinem vinophilen Dornröschenschlaf erwachte und am allgemeinen Aufschwung des österreichischen Weinbaus teilhaben konnte. Entscheidend dafür war schließlich die Einführung der ersten „DAC"

Österreichs (s. S. 157). DAC (Distructus Austriae Controllatus) heißt übersetzt so viel wie „kontrollierte österreichische Herkunftsbezeichnung“ und steht im Weinviertel für einen sorten- und gebietstypischen Grünen Veltliner, dessen Qualität auch regelmäßig kontrolliert wird.

Das Weinviertel und seine Grünen Veltliner erlebten dadurch einen spürbaren Imageschub, und gerade die junge Winzergeneration in den vielen kleinen Weinbauorten entlang der Brünner Straße verfiel in eine noch nie da gewesene Aufbruchsstimmung. Die Chance, seine Weine auch überregional vermarkten zu können, wurde zum erstrebenswerten und auch erreichbaren Ziel, und das Thema Weinviertel DAC – ebenso wie der Wein selbst – war bald in aller Munde. Seither entstehen auch hier moderne Keller mit schmucken Verkostungsräumen, und es wird fleißig weiter in Qualität investiert. Das heißt jedoch nicht, dass die altbekannte Weinviertler Weinidylle damit schlagartig verschwunden wäre. Es gibt sie nach wie vor, die schattigen Kellergassen und die älteren Herren, die mit dem Viertel-Krügel in der Hand auf dem Bankerl vor dem Haus sitzen und sich anschauen, wer oder was da den lieben langen Tag so vorbeikommt.

Ich selbst finde gerade dieses Nebeneinander von önologischen Hightech-Schmieden und verträumten, alten Presshäusern, von modernen Weintypen und klassischreschen Brünnerstrasslern besonders reizvoll, wobei ich natürlich nichts dagegen habe, wenn diese Brünnerstrassler immer öfter sauber und reintönig ins Glas kommen. Abgesehen davon gibt es auch nach wie vor einen großen Markt für einfache, aber saubere Qualitätsweine – auch im Doppler. Schließlich ist es nicht jedermanns Sache, täglich einen „Brummer“ mit 14 Prozent Alkohol zu trinken, und überdies gehen solch edle Kreszenzen ja auch ganz schön ins Geld. Außerdem ist noch zu erwähnen, dass ein beachtlicher Teil der Trauben, die entlang der Brünner Straße wachsen, gar nicht zu Stillwein, sondern zu Sekt verarbeitet wird. Für die großen Wiener Sektkellereien ist das Weinviertel diesbezüglich der wichtigste Lieferant, da für Sekt gerade die frischen, fruchtigen und säurebetonten Weine das beste Grundmaterial darstellen.

Entlang der Brünner Straße Die Brünner Straße beginnt bereits in Wien, dem wir ein eigenes Kapitel widmen werden, und führt durch Stammersdorf, wo der aufmerksame Betrachter am Rand der Fahrbahn noch einen Rest der Trasse der ehemaligen Bahnlinie Wien – Brünn entdecken könnte, hinaus ins Weinviertel. Will man etwas von dieser Landschaft in sich aufnehmen, genügt es allerdings nicht, einfach durch zu brettern. Das Weinviertel will erlebt, erfahren (im wahrsten Sinne des Wortes), aber auch einfach ersessen werden. Man muss sich hier einmal einige Zeit aufhalten, einige Viertel Brünnerstrassler mit Bedacht zu sich nehmen und Land und Leute auf sich wirken lassen, ohne gleich mit einer generalstabsmäßigen und gezielten „Landnahme“ zu beginnen. Nimmt man sich die nötige Zeit, so bedarf es oft nur kurzer Stichfahrten von der Brünner Straße in die nahe gelegenen Dörfer und das dazugehörige Umland, um die eigenwillige Schönheit dieser Landschaft zu entdecken.

In der gewerblich-industriellen Peripherie von Wolkersdorf, dem wir uns nun nähern, ist davon auf den ersten Blick allerdings wenig zu sehen. Der alte Kern des Ortes präsentiert sich hingegen recht ansehnlich, mit einem Wasserschloss inklusive Taverne, in dem einst Napoleon kurz Rast machte. Jedes Jahr ist das Schloss Schauplatz des „Kultursommers" mit Musik, Theater, Kaberett und Kinderprogramm. Besuchenswerte Weinbaubetriebe in Wolkersdorf sind unter anderem die Weingüter Pleil mit sehr feinen Veltliner und Haindl-Erlacher – unter anderem stark bei weißen Burgundersorten.

Verhungern muss man hier ebenfalls nicht, und wer auf der Suche nach wirklich guter Regionalküche ist, besucht entweder das „Stadtwirtshaus Wolkersdorf" oder fährt noch ein Stück hinaus, nach Riedenthal ob Wolkersdorf. In der alten Dorfschule hat dort der langjährige Küchenchef des Wiener Hotels Intercontinental, Manfred Buchinger, seine Kochtöpfe aufgestellt und erfreut die Gäste mit einer Weinviertler Küche, wie sie authentischer nicht sein könnte. Dazu gehört auch, dass Buchinger viele Produkte bis hin zum ganzen Schwein oder den köstlichen Sommertrüffeln, die er mithilfe seiner eigenen Trüffelhunde aufspürt, aus nächster Nähe bezieht. Kein Wunder also, dass auch Buchingers Fangemeinde aus Wien immer wieder gern hier herausfährt, um das Weinviertel ebenso puristisch wie genussvoll zu erleben.

Doch das Weinviertel hat nicht nur in Sachen Wein und Kulinarik einiges zu bieten, sondern auch an Museen, und daher nutzen wir jetzt die Gelegenheit, unter Beweis zu stellen, dass wir nicht nur immer an die leiblichen Genüsse denken. Eines davon befindet sich in der Nähe von Wolkersdorf in Groß Schweinbarth. Es nennt sich „Niederösterreichisches Museum für Volkskultur" und beinhaltet neben einem Sammelsurium von volkskundlichen Objekten aus ganz Österreich ein Hirtenmuseum mit Hirtenstäben aus aller Welt. Außerdem zeichnet sich Groß Schweinbarth durch ein Schloss und natürlich durch den allgegenwärtigen Weinbau aus, der hier unter anderem zum jährlichen Weinfest bei den malerischen Kellern des nahen Zeiseltals führt.

Am Weg in Richtung Gaweinstal streifen wir auch Bad Pirawarth, das aufgrund seiner heilkräftigen Quellen schon im vergangen Jahrhundert ein weithin bekannter und sogar recht mondäner Kurort war. In den Achtzigerjahren wurde freilich der Kurbetrieb eingestellt – ein typisches Weinvierteler Schicksal –, und erst seit 1998 wird das Heilwasser wieder für ein Rehabilitationszentrum genutzt; von der einstigen Weltläufigkeit und dem Flair der Kurstätte ist heute freilich nicht mehr viel zu sehen.

Logieren in der Weinlodge Bewegt man sich von Wolkersdorf in nordwestlicher Richtung – also nach links – weiter, so wird man gleich auf eine Reihe von Weinviertler Attraktionen und Kuriositäten stoßen. Im Kreuttal, von Ulrichskirchen aufwärts, fädelt sich ent-

Fotogen: die Kellergasse am Galgenberg

lang des Rußbachs eine Kette von sehenswerten historischen Mühlen auf. Und in Unterolberndorf befindet sich eine geschichtlich bemerkenswerte Gaststätte: im Gasthof „Zum Grünen Jäger" hat der damals im Exil lebende, spätere Präsident von Uganda, Museveni, sein künftiges Regierungskonzept, das „Unterolberndorfer Programm", ausgearbeitet, das Jahre später auch tatsächlich umgesetzt wurde.

Unweit von hier befindet sich in Kronberg der bekannte „Himmelkeller" des Künstlers Hermann Bauch. Bauch, der unter anderem mit seinen Mosaikarbeiten international bekannt wurde, hat sich seine eigene kleine Welt mit Kunstwerken, Antiquitäten und Versatzstücken – das Spektrum reicht vom unterirdischen Kultraum der Templer bis zum Weinmuseum – eingerichtet.

Wer sich für Industriearchitektur interessiert, dem sei noch das ehemalige Ziegelwerk mit sehenswertem altem Ziegelofen in Neubau-Kreuzstetten empfohlen, wir hingegen sind bereits in Gaweinstal eingelangt und halten nun auf Osten zu, wo Wein und Kultur auf uns warten. Erste Station ist das Weingut von Else Zuschmann-Schöfmann und Peter Schöfmann in Martinsdorf, die ihrem Betrieb komfortable Appartements und eine moderne „Weinlodge" angeschlossen haben. Es könnte hier also etwas länger dauern, ehe es weiter geht zum Diem in Hohenruppersdorf, der ebenfalls zu den besten Winzern der Region zählt. Nach so viel Wein ist jetzt Zeit für ein bisschen Geschichtsunterricht, und zwar im Freilichtmuseum von Niedersulz. Alle Häuser, die hier stehen, stammen aus der Region und wurden mehr oder minder von einem einzigen Mann, dem inzwischen zum Professor geadelten Restaurator und „Dorfbaumeister" Josef Geissler gebaut. Damit die Geschichte nicht zu trocken wird, gibt es hier auch ein „Dorfwirtshaus" und eine Vinothek.

Nördlich von Gaweinstal heißt es bei Schrick, die Aufmerksamkeit wieder auf die linke Seite der Straße zu richten und die Bezirkshauptstadt Mistelbach anzusteuern. Einfach der Beschilderung Richtung Bahnhof folgen, dann kommt man automatisch zum ehemaligen Bahnhofswirtshaus, dem gutbürgerlichen Gasthof zur Linde der Familie Pollack, einer der zuverlässigsten kulinarischen Anlaufstationen mit gehobener Küche im Weinviertel. Fündig werden kulinarische Pfadfinder nach einem Abstecher zur umtriebigen Winzerin Maria Faber-Köchl in Eibesthal auch beim „Neunläuf" in Hobersdorf, das zu Wilfersdorf gehört: ein klassisches Wirtshaus für jedermann, dessen Patron, Roland Krammer aber jederzeit zur Höchstform in Sachen Kulinarik auflaufen kann.

Vor Wilfersdorf schwärmen wir noch einmal nach Osten aus, in Richtung Neusiedl an der Zaya, wo so manche Pionierleistung des heimischen Ölbohrwesens vollbracht wurde. Das allein würde uns freilich nicht hierher locken, schließlich sind wir ja hier um zu genießen, und da bieten sich gleich zwei Möglichkeiten: erstens der Heurige Martinshof in Neusiedl an der Zaya, der mit einigen der besten Weine der Region lockt und zweitens das Gasthaus zum Grünen Baum in Zistersdorf, einer der „Öl-Metropolen" des Weinviertels. Wer hier einreitet, kann sein Pferd direkt an den mächtigen Kastanienbaum im Garten anbinden, sollte sich aber dann nicht mit Whiskey und Steak abspeisen lassen, sondern in aller Ruhe bekochen lassen und in der hauseigenen Vinothek mit dem Glas in der Hand eine genussvolle Weinviertelrundreise unternehmen.

Vom Fürstenschloss zum Falkenstein So gestärkt geht es nun zurück nach Wilfersdorf, in einen Landstrich, von dem früher beträchtliche – und heute etwas weniger beträchtliche – Teile der Fürstenfamilie von Liechtenstein gehörten, die hier große landwirtschaftliche Güter ihr Eigen nennt. Im Schloss von Wilfersdorf befindet sich auch das Verwaltungszentrum für die fürstlichen Weingüter, die ihre Weingärten noch weiter nördlich in Herrnbaumgarten haben und neben ausgezeichneten Weißweinen auch einige der besten Roten des Weinviertels keltern. Das Weingut selbst mit seinem neuen Besucherzentrum und den Verkostungs- und Präsentationsräumlichkeiten befindet sich nur einmal um die Ecke ebenfalls in Wilfersdorf.

Unsere Reise geht nun weiter nach Norden, denn da liegt noch Poysdorf, eines der großen Weinbauzentren des Weinviertels, zu beiden Seiten der Brünner Straße und damit direkt vor uns. Der Weinbau hat hier eine jahrhundertelange Tradition, und alles scheint sich um den Rebensaft zu drehen. Man findet eine „Weinviertler Erlebnisstraße“, die von Keller zu Keller führt, einen Weinmarkt, in dem die Weine von 29 Poysdorfer Winzern versammelt sind, und natürlich äußert sich die önologische Omnipräsenz in zahlreichen Weinfesten und -präsentationen, von der „Weintaufe“ über die „Poysdorfer Weinparade“ zu Pfingsten bis zum immerhin vier Tage dauernden Bezirksweinfest im September. Neben einigen arrivierten Weingütern wie Taubenschuss, Neustifter und Weinrieder sind hier in den vergangenen Jahren vor allem junge Winzer und Winzerinnen mit viel Drive zur Sache gegangen und haben die Poysdorfer Weinszene mit Leben erfüllt. Dazu zählen die Schuckerts, die auch beachtliche Rotweine keltern, das Senkrechtstarter-Winzerpaar Ebner-Ebenauer, das Weingut Hirtl sowie Susanne und Max Riegelhofer vom gleichnamigen Weingut, die gemeinsam mit dem Haus Schlumberger eine sehenswerte „Sektwelt“ im alten Gewölbekeller eingerichtet haben.

Hier hat man also jede Menge zu besichtigen und zu kosten, und weil das in einem Tag eigentlich gar nicht zu bewältigen ist, gibt es das Hotel Veltlin vor den Toren der Stadt, wo man gut wohnen, essen und trinken, aber auch wunderbar Golf spielen kann.

Wer so wie ich dieser hohen Kunst nicht mächtig ist, wird anderntags weiterziehen und noch den äußersten Norden des Weinviertels inspizieren. Die Gegend um Herrnbaumgarten ist ein guter Boden für Rotweine, das beweisen Betriebe wie das Weingut Frank und das Weingut Schwarz in Schrattenberg; der quasi letzte Außenposten vor der tschechischen Grenze ist in Sachen Rotwein ohnehin eine wahre Bastion. Westlich der Brünner Straße findet man schließlich mit Falkenstein noch eine echte Perle des Weinviertels. Einst war Falkenstein Sitz eines eigenen „Berggerichts“ und das Zentrum des Weinbaus zwischen Brünn und Wien. Heute gibt man es in dem wunderschön zwischen sanften Hügeln und steil aufragenden Kalkklippen eingebetteten Weinort etwas bescheidener. Doch in den 185 Hektar Weingärten von Falkenstein schlummert nach wie vor ein großes Potenzial. Ein Schatz, den Quereinsteiger wie Christoph Körner vom Weingut Dürnberg, vormals Vinothekar zu Wien, oder alte Hasen wie Josef Salomon und Leo Jauk durchaus zu heben imstande sind. Wer sich einen Überblick über einen der schönsten Teile des Weinviertels verschaffen will, erklimmt erst einmal die Falkensteiner Burgruine – mit dem kleinen Hintergedanken, dass solche Spaziergänge ja auch den Appetit anregen. Gut so, denn neben dem durchaus aufgeweckten Lokal „sieben:schläfer“, das zu den Geheimtipps im nördlichen Weinviertel zählt, gibt es hier auch eine blühende Heurigenkultur: In historischem Ambiente wie in der „Schmitt'n“ des Weinguts Dürnberg oder im Natursteingewölbe aus dem 14. Jahrhundert beim Jauk oder ganz modern wie im komplett neu errichteten Weingut Stadler, wo man ganz auf helles Holz, Glas und moderne Architektur setzt. Sehr gut schmeckt's freilich da wie dort.

Wer nach so viel Essen und Trinken in Falkenstein Quartier bezieht, sollte einen Ausflug zur spektakulären Kellergasse am Galgenberg in Wildendürnbach einplanen, die wohl jeder schon einmal auf einem Foto gesehen und sich vielleicht gefragt hat, wo sich diese wohl befindet. Damit ist man von der Brünner Straße zwar schon ein ganz schönes Stück weg, aber es ist nun einmal ein weites Land, dieses Weinviertel.

Prickelnd: die Sektwelt von Riegelhofer und Schlumberger

Weinviertel erleben

Kulinarisches Highlight
Tafeln im Weinviertel – beste Speisen, herrliche Weine, untermalt mit Musik in der traumhaften Umgebung – in den Weingärten, in der Kellergasse, vor dem Schloss (Hof) ...
http://www.weinviertel.at/tafeln-im-weinviertel

Kellergassenführungen
Eigens dafür ausgebildete und zertifizierte Kellergassenführer erläutern dabei alles Wissenswerte rund um die Weinviertler Kellergassen.
http://www.weinviertel.at/kellergassenfuehrungen

Radfahren im Weinviertel – 1600 Kilometer Radrouten durchs Weinviertel
Radfahren, Mountainbiken, E-Biken - zur Wahl stehen im Weinviertel eine Vielzahl an Tourenvorschlägen! Die Weinradwege sind 35 bis 75 Kilometer lang. Anspruchsvollen Radlern empfehlen wir den rund 420 Kilometer langen Kamp-Thaya-March-Radweg, die grenzüberschreitende 98 Kilometer lange Liechtensteinroute vom Weinviertel zu den Weltkulturerbe-Schlössern Valtice und Lednice in Südmähren oder auch der 84 Kilometer lange Teilabschnitt der transeuropäischen Eurovelo-9-Route, die von Tschechien über Reintal ins Weinviertel führt. Insgesamt erwartet Sie ein Radwegenetz von 1600 Kilometern Länge. Entlang der verschiedenen Radrouten entdecken Sie unzählige TOP-Ausflugsziele, Burgen, Museen, Kellergassen und Weingärten.
http://www.weinviertel.at/alle-radrouten

Wandern entlang des Jakobswegs
Der rund 153 Kilometer lange Jakobsweg Weinviertel führt von Drasenhofen bis Krems an der Donau. Individuelle Pilgertouren stehen ebenso im Angebot wie geführte Pilgerwanderungen unter der Anleitung von zertifizierten Pilgerbegleitern.
http://www.weinviertel.at/pilgern-jakobsweg-weinviertel

Weinviertel DAC – Das steckt dahinter

Das Weinviertel ist seit 2003 Österreichs erste Weinbauregion mit der geschützten Herkunftsbezeichnung „DAC" (Districtus Austriae Controllatus). Die Bezeichnung „Weinviertel DAC" steht dabei für sorten- und regionstypischen Grünen Veltliner, der auf beinahe 50 Prozent der gesamten Rebfläche des Weinviertels steht. Es muss sich dabei um Qualitätswein handeln, der von einer Kostkommission geprüft wird. So wird ein gleichmäßig hohes Qualitätsniveau gesichert und überprüft, ob die Weine den typischen Gebiets- und Sortencharakter – pfeffrig-würziger, zartfruchtiger Geschmack und hellgelbe bis grüngelbe Farbe – aufweisen. Seit dem Jahrgang 2009 wurde für kräftigere Weine eine eigene „Reserve"-Kategorie geschaffen. Für den „normalen" Weinviertel DAC müssen die Weine einen Mindestalkoholgehalt von 12 Prozent, für die Reserve von 13 Prozent aufweisen.
www.weinvierteldac.at

„Weinviertel – eine geschützte Ursprungsbezeichnung der EU für österreichischen Qualitätswein"

Der vorherrschende Weintyp entlang der Brünner Straße sind resche, würzige Weißweine mit knackiger Säure – ein animierendes Trinkvergnügen. Allerdings gibt es auch hier große Unterschiede zwischen den einzelnen Regionen und sogar zwischen den Weinlagen. Spitzenproduzenten keltern kraftvolle und langlebige Weißweine; gute Rotweine aus dieser Region sind aber eher die Ausnahme und am ehesten ganz im Norden zu finden.

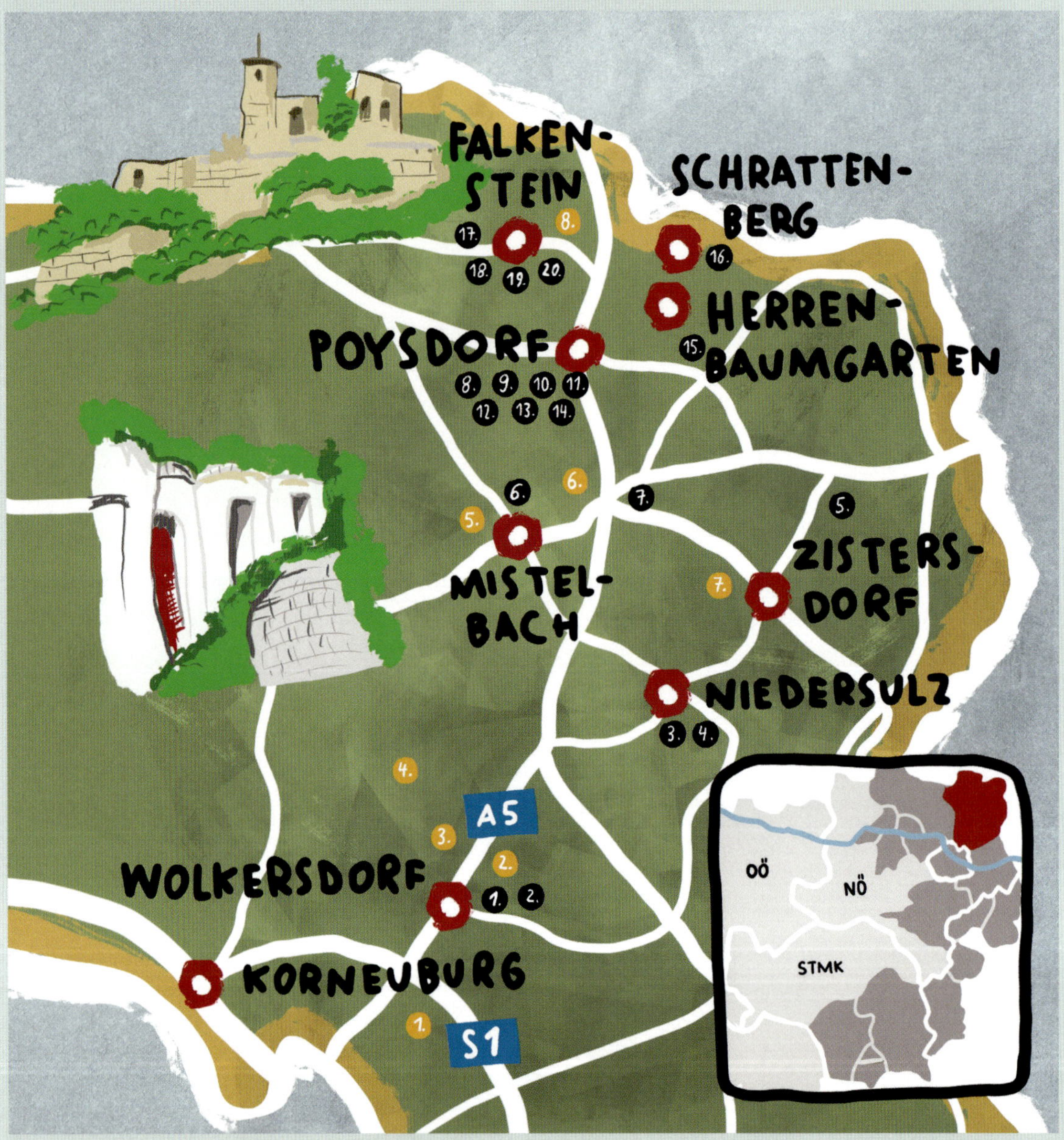

WEINGÜTER

1 Pleil, Wolkersdorf
2 Haindl-Erlacher, Wolkersdorf
3 Zuschmann-Schöfmann, Martinsdorf
4 Diem, Hohenruppersdorf
5 Martinshof, St. Ulrich-Neusiedl an der Zaya
6 Faber-Köchl, Eibesthal bei Mistelbach
7 Hofkellerei Stiftung Fürst Liechtenstein Wilfersdorf
8 Taubenschuss, Poysdorf
9 Neustifter, Poysdorf
10 Schuckert, Poysdorf
11 Ebner-Ebenauer, Poysdorf
12 Hirtl, Poysdorf
13 Riegelhofer, Poysdorf
14 Weinrieder, Kleinhadersdorf
15 Frank, Herrnbaumgarten
16 Schwarz, Schrattenberg
17 Dürnberg, Falkenstein
18 Salomon, Falkenstein
19 Jauk, Falkenstein
20 Stadler, Falkenstein

LOKALE

1 Frank, Gerasdorf
2 Stadtwirtshaus Wolkersdorf
3 Buchingers Gasthaus Zur alten Schule Riedenthal
4 Gasthof Pension Zum Grünen Jäger Unterolberndorf
5 Hotel Restaurant Zur Linde, Mistelbach
6 Gastwirtschaft Neunläuf Wilfersdorf-Hobersdorf
7 Zum Grünen Baum, Zistersdorf
8 sieben:schläfer, Falkenstein

1.

PLEIL
2120 Wolkersdorf, Adlergasse 32
+43 676 425 66 32
weingut@pleil.at
www.pleil.at
Senior Josef Pleil vertrat das Weinland Österreich ein Vierteljahrhundert lang an vorderster Front als Präsident des Österreichischen Weinbauverbandes. Junior Christian keltert idealtypische Grüne Veltliner, doch auch die Roten sind einen Kostschluck wert.

2.

HAINDL-ERLACHER
2120 Wolkersdorf, Johannesgasse 20
+43 2245 23 72
info@weingut-erlacher.at
www.weingut-erlacher.at

Schon die Großeltern von Romana Haindl zählten in den Fünfzigerjahren zu den Ersten im Weinviertel, die Qualitätsweine in Bouteillen abfüllten. Enkelin Romana, die ihr Handwerk an der Weinbauschule gelernt und ihr Wissen an der Universtität für Bodenkultur vertieft hat, und ihr Mann, Rainer Erlacher, der gelernte Lebensmittel-Biotechnologe verfolgen diesen Qualitätsanspruch gemeinsam weiter. Schmeckbar nicht nur bei den Grünen Veltlinern, sondern unter anderem auch im Bereich der weißen Burgundersorten, denen die besondere Liebe des ebenso sympathischen wie dynamischen Winzerpaars gilt.

3.

ZUSCHMANN-SCHÖFMANN
2223 Martinsdorf, Winzergasse 52
+43 2574 84 28
office@zuschmann.at
www.zuschmann.at
In diesem jungen, weltoffenen Betrieb wird ganz bewusst auch ein echter Brünnerstrassler gekeltert – Tradition verpflichtet. Daneben gibt es aber auch elaboriertere Tropfen wie den mineralischen Veltliner „Muschelkalk", einen feinfruchtig-eleganten Pinot noir oder die kraftvoll-strukturierten Toprotweine „Zerberus Reserve" und „Privat Rot". Das Sortiment ist breit aufgestellt, darum stehen für eingehende und genussvolle Koststudien eine moderne Weinlodge und für geruhsamen Schlaf gediegene Appartements zur Verfügung.

4.

DIEM
2223 Hohenruppersdorf
Obere Hauptstraße 28
+43 2574 82 92
info@wein-diem.at
www.wein-diem.at
Wenn man jemandem einen absolut prototypischen Weinviertel Grünen Veltliner empfehlen will, so kann man ihn ruhigen Gewissens zum Weingut Diem schicken. Knackig fruchtig als Basiswein, aromatisch und würzig als Weinviertel DAC und kraftvoll-stoffig als Lagenwein aus der Ried Goasripp zeigt die Sorte hier ihre ganze Bandbreite. Zur Vielfalt im Hause Diem gehören aber auch noch ein rassig-mineralischer Riesling, der rare Neuburger und kräftige Weißburgunder mit großem Potenzial – nicht zu vergessen die Rotweine, die zu den besten der Region zählen.

5.

MARTINSHOF
2183 St. Ulrich-Neusiedl an der Zaya
Hauptstraße 28
+43 2533 897 77
weingut@martinshof.at
www.martinshof.at
Michael Martin entlockt dem Weinviertel Facetten, die man hier nicht vermutet hätte. Das gilt für burgundische Veltliner ebenso wie für den eleganten und animierenden Pinot noir. Nicht zu vergessen der „Nitsch-Wein", ein Edel-Doppler, der einfach nur Trinkfreude bereitet. Nachzukosten im gemütlichen Heurigen des Hauses in der Kellergasse.

6.

FABER-KÖCHL
2130 Eibesthal bei Mistelbach
Am Schenkberg 11
+43 664 185 81 73
office@faber-koechl.at
www.faber-koechl.at
In Maria Faber-Köchls Weinverzeichnis geigt nicht nur der Veltliner auf. Ihre Weinwelt ist ebenso bunt wie ihre auffälligen Etiketten und ihr farbenfroh gestalteter Weinkeller. Darum ist es nur folgerichtig, dass neben den Weißweinen ein prickelnder Rosé namens „Rosecco" und die ausgezeichneten Rotweine auch Farbe ins Sortiment bringen.

7.

HOFKELLEREI STIFTUNG
FÜRST LIECHTENSTEIN
2193 Wilfersdorf, Brünner Straße 8
+43 2573 22 19-27
hofkellerei@sfl.at
www.hofkellerei.at

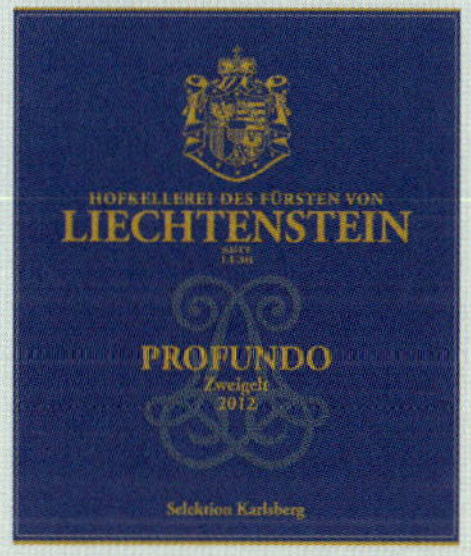

Nicht nur aufgrund der Tradition ein Schlüsselbetrieb im Weinviertel. Sehenswert ist der mächtige, 400 Jahre alte Weinkeller, der sich hinter den modernen, vielfältig nutzbaren Präsentationsräumlichkeiten des Weinguts tief in den Berg erstreckt. Hier entsteht eine Vielfalt nobler Weine, Grüner Veltliner und Riesling in unterschiedlichen Facetten sind dabei die Stars des weißen Sortiments. In der fürstlichen Kellerei trägt man jedoch auch der Tatsache Rechnung, dass Herrnbaumgarten eine gute Ecke für Rotwein ist. Mehr als die Hälfte der Flächen sind mit Rotweinreben bestockt, aus denen beachtliche elegante Weine wie der Merlot „Anberola“ und der Zweigelt „Profundo“ entstehen.

8.

TAUBENSCHUSS
2170 Poysdorf, Körnergasse 2
+43 2552 25 89
weingut@taubenschuss.at
www.taubenschuss.at
Die Weinbautradition des Hauses reicht bis ins Jahr 1870 zurück, und der Grüne Veltliner spielt in der Sortiments-Voliere der Familie Taubenschuss die Hauptrolle. Das klassische Angebot ist typisch für Sorte und Region, doch wer wirklich den Vogel abschießen will, sollte sich bis zu den Topweinen Grüner Veltliner „MX“ Alte Reben und Weißburgunder „Selection“ vorkosten: Da zwitschert die Amsel!

9.

NEUSTIFTER
2170 Poysdorf, Laaerstraße 10
+43 2552 34 35
wein-neustifter@aon.at
www.weingut-neustifter.at
Im 100 Meter langen und aus 80.000 Ziegeln neu gebauten Gewölbekeller keltert Karl Neustifter neben den regionstypischen trockenen Weißweinen auch eine breite Palette von beachtlichen Roten. Eine Rarität ist der Grüne Veltliner „Stockkultur“, der seit dem Jahrgang 2010 in dieser traditionellen Weingarten-Erziehungsart entsteht. Kostet was, kann aber auch was!

10.

SCHUCKERT
2170 Poysdorf
Wilhelmsdorfer Straße 40
+43 2552 23 89
weingut@schuckert.com
www.schuckert.com
Dass man im gemütlichen Koststüberl von Rainer Schuckert einen guten Grünen Veltliner vorgesetzt bekommt, wird niemanden wundern. Die ausgezeichnete Qualität von Merlot, Pinot noir und sogar Cabernet Sauvignon schon.

11.

EBNER-EBENAUER
2170 Poysdorf, Laaer Straße 5
+43 2552 26 53
office@ebner-ebenauer.at
www.ebner-ebenauer.at
Jenseits des Brünnestrasslers kreieren Marion und Manfred Ebner-Ebenauer Weine von edlem Geblüt. Ein Veltliner von alten Reben, vom Holz geküsst, mächtiger Chardonnay, eleganter Pinot noir. Das alles in noble Flaschen gefüllt, insbesondere die „Black Edition“ – Weinviertel in neuem Stil und Kleid.

12.

HIRTL
2170 Poysdorf, Brunngasse 72
+43 2552 21 82
weingut.hirtl@utanet.at
www.weingut-hirtl.at

Bei einem Gründungsjahr 1729 ist Tradition natürlich wichtig – und die heißt im Hause Hirtl: Grüner Veltliner. Der zeigt hier mit den unterschiedlichen Lagenweinen und Reifestufen seinen ganzen Facettenreichtum und lädt zur genussvollen Vergleichsverkostung im gemütlichen Degustationsraum des Hauses. Nicht versäumen sollte man dabei aber auch den dichten und kraftvollen Weißburgunder sowie die Rotweine des Hauses: Martin Hirtl hat in Frankreich seine Liebe zu den großen Roten entdeckt und zählt inzwischen zu den profiliertesten Rotweinwinzern des Weinviertels.

13.

RIEGELHOFER
2170 Poysdorf, Hindenburgstraße 10
+43 2552 24 23, +43 664 402 65 22
post@riegelhofer.at
www.riegelhofer.at
Ein Weingut der neuen Generation. Moderne Weine – auch wenn sie teilweise aus sehr alten Reben stammen, flotte Aufmachung, kommunikative Winzersleute. Gemeinsam mit dem Traditionshaus Schlumberger betreibt man auch die „Sektwelt“ im alten Gewölbekeller.

14.

WEINRIEDER
2170 Kleinhadersdorf
Untere Ortsstraße 44
+43 2552 22 41
weinrieder@netway.at
www.weinrieder.at
Weil Fritz Rieder, bekannt als „Weinrieder“, mit seinen Hochprädikatsweinen so erfolgreich ist, könnte man glatt vergessen, dass er auch das trockene Fach bestens beherrscht. Sollte man aber nicht, denn hier schlummern mit den hochreifen Lagenweinen vom Grünen Veltliner, Riesling und Weißburgunder einige der größten Kellerschätze des Weinviertels.

15.

FRANK
2171 Herrnbaumgarten, Kellergasse 5
+43 2555 23 00
frank@weingutfrank.at
www.weingutfrank.at
Mit dem Betrieb steht man auf zwei gleichwertigen Beinen. Die Hälfte der Produktion machen Weißweine aus, allen voran der Grüne Veltliner; beachtlich sind aber auch die Roten vom fruchtigen Zweigelt über den Pinot noir bis zur kraftvoll-strukturierten Cuvée Hannbuch aus Merlot und Cabernet Sauvignon.

16.

SCHWARZ
2172 Schrattenberg, Kleine Zeile 8
+43 2555 25 44
office@schwarzwines.com
www.schwarzwines.com
Kann man im Weinviertel mit Rotwein erfolgreich sein? Man kann, wenn man

es so auf die Spitze treibt wie die Familie Schwarz. Diese beruft sich zu Recht auf die Rotweintradition des kleinen Weinbauorts Schrattenberg und knüpft hier mit Qualitäten an, wie man sie im Weinviertel kaum irgendwo anders findet. Konsequente Ertragsreduktion, akribische Weingartenarbeit, höchstmögliche Traubenreife und modernste Vinifikation bringen Weine mit Kraft und Potenzial wie Zweigelt, Syrah und Cabernet Sauvignon „Premium“ sowie die mächtige „Grande Reserve“.

17.

DÜRNBERG
2162 Falkenstein, Neuer Weg 84
+43 2554 855 35
weingut@duernberg.at
www.duernberg.at
Die Adresse dieses von Christoph Körner, Matthias Marchesani und Georg Klein geführten Weinguts ist als Programm zu verstehen. Hier bäckt man große Brötchen und lotet das Falkensteiner Terroir in allen Facetten, vom leichten Spaß-Wein bis zum edlen Lagen-Gewächs aus. Einen Besuch wert ist der Heurige des Betriebs in einer alten Schmiede, Dürnbergs „Schmitt'n“.

18.

WEINGUT SALOMON
2162 Falkenstein 24
+43 2554 854 37
josef@weingut-salomon.at
www.weingut-salomon.at
Das Weingut Salomon ist in der neueren Weinbaugeschichte des Landes ein Betrieb der ersten Stunde und wird inzwischen biologisch bewirtschaftet. Spannende Weine und eine Reihe von Genussprodukten aus eigener Erzeugung warten auf den Besucher.

19.

JAUK
2162 Falkenstein 54
+43 2554 852 17
weingut.jauk@aon.at
www.weingut-jauk.at
Längst ist Leo Jauk, ebenso wie sein Heuriger, ein Falkensteiner Klassiker. Reife, konzentrierte Weißburgunder gehören ebenso zu den Highlights wie die ausgezeichneten Rotweine.

20.

STADLER
2162 Falkenstein, Stürzenbühel Nr. 104
+43 2554 854 17
info@weingut-stadler.com
www.weingut-stadler.com
Feine Weine und köstliche Schmankerl in einem Heurigen der neuen Art.

1.

GASTHAUS FRANK
2201 Gerasdorf bei Wien
Hauptstraße 4
+43 2246 22 20
speisundtrank@gasthausfrank.at
www.gasthausfrank.at
Der junge Andreas Frank bietet seinen Gästen eine ausgezeichnete Wirtshausküche – aber auch immer wieder vielgängige Gourmetmenüs.

Falkenstein mit Ruine, Kirche und ganz viel Wein

2.

STADTWIRTSHAUS WOLKERSDORF
2120 Wolkersdorf, Hauptstraße 41
+43 2245 43 04
kon@stadtwirtshaus.at
www.stadtwirtshaus-wolkersdorf.at
Unter den Gewölben eines der ältesten Häuser von Wolkersdorf wird leicht und bodenständig mit Produkten der Region aufgekocht.

3.

BUCHINGERS GASTHAUS „ZUR ALTEN SCHULE“
2122 Riedenthal ob Wolkersdorf
Wolkersdorfer Straße 6
+43 2245 825 00
manfred@buchingers.at
www.buchingers.at
Im witzigen Ambiente einer alten Dorfschule genießt man die kreative Regionalküche eines der einfallsreichsten Köche Österreichs und macht dazu in der hauseigenen Garagenvinothek immer wieder interessante Entdeckungen. Zitat Buchinger: „Und wia kochn wia di teifln fir eich …“

4.

GASTHOF-PENSION ZUM GRÜNEN JÄGER
2123 Unterolberndorf, Hauptplatz 4
+43 2245 893 18, +43 2245 890 05
gasthof.magister@kreuttal.at
www.gasthof-magister.at
Klassisches Dorfwirtshaus mit Kaufhaus, Cocktailbar, Pension … Schauen Sie sich das an!

5.

HOTEL RESTAURANT ZUR LINDE
2130 Mistelbach, Bahnstraße 49
+43 2572 24 09
fam.polak@zur-linde.at
www.zur-linde.at
Zu Mittag gibt man sich in diesem nun von der dritten Generation geführten Haus bewusst wirtshäuslich-bodenständig. Abends darf es dann schon auch einmal ein Gourmetmenü, begleitet von den Weinen der eigenen Vinothek sein.

6.

GASTWIRTSCHAFT NEUNLÄUF
2193 Wilfersdorf-Hobersdorf
Wiener Straße 4
+43 2573 259 99
neunlaeuf@aon.at
www.neunlaeuf.at
Regional und saisonal, so wie es sich für ein Wirtshaus gehört, ist hier die Küche. Schöner Garten mit wunderbarem Salettl und gut sortierte Vinothek. Geheimtipp: die Leberstreichwurst im Glas zum Mitnehmen.

7.

ZUM GRÜNEN BAUM
2225 Zistersdorf, Landstraße 1
+43 2532 815 55
www.gasthauszumgruenenbaum.at
www.gasthauszumgruenenbaum.at
Gemütlicher Landgasthof mit klassischer und moderner Wirtshausküche – ein Platz zum Wohlfühlen und Genießen.

8.

SIEBEN:SCHLÄFER
2162 Falkenstein, Kellergasse 8
+43 2254 880 86, +43 664 150 23 23
sevi@7schlaefer.at
www.7schlaefer.at
cafe:bar:restaurant – und das in einer Kellergasse? Das funktioniert, und zwar sehr gut. Severin Weber hat mit seinem sieben:schläfer einen Geheimtipp und auch gleich eine Institution geschaffen. Qualität ist die Basis, Vielseitigkeit ist Trumpf – gut essen und trinken, Picknickkorb abholen oder eine der vielen Kulturveranstaltungen besuchen. Hier ist fast alles möglich.

HOTEL VELTLIN
2170 Poysdorf, Am Golfplatz 9
+43 2552 206 06
info@hotelveltlin.at
www.hotelveltlin.at
Komfortables Viersternehotel mitten in den Weingärten mit Wellnessbereich, Restaurant und Golfplatz.

GENIESSERHOF HAIMER
2170 Poysdorf, Körnergasse 4
+43 2252 294 65
offfice@haimer.at
www.haimer.at
Wein- und Wohnidyll mit wunderschönem Innenhofgarten und Weinen vom eigenen Weingut.

WEINGUT
ZUSCHMANN-SCHÖFFMANN
Appartements in der Weinlodge Martinsdorf, s. Winzer

WEINGUT STADLER
Moderne, elegante Zimmer am Weingut – ideal zum Umfallen nach dem Heurigen! Falkenstein, s. Winzer

HOTEL RESTAURANT ZUR LINDE
Mistelbach, s. Essen

VINOTHEK IM LIECHTENSTEIN
SCHLOSS WILFERSDORF
2193 Wilfersdorf, Hauptstraße 1
+43 2573 33 56 15
www.liechtenstein-schloss-wilfersdorf.at
Weine von 13 Winzern der Umgebung, die auch im Schlossheurigen ausgeschenkt werden.

WEINMARKT UND INFORMATIONS-
BÜRO IM REICHENSTEINHOF
2170 Poysdorf
+43 2552 203 71
weinmarkt@poysdorf.at
www.weinmarkt-poysdorf.at
Gebietsvinothek mit Weinen von rund 30 Winzern.

WINO VINOTHEK UND WEINBAR
2170 Poysdorf, Brünner Straße 20c
+43 2552 201 05, +43 664 990 32 40
office@wino.at
www.wino.at
Rund 220 Weine aus der Region, Österreich und dem Ausland liegen im Keller, 15–20 davon werden abwechselnd offen ausgeschenkt.

EISENHUTHAUS POYSDORF
2170 Poysdorf, Oberer Markt 10
+43 2552 21 94
office@eisenhuthaus.com
www.eisenhuthaus.com
Essen, trinken, genießen, einkaufen und wohnen im ältesten Haus von Poysdorf, einem wunderschönen Renaissancehof aus dem Jahr 1540, der mit moderner Architektur in die Gegenwart geholt wurde.

HAUERVINOTHEK
IM DORFWIRTSHAUS
2130 Eibesthal, Am Schenkberg 2
+43 2572 28 53
girsch@weingut-girsch.at

GEBIETSVINOTHEK IM
„WEINVIERTLER SCHIFF"
2130 Siebenhirten, Kulturzentrum
+43 676 518 30 84
josef.gemeiner@aon.at
www.7hirten.at

BAUERNARNT – VINOTHEK
2130 Mistelbach, Winzerschulgasse 50
+43 2572 20 04 85
+43 2572 20 04 84
schrederv@lfs-mistelbach.ac.at
www.bauernarnt.at

BAUERNLADEN UND VINOTHEK
LUCKY PIG FREILANDSCHWEIN
2144 Altlichtenwarth, Bahnzeile 434
+43 2533 80 15 10
www.lucky-pig.at
Freilandschweine und Schweinefleisch-Produkte.

BIOHOF KRAFT
2126 Herrnleis 8
+43 2575 27 22
www.biohof-kraft.at
Fleisch, Kartoffeln, Getreide aus biologischer Produktion.

R. SCHMID – SPEZI-FLEISCHER
2126 Ladendorf, Hauptstraße 80
+43 2575 22 57
www.spezifleischer.at
Wild aus dem Weinviertel.

HYNEK CONFISERIE COLLECTION
2130 Mistelbach, Hafnerstraße 7
+43 2572 23 71
Veltlinertrüffel und anderes Konfekt.

STÖGER
2164 Neuruppersdorf 65
+43 2523 8277
www.stoeger-oel.at
Distel-, Lein- und andere Öle.

KRÄUTERDORF NEURUPERSDORF
2164 Neuruppersdorf 12
+43 2523 200 24
www.kraeuterdorf-neuruppersdorf.at
Kräuterapotheke, Wildkräutergarten etc.

TRAUN'SCHE FORSTVERWALTUNG
2120 Wolkersdorf, Rudolfgasse 1
+43 2245 220 60
www.atf.at
Weinviertler Wild.

MARILLENHOF HACKL
2191 Atzelsdorf, Dorfstraße 20
+43 2574 286 28
www.hackls-marille.at

BIO OBSTBAU FILIPP
2121 Bogenneusiedl, In Anleiten 2
+43 2245/891 52
www.bioobstbau-filipp.at

HEINDL BÄCKEREI – FEINKOST
2130 Mistelbach, Oberhoferstraße 36/
Hauptplatz 27

CAFÉ KONDITOREI BAUMHACKL
2225 Zistersdorf, Kirchenplatz 15

BIO IMKEREI
2144 Altlichtenwarth, Brunnengasse 70
+43 676 420 39 04
www.honigmeister.at

BÄCKEREI HARALD SCHIEL
2171 Herrenbaumgarten
Hauptstraße 20

JOSEF ZUCKER & CO KG
KUNSTMÜHLE
2193 Wilfersdorf
Mühlstraße 1

MUSEUMSZENTRUM MISTELBACH
Zeigt im Jahr 2010 den einmaligen „Barbarenschatz", den größten römerzeitlichen Metallfund, zusätzlich gibt es im MZM Hermann Nitsch Museum eine Privatsammlung seiner Werke zu besichtigen, von Februar bis November geöffnet. Waldstraße 44–46, Mistelbach, +43 2572 207 19, www.mzmistelbach.at

VINO VERSUM UND
WEIN+TRAUBENWELT, POYSDORF
Man erfährt Wissenswertes über den Mythos Traube, im barocken Bürgerspital wird die Jahrtausende umfassende Geschichte der Weinstadt erkundet und das idyllische Freigelände mit seinen Presshäusern gibt Einblicke in die Hauerarbeit von einst.
www.poysdorf.at

LIECHTENSTEIN
SCHLOSS WILFERSDORF
Ist die Wiege des Fürstenhauses Liechtenstein, Daueraustellung im Hauptgebäude, Heimatmuseum im Nebentrakt, Führungen, jeden 2. Samstag im Monat Kinderprogramm, von 1. April bis 1. November geöffnet. Hauptstraße 1, Wilfersdorf, +43 2573 33 56, www.liechtenstein-schloss-wilfersdorf.at

MUSEUMSDORF NIEDERSULZ
Das größte Freilichtmuseum Niederösterreichs ist ein Museum der besonderen Art, Querschnitt der Volkskultur des Weinviertels und Einblick in die Arbeit der Handwerker, zu besichtigen gibt es unter anderem eine Weinpressensammlung, Textilsammlung, Blumenraritäten.
Niedersulz 250, +43 2534 333,
www.museumsdorf.at

NONSEUM
Präsentiert skurille und kuriose Erfindungen und Einfälle, zu den erstaunlichen Exponaten zählen ausrollbare Zebrastreifen, Schlafsackkolonien für Fledermäuse, eine Schäfchenzählmaschine oder ein Dreirad für Zwillinge, geöffnet von März bis Oktober.
Herrnbaumgarten, Poysbrunner Straße 9, +43 2555 2737,
www.nonseum.at

URGESCHICHTEMUSEUM NIEDERÖSTERREICH
Eine eindrucksvolle Präsentationsstätte für die Kulturgeschichte der Menschheit in Österreich vom Zeitalter der Mammutjäger bis zur Kultur der Kelten. Archäologisches Freigelände mit Nachbauten prähistorischer Behausungen zum Begehen, Kinderführungen jeden dritten Sonntag im Monat.
Asparn an der Zaya
Dr.-Franz-Hampl-Platz 1
+43 2577 841 80
www.urgeschichte.at

TIERPARK ERNSTBRUNN
(ca. 15 km entfernt)

GROSSMUGL
größter Grabhügel Mitteleuropas aus der Hallstattzeit (ca. 20 km entfernt)

OBERLEISERBERG
germanischer Königssitz, Tafelberg mit Aussichtswarte (ca. 10 km entfernt)

OLDTIMERMUSEUM POYSDORF
Zu den Prunkstücken des Museums zählt ein Steyr-Opel, ein Porsche Cabrio, mehrere Tatras und ein Puch 500, von Ostern bis Ende Oktober an Sonn- und Feiertagen geöffnet.
Poysdorf, Liechtensteinstraße 68
+43 664 562 26 74

HIMMELKELLER
2123 Kronberg
+43 699 17 44 22 65
office@himmelkeller.at
www.himmelkeller.at

BURGRUINE FALKENSTEIN
Die Wallburg steht auf einer 80 Meter hohen Felsklippe und ist für Sonnenuntergänge empfehlenswert, Burgführungen, Weinlehrpfadführungen. Falkenstein 60, +43 2554 853 40

Wellness

THERME LAA
Ideal für die ganze Familie und als Schlechtwetterprogramm bei Weintouren. Umfassendes Wellnessangebot und komfortables Wohlfühlhotel.
Laa an der Thaya, Thermenplatz 3
+43 2522 84 70 00
hotel.reservierung@therme-laa.at
www.therme-laa.at

TERMINE

- Weintour Weinviertel – die Wein viertler Winzer haben ihre Tore geöffnet – jährlich das erste Wochenende nach Ostern. www.weintour.at
- Weinparade Poysdorf – Die Weinparade ist die größte regionale Präsentation von Weinen aus dem Weinviertel, Tschechien und der Slowakei. www.weinparade.at
- Schindergassenfest Herrnbaumgarten (Juni)
- Herbstfest im Museumsdorf Sulz (Okt.)
- Winzerfest Poysdorf Poysdorf (Sept.)
- Wein, Kunst und Kultur Falkenstein (Sept.)
- Weintaufe, Poysdorf (Nov.)
- Weintaufe und Jungweinverkostung, Falkenstein (Nov.)

INFORMATION
Weinviertel Tourismus GmbH
2170 Poysdorf, Kolpingstraße 7
+43 2552 35 15
info@weinviertel.at
www.weinviertel.at

Vom Wagram ins Pulkautal – Rotwein an der Grenze

Diese Route führt uns vom Roten Veltliner über die Hochburg des Grünen bis zu den Rotweinen im nördlichsten Weinviertel. Das Pulkautal ist eine der trockensten Regionen Österreichs – und es ist mit einigen der schönsten und längsten Kellergassen des Landes gesegnet.

Auf dieser Route durchqueren wir zunächst das westliche Weinviertel und biegen dann ins Pulkautal ein, das sich im nördlichsten Teil entlang der österreichisch-tschechischen Grenze bis nach Mailberg erstreckt. In Hohenwarth, wo wir starten, ist das Weinviertel gerade noch Weinviertel, könnte aber genauso gut auch Wagram sein, so wie der Nachbarort Großriedenthal. Eine Grenzziehung, die den Hohenwarther Winzern nicht immer nur Freude gemacht hat, doch seit es im Weinviertel mit Image und Qualität steil bergauf geht, auch keinen wirklichen Kummer mehr bereitet. Jedenfalls ist die Nähe zum Wagram nicht nur eine geografische, was uns spätestens dann auffällt, wenn wir in den Kellern der hiesigen Wein-Granden Hans Setzer und Familie Hofbauer-Schmidt nicht nur die erwarteten Grünen, sondern auch köstliche Rote Veltliner verkosten können, die sich in der Gegend sichtlich wohlfühlen. Apropos Gegend: Der Name des Ortes Hohenwarth leitet sich von „Hohe Warte“ ab, was auf die romanische Wehrkirche des Ortes aus dem 11. Jahrhundert Bezug nimmt. Das Gotteshaus ist übrigens eines der ältesten des Landes und befindet sich auf einer Seehöhe von fast 400 Metern. Ein kleiner Abstecher hier herauf lohnt sich, denn erstens ist die Kirche sehenswert und zweitens beschert uns ihre erhöhte Lage einen prima Rundblick über das hügelige Umland und in Richtung Norden zum Manhartsberg.

Wir wenden uns aber jetzt nach Osten, passieren Radlbrunn, wo die feinen Weiß- und Rotweine von Andreas Pröll zu einem Verkostungs-Zwischenstopp verlocken und stoßen bei Ziersdorf auf die Retzer Straße, die uns zunächst einmal nach Maissau führt. Das ist ein schöner und seit der Eröffnung der Umfahrungsstraße auch wieder recht ruhiger Flecken mit alten Häusern im Zentrum, einem stolzen Schloss und natürlich auch Weinbau.

Das Weingut Schloss Maissau wird in Kooperation vom gebürtigen Maissauer Weinhandelsprofi Josef M. Schuster und dem bekannten Weingut Gruber in Röschitz betrieben – und genau da wollen wir jetzt hin. Vorbei an der Maissauer Amethystwelt – einem Paradies für kleine Weinlandpilger – und der Mittelalterstadt Eggenburg erreichen wir schließlich Röschitz, sozusagen die Welthauptstadt des Grünen Veltliners. Bekannt ist der „Weber-Keller" mit seinen in den Löss geschnitzten Porträts von prominenten Persönlichkeiten verschiedener Epochen. Wer aber einen mit Wein gefüllten Keller vorzieht, wird zum Beispiel im Winzerhof Stift fündig. Im wunderschönen Arkadenhof oder unter den alten Ziegelgewölben dieses stolzen Anwesens lässt sich ein perfektes Veltliner-Symposium über die Auswirkungen der unterschiedlichen Böden wie Löss und Urgestein auf den Wein abhalten.

Weinhauptquartier in Retz Von hier ist es jetzt nur noch ein kleiner Hüpfer – und wir befinden uns bereits im Pulkautal. Lange Zeit bot dieser Landstrich mehr Ruhe, als den Einwohnern lieb war. Der Eiserne Vorhang hatte das Pulkautal zur Randlage, zum unüberbrückbaren Grenzland gemacht und zu Abwanderung und wirtschaftlicher Strukturschwäche geführt. Andererseits blieben der Region dadurch auch gravierende Bausünden erspart; noch heute kennzeichnen die typischen einstöckigen Straßenhäuser das Ortsbild. Freilich ist es in der Gegend längst nicht mehr so leblos wie noch in den berühmten „Polt"-Filmen gezeigt; wer Stille und Weinidylle sucht, wird aber vor allem in den zahlreichen wunderschönen Kellergassen, die hier „Triften" genannt werden, nach wie vor fündig. Geselliger wird es bei den vielen Veranstaltungen rund um den Wein wie etwa „Tafeln im Weinviertel", wo man es sich im Weingarten unter freiem Himmel bei Wein und Kulinarik gutgehen lassen kann.

Eigentlich beginnt das Pulkautal ja in Pulkau, doch ist die traditionsreiche Weinhandelsstadt Retz mit ihren unterirdischen Kellerlabyrinthen, ihrem wunderschönen Hauptplatz und dem modernen „Weinquartier" das Weinzentrum der Region, und darum starten wir unsere Pulkautal-Tour genau hier. Das „Weinquartier" beherbergt die größte Gebietsvinothek Niederösterreichs mit rund 300 Weinen der 50 wichtigsten Winzer des Weinviertels sowie eine Wein und Cafébar und ist immer wieder Schauplatz von Wein- und Kulturveranstaltungen. Zudem verfügt es auch über eine Dependance in Wien, wo man statischen Städtern die besten Weinviertler Weine quasi vor die Haustüre trägt (1010 Wien, Hanuschgasse 3, +43 1 513 43 19). Unbedingt sehenswert sind die ausgedehnten Retzer Weinkelleranlagen, die unter der Stadt eine größere Länge aufweisen als die oberirdischen Verkehrswege. Sie gehen auf eine Zeit zurück, als jeder Retzer Bürger das Privileg hatte, mit Wein zu handeln und die umliegenden Orte verpflichtet waren, ihre Weine nach Retz zu liefern.

Der „Althof Retz" beherbergt ein modernes, komfortables Hotel, ein Restaurant und eine Vinothek unter einem historischen Dach. Hier ist auch die „Endstelle" der rund einen Kilometer langen Führung durch das unterirdische Retz. Wer gerne die Umgebung erkunden und sich dabei nicht zu sehr verausgaben möchte, borgt sich im Stadtamt (Hauptplatz 30) ein modernes E-Bike aus und erreicht damit in wenigen Minuten das Wahrzeichen von Retz, die Windmühle in den Weinbergen über der Stadt. Sie wurde 1853 anstelle der ursprünglichen, 1772 erbauten, hölzernen Barockmühle errichtet und ist nach einer Restaurierung durch holländische Mühlenbauer im Jahr 2010 wieder voll funktionstüchtig. Das ist nicht nur für kleine Gäste ein lohnendes Ziel, und vom gleich daneben befindlichen Windmühlen-Heurigen genießt man einen herrlichen Ausblick über das Retzer Land. Nach einem kompletten „Refurbishing" stellt der helle und mit viel Holz und Glas gestaltete Heurige ein architektonisches Kontrastprogramm zur alten Mühle dar – eine gute Jause und die feinen Eigenbauweine der Betreiber-Familie Bergmann gehören dazu.

Wen es mehr nach richtig guter Regionalküche gelüstet, der sollte die Stadt durch das Znajmer Tor in nördlicher Richtung verlassen und ein kurzes Stück in Richtung der ehemaligen „Gurken-Metropole" der k. u. k. Monarchie

Blick auf das Schloss von Mailberg

Kellerlabyrinth unter Retz

Lichtspiele in der Mailberger Kellergasse

Prachtvoll: Schloss Seefeld-Kadolz

Eindrucksvoll: der Hauptplatz von Retz

fahren. In Unterretzbach kocht Topwirt Harald Pollack im liebevoll restaurierten „Retzbacherhof" das Beste aus regionalen Produkten.

Rotwein und Kellergassen Doch nun zurück nach Süden, wo sich wenige Kilometer unterhalb von Retz an den Hängen des Manhartsberges Schrattenthal, die kleinste Weinbaugemeinde und zweitkleinste Stadt Österreichs befindet. In dem beschaulichen Städtchen, das immerhin über eine Burg und ein Schloss verfügt, geht es freilich alles andere als urban zu. Vinophiles Highlight ist das Weingut Zull. Werner Zull war einer der Ersten im nördlichen Weinviertel, der mit seinen knackigen Rieslingen und eleganten Rotweinen auch überregionale Anerkennung gefunden und aufgezeigt hat, was hier alles möglich ist.

Hinunter geht es zur Weinstadt Pulkau, die außer Wein auch einen berühmten, holzgeschnitzten Flügelaltar aus dem 16. Jahrhundert beherbergt, und dann weiter durch das Pulkautal vorbei an Bildstöcken und alten Häusern nach Zellerndorf, zur – gewählten – schönsten Kellergasse des Bezirkes Hollabrunn, während sich die längste Kellergasse Österreichs (immerhin 1,6 Kilometer!) in Hadres befindet. In Zellerndorf machen wir Halt bei Familie Prechtl, die nicht nur köstliche Weine keltert: Im „Sommerladen" mit angeschlossenem Café, der einem englischen „Home & Garden"-Magazin entsprungen sein könnte, verkauft Petra Prechtl regionale Köstlichkeiten, Accessoires und natürlich Kaffee, Mehlspeisen und das handgerührte Eis von Valentino, einem Premium-Hersteller aus der Weststeiermark.

Dominiert hier noch der Weißwein, so geht es jetzt weiter in die heißen und trockenen Kessellagen von Jetzelsdorf und Haugsdorf, wo besonders die Rotweintrauben zu erstaunlicher Reife gelangen. Einst war hier der Blaue Portugieser tonangebend, doch heutzutage ist der milde Rote mit der weichen Textur ziemlich aus der Mode gekommen. Winzer wie Christoph Bauer, Norbert Bauer oder Anton Schöfmann setzen heute mehr auf die Kraft von Sorten wie Zweigelt, Cabernet Sauvignon oder Merlot und keltern daraus hervorragende Weine, die Struktur, Eleganz und Kraft vereinen. Weiter geht es nun nach Seefeld-Kadolz, das zwar etwas abseits der geschlossenen Rebflächen liegt, aber mit dem mustergültig restaurierten Schloss eine der wenigen Sehenswürdigkeiten und mit dem dazugehörigen Schlossweingut Graf Hardegg einen der besten Weinbaubetriebe der Region aufzuweisen hat. Bei einer Verkostung im sehenswerten, modernen Keller – mit Schlossblick! – spannt sich der Bogen vom typischen Weinviertler Veltliner bis zu echten Exoten wie dem Syrah oder dem Viognier, die hier im nördlichsten Weinviertel tolle Ergebnisse bringen.

Wein und Genuss in Mailberg Ein Großteil der Weingärten des Gutes befindet sich etwas weiter südlich im „Mailberg Valley", so der Name der Qualitätsvereinigung der besten Winzer von Mailberg. Die geschützte Kessellage bildet hier optimale Voraussetzungen für den Weinbau, was die Malteser Kreuzritter bereits im 12. Jahrhundert richtig erkannt haben. Zum Schloss des Malteser Ritterordens gehört ein Weingut mit ausgedehnten Weingärten, die seit Jahrzehnten von der Weinkellerei Lenz Moser bewirtschaftet werden und einige

der besten Weiß-, aber vor allem auch Rotweine des Weinviertels wie die Cuvée Kommende Mailberg hervorbringen. Ganz auf Weißweine setzt dagegen Josef Zens, der langjährige Obmann des „Mailberg Valley", der seit Jahren zu den stillen Größen des Weinviertler Weinbaus zählt. Ein Erlebnis ist die Führung durch Josef Zens' Weinkeller, wo nicht nur alte Jahrgänge ruhen, sondern auch die Versteinerungen in Form von Seesternen an den Wänden zu sehen sind. Ein Hinweis auf die Anwesenheit des Urmeeres vor geraumer Zeit.

Kosten und kaufen kann man die Weine der „Mailberg-Valley"-Mitglieder in der sehenswerten Vinothek im Gewölbekeller des Schlosses von Mailberg. Übernachten lässt sich's hinter den dicken Mauern des Schlosses ebenfalls sehr komfortabel und stilvoll, und das Schlossrestaurant zählte einige Jahre zu den ersten Adressen im Weinviertel; leider tragen sich die engagierten Wirtsleute Christoph Schüller und Verena Schneider zum Zeitpunkt der Drucklegung dieses Buches mit Abwanderungsgedanken – man sollte die beiden jedenfalls im Auge behalten! Hunger leiden muss man in Mailberg deswegen aber nicht, dafür sorgt schon das Restaurant im stylischen Weindomizil der Familie Hagn. Wohnen, essen und Wein genießen stehen hier auf dem Programm, und das in einem architektonisch bemerkenswerten, luftig durchlässigen Ambiente. Dass die Hagn-Weine darüber hinaus zu den besten der Region zählen, macht einen Aufenthalt hier keineswegs unangenehmer. Wenn man dann mit einem schönen Glas auf der Terrasse des Hauses sitzt und die Sonne langsam hinter dem Schloss untergeht, kann man wohl nachvollziehen, warum die Malteser damals ihren Fuß gerade auf diesen besonderen Platz gesetzt haben.

Die klimatischen Gegensätze liegen hier dicht beieinander. Während Hohenwarth und Röschitz eindeutig besser für den Weißwein geeignet sind und der Grüne Veltliner hier ganz klar die Hauptrolle spielt, finden in Retz, Haugsdorf, Jetzelsdorf und Mailberg auch Rotweine wie der Zweigelt und internationale Sorten wie Merlot, Pinot noir und teilweise sogar Cabernet Sauvignon gute Bedingungen vor.

WEINGÜTER

1 Setzer, Hohenwarth
2 Hofbauer-Schmidt, Hohenwarth
3 Pröll, Radlbrunn
4 Weinhof Edlinger, Röschitz
5 Gruber, Röschitz
6 Gschweicher, Röschitz
7 Der Pollerhof, Röschitz
8 Winzerhof Stift, Röschitz
9 Rücker, Unterretzbach
10 Bannert, Obermarkersdorf
11 Diem, Obermarkersdorf
12 Studeny, Obermarkersdorf
13 Zull, Schrattenthal
14 Prechtl, Zellerndorf
15 Fidesser, Platt
16 Christoph Bauer, Jetzelsdorf
17 Norbert Bauer, Jetzelsdorf
18 Schöfmann, Haugsdorf
19 Schlossweingut Graf Hardegg Seefeld-Kadolz
20 Schlossweingut Malteser Ritterorden, Mailberg
21 Zens, Mailberg
22 Hagn, Mailberg

LOKALE

1 Gasthaus an der Kreuzung/Hausgnost Guntersdorf
2 Surböck, Rodingersdorf
3 Althof Retz
4 Retzbacherhof, Unterretzbach
5 Bsteh, Wulzeshofen
6 Restaurant im Weindomizil Hagn Mailberg

1.

SETZER
3472 Hohenwarth 28
+43 2957 228
setzer@weingut-setzer.at
www.weingut-setzer.at
Hans und Uli Setzer sind ein Vorzeigewinzerpaar des Weinviertels. Weltoffen und viel unterwegs, schauen sie sich sehr genau an, was da draußen in der Weinwelt passiert und holen sich so Input für ihre eigene Arbeit. Die bringt neben trinkfreudig-animierenden Tropfen wie dem „Jausenwein" Grüner Veltliner „Vesper" oder dem Roten Veltliner „Wiener Symphoniker" einige der markantesten Weine des Weinviertels wie den charaktervollen Roten Veltliner Kreimelberg von mehr als 40 Jahre alten Rebstöcken oder den komplexen, großen Grünen Veltliner „8000" von einem Weingarten, der mit 8000 Reben pro Hektar außergewöhnlich dicht bepflanzt ist.

2.

HOFBAUER-SCHMIDT
3472 Hohenwarth 24
+43 2957 221
weingut@hofbauer-schmidt.at
www.hofbauer-schmidt.at

Tradition mit Zukunft – so könnte die Devise im Weingut Hofbauer-Schmidt lauten. Im bereits 1829 begründeten Betrieb leisteten Petra und Leopold Hofbauer-Schmidt beachtliche Aufbauarbeit, und mit Junior Johannes sind die Weichen für die Zukunft bereits gestellt. Den unterschiedlichen Böden um Hohenwarth entlockt man charaktervolle Weine wie den mineralischen Riesling Alte Reben vom Kieselstein oder die Alten Reben vom Grünen und Roten Veltliner, die saftige Frucht mit kraftvoller Struktur verbinden. Beachtlich auch, was man hier zum Thema Rotwein in die Flaschen bringt!

3.

PRÖLL
3710 Radlbrunn 48
+43 2956 34 41
proell@weingut-proell.at
www.weingut-proell.at
Andreas Prölls Weinsortiment beginnt mit einem leichten, trinkfröhlichen Rivaner, einem richtigen Zechwein, den man auch an einem heißen Sommertag nicht missen möchte, und reicht über verschiedene Veltliner bis zu Riesling, Weißburgunder und dem im internationalen Stil ausgebauten Chardonnay. Eine Kuriosität ist der „Geistliche Pröll", ein Grüner Veltliner mit kardinalrotem Etikett, der daran erinnert,

dass Pröll Papst Benedikt XVI. einen Rebstock aus seinen Weingärten überreicht hat, der nun in den Vatikanischen Weingärten seine Früchte trägt. Dafür gedeihen Prölls Reben in Radlbrunn seither mit dem höchsten Segen von oben.

4.

WEINHOF EDLINGER
3473 Röschitz, Granitzstraße 15
+43 2984 27 96
office@edlinger-wein.at
www.edlinger-wein.at
Grüne Veltliner und Rieslinge in einer angenehm trinkfreudigen und animierenden Stilistik sind im Weinhof Edlinger das Leitmotiv.

5.

EWALD GRUBER
3743 Röschitz, Winzerstraße 46
+43 2984 27 65
office@gruberwein.at
www.gruberwein.at
Groß, aber gut – das Weingut Ewald Gruber. Die Hauptrolle spielt der Grüne Veltliner, flankiert von Riesling, Chardonnay und bemerkenswerten Rotweinen.

6.

GSCHWEICHER
3743 Röschitz, Winzerstraße 29
+43 2984 38 00
weingut.stift@gschweicher.at
www.gschweicher.at
Alte Rebstöcke mit teilweise mehr als 70 Jahren auf dem Buckel und karge Urgesteinsböden sind das Geheimnis der Mineralik und Finesse der Veltliner und Rieslinge des Hauses.

7.

DER POLLERHOF
3743 Röschitz, Winzerstraße 48
+43 2984 39 95
weingut@pollerhof.at
www.pollerhof.at
Der Grüne Veltliner „frau mayer" vom Weingarten der verstorbenen Nachbarin ist ein persönlicher Liebling des Autors: gute Geschichte, schönes Etikett, fairer Preis, toll zu trinken. Was will man mehr? Hier gibt's noch einiges …

8.

WINZERHOF STIFT
3743 Röschitz, Lange Zeile 6
+43 2984 31 44
office@winzerhof-stift.at
www.winzerhof-stift.at

Das Weingut Stift trägt die Bezeichnung Winzerhof wirklich zu Recht. Mustergültig renoviert, mit einem herrlichen Arkadenhof und alten Ziegelgewölben hat dieser Platz ein besonderes Flair und wird auch gerne für kleinere und größere Wein- und Kulturveranstaltungen genutzt. Was die Weine angeht, gibt es hier ebenfalls viel zu entdecken, etwa einen ungewöhnlich würzigen und vielschichtigen Grünen Veltliner namens „Mehtusalem" von 60 Jahre alten Reben, aber auch Riesling und Veltliner vom Urgestein und internationale Farbtupfer wie den Sauvignon blanc und den Chardonnay.

9.

RÜCKER
2074 Unterretzbach, Herrengasse 1
+43 2942 208 02
weingut-ruecker@a1.net
www.weingut-ruecker.at
Die junge Elisabeth Rücker, die den Betrieb gemeinsam mit ihren Eltern führt, bringt einen erfrischenden Farbtupfer in die Weinregion des Retzer Landes.

10.

BANNERT
2073 Obermarkersdorf 198
+43 2942 82 37
office@weingutbannert.com
www.weingutbannert.com
Frische, fruchtige Weißweine vom Grünen Veltliner, Muskateller, Riesling, Sauvignon und Co sind das Markenzeichen von Manfred Bannert. Die imposante Kellerei wird auch gerne für Veranstaltungen bis hin zur Hochzeit genutzt.

11.

DIEM
2073 Obermarkersdorf 87
+43 2942 82 08
office@diem-weine.at
www.diem-weine.at
An den sanften Abhängen des Manhartsbergs finden die Reben von Gerald und Andrea Diem beste Bedingungen vor – genau aus diesem Grund sind die Vorfahren Diem vor mehr als 150 Jahren auch hierhergezogen. Der Erfolg gibt ihnen Recht – Grüner Veltliner, Riesling und die weißen Burgundersorten bieten Trinkvergnügen pur.

12.

STUDENY
2073 Obermarkersdorf 174
+43 2942 82 52
office@studeny.at
www.studeny.at
Herbert Studeny setzt stark auf die Weißweine und bringt mit seinem Weinviertel DAC Atschbach einen Topveltliner heraus; doch auch die anderen Veltliner, Chardonnay, Riesling und Co machen viel Spaß.

13.

ZULL
2073 Schrattenthal 9
+43 2946 82 17
office@winezull.at
www.winezull.at
Werner Zull hat in der Region nicht nur mit seinen eleganten Rieslingen, sondern auch mit den Roten Pionierarbeit geleistet. Mit Junior Philipp als Kellermeister geht man diesen Weg – unter anderem mit einem sehr feinen Pinot noir – konsequent weiter.

14.

PRECHTL
2051 Zellerndorf 12
+43 2945 22 97
weingut@prechtl.at
www.prechtl.at
So wie sein bester Grüner Veltliner benannt ist, so ist auch Franz Prechtl selbst trotz seiner relativ jungen Jahre schon ein Weinviertler Urgestein. Das liegt nicht nur daran, dass die Familie hier bereits seit 1839 Weinbau betreibt, sondern eher daran, dass man sich verpflichtet fühlt, in jede Flasche mit

dem Prechtl-Etikett auch bestmögliche Qualität zu füllen. Das Weingut ist darüber hinaus ein toller Platz, um sich in gemütlichem Ambiente so richtig in die Region hineinzukosten – nicht nur mit den Weinen, sondern auch mit vielen Genussprodukten des von Petra Prechtl mit viel Liebe und Engagement betriebenen „Sommerladens".

15.

FIDESSER
2051 Platt, Am Anger 39
+43 2945 25 92
weingut@fidesser.at
www.fidesser.at
Bunt ist das Farbenspektrum der Weißweine hier: Grüner Veltliner, Roter Veltliner, Gelber Muskateller, Weißer Traminer – und das alles in sehr feiner Qualität.

16.

CHRISTOPH BAUER
2053 Jetzelsdorf 49
+43 2944 23 04
office@bauerwein.at
www.bauerwein.at

Wenn man im Weinviertel Winzer ist und Bauer heißt, hat man es nicht ganz leicht. Doch Christoph Bauer hat es verstanden, sich ein eigenständiges Profil zu verschaffen, pflegt aber zugleich eine große Bandbreite, die vom Grünen Veltliner und Riesling über einen kühl-eleganten Pinot noir und eine strukturierte Cabernet-Merlot-Cuvée bis zum dichtfruchtigen Musterschüler Zweigelt „Privat" reicht. Ebenfalls ein „Überflieger" ist der Grüne Veltliner „Privat", ein Wein-Kraftwerk, das eindrucksvoll demonstriert, was mit dieser Sorte alles möglich ist.

17.

NORBERT BAUER
2053 Jetzelsdorf 180
+43 2944 25 65
office@bauer-wein.com
www.bauer-wein.com
Das Weingut von Norbert Bauer ist nicht nur Produktionsstätte, sondern auch ein Kommunikations- und Genusszentrum rund um die Themen Wein und Kultur. Vom „Weinleutgeben" bis zum „Tafeln im Weinviertel" reicht hier der Bogen, und immer spielen die Weine des Hauses eine wichtige Rolle. Da findet sich auch der richtige Tropfen für alle Fälle, nützt man doch das Potenzial der Region für Weiß- und Rotweine gleichermaßen. Zieht sich eine Querverkostung in die Länge, warten auf den müden Genießer auch komfortable Winzerzimmer.

18.

SCHÖFMANN
2054 Haugsdorf, Kellerstraße 17
+43 2944 271 63
anton@schoefmann.at
www.schoefmann.at
Früher war er ein Geheimtipp – aber was so gut schmeckt wie Anton Schöfmanns Rotweine, allen voran die schon fast legendäre „Hutberg Reserve", kann eben nicht für immer im Verborgenen blühen.

19.

SCHLOSSWEINGUT GRAF HARDEGG
2062 Seefeld-Kadolz
+43 2943 22 03
office@hardegg.at
www.grafhardegg.at
Das Weingut von Maximillian Hardegg hat sich zum Vorzeigebetrieb entwickelt. Aus besten, naturnah bewirtschafteten Lagen entsteht hier ganz Traditionelles und Regionstypisches wie der Grüne Veltliner und der Riesling „Vom Schloss", aber auch Extravagantes wie die feingliedrige Pinot noir Reserve oder der einzigartige Viognier „V". Weine, die Finesse und Struktur mit Kraft und Reife perfekt vereinen. Abgerundet wird das Sortiment vom „Forticus", einem süßen Rotwein nach

Portwein-Vorbild, und den eleganten Jahrgangssekten Brut und Brut Rosé – noblesse oblige!

20.

SCHLOSSWEINGUT MALTESER RITTERORDEN
2024 Mailberg, Schaflerhof 199
Vertrieb und Kontakt:
Weinkellerei Lenz Moser
3495 Rohrendorf bei Krems
Lenz-Moser-Straße 1
+43 2732 855 41
office@lenzmoser.at
www.lenzmoser.at
Neben dem Grünen Veltliner vom „Hundschupfen" sind vor allem die Rotweine von alten Anlagen – Lenz Moser pflanzte hier bereits ab dem Jahr 1969 Cabernet-Sauvignon-Stöcke. Bemerkenswert: Premium-Wein ist die fruchtcharmante, elegante Cuvée Kommende Mailberg aus Cabernet Sauvignon und Merlot.

21.

ZENS
2024 Mailberg, Holzgasse 66
+43 2943 35 57
office@weingutzens.at
www.weingutzens.at

Josef Zens ist ein Traditionalist und keltert auf erfreuliche Weise unaufgeregte Weißweine, jedoch stets mit Substanz und Tiefgang. Der Grüne Veltliner – würzig und aromatisch – spielt natürlich die erste Geige, doch Zens' Ensemble ist vielstimmig, und er pflegt auch weniger populäre Sorten wie den Traminer, Weißburgunder und Chardonnay mit vollem Engagement. Das sind Weine, die man jung trinken kann, aber nicht muss, wie gelegentliche Altweinverkostungen der Zens-Weine beweisen. Wer's genauer wissen will, mietet sich einfach im neuen Appartement des Weinguts ein!

22.

HAGN
2024 Mailberg 154
+43 2943 22 56
info@hagn.at
www.hagn-weingut.at
Mit einer mehr als 300-jährigen Geschichte ist das Weingut Hagn eines der traditionsreichsten des Weinviertels, wurde aber von den Juniorchefs Leopold und Wolfgang flott in die Gegenwart katapultiert. Mit der neuen Topweinlinie „Unique" und dem modernen Hotel und Restaurant „Weindomizil".

1.

GASTHAUS AN DER KREUZUNG
Manfred und Martina Hausgnost
2042 Guntersdorf 110
+43 2951 22 29
info@hausgnost.at
www.hausgnost.at
Der engagiert geführte Gasthof ist einer der raren kulinarischen Lichtblicke der Region und wird durch Elisabeth Hausgnosts bestens sortierte Vinothek perfekt ergänzt.

2.

SURBÖCK
3751 Rodingersdorf, Hauptstraße 46
+43 2983 22 04
info@landgasthof-surboeck.at
www.landgasthof-surboeck.at
Ein Wirtshausklassiker, für den sich auch ein kleiner Umweg vom Pulkautal lohnt – für die herzhaft-köstliche Wirtshausküche von Mimi und die umsichtige Betreuung durch Patron Josef Surböck.

3.

ALTHOF RETZ
2070 Retz, Althofgasse 14
+43 2942 371 10
reservierung@althof.at
www.althof.at
In der Küche des Restaurants ist man redlich und nicht ohne Erfolg bemüht, dem Standard dieses Viersternehotels zu entsprechen. Hauseigene Vinothek.

4.

RETZBACHERHOF
2074 Unterretzbach, Bahnstraße 1
+43 2942 201 71
pollak@retzbacherhof.at
www.retzbacherhof.at
Das engagiert geführte Wirtshaus ist die erste Adresse und eine echte kulinarische Bereicherung im Umland von Retz. Regionale Küche auf hohem Niveau.

5.

BSTEH
2064 Wulzeshofen 57–58
+43 2527 203
bsteh@aon.at
www.bsteh.at
Man hält sich in diesem typischen Landgasthof zwar hauptsächlich an Regionales, zeigt aber in der Küche ein weit über dem Durchschnitt liegendes Engagement. Dazu trinkt man – unter anderen – Weine aus eigener Produktion.

6.

RESTAURANT IM WEINDOMIZIL HAGN
s. Wohnen
Ausgezeichnete Küche und dazu das gesamte Hagn-Weinrepertoire.

ALTHOF RETZ
s. Essen

BSTEH
Wulzeshofen
s. Essen

SCHLOSS MAILBERG
2024 Mailberg
+43 2943/225 10
reservierung@schlosshotel-mailberg.at
www.schlosshotelmailberg.at
Komfortable, große Zimmer im Schloss – stilvoll und auf modernstem Standard.

WEINDOMIZIL HAGN
2024 Mailberg 154
+43 2943 22 56, +43 676/84 90 15 51
carina.hofmann@hagn-weingut.at
www.hagn-weingut.at/weindomizil
Modernes Weinhotel mit ausgezeichnetem Restaurant.

Wohnen am Winzerhof

WEINHOF EDLINGER
Röschitz
s. Winzer

WEINGUT RÜCKER/
GÄSTEHAUS ELISABETH
Unterretzbach
s. Winzer

WEINGUT SONNENHÜGEL-SCHLEINZER
Unterretzbach
www.weingut-sonnenhuegel.at

NORBERT BAUER
Jetzelsdorf
s. Winzer

WEINGUT ZENS
Mailberg
s. Winzer

WEINQUARTIER RETZ
2072 Retz, Hauptplatz 4–5
+43 2942 204 88
office@weinquartier.at
www.weinquartier.at
Umfassende Weinviertel-Vinothek mit Gastronomie und vielen Veranstaltungen.

VINOTHEK IM ALTHOF RETZ
s. Wohnen

SCHLOSSVINOTHEK MAILBERG
2024 Mailberg, Schloss 1
+43 2943 303 01
schlossvinothek@
schlosshotel-mailberg.at
www.mailbergvalley.at
Stimmungsvolle Vinothek im alten Schlosskeller.

EUREGIO VINOTHEK
SEEFELD-KADOLZ
2062 Seefeld-Kadolz, Seefeld Nr. 39
+43 2943 22 01
gemeinde@seefeld-kadolz.at
www.seefeld-kadolz.at
Über 100 Weine der Region.

WINDMÜHLHEURIGER
2072 Retz, Kalvarienberg 1
+43 2942 24 67, +43 664 73 86 68 75
office@windmuehle.at
www.windmuehle.at

RETZER DELIKATESSEN – FRANZ NEUBAUER
2070 Retz, Josef Missionssiedlung 1
+43 2942 23 87
www.retzer.at
Essiggurken, Sauerkraut und viele, viele Sauergemüse.

BAUERNLADEN RETZER LAND
2070 Retz, Kremser Straße 2
+43 2942 200 93
Bio-Produkte der Region.

RETZBACHER BAUERNSHOP
2070 Mitterretzbach, Hauptstraße 4
+43 2942 209 94
Produkte und Gemüse aus der Region.

BAUERNLADEN MATTES
2042 Guntersdorf, Grund 1
+43 2951 33 93
täglich 9–19 Uhr
Säfte, Erdäpfel, Kürbis, Freilandeier, eingelegte Gemüse und mehr.

CYRILL BLEI BÄCKEREI
2070 Retz, Hauptplatz 22
Hochwertiges Brot und Backwaren.

GENUSSREGION RETZER LAND KÜRBIS
Mag. Siliva Köhrer
2070 Retz, Hauptplatz 30
+43 2942 200 10
www.retzer-land.at

MUSEUM RETZ UND SÜDMÄHRISCHE GALERIE
Schwerpunkte sind die reiche Musikinstrumentesammlung mit dem „Liszt-Flügel", das Bürgertum und die Zünfte, aber auch die Stadtgeschichte von Retz. Im Hof des Bürgerspitals wachsen die ältesten Weinstöcke des Weinviertels (gepflanzt 1856).
Retz, Znaimer Straße 7, +43 2942 22 50

RETZER WINDMÜHLE
Eine der letzten funktionierenden Windmühlen Österreichs liegt an der alten Straße von Retz nach Hofern auf einer Anhöhe zwischen Retz und dem Manhartsberg.

SCHLOSS SEEFELD-KADOLZ
Das von Fischer von Erlach erbaute Barockschloss war Sitz bedeutender Geschlechter und wird heute von der Familie Hardegg bewohnt, nur für exklusive Veranstaltungen geöffnet.

SCHLOSS MAILBERG
Der älteste Besitz des Malteser Ritterordens. Mailberg ging auch durch die berühmte Schlacht bei Mailberg in die Geschichte ein, in der am 12. Mai 1082 Böhmen und Österreicher in einer Reiterschlacht zusammenprallten und die Babenberger eine Niederlage erlitten, Schlossführung, Kellergassen- oder Weinbergführungen auf Anfrage.
Mailberg 1, +43 2943 225 10
www.schloss-mailberg.at

RETZER ERLEBNISKELLER
Das gesamte Kellerlabyrinth erstreckt sich in einer Gesamtlänge von circa 20 Kilometern unter dem Stadtkern und ist damit länger als das Straßennetz oberirdisch. Die Keller sind bis zu 20 Meter tief in bloßen Meeressand gegraben und teilweise dreigeschossig angelegt, Führungen (warm anziehen).
Retz, Hauptplatz 30, +43 2942 27 00
www.erlebniskeller.at

KERAMIKWERKSTATT RENATE SLAMA
In der ehemaligen Schule gleich neben der Kirche von Mitterretzbach erzeugen und verkaufen Renate Slama und ihre Mitarbeiterinnen eine Vielzahl von Keramikprodukten. Jedes Jahr gibt es für die ständige Verkaufsausstellung ein eigenes Thema und im Advent einen stimmungsvollen Adventmarkt im Haus und im Garten.

TERMINE
- Retzer Weinwoche
  10 Tage ab Fronleichnam
  Im einmalig schönen Ambiente des Sparkassengartens werden von den Winzern 700 feinste Weine aus dem westlichen Weinviertel zur Verkos tung angeboten.
- www.retzer-weinwoche.at
- Kellergassenfest, Mailberg (Juni)
- Peregrinifest, Pernersdorf (Juli)
- Kunst und Wein, Haugsdorf (Aug.)
- Retzer Weinlesefest, Retz (Sept.)

INFORMATION
Öffnungszeiten der Heurigen, Tage der offenen Kellertür, Kürbisfest, Weinwanderwege, Weinmuseen etc. gibt es bei:

INITIATIVE PULKAUTAL
2054 Haugsdorf, Hauptplatz 1/1
+43 2944 260 66
initiative@pulkautal.com
www.pulkautal.com

WEINSTRASSE WEINVIERTEL/ WESTLICHES WEINVIERTEL
2070 Retz, Seeweg 2
+43 2942 22 02 31
office@weinstrasse.co.at
www.weinstrasse.co.at

Märchenhaft: Blick auf Pulkau

Am Wagram – Veltliner vom Löss

Der Wagram ist das „jüngste" Weinbaugebiet Österreichs, das innerhalb weniger Jahre mit seinen Grünen und Roten Veltlinern vom Löss ein eigenständiges Profil entwickelt hat. Die sanfte Landschaft mit ihren Weinhügeln und den tiefen Kellergassen lädt zum Radeln, Wandern oder Chillen bei einem Picknick – und ein gutes Glas Wein sollte immer dabei sein.

Im Jahr 2007 wurde dem Wagram, der bis dahin mit dem nahen Donauland und dem fernen Carnuntum zusammengeschlossen war, nach Jahren hartnäckigen Lobbyings der hiesigen Winzer vom Gesetzgeber die Eigenständigkeit als Weinbaugebiet zugesprochen – und das war, finde ich, eine wirklich gute Idee. Denn seither hat sich in dieser kompakten und überschaubaren Weinregion vieles zum Guten entwickelt, was für jeden, der hierher kommt, sicht-, spür- und genießbar ist.

Der Boden macht den Wein. Typisch für den Wagram ist die Kombination Grüner und – als regionale Spezialität – auch Roter Veltliner und Löss. Dabei handelt es sich um einen sandigen Lehm, der hier den felsigen Untergrund bis zu zwanzig Meter hoch bedeckt – nirgendwo sonst in Europa erreichen diese Formationen eine solche Mächtigkeit. Es ist immer wieder beeindruckend, vor so einer imposanten Lösswand zu stehen und mit den bloßen Fingern oder einem Stück Holz Rillen darin zu ziehen. Der Löss ist zwar leicht zu bearbeiten, aber in sich so fest, dass die Winzer ihre Keller einfach ohne Abstützung in den Boden graben konnten. Noch heute findet man in der Region viele solche Naturkeller, und wenn man einmal die Möglichkeit hat, einen solchen zu betreten, sollte man nicht lange zögern. Das bedeutet im Hochsommer zuerst einmal einen Klimaschock – auch wenn es draußen 30 Grad im Schatten hat, bleiben die Temperaturen in diesen unterirdischen Röhren konstant bei rund 8 bis 10 Grad. In Zeiten, als es noch keine klimatisierten Produktionshallen gab, waren sie der beste Platz um Wein zu keltern – und sind nach wie vor perfekt für die Lagerung der guten Tropfen geeignet. Mit etwas Glück entdeckt man an den Wänden dieser Katakomben nicht nur ein paar Cent- oder Schillingmünzen,

Historische Häuser im Zentrum von Neudegg

Hier geht's zum Wagram.

die Vorbesucher in die weiche Lösswand gedrückt haben, sondern auch gut erhaltene Abdrücke von Seesternen oder Muscheln. Sie erinnern daran, dass der Wagram einst komplett mit Meerwasser bedeckt war. Als das Urmeer schließlich zurückwich, verfrachtete der Wind den Sand von seinen austrocknenden Ufern bis zur Geländestufe des Wagram und gab der Landschaft ihr heutiges Gesicht.

Ein Blick auf den Wagram. Diese Stufe markiert den Übergang von den flachen Ackerflächen des Donaulandes zur ersten Reihe der Weingärten und zieht sich von Stetteldorf, dessen Schloss „Juliusburg" weithin sichtbar auf einer Anhöhe thront, weiter bis nach Feuersbrunn, wo der Wagram ins Weinbaugebiet Kremstal übergeht. Ich genieße den Blick auf die Presshäuser, Kirchtürme und Weingärten, die sich hier an den Hang schmiegen, jedes Mal, wenn ich mit dem Zug von Wien nach Krems fahre, aus nächster Nähe. Da wir aber auch die „oberen Etagen" des Wagram erkunden wollen, ist diesmal das Auto das bevorzugte Reisevehikel.

Die Anfahrt dauert von Wien seit dem Ausbau der Schnellstraße S5 keine Dreiviertelstunde mehr, und wer den Wagram von seinem Anfang an „erfahren" will, biegt am besten bereits bei Tulln ab und fährt über Eggendorf und das malerische Stetteldorf weiter nach Absberg, das vor allem für seine schöne Kellergasse bekannt ist, wo man wunderbar sitzen, jausnen und den Herrgott einen guten Mann sein lassen kann. Am Bahnhof Absdorf-Hippersdorf gabelt sich übrigens die Bahnlinie, und während ein Schienenstrang in Richtung Krems weitergeht, führt der andere nach Norden, durch das Schmidatal. Meine Wein-Highlights sind hier die formidablen Roten Traminer von Josef Fritz in Zaussenberg und die beeindruckende Veltliner-Palette von Josef Ehmoser in Tiefenthal. Biegt man nicht ins Schmidatal ein, sondern folgt dem Wagram weiter gegen Westen, so kann man sich in gerader Linie bis nach Feuersbrunn vorarbeiten, wobei sich Abstecher nach Norden und damit hinauf auf die Geländekante rechter Hand immer wieder lohnen. Der erste davon führt uns nach Kirchberg – in eines der Epizentren des Wagram für Wein, Kultur und Kulinarik. Kirchberg am Wagram war bereits im Mittelalter als Urpfarre des Bistums Passau einer der wichtigsten Vorposten der Passauer im Osten, und zwar nicht nur in religiöser, sondern auch in wirtschaftlicher Hinsicht. Ein Indiz dafür ist das 1980 in einem zugemauerten Kellergewölbe des nahegelegenen Guts Oberstockstall entdeckte mittelalterliche Alchemistenlabor, das als chemie- und kulturgeschichtliche Sensation gilt. Die Fundstelle ist täglich zu besichtigen, die rund 1000 Fundstücke befinden sich im Alchemistenmuseum im alten Rathaus von Kirchberg.

Im Wein liegt die Wahrheit. Die Keller von Kirchberg bergen jedoch nicht nur historische Funde. Topwinzer Karl Fritsch, der sich inzwischen ganz dem biodynamischen Weinbau verschrieben hat, keltert einige der besten Rotweine am Wagram, Bernhard Ecker brilliert vor allem mit seinen Grünen Veltlinern, die man erfreulicherweise gleich beim ausgezeichneten Heurigen der Familie genießen kann. Als echtes Weinkompetenzzentrum hat sich das „WERITAS" etabliert, ein Kristallisationspunkt für den Weinbau am Wagram. In aufsehenerregendem, modernem Design und prächtiger Aussichtslage wurde

Im Feuersbrunner Weingebirge stehen rund 250 Keller.

eine Regionalvinothek eingerichtet, die vom langjährigen Oberstockstall-Sommelier Gerhard Hintermayer mit viel Weinkompetenz und Engagement auch gastronomisch „bespielt“ wird. Sitze ich mit einem guten Glas Wein auf der Terrasse, würde ich mich am liebsten gar nicht mehr weg bewegen. Das wäre im Grunde genommen auch egal, denn unmittelbar daneben befindet sich der „Alte Winzerkeller“: ein verzauberter, idyllischer Platz zum Übernachten in Kirchberg.

Am nächsten Tag geht unsere Tour entlang des Wagram weiter. Wir passieren Schloss Thürnthal, das zwar imposant anzusehen ist, aber seines kostbaren Inventars großteils beraubt wurde. Dennoch ist es ebenso wie Schloss Stetteldorf oder die Kirchen von Kirchberg, Großriedenthal und Feuersbrunn ein steinerner Zeuge des ehemaligen Reichtums der Region und des Wirkens bedeutender Künstler. Der berühmte Barockbaumeister Fischer von Erlach und der in Grafenwörth geborene Barockmaler Martin Johann Schmidt, bekannt als „Kremser Schmidt“, haben hier einige ihrer schönsten Arbeiten geschaffen. Für Kunstinteressierte vielleicht die Highlights der Reise – uns zieht es aber schon weiter zur nächsten bemerkenswerten Wein-Labestelle. In Fels am Wagram wartet das Weingut Leth neben ausgezeichneten Weiß- und Rotweinen auch mit einem Weingarten auf, der mit rund 250 raren und teilweise fast ausgestorbenen Rebsorten eine Art „lebendes Rebsortenmuseum“ darstellt. Die meisten dieser Sorten befinden sich in einem Gemischten Satz, mit einem programmatischen Namen, der keineswegs zu viel verspricht: „Simply wow!“

Das Genusszentrum Feuersbrunn. Nördlich von Fels und Feuersbrunn erreichen wir die größten geschlossenen Weingartenflächen der Region, und wer sich davon ein Bild machen will, fährt oder geht am besten zur mitten in den Weingärten gelegenen „Felser Warte“. Sehenswert sind hier auch die langen, tief in den Löss gegrabenen Kellergassen, an deren Rändern die Akazie, eines der „Wahrzeichen“ der Gegend, besonders gut gedeiht. Sie liefert ausgesprochen langlebiges Holz für die Weinfässer und verwandelt den Wagram im Frühjahr in ein weißes, süß duftendes und vom Gesumm der Bienen erfülltes Blütenmeer.

Eine der längsten und schönsten Kellergassen ist die am Rosenberg, aber die gehört bereits zu Feuersbrunn, das in Kreisen von Genießern und Weinfreunden wohlbekannt ist und sich immer mehr als Brennpunkt des Geschehens am Wagram etabliert. Toni Mörwald, überregional berühmter Gastrozampano, Marketinggenie und Hansdampf an allen Herden, betreibt hier mit dem Gasthaus zur Traube das Stammhaus seines Imperiums. Einer seiner Nachbarn, der Wein-und-Genuss-Barockmensch Bernhard Ott setzte schon früh ganz auf den Grünen Veltliner und eroberte sich eine nicht zu übersehende Markt- und Markenposition in Österreich und Deutschland, während Toni Bauer, dessen Weiß- und Rotweine nicht nur am Wagram, sondern österreichweit zur Spitze zählen, dafür gesorgt hat, dass sich inzwischen auch amerikanische Weinfreaks unter dem Begriff „Wagram“ etwas vorstellen können. Die Feuersbrunner Kellergasse selbst ist ebenfalls einen Abstecher wert: Zwar wurden hier bislang nur zwei Heurige regelmäßig bespielt, doch hat der Wein-Quereinsteiger aus

In Löss gebaut: Es war einmal ein Keller ...

Linz, Clemens Strobl, ganz oben in der Kellergasse einen spektakulären, neuen Wein-Hotspot der etwas anderen Art geschaffen. In einem alten Presshaus wurde ein modern gestylter Heuriger installiert, bei dem das Dach zu einer Sitzterrasse im Stil eines Amphitheaters umgestaltet wurde. Der wohl schickste Platz am Wagram, um mit einem Glas Wein in der Hand den Sonnenuntergang zu genießen.

Wagram biologisch – und dynamisch! Weiter geht unsere Tour vorbei an Toplagen wie Gmirk, Fumberg und Welfel in Richtung Gösing am Wagram. Der „Marterlwanderweg" bietet die Gelegenheit, sich vorbei an Wegkreuzen, Kapellen und Bildstöcken die sanft hügelige Landschaft bei einem kleinen Rundgang zu erschließen, und der Ort selbst ist aufgrund seiner erhabenen Lage – Fernblick bis zum Ötscher! – und der behäbigen, alten Winzer- und Bürgerhäuser im Zentrum ein echtes Juwel. Spannend ist hier eine Veltliner-Vertikale bei Leopold Blauensteiner und ein Besuch im Weingut von Toni Söllner und Daniela Vigne, die bereits biodynamischen Weinbau betrieben haben, als der durchschnittliche Weintrinker noch gar nicht wusste, dass es so etwas gibt.

Durch Weingärten, Felder, Wald und Äcker führt der Weg nun weiter nach Großriedenthal, wo die sogenannten „Lössmandln", die wie mächtige Finger aus der Landschaft ragen, auch für weniger weininteressierte Besucher ein hübsches Fotomotiv abgeben. Sehenswert ist auch die hervorragende Lage „Wadenthal", mit ihrer Kesselform und ihren terrassierten Weingärten eine der eindrucksvollsten des Landes. Die Weinorte Großriedenthal und Neudegg sind vielen ökologisch gesinnten Weinfreunden seit Langem ein Begriff, befindet sich hier doch eine der Keimzellen des naturnahen Weinbaus in Österreich. Profilierte Winzer sind hier Karl Diwald mit seinen bemerkenswerten Rotweinen, Josef Bauer als Spezialist für Eisweine und andere süße Raritäten sowie Martin Diwald und Stefan Mehofer, deren Familien zu den Vorreitern des Bioweinbaus in Österreich zählen.

Kultur und Kulinarik. Über den Umweg nach Oberstockstall erreichen wir Ruppersthal, das unter Musikfreunden als Geburtsort des Komponisten und Klavierbauers Ignaz Joseph Pleyel (1757–1841) bekannt ist, der es in Paris zu großer Berühmtheit brachte und dem ein Pleyel-Museum und ein Kulturzentrum, in dem regelmäßig Konzertveranstaltungen stattfinden, gewidmet sind.

Von Ruppersthal aus bieten sich nun drei Möglichkeiten, die Wagram-Tour fortzusetzen oder zu beenden. Entweder man fährt noch ein Stück weiter nach Norden und besucht den „Heldenberg", das Mausoleum des legendären Feldmarschall Radetzky, das nach der Totalsanierung vor einigen Jahren zwar weniger mystisch, aber immer noch durchaus kurios ist, oder man biegt ins malerische Schmidatal ein und fährt dem Flusslauf folgend wieder zurück zum Ausgangspunkt der Exkursion in Absdorf. Mein persönlicher Favorit ist freilich Variante drei: die Rückfahrt in Richtung Kirchberg und der Besuch des Guts Oberstockstall. Auch ganz ohne Alchemie ist das einer der magischsten und zauberhaftesten Plätze des österreichischen Weinlandes und nicht zuletzt deshalb ein beliebter Fluchtpunkt für Städter mit Sehnsucht nach dem Landleben. Mit eigenem Weingut, Restaurant und Gästezimmern die genussvollste Endstation für eine Wagram-Tour, die ich mir vorstellen kann.

Rund 90 Prozent der Böden am Wagram sind tiefgründiger, wasserspeichernder Löss, der den Charakter der Weine wesentlich mitbestimmt. Daher findet man hier einen klar definierten, wiedererkennbaren Weintyp: pfeffrige Würze, exotische Frucht bei hoher Reife und eine angenehme Cremigkeit am Gaumen sind seine Charakteristika. Hauptrebsorte ist der Grüne Veltliner, der am Löss optimale Bedingungen vorfindet. Als regionale Spezialität gilt außerdem der Rote Veltliner, der am Wagram seine größte Verbreitung hat und auch die besten Qualitäten bringt. Neben weiteren Weißweinsorten wie dem Riesling oder Weißburgunder haben auch Rotweine ihre Berechtigung, denen die vielen Sonnenstunden und die Südhänge zur nötigen Wärme und Reife verhelfen.

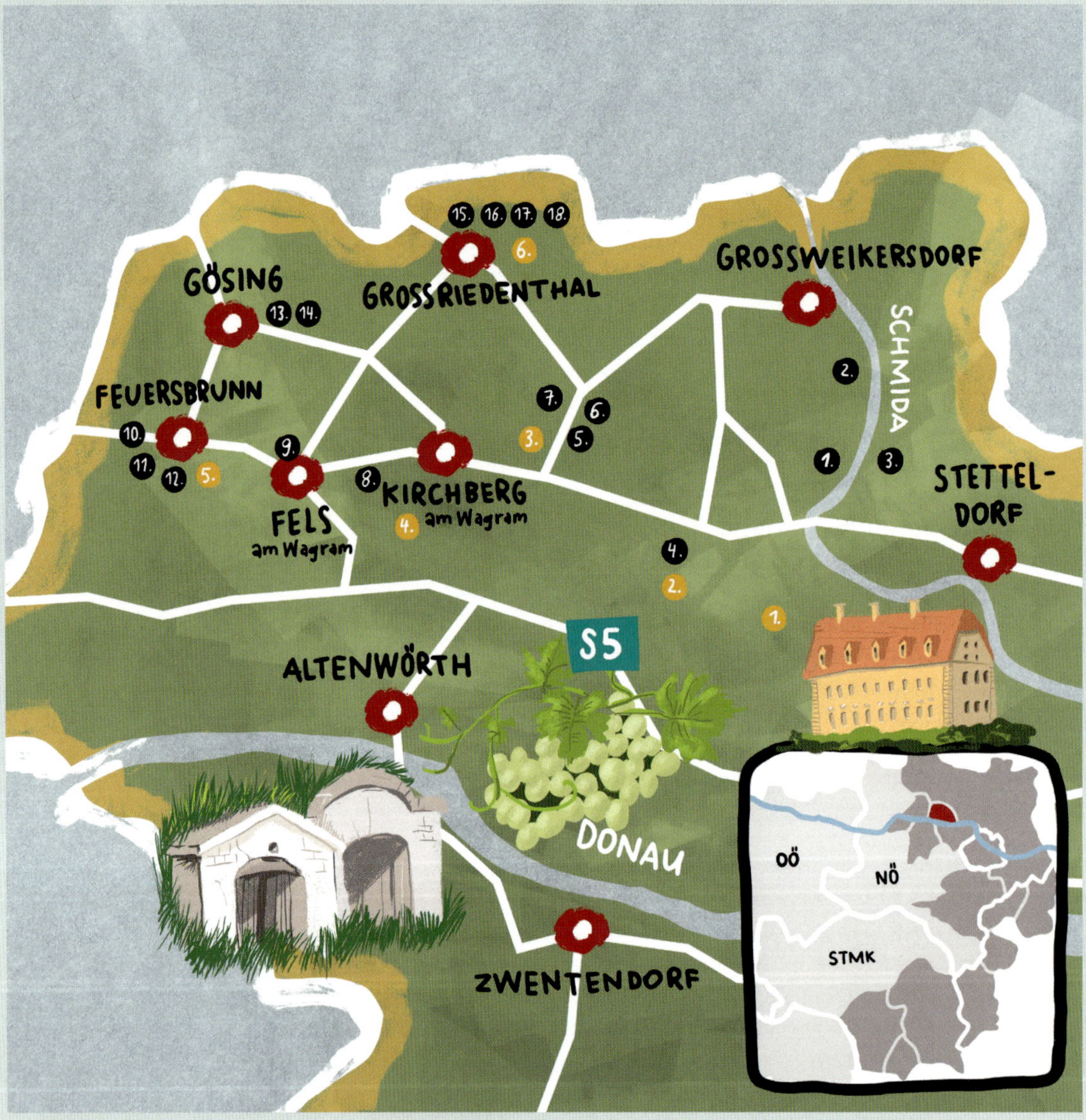

WEINGÜTER

1 Fritz, Zaussenberg
2 Ehmoser, Großweikersdorf
3 Ernst, Großwiesendorf
4 Franz Anton Mayer, Königsbrunn
5 Ecker-Eckhof, Kirchberg
6 Weinberghof Fritsch, Kirchberg
7 Salomon – Gut Oberstockstall, Kirchberg
8 Nimmervoll, Engelmannsbrunn
9 Leth, Fels am Wagram
10 Anton Bauer, Feuersbrunn
11 Josef Bauer, Feuersbrunn
12 Bernhard Ott, Feuersbrunn
13 Söllner, Gösing
14 Blauensteiner, Gösing
15 Josef Bauer, Großriedenthal
16 Karl Diwald, Großriedenthal
17 Bioweingut Diwald, Großriedenthal
18 Mehofer – Neudeggerhof, Großriedenthal

LOKALE

1 Zum Goldenen Hirschen, Bierbaum am Kleebühel
2 Landgasthof Mann, Königsbrunn
3 Gut Oberstockstall, Kirchberg
4 WERITAS, Kirchberg
5 Mörwald – Zur Traube, Feuersbrunn
6 Wirtshaus im Lösshof, Großriedenthalt

1.

WEINGUT FRITZ
3701 Zaussenberg, Ortsstraße 3
+43 2278 25 15
office@weingut-fritz.at
www.weingut-fritz.at

Ein Mann sieht rot – und das mit Weißwein! Josef Fritz hamstert mit den Sorten Roter Veltliner und Roter Traminer eine Auszeichnung nach der anderen ein und hat sich als Spezialist für diese begehrten Nischenweine profiliert. Natürlich gibt es bei ihm aber auch Grüne Veltliner in allen Facetten, die weißen Burgundersorten Weißburgunder und Chardonnay und eine breite Palette sehr beachtlicher Rotweine.

2.

JOSEF EHMOSER
3701 Großweikersdorf, Tiefenthal 9
+43 2955 704 42
office@weingut-ehmoser.at
www.weingut-ehmoser.at

Das Weingut Ehmoser befindet sich in Tiefenthal, seine Hauptlagen Georgiberg und Hohenberg etwas weiter nördlich, rund um Großweikersdorf. Durchgängig tiefgründige Lössböden bieten hier optimale Bedingungen: Perfekte Sonneneinstrahlung durch die südliche Ausrichtung und kühle Nächte durch die Höhenlage verleihen Ehmosers Grünen Veltlinern, dem Weißburgunder und dem Riesling ihre tiefe Aromatik und stets animierende Trinkfreudigkeit.

3.

WEINGUT ERNST
3701 Großwiesendorf 34
+43 664 177 13 38
weingut.ernst@aon.at
www.weingut-ernst.at

Wer wüsste schon, wo Großwiesendorf ist, gäbe es da nicht Bernhard Ernst. Der Winzer hat mit einer ganzen Flut von Auszeichnungen (allein 5 „SALON"-Sieger!) für seine Grünen und Roten Veltliner, Rieslinge und Weißburgunder den kleinen Weinbauort nachhaltig auf die Landkarte für Weinfreunde gesetzt.

4.

FRANZ ANTON MAYER
3465 Königsbrunn, Kremser Straße 8
+43 2278 23 44
mail@franzantonmayer.at
www.franzantonmayer.at

Franz Anton Mayer hatte schon viel aufgebaut, als er im Jahr 2013 viel zu früh verstarb. Doch die Geschichte des Weinguts endete nicht mit dem Tod des Winzers, die Weine des Hauses werden weiter in seinem Sinne und entsprechend einer mehr als 100-jährigen Tradition des Weinguts gekeltert. Das Hauptaugenmerk liegt dabei auf frischen, bekömmlichen Weinen, die unkomplizierten Trinkspaß ohne große Hemmschwelle versprechen. Ab Hof können sie im „Weinblick" in der Feuersbrunner Kellergasse gekauft werden.

5.

WEINGUT ECKER – ECKHOF
3470 Kirchberg am Wagram
Mitterstockstall 25
+43 227924 40
weingut@eckhof.at
www.eckhof.at

Der Eckhof der Familie Ecker ist einer jener Glücksfälle, wo man ausgezeichnete Weine in gemütlicher Heurigenatmosphäre genießen kann. Indes hat Bernhard Ecker die Weine des traditionsreichen Weinguts mit einer 400-jährigen Geschichte weit über die Grenzen des Wagram hinaus bekannt gemacht. Der Rote Veltliner „Steinberg" zählt zu den besten dieser Sorte im Land, und auch Grüne Veltliner, Rieslinge, Weißburgunder sowie die Rotweine bieten Trinkvergnügen auf hohem Niveau.

6.

WEINBERGHOF FRITSCH
3470 Kirchberg am Wagram
Oberstockstall 24
+43 2279 50 37
info@fritsch.cc
www.fritsch.cc

Karl Fritsch, der sein Weingut heute biodynamisch bewirtschaftet, war – nicht nur aufgrund seiner Körpergrüße – schon früh ein Qualitätsleuchtturm am Wagram. Seine vollreifen Grünen Veltliner und Rieslinge vereinen Kraft und Eleganz, und mit seinen Roten wie der Cuvée „Foggathal" oder dem Pinot noir „P" (wie Perfektion) hat er in der Region Maßstäbe gesetzt.

7.

FRITZ SALOMON
GUT OBERSTOCKSTALL
3470 Kirchberg am Wagram
Oberstockstall 1
+43 2279 23 35 12
wein@gutoberstockstall.at
www.gutoberstockstall.at

Für Birgit und Fritz Salomon bedeutete der Umstieg auf biodynamischen Weinbau kein „Neu-Denken", sondern ein konsequentes Weiterdenken dessen, was ihnen schon immer ein Anliegen war – Weinbau im Einklang mit der

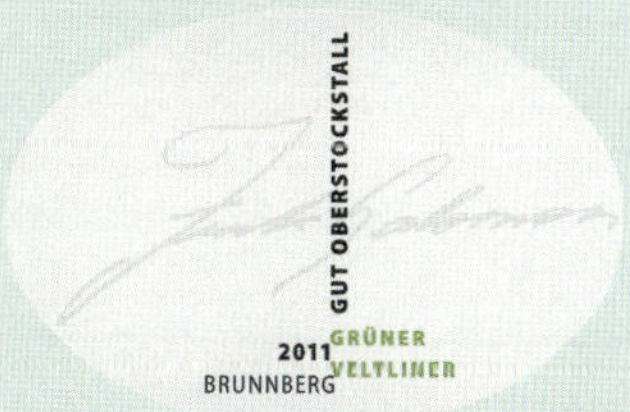

Natur. Ihre Weine, allen voran der Grüne Veltliner „Maulbeerpark“ und der Blaue Burgunder, sind deshalb dementsprechend natürlich, feingliedrig und unaufgeregt aber immer animierend und elegant.

8.

NIMMERVOLL
3470 Engelmannsbrunn, Steingassl 30
+43 676 950 36 82
office@nimmervoll.cc
www.nimmervoll.cc
Gregor Nimmervoll ist quasi der Prototyp des jungen Winzers, der mit seinen Weinen auch eine neue Zielgruppe von jungen Weinfans anspricht. Neben lässigen Trinkweinen wie „Nimm Weiß“ und „Nimm Rosé“ keltert er auch großen Stoff, der ihm immer wieder Aufmerksamkeit und Auszeichnungen einbringt.

9.

LETH
3481 Fels am Wagram, Kirchengasse 6
+43 2738 22 40
office@weingut-leth.at
www.weingut-leth.at
Franz Leth ist eine der treibenden Kräfte am Wagram – ob es nun um die Entwicklung der gesamten Region oder um

die Qualität der Weine des Hauses geht. Da ist man breit aufgestellt und punktet zum einen bei den Wagramer Klassikern wie Grüner und Roter Veltliner. Zum anderen mit einem exzellenten Riesling von schottrigem Urgestein und mit den Rotweinen wie dem beerenfruchtigen Pinot noir oder dem Ausnahme-Zweigelt „Gigama“, die zu den besten der Region zählen.

10.

ANTON BAUER
3483 Feuersbrunn, Neufang 42
+43 2738 25 56
office@antonbauer.at
www.antonbauer.at
Karriere machte Toni Bauer zunächst in den USA, inzwischen sind seine Weine

aber längst auch auf den Weinkarten der guten heimischen Lokale präsent. Trinkfreudig und fruchtbetont, aber auch vollmundig und animierend präsentieren sich Bauers Grüne Veltliner bis hin zum Kraftpaket „Grande Reserve“, außergewöhnlich der Riesling von der Urgesteinslage Berg im Süden von Feuersbrunn. Der Rotweinklassiker ist die Wagram Reserve, und mit den Spitzenweinen Cabernet Sauvignon und Pinot noir Reserve holte sich Bauer bereits höchste Auszeichnungen im In- und Ausland.

11.

JOSEF BAUER
3483 Feuersbrunn, Neufang 52
+43 2738 23 09
weingut@josefbauer.at
www.josefbauer.at
Würzig-opulenter Grüner Veltliner vom Löss und mineralisch-eleganter Riesling vom roten Schotter – die Weine von Josef „Joe“ Bauer sind ein Spiegelbild der beiden Feuersbrunner Terroirs.

12.

BERNHARD OTT
3483 Feuersbrunn, Neufang 36
+43 2738 22 57
bernhard@ott.at
www.ott.at
Die Weine von „Mister Magnum“ Bernhard Ott machen ganz einfach Trinkfreude. Schon früh hat er sich fast ausschließlich auf den Grünen Veltliner fokussiert, dessen Potenzial er zwischen dem fröhlich-animierenden „Fass 4“ und dem „Feuersbrunner Rosenberg“ von besonders alten Reben in allen Facetten auslotet. Mehr oder weniger unter der Hand gehandelt werden der Überflieger-Veltliner „Tausend Rosen“ und der Amphoren-Veltliner „Quevre“.

13.

SÖLLNER
3482 Gösing, Hauptstraße 34
+43 2738 32 01
kontakt@weingut-soellner.at
www.weingut-soellner.at
Toni Söllner und Daniela Vigne bewirtschaften das Familienweingut seit dem Jahr 1996 biologisch, seit 2004 werden auch biodynamische Präparate eingesetzt. Anfangs mutete ihre Denkweise noch exotisch an, inzwischen wird sie von vielen Winzern der Region geteilt. Die

Söllner-Weine sind so naturbelassen wie möglich, erfrischend, animierend und eher leicht im Alkohol.

14.

LEOPOLD BLAUENSTEINER
3482 Gösing, Obere Zeile 12
+43 2738 21 16
leopold@blauensteiner.com
www.blauensteiner.com
Leopold Blauensteiner verfolgt seit Langem das Projekt, die besten Klone für seine Grünen Veltliner zu selektieren – mit schmeckbar guten Ergebnissen. Daneben beweist er mit Weinen wie dem „Fab Four“ aber auch seine Rotweinkompetenz.

15.

JOSEF BAUER
NATURNAHER WEINBAU
3471 Großriedenthal, Hauptstraße 68
+43 2279 72 04
info@familiebauer.at
www.familiebauer.at
Grüne und Rote Veltliner bilden das Herzstück von Josef Bauers Weinschaffen, das sich an ökologischen Grundprinzipien orientiert.

16.

KARL DIWALD
3471 Großriedenthal, Hauptstraße 33
+43 2279 72 18
weinbau.karl.diwald@aon.at
www.weinbau-karl-diwald.at
Im Winzerhof der Familie Diwald aus dem 17. Jahrhundert kann man sich durch die gesamte Weinvielfalt des Wagram kosten: animierende Trinkweine wie der Rote Veltliner, stoffig-tiefgründige

Veltliner-Granaten von der Spitzenlage Wadenthal und schließlich noch Rotweine wie die Zweigelt Reserve oder die Cuvée „Terra Rubra", die zur Creme des Wagram zählen.

17.

BIOWEINGUT DIWALD
3471 Großriedenthal, Hauptstraße 35
+43 2279 72 25
office@weingut-diwald.at
www.weingut-diwald.at
Bioweinbau hat in diesem Betrieb bereits seit 1980 Tradition – und Martin Diwald geht diesen Weg konsequent weiter. Unkonventionelle Ansätze führen zu unkonventionellen Weinen – Spannung garantiert.

18.

MEHOFER – NEUDEGGERHOF
3471 Großriedenthal, Neudegg 14
+43 2279 72 47
neudeggerhof@mehofer.at
www.mehofer.at
Stephan Mehofer verfolgt eine leichte und bekömmliche Weinlinie und experimentiert auch mit pilzresistenten Rebsorten.

1.

ZUM GOLDENEN HIRSCHEN
3462 Bierbaum am Kleebühel
Landstraße 51
+43 2278 25 38
solich@dawirt.at
www.dawirt.at
Nomen est omen – daher ist „da Wirt" auch „da Waidmann" und kocht unter anderem hervorragende Wildgerichte.

2.

LANDGASTHOF MANN
3465 Königsbrunn
Rathausplatz 14
+43 2278 23 34
gasthaus@mann.co.at
www.mann.co.at
Zum Landgasthof gehört auch eine Fleischhauerei – darum frönt man hier fleischlichen Genüssen und der klassischen Innereienküche besonders gern.

3.

GUT OBERSTOCKSTALL
3470 Kirchberg am Wagram
Oberstockstall 1
+43 2279 23 35
restaurant@gutoberstockstall.at
www.gutoberstockstall.at
In bester Tradition eines Landgutes verwöhnt Familie Salomon ihre Gäste mit exzellenten Weinen aus dem eigenen Bioweingut und einer feinen, bodenständigen Küche, die ebenfalls auf viele Produkte aus eigener Erzeugung zurückgreift.

4.

WERITAS WAGRAM
s. Genusstipps

5.

MÖRWALD ZUR TRAUBE
3843 Feuersbrunn, Kleine Zeile 13–17
+43 2738 22 98
traube@moerwald.at
www.moerwald.at
Das Stammhaus des omnipräsenten Toni Mörwald ist ein multifunktionales Wirtshaus samt Stammtisch für die Einheimischen, Gourmetstüberl und Vinothek. Legendär sind die Kochkurse mit dem Meister himself.

6.

WIRTSHAUS IM LÖSSHOF
3741 Großriedenthal 18
+43 2279 72 24
info@loesshof.at
www.loesshof.at
Das schöne, alte Gasthaus wurde von der Familie Mehofer mit einem frischen Konzept zu neuem Leben erweckt.

Zeitgeistig gestylte Zimmer hinter einer alten Fassade – gleich vis-à-vis der „Traube“.

GUT OBERSTOCKSTALL, s. Essen
Bezaubernde, modern adaptierte Gästezimmer in historischen Mauern – von Renaissance bis Barock.

Gut Oberstockstall: Fluchtpunkt für Städter mit Sehnsucht nach dem Landleben

ALTER WINZERKELLER
3470 Kirchberg am Wagram
Rossplatz 1
+43 2279 502 10
www.alterwinzerkeller.at
Mit viel Gefühl wurde dieses alte Presshaus zu einem idyllischen Hideaway mit allem Komfort umgebaut. Auch in Kombination mit einem Gourmetmenü in Oberstockstall buchbar.

VILLA KATHARINA
3843 Feuersbrunn, Kleine Zeile 10
+43 2738 229 80
rezeption@moerwald.at
www.moerwald.at

HEISS KELLER
3462 Absdorf, Kellergasse Absberg
+43 699 10 24 90 60
www.heisskeller.at
Feine Jause aber auch italienische Küche und Alimentari im stilvoll adaptierten Presshaus an einem der schönsten Plätze der Absberger Kellergasse.

WEINBLICK WAGRAM
3483 Feuersbrunn, Am Ende der Feuersbrunner Kellergasse
+43 2738 214 76
office@fam-wein.at
www.franzantonmayer.at/de/weinblick.html
Spektakuläres Wein-Amphitheater und Heuriger mit Ab-Hof-Verkauf des Weinguts Franz Anton Mayer in Königsbrunn.

WERITAS WAGRAM
3470 Kirchberg am Wagram
Marktplatz 44
+43 2279 201 79 10
info@weritas.at
gerhard.hintermayer@aon.at
www.weritas.at

Architektonisch ansprechendes Weinzentrum (Architektur: gerner°gerner plus architekten) mit feiner Küche und bestens sortierter Vinothek.

Weritas: Weinkompetenzzentrum und ein Kristallisationspunkt für den Weinbau am Wagram

Weithin sichtbare Landmark: Schloss Juliusburg in Stetteldorf

WEIN- & NATURLEHRPFAD „HAMMERGRABEN“/FELSER WARTE
Der Hammergraben in Fels am Wagram ist eine idyllische Kellergasse, die durch rund 7 Meter hohe Lösswände begrenzt ist und als Wein- und Naturlehrpfad zur Felser Warte führt. Reiche Tier- und Pflanzenwelt wie etwa Steinkauz.

SCHLOSS FELS
Im Schloss befindet sich das Felser Heimatmuseum, das Arbeits- und Haushaltsgeräte aus der Vergangenheit zeigt. Die Fossiliensammlung aus der Paläontologie enthält einzigartige Funde.
Kremser Straße 3, Fels am Wagram
Besichtigung nach Voranmeldung

ALCHEMISTENPARK
Die kulinarisch-sinnliche Schau- und Obstgartenanlage ist ganzjährig zugänglich, Kirchberg am Wagram

DER HELDENBERG
In diesem Ehrendenkmal für die Feldherren, Offiziere und Soldaten der k. u. k. Armee fand Feldmarschall Radetzky seine letzte Ruhestätte; angeschlossen sind eine Falknerei, Lipizzaner-Stallungen und ein Oldtimer-Museum. Auch für Kinder interessant: Das Steinzeitdorf mit speziellem Kinderprogramm am Wochenende.
Kleinwetzdorf, Wimpffen-Gasse 5
+43 2956 812 40
www.derheldenberg.at

SCHLOSS JULIUSBURG
Ein architektonisches Kleinod der Spätrenaissance; nach dem Krieg geplündert und verwahrlost, wurde es in den vergangenen Jahren vom neuen Besitzer aufwendig restauriert, Stetteldorf am Wagram.

KELLERGASSENSPAZIERGÄNGE
Rosenberg (schönste und längste Kellergasse am Wagram)
Absberg

PLEYEL-MUSEUM
Das Pleyel-Museum ist weltweit die einzige Gedenkstätte, die sich dem Leben und Werk des Komponisten, Klavierbauers, Verlegers, Domkapellmeisters und Gründers der „Salle Pleyel“ in Paris, Ignaz Joseph Pleyel, widmet. Führungen mit Audio- und Videobeiträgen; 2015 entsteht zusätzlich ein neues Pleyel-Kulturzentrum samt Konzertsaal – Museum, Ruppersthal,
+43 2955 706 45, www.pleyel.at

„DER ALCHEMIST“
Permanente Ausstellung im Alten Rathaus von Kirchberg. Gezeigt werden zahlreiche Fundgegenstände aus dem komplett eingerichteten Alchemistenlabor aus dem 16. Jahrhundert, das 1980 im Gut Oberstockstall entdeckt wurde.
Besichtigung: Samstag 14–17 Uhr oder nach tel. Voranmeldung:
+43 2279 23 32

TERMINE
- Wagramer Lössfrühling (Anf. Mai)
- Felser Kellergassenfest (Juni)
- Kellergassenfest Feuersbrunn (Juli)
- Kellergassenfest Königsbrunn am Wagram (Aug./Sept.)
- Weintaufe in der Eisweingemeinde, Grossriedenthal (Nov.)

INFORMATION
Verein Tourismus & Regionalentwicklung Region Wagram
3470 Kirchberg, Marktplatz 44
+43 664 101 14 36
office@regionwagram.at
www.regionwagram.at
geöffnet: Mo–Fr von 8.30–16 Uhr
telefonische Info täglich ab 9 Uhr

Traisental, Kremstal, Kamptal – Mitten im Weinland

Mit der alten Weinstadt Krems in der Mitte und Langenlois als Zentrum des Weinbaus bilden die drei Weinbaugebiete Traisental, Kremstal und Kamptal das Herz des niederösterreichischen Weinbaus. Lange Tradition und der frische Wind der Erneuerung ergeben hier spannende Kontraste.

Wenn es so etwas wie ein Zentrum des Weinlandes Niederösterreich gibt, dann ist es die Region rund um Krems mit den Weinbaugebieten Traisen-, Krems- und Kamptal, wobei wir der angrenzenden Wachau und dem Wagram eigene Kapitel widmen. Mit der alten Wein- und Handelsstadt Krems, die sich heute vor allem auch als Schulstadt positioniert und damit deutlich verjüngt hat, verfügt das Gebiet über ein lebendiges, urbanes Zentrum, und mit Langenlois befindet sich hier auch die größte Weinbaugemeinde des Landes. Doch nicht die Superlative sind es, die den besonderen Reiz dieser Region ausmachen, sondern ihre Vielfalt: die Landschaft, das kulinarische Angebot und natürlich die Weine. Es steht uns jedenfalls eine spannende Expedition bevor, die freilich nicht mehr als einen kursorischen Überblick geben kann. Allein schon aus Platzgründen muss so manches unerwähnt bleiben, das durchaus sehens- und kostenswert wäre – doch erstens ist das Angebot so dicht gedrängt, dass man ohnehin auf Schritt und Tritt seine eigenen Entdeckungen macht, und zweitens müsste man sich mehrere Wochen hier niederlassen, um die Gegend einigermaßen vollständig erkunden zu können.

Da wir so viel Zeit nicht haben, wollen wir unverzüglich ans Werk gehen und zuerst die Reiseroute abstecken. Wir beginnen von St. Pölten kommend in Herzogenburg, durchqueren das Traisental und setzen bei Krems, dem wir einen Kurzbesuch abstatten, über die Donau. Nach einem Abstecher ins Kremstal wenden wir uns nach Langenlois, fahren ein Stück das Kamptal hinauf – bis dorthin, wo die Reben aufhören und das Waldviertel grüßen lässt.

Nicht zuletzt dadurch, dass es jahrelang mit dem „Donauland" und sogar mit dem fernen „Carnuntum" zu einem Weinbaugebiet zusammengefasst wurde, aber auch aufgrund der mit dem Kremstal nahe verwandten Weinstilistik, war es für das Weinbaugebiet Traisental zunächst schwierig, ein eigenständiges Profil zu entwickeln. Viele interessierte Weinfreunde sind oft in Richtung Wachau oder Langenlois achtlos daran vorbeigefahren, ohne zu wissen, dass es in diesem überschaubaren und dadurch besonders „handlichen" Gebiet allerhand zu sehen und zu kosten gibt.

Ausgsteckt ist immer Die Weinberge, die sich zwischen Herzogenburg und Hollenburg westlich der Traisen die sanften Hügel hinaufziehen, erinnern an die Côte d'Or im Burgund, und ähnlich wie dort liegen auch hier die kleinen Weindörfer wie Inzersdorf, Nußdorf oder Wagram ob der Traisen, fast ein wenig versteckt, idyllisch inmitten der Weingärten. Die Böden sind hier abwechslungsreich (Löss, Sand, Schotter sowie Konglomerat, eine Art verfestigter Kies) und wurden durch die Ur-Donau und die Ur-Traisen geprägt, die ganz schön herumgekommen sind. Dominiert wird das Weingeschehen vom Grünen Veltliner, der hier deutlich mehr als die Hälfte der gesamten Rebfläche einnimmt, ausgezeichnete Ergebnisse bringen aber auch der Riesling und die Burgundersorten, die sich auf den zumeist kalkreichen Böden der Region ebenfalls sehr wohlfühlen.

Als das Traisental im Jahr 1995 ein eigenes Weinbaugebiet wurde und später seine offizielle Weinstraße dazu bekam, gab es hier in Sachen Spitzenweinen eigentlich eine One-Man-Show namens Ludwig Neumayer. Doch die Weine des Routiniers, der nach wie vor zu den besten Winzern des Landes zählt, blieben trotz ihrer Qualität lange Zeit Geheimtipps. Nach und nach kam die Region jedoch in Schwung. Mit Markus Huber tauchte ein neuer Stern am Traisentaler Weinhimmel auf, der das Gebiet auch international bekannt machte, und mit Winzern wie Tom Dockner oder Leopold Figl drängt jetzt eine junge Generation nach, die der Region ein frisches vinophiles Profil verleiht. Daneben findet man hier aber auch etliche Weingüter wie das der Familie Schöller, die mit beachtlichen Weinqualitäten aufwarten, aber vor allem für ihre ausgezeichneten Heurigen bekannt sind. Und schließlich bekamen die Winzer des Traisentals noch prominenten Zuzug, als 2009 der nunmehrige Finanzminister, Hans Jörg Schelling, das historische Weingut des Stifts Herzogenburg in Wielandsthal in Pacht genommen hat.

Doch zurück zu den Heurigen, denn die sind ein Markenzeichen der Region. Irgendwo hat immer jemand ausgsteckt, und wo das ist, lässt sich leicht herausfinden, denn da wird rundum großzügig ausgeschildert. Wer ganz sicher gehen will, kann aber auch einfach die Eichberger und Ahrenberger Kellergasse zwischen Traismauer und Sitzenberg-Reidling ansteuern. Die beiden ebenso idyllischen wie ursprünglichen Kellergassen sind nach wie vor ein Geheimtipp, und von ihren 130 Kellern hat das ganze Jahr über zumindest einer geöffnet. Für Wissbegierige gibt es ein ganzjährig geöffnetes Weinbaumuseum, und wer sich einen Überblick darüber verschaffen will, wo der Wein wächst, der hier ausgeschenkt wird, marschiert hinauf in die Weingärten am Fuchsberg und erklimmt den „Korkenzieher", eine moderne Aussichtsplattform, die 2005 errichtet wurde und der Form eines Korkenziehers nachgebildet ist.

Und auch auf der westlichen Seite des Traisentals findet man in Unter- und Oberwölbling ein etwas versteckt gelegenes Heurigeneldorado mit einigen stattlichen Betrieben, die nicht nur von Einheimischen, sondern auch von eingeweihten „Auswärtigen", zu denen Sie ab sofort zählen, gerne besucht werden.

Wer sich nicht allein dem Wein widmen, sondern Kultur und Genuss verbinden will, wird im Schloss Walpersdorf fündig. Da hat die bekannte Gartengestaltungsfirma Lederleitner einen neuen Hotspot geschaffen, der auch die „Bobos" aus dem fernen Wien magisch anzieht. Zurecht, die Melange aus historischem Ambiente, stilvollen Interieurs der permanenten Möbel- und Inneneinrichtungsverkaufsschau, der Schlossbrauerei, dem köstlichen Schlossshop und dem 100 Prozent Stadtflucht-tauglichen Restaurant „Woracziczky" samt Schlosshofgarten und Schlossküche ist perfekt gelungen. Weniger mondän, aber durchaus spannend, geht es im sehenswerten Urzeitmuseum von Nußdorf ob der Traisen zu: Beim Ausheben der vielen Kiesgruben in der Ebene des Traisentals wurden zahlreiche Fundstücke geborgen, mit denen unter anderem die lange Weinbaugeschichte der Region beleuchtet wird.

Wer nicht zurück, sondern hinunter blicken will und eine halbe Stunde Zeit erübrigen kann, sollte von Hollenburg auf der schmalen, gut beschilderten Straße, die mitten durch die Terrassenweingärten führt, zum sogenannten Wetterkreuz hinauffahren. Die auf eine Kapelle aus dem Jahr 1651 zurückgehende Kirche bietet Gelegenheit zur stillen Andacht, ein etwas unterhalb der Kapelle gelegener Aussichtspunkt einen herrlichen Ausblick über die Donau und weite Teile des Weinbaugebiets Kremstal.

Zurück zu ebener Erde in Hollenburg heißt es nun links rum, ein kurzes Stück der Donau entlang und dann gleich wieder links abbiegen, in die Straße nach Krustetten. Der Ort ist ein wahrer Adlerhorst mit herrlichem Blick auf Stift Göttweig und über das Kremstal, zu dem man weingesetzlich bereits gehört. Wem der Blick allein zu trocken ist, der kann sich auf der aussichtsreichen Heurigenterrasse der Weinbaufamilie Müller bei Speis und Trank wunderbar auf die kommenden Genüsse des Kremstals einstimmen. Anschließend steht der Mensch am Scheideweg: links runter zu Sepp Dockner, einem der großen Zampanos des Kremstals mit ausgezeichneten Weinen und einem ausgesprochen engagiert geführten Heurigen, oder rechts nach Oberfucha zur inspirierenden Weinverkostung im Geyerhof mit Ilse Maier, einer der Vorreiterinnen des biodynamischen Weinbaus in Österreich. Wie auch immer man sich entscheidet, die übernächste Station ist das formidable Weindomizil der Familie Malat. Hier gibt es nicht nur tolle Weiß- und Rotweine, mit denen man in der Region Maßstäbe gesetzt hat, sondern mit dem neuen Weingartenhotel auch eine der komfortabelsten Bleiben im weiten Umkreis, wo man mit Blick auf Stift Göttweig dem Genuss frönen und die Seele baumeln lassen kann.

Wein – historisch und sta(d)ttlich Nun aber hinüber nach Krems, in eine der ältesten Städte Österreichs, die bereits im Mittelalter ein Zentrum des Salz- und Weinhandels war. Auch heute prägt der Weinbau den Ort, der eigentlich aus den drei Teilen Krems, Stein und Und besteht. Grüner Veltliner und Riesling von landschaftlich sehenswerten Rieden rund um Krems wie Kögl, Wachtberg, Pfaffenberg, Frechau oder Sandgrube sind die Leitsorten und an guten Winzern fehlt es hier nicht. Zu den ersten Adressen zählen das Weingut der Stadt Krems mit sehenswertem Verkostungsraum und Keller mitten in der Stadt, das ebenso traditionsreiche wie architektonisch moderne Weingut Aigner, der unkonventionelle Bio-Winzer Urban T. Stågard mit seinem köstlichen Heurigen „Zum Schweden" mitten in der Altstadt und die Genossenschaft der Winzer Krems: Sie verfügt über einen der bemerkenswertesten Altweinbestände des Landes und bietet mit ihrer imposanten Weinerlebniswelt „SANDGRUBE 13 wein.sinn" und dem Vinothekskeller im Bründlgraben tiefe Einblicke in die Kremser Unterwelt und das Werden des Weins.

Darüber hinaus ist Krems aber auch kulturhistorisch eine Fundgrube ersten Ranges; zahlreiche restaurierte Bürger- und Sgraffitohäuser, Kirchen und Klöster und Museen legen Zeugnis von der reichen Vergangenheit des Ortes ab, in dem der weithin als „Kremser Schmidt" bekannte Maler Johann Martin Schmidt eine Fülle von Vermächtnissen seines umfangreichen Schaffens in Form von Wand- und Deckenfresken hinterlassen hat. Doch die Kremser Kulturszene blickt nicht nur in die Vergangenheit: Mit der „Kunstmeile" und der modernen Kunsthalle samt Karikaturmuseum wurde hier viel Raum für die Präsentation zeitgemäßer bildender Künste geschaffen. Wenn man schon einmal hier ist, sollte man übrigens nicht verabsäumen, dem bereits seit 1792 bestehenden Undhof der Familie Salomon einen Besuch abzustatten. Im modernen Verkostungsraum des historischen Gemäuers warten prototypische Kremser Weine vom Feinsten und dazu ein paar köstliche Cabernets und Shiraz' von Bertold Salomons „Zweit-Weingut" in Australien.

So viel Kultur und Wein macht hungrig, doch darben muss man in Krems keineswegs. Die Lokalszene ist vielfältig mit der „Mutter aller Wirtshäuser" Ulli Amon-Jell und ihrem wunderbar-bodenständigen Gasthaus am Hohen Markt, dem international inspirierten „Blauenstein" im Haus der Regionen, dem Gourmetklassiker „Zum Kaiser von Österreich", dem „Late im Kloster Und" des Kremser Gastro-Urgesteins Charly Teuschl und dem „Wein-gut Hutter" mitten in den Weinbergen. Und wenn wir nun schon am Berg sind, fahren oder wandern wir gleich weiter zur „Starhembergwarte" am Kremser Kögl, um uns ein wenig die Beine zu vertreten, und werden dafür mit einer traumhaften Aussicht über Krems, das Donautal und Stift Göttweig belohnt.

Krems mit Berg und Tal Aussichten auf kulinarische Genüsse in Verbindung mit edlen Weinen tun sich auch auf, wenn wir nun ins Kremstal hineinfahren, und zwar nicht auf dem Berg, sondern im Tal. Denn Martin Nigl,

Blick auf Stein

Altstadtflair in Krems

Mächtig: Stift Göttweig

dessen Weinkeller im kleinen „Bergnest" Priel steht, ist den Fans seiner guten Tropfen entgegengekommen. Zu Füßen der imposanten Burgruine von Senftenberg hat er mit großem Aufwand einen fast verfallenen, 800 Jahre alten Lesehof restauriert und dort seine Verkaufs- und Präsentationsräume, ein gemütliches Landgasthaus und einige stilvolle Gästezimmer untergebracht.

Frisch ausgeruht heißt es aber jetzt wieder die Pferde anspannen und den Steilhang hinauf nach Dross. Dort holte man sich früher im Vorspannhof ein paar zusätzliche PS, bevor es weiter ging ins Waldviertel, und eine Stärkung natürlich auch. Die lange Weinbautradition des Betriebs wird heute von Silke Mayr weitergeführt, die 2006 gemeinsam mit ihrem Partner Walter Buchegger einen modernen Weinkeller errichtet hat, der in reizvollem Kontrast zum historischen Vorspannhof steht. Apropos Kontrast: Während Mayrs wunderbar kühle und mineralische Rieslinge von Lagen nördlich von Krems stammen, wachsen Bucheggers Reben nahe seiner Heimat Gedersdorf und in Rohrendorf in Rieden wie Moosburgerin oder Tiefenthal: Einer genussvollen Vergleichsverkostung steht also nichts im Wege.

Ehe wir uns nun wieder talwärts wenden, statten wir noch Josef Schmid und Franz Türk im hübschen Weinbauort Stratzing, der ebenso wie Gneixendorf allmählich zum bevorzugten Wohnort betuchter Kremser wird, einen Besuch ab und haben erneut die Gelegenheit, anhand von Grünen Veltlinern und Rieslingen die unterschiedlichen Charaktere der Lagen rund um Krems auszuloten.

Im Land des Löss Nun sind wir an sich nicht mehr weit von Langenlois entfernt, wir wählen aber nicht den direkten Weg, sondern fahren das kurze Stück nach Krems zurück und wenden uns dann westlich nach Rohrendorf, wo die stattlichen Anwesen der Lenz-Moser-Dynastie fast direkt an der Straße liegen und zu einem Besuch einladen. Prof. Lenz Moser der Dritte, unbestritten einer der größten Weinbaupioniere des Landes, hat einst die Hochkultur entwickelt, die von hier aus ihren Siegeszug rund um die Welt angetreten und den Weinbau revolutioniert hat. Vorbei an mächtigen Lössformationen, den ersten Vorboten des Wagram, und lang gestreckten Weinbauorten mit einigen empfehlenswerten Adressen wie dem schönen Wein- und „Wohngut“ Rosenberger oder dem Weingut von Hermann Moser mit großartigem Weingartenblick geht es nun Richtung Osten. Wir passieren Brunn im Felde mit dem traditionsreichen und vor allem für seinen Roten Veltliner bekannten Weingut Mantlerhof und erreichen unweit von dort bei Grafenegg das im Tudor-Stil erbaute, prächtige Schloss der Familie Metternich-Sandor. Hier ist in den vergangenen Jahren ein regelrechtes Kulturzentrum mit Open-Air-Bühne und Konzertsaal entstanden, das laufend Schauplatz von Musik- und Kulturveranstaltungen sowie im Sommer des „Musik-Festival Grafenegg“ ist. Auf dem weiteren Weg nach Langenlois begegnen uns die Kamp-Dörfer Etsdorf, Engabrunn, Walkersdorf und Hadersdorf, die allesamt nach wie vor recht idyllisch und naturbelassen sind. Ruhige Plätzchen, wo man in hübschen Kellergassen ein gutes Glas Wein trinken kann. Besonders schön ist etwa jene von Etsdorf, und dass im oberen Teil die Bundesstraße die tiefer gelegene Kellergasse überquert, ist mehr kurios als störend.

Ehe wir uns nun endgültig Langenlois zuwenden, muss unbedingt noch Gobelsburg erwähnt werden. Das Wahrzeichen des Ortes ist Schloss Gobelsburg, das Weingut des Zisterzienserstiftes Zwettl im Waldviertel. Unter der Leitung von Michael Moosbrugger, der das traditionsreiche Weingut gemeinsam mit Willi Bründlmayer gepachtet hat, haben die Gobelsburger Weine wieder zu ihrem alten Glanz zurückgefunden. Neben köstlichen Heiligensteiner Rieslingen und Veltlinern sind hier auch der schöne Gewölbekeller, das beachtliche Altweinarchiv und die ausgesprochen eleganten Rotweine bemerkenswert.

Als letzten önophilen Vorposten auf dem Weg nach Langenlois gilt es nun noch Straß im Straßertale zu nehmen. Der direkt am Fuß der Spitzenlage Gaisberg gelegene Weinbauort hat sich noch viel Unverfälschtheit – wie etwa den Dorfbach – bewahrt und wirkt meist ein wenig verschlafen. An der Tätigkeit der Winzer und Winzerinnen hier kann das nicht liegen, denn die sind äußerst aktiv und nicht nur in Österreich, sondern auch am internationalen Markt sehr erfolgreich unterwegs. Hans Topf mit Chardonnay und Co ist da ebenso zu nennen wie das Weingut Allram, das praktisch den gesamten Lagenfächer der Region im Keller hat, Birgit Eichinger, die sich regelmäßig in die Siegerlisten diverser Verkostungen einträgt, der unverwüstliche Peter Dolle als Mann der ersten Stunde, das sympathische Winzerpaar Martin und Anna Arndorfer, das im Weinbau ganz neue Wege beschreitet, das etwas versteckt gelegene Weingut von Reinhard Waldschütz, der sich mit seinen Weinen aber keineswegs verstecken muss, und der große Traditionalist Franz Zottlöderer, der vieles schon längst vorweggenommen hat, was jetzt im Zuge des Bio- und Natural-Weinbooms en vogue wird. Wem diese spannende Querverkostung zu steil wird, der kann sich für einen ersten Vorgeschmack vertrauensvoll an den freundlichen und kompetenten Joachim Palm wenden, der die gediegene und bestens bestückte Vinothek „WeinKontraste“ in Straß leitet. Die ist netterweise auch am Wochenende geöffnet, damit sich die Winzer auch einmal ausschlafen, in die Kirche gehen oder in Ruhe ihr Sonntagsbratl zelebrieren können.

Langenlois: Wein erleben und genießen Auf unserem Weg in Richtung Langenlois machen wir noch einen Halt im Weingut von Hannes Hirsch – mit einem

Steinerne Wächter: der Löwe von Gobelsburg

Brückenheilige in Straß im Straßertale

besseren Blick auf den Gaisberg und den Heiligenstein als von dessen Verkostungsraum kann man Topweine dieser Lagen eigentlich nicht verkosten!

Es ist sicherlich keine Übertreibung, wenn man Langenlois als das Zentrum des Weinbaus der Region bezeichnet. Gleichzeitig markiert der lang gezogen in einer Mulde dahingestreckte Ort bereits die Weinbaugrenze in Richtung Waldviertel. Doch auch abseits des Weins wäre Langenlois mit seinen mächtigen, teilweise mit Arkadenhöfen ausgestatteten Bürgerhäusern, seinen Sgraffito-Fassaden und historischen Weinhöfen sehenswert; da man hier aber an allen Ecken und Enden geradezu über den Wein stolpert, sehen wir uns all das natürlich noch viel lieber an. Eine Langenloiser Besonderheit ist übrigens nicht auf den ersten Blick sichtbar: Fast jedes Weingut verfügt über einen besonders imposanten Gewölbekeller, wobei jener des Weinguts Jurtschitsch sicherlich zu den sehenswertesten zählt. Einen tiefen, für jedermann zugänglichen Einblick in diese unterirdischen Welten gewährt eine weithin sichtbare, neue Attraktion des Weinbauorts: das „Loisium". Der mächtige, vom amerikanischen Stararchitekten Steven Holl entworfene, silberglänzende Kubus, in dem sich das Besucherzentrum befindet, wurde zu einem modernen Wahrzeichen des alten Weinorts. Wenige Meter davon entfernt befindet sich das Tor zu einer eindrucksvollen Weinerlebniswelt. Auf dem Weg durch leer stehende und nach wie vor benutzte Keller erlebt man durch fantasievolle Inszenierungen die Weinwerdung, um nach der Rückkehr ins Loisium bei einer Verkostung gleich zur Praxis überzugehen. Gleich nebenan befindet sich das Loisium Wine & Spa Hotel, das nicht nur die modernste und extravaganteste Möglichkeit bietet, in Langenlois zu tagen oder zu übernachten, sondern die Themen Wein und Wellness perfekt miteinander verbindet.

Was den Wein angeht, hat man in Langenlois die Qual der Wahl. Da sind zunächst einmal die großen Namen, etablierte Betriebe, deren Weine seit Jahren zu den besten des Landes zählen: „Weinzauberer" Willi Bründlmayer, der immer wieder Maßstäbe setzt; Alwin und Stefanie Jurtschitsch, die ebenso konsequent wie erfolgreich den Weg in Richtung biodynamischen Weinbau beschritten haben; Ludwig Hiedler mit seinen legendär langlebigen Rieslingen und Weißburgundern; Fred Loimer, der sich vom Jungen Wilden zum Bio-Vorzeigewinzer entwickelt hat; Ludwig und Michaela Ehn mit ihren hocheleganten Rieslingen vom Heiligenstein; Rudolf Rabl, der inoffizielle Weltmeister in der Disziplin „Preis-Leistungs-Wein" oder Karl Steininger, der mit seinen Sorten- und Lagensekten auch international Furore macht. Daneben gibt es aber auch noch jede Menge zu erkosten oder zu entdecken, etwa beim fulminanten Quereinsteiger Davis Weszeli, bei „Mr. Zweigelt" Thomas Leithner oder einem der vielen kleineren Betriebe in dieser mächtigen Weinkommune.

Alt und Neu: Loisium mit der Pfarrkirche von Langenlois

Hadersdorf am Kamp hat den schönsten Hauptplatz.

Ungezwungen genießen kann man die Langenloiser Weine beim jährlichen Kellergassenfest am Sauberg – auch während des Jahres ist diese naturbelassene Kellergasse ein empfehlenswerter Platz. Wer dagegen systematisch vorgehen will, ist in der bestens sortierten Kamptaler Regionalvinothek im „Ursinhaus", die stets eine breite Palette von Weinen zur Verkostung anbietet, an der richtigen Adresse. Diese bereits im Jahr 1990 begründete Institution ist freilich nicht nur eine Vinothek, sondern vielmehr eine lebendige Drehscheibe rund um Wein, Kultur und Tourismus und, unter anderem, auch der Ausgangspunkt für den wirklich empfehlenswerten Langenloiser Weinweg.

Ganz in der Nähe dieser praktischen und mit viel Engagement betriebenen Einrichtung liegt in der Walterstraße auch der bekannte Heurigenhof Bründlmayer, ein Lokal mit berechtigtem Gourmetanspruch, in dem auch der Verkauf der Bründlmayer-Weine abgewickelt wird.

Kamptal von oben und unten Von Langenlois aus fahren wir wieder Richtung Kamp und statten dabei am „Haindorfer Vögerlweg" einem weiteren modernen Wein-Wahrzeichen einen Besuch ab: dem Weingut von Fred Loimer. Der ließ sich auf einem imposanten, historischen Gewölbekeller ein schwarzes, loftartiges Weingut bauen, das mit seiner schlichten Form und dem modernen Design im reizvollen Widerspruch zum einen Stock tiefer liegenden Schlosskeller steht. Natürlich wollen wir hier nicht nur schauen, sondern auch Loimers feine Tropfen kosten, ehe wir noch ein Stück den Kamp hinauf, nach Zöbing fahren. Der malerische Weinort liegt direkt unter dem Heiligenstein, von hier aus bietet sich eine Fahrt oder Wanderung zur Heiligensteinwarte hinauf an, von der aus man nicht nur Langenlois und die umliegenden Dörfer überschauen kann, sondern auch einen herrlichen Fernblick genießt. Bemerkenswert sind hier die Weine der Familie Kirschner wie der im wahrsten Sinne des Wortes preiswerte Riesling Heiligenstein und die von Günther Brandl, der Weingärten zu beiden Seiten des Kamps bewirtschaftet, was zu reizvollen Vergleichsverkostungen geradezu einlädt. Eine Empfehlung ist auch die Kellergasse am Heiligenstein mit mehreren guten Heurigenbetrieben wie dem „Baumbart"; hier sitzen, mit einem guten Glas am Tisch und über den Kamp nach Langenlois hinüberschauen – das kann was.

Darum bleiben wir noch ein bisschen, wollen Ihnen aber zumindest noch zwei Tipps für Ihre Weiterfahrt mitgeben. Hoch über dem Kamptal thront in Mollands die „Weinbeisserei" von Matthias Hager, ein lichtdurchflutetes Holz-Glas-Konstrukt mit spektakulärer Terrasse, Slow-Food-Jause und Orange-Wines, was diesen Platz zu einer Art Kultstätte für trendbewusste Stadtflüchter macht. Etwas konventioneller, aber nicht weniger genussvoll geht es in der „Weingärtnerei Aichinger" in Schönberg zu. Am Ende der Kellergasse liegt dieser idyllische, fast ein wenig verwunschene Platz, wo die Küche von Swen Hirschfeld und die Weine von Josef Aichinger eine köstliche Symbiose eingehen. Da sollten wir jetzt vielleicht doch noch hinschauen. Zahlen bitte!

Kellergassenfest am Zöbinger Heiligenstein

Lagenklassifizierung der Österreichischen Traditionsweingüter

Man kennt das System aus Frankreich: Große Weine stammen zumeist auch von großen Lagen, deren Namen oft mehr Strahlkraft haben als die des Produzenten. Die österreichischen Traditionsweingüter arbeiten seit mehr als zwanzig Jahren an einem solchen Lagen-Klassifizierungssystem.

Die Faktoren, welche die Qualität einer Lage ausmachen, sind weitgehend bekannt und werden in der Weinwelt mit dem weit gesteckten Begriff des „Terroir" umschrieben. Wichtig ist es freilich auch, diese Faktoren nicht isoliert, sondern in ihrer Gesamtheit zu betrachten – gerade das macht die Individualität der Lagen und somit die Vielfalt der Weine aus. Wesentlich ist immer das Zusammenspiel aus Bodenstruktur, Niederschlagsmenge, Luftströmungen, Exposition, Höhenlage und natürlich der Temperaturentwicklung im Laufe des Jahres sowie insbesondere zwischen Tag und Nacht.

Obwohl all das bekannt und nachweisbar ist, gibt es bisher – leider oder Gott sei Dank! – keine wissenschaftliche Methode, um die Terroirs dieser Welt zu bewerten und zu vergleichen. Der Weg kann also immer nur über das Produkt – nämlich den Wein – führen. Winzer, und insbesondere jene, die seit Generationen am gleichen Ort und in denselben Rieden tätig sind, wissen, aus welchen Lagen Jahr für Jahr die besten, langlebigsten, feinsten und charaktervollsten Weine entstehen.

Aufgrund dieser Erkenntnis wurde 1992 der „Verein der Österreichischen Traditionsweingüter" (ÖTW) gegründet. Zielsetzung war es, eben diese herausragenden Weinbergslagen im Donauraum zu klassifizieren, um dem Weinfreund eine Orientierungshilfe in der Vielfalt der Spitzenweine dieser Region und auch im internationalen Vergleich zu geben.

Fast zwei Jahrzehnte lang haben die Mitgliedsbetriebe ihre Weine aus den Lagen entlang der Donau in den Weinbaugebieten Kamptal, Kremstal, Traisental und Wagram gemeinsam beobachtet und ihre Entwicklung analysiert. Das Ergebnis dieser Analyse wurde mit der „Klassifikation 2010" vorgestellt, in der 52 Weingärten als „Erste Lagen" gekennzeichnet wurden. In den kommenden Jahren soll dies weiter verfeinert und verifiziert werden. Das bedeutet, dass Weingärten sich als bedeutend herauskristallisieren oder sich vielleicht langfristig nicht als „Erste Lagen" erweisen können. In der „Klassifikation 2013" sind es insgesamt 62 Weingärten, die das Prädikat „Erste Lage" auf dem Etikett tragen dürfen. Dabei handelt es sich – wie auch bei der DAC-Regelung – ausschließlich um die beiden traditionellsten Sorten im Donauraum, Grüner Veltliner und Riesling, jeweils in trockener Stilistik.

Die Lagenklassifizierung der ÖTW ist kein abgeschlossener Prozess, der zu einer starren Regelung führen soll, sondern ein „Work in Progress". Der Verein lädt auch andere Spitzenweingüter des Donauraums, die nicht Mitglieder sind, ein, sich in den Klassifizierungsprozess einzubringen, um diesen auf eine möglichst breite Basis zu stellen. Ein Prozess, der sich noch über die nächsten Jahre, wenn nicht Jahrzehnte hinziehen wird, mit dem langfristigen Ziel, diese Klassifizierung auch im Weingesetz zu verankern.

Auf der folgenden Doppelseite ist eine Übersichtskarte mit den 62 „Ersten Lagen" der ÖTW abgebildet.

Österr. Traditionsweingüter
1ÖTW ERSTE LAGEN

Klassifikation 2014

Weinbaugebiet
KAMPTAL

1 DECHANT, LANGENLOIS
2 GAISBERG, KAMMERN
3 GAISBERG, STRASS
4 GAISBERG, ZÖBING
5 GRUB, KAMMERN
6 HEILIGENSTEIN, ZÖBING
7 KÄFERBERG, LANGENLOIS
8 KITTMANNSBERG, LANGENLOIS
9 KOGELBERG, ZÖBING
10 LAMM, KAMMERN
11 LOISERBERG, LANGENLOIS
12 OFFENBERG, STRASS
13 RENNER, KAMMERN
14 SCHENKENBICHL, LANGENLOIS
15 SEEBERG, LANGENLOIS
16 SPIEGEL, LANGENLOIS
17 STEIN, ENGABRUNN
18 STEINHAUS, LANGENLOIS
19 STEINMASSL, LANGENLOIS
20 THAL, LANGENLOIS
21 WECHSELBERG SPIEGEL, STRASS

Weinbaugebiet
KREMSTAL

22 BREITER RAIN, ROHRENDORF
23 EHRENFELS, SENFTENBERG
24 FRECHAU, KREMS
25 GAISBERG, ANGERN
26 GAISBERG, STEIN
27 GEBLING, KREMS
28 GEBLING, ROHRENDORF
29 GRILLENPARZ, STEIN
30 GOLDBERG, HOLLENBURG
31 GOTTSCHELLE, FURTH
32 HOCHÄCKER, SENFTENBERG
33 KAPUZINERBERG, KREMS
34 KIRCHENSTEIG, OBERFUCHA
35 KÖGL, STEIN
36 LINDBERG, KREMS
37 MOSBURGERIN, GEDERSDORF
38 OBERFELD, FURTH
39 PELLINGEN, SENFTENBERG
40 PFAFFENBERG, STEIN
41 PFENINGBERG, SENFTENBERG
42 SCHNABEL, ROHRENDORF
43 SILBERBICHL, FURTH
44 SPIEGEL, GEDERSDORF
45 STEINBÜHEL, PALT
46 STEINGRABEN, GEDERSDORF
47 STEINLEITHN, OBERFUCHA
48 SUNOGELN, STRATZING
49 THURNERBERG, KREMS
50 VORDERNBERG, GEDERSDORF
51 WACHTBERG, KREMS
52 WIELAND, GEDERSDORF

Weinbaugebiet
TRAISENTAL

53 ALTE SETZEN, REICHERSDORF
54 BERG, GETZERSDORF
55 ROTHENBART, INZERSDORF
56 ZWIRCH, INZERSDORF

Weinbaugebiet
WAGRAM

57 BRUNNTHAL, FELS AM WAGRAM
58 MORDTHAL, RUPPERSTHAL
59 ROSENBERG, FEUERSBRUNN
60 SCHEIBEN, FELS AM WAGRAM
61 SCHLOSSBERG, OBERSTOCKSTALL
62 SPIEGEL, FEUERSBRUNN

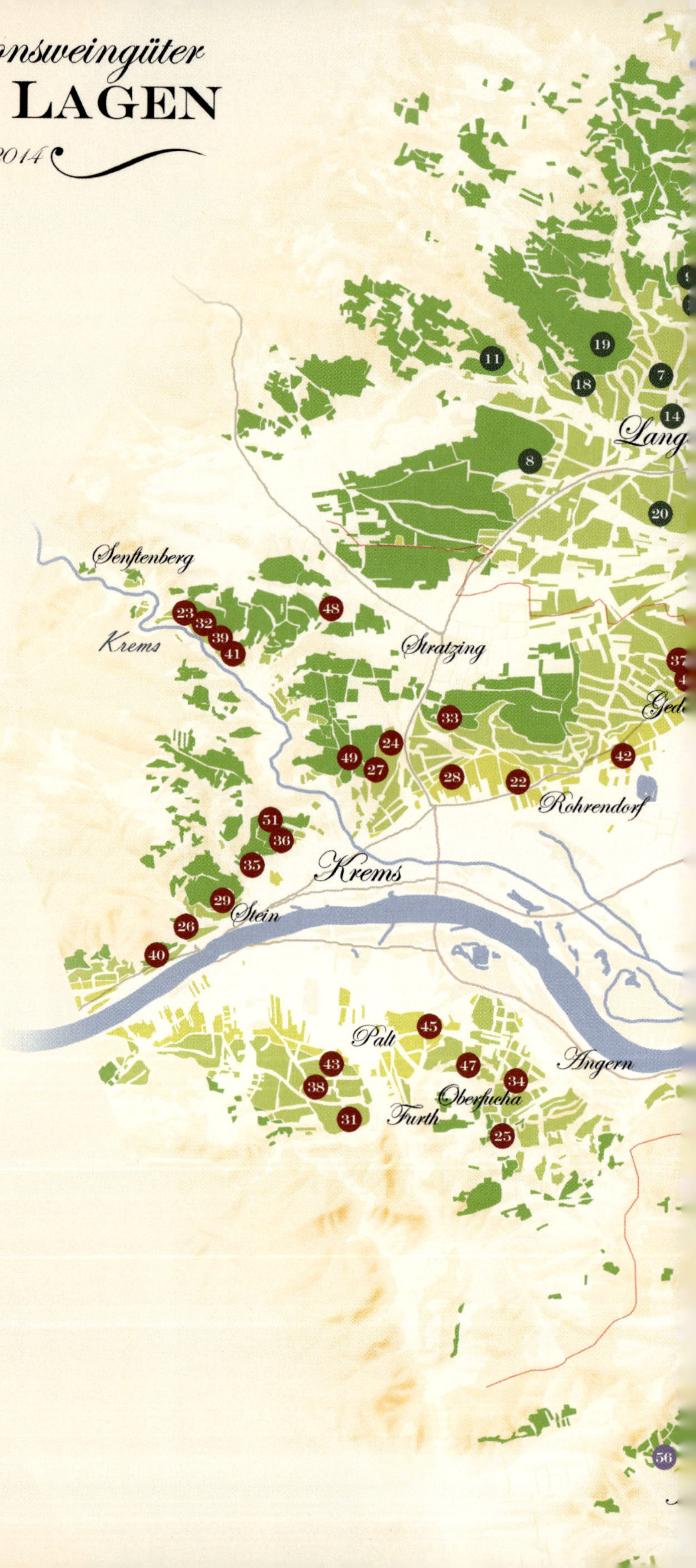

TRADITIONSWEINGÜTER · ÖSTERREICH
ng
6
5
4
3
21
10
13
2
12
Straß
Kammern
62
59
58
Ruppersthal
burg
Kamp
17
57
60
61
Oberstockstall
Feuersbrunn
Fels
Kirchberg
unn
Donau
enburg
Nußdorf
Reichersdorf
etzersdorf
Traisen
Legende
WEINBERGSLAGEN BIS 200M Ü.D.M.
WEINBERGSLAGEN VON 201M BIS 300M Ü.D.M
WEINBERGSLAGEN ÜBER 301M Ü.D.M.
ALTE SETZEN ERSTE LAGE
Angern ORTSCHAFT
Donau FLUSS
WEINBAUGEBIETSGRENZE

Traisental

Die Traisen gab dem Tal seine heutige Form mit den beiderseits des Flusses ansteigenden Terrassen. Die vorherrschende Bodenstruktur ist Löss, der in Verbindung mit dem ausgeprägten Kleinklima ausgezeichnete Voraussetzungen für den Weinbau bietet. Teilweise findet man jedoch auch kalkhaltige, mineralische Böden, die vor allem für fruchtige Weine wie Riesling oder Sauvignon blanc besonders gut geeignet sind, sowie Schotter und Konglomerat, die der Fluss in Urzeiten herangebracht hat.

WEINGÜTER

1 Stiftsweingut Herzogenburg
2 Neumayer, Inzersdorf ob der Traisen
3 Huber, Reichersdorf
4 Tom Dockner, Theyern
5 Holzer, Nußdorf
6 Hofmann, Traismauer
7 Haimel, Traismauer
8 Figl, Traismauer
9 Hauleitner, Traismauer-Wagram
10 Schöller, Traismauer-Wagram
11 Dam, Traismauer

LOKALE

1 Figl, St. Pölten-Ratzersdorf
2 Nährer, Kapellen an der Perschling
3 Woracziczky im Schloss Walpersdorf
4 Zur Weintraube/Nibelungenhof, Traismauer
5 Zum Jägerwirt, Traismauer-Gemeinlebarn

1.

STIFTSWEINGUT HERZOGENBURG
3130 Herzogenburg, Wielandsthal 1
+43 676 448 49 50
julia.schelling@stiftsweingut-herzogenburg.com
www.stiftsweingut-herzogenburg.com
Das Weingut des Stifts Herzogenburg hat eine lange Geschichte – der mächtige, nach wie vor voll im Betrieb stehende, von Jakob Prandtauer errichtete Gewölbekeller aus dem Jahr 1930 und das darüber durch Josef Munggenast im Jahr 1739 errichtete Kellerschlössel zeugen noch heute davon. 2009 übernahm mit dem späteren Finanzminister Hans Jörg Schelling ein prominenter Pächter das Ruder; die Keller wurden saniert, die Technik auf den neuesten Stand gebracht, und die Weine zeigen eine erfreuliche Qualitätssteigerung. Geleitet wird der Betrieb derzeit von Schellings Tochter Julia – der Vater muss sich um einen noch wichtigeren Job kümmern.

2.

LUDWIG NEUMAYER
3130 Inzersdorf ob der Traisen 22
+43 2782 829 85, +43 664 256 30 10
neumayer@weinvomstein.at
www.weinvomstein.at

Ludwig Neumayer war der Erste, der das Traisental auf die heimische Wein-Landkarte setzte – auch wenn ortsunkundige Weinpilger seinen Betrieb anfangs mitunter südlich von Wien, nahe der Inzersdorfer Konservenfabrik, vermuteten. Zwar sind Neumayers Weine keine Konserven, doch ihre Langlebigkeit ist längst legendär. Von kargen Hängen – Stichwort „Der Wein vom Stein“ – keltert Neumayer komplexe, tiefgründige Weißweine, die mit ihrer Würze und Mineralität begeistern und in allen Phasen ihres Lebens großes Trinkvernügen bereiten. Toller Stoff für fortgeschrittene Weingenießer!

3.

HUBER
3134 Reichersdorf, Weinriedenweg 13
+43 2783 829 99
office@weingut-huber.at
www.weingut-huber.at
Der Senkrechtstarter Markus Huber hat innerhalb eines Jahrzehnts einen Spitzenbetrieb aufgebaut und wesentlich zum Image und zur Verbreitung der Weine aus dem Traisental beigetragen. Von unterschiedlichen Böden keltert er vielschichtige, mineralische Veltliner und Rieslinge, die sich mit den besten des Landes auf Augenhöhe messen.

4.

TOM DOCKNER
3134 Theyern, Traminerweg 3
+43 2783 72 78
tom@weindockner.at
www.weindockner.at
Tom Dockner hat sich flott vom hoffnungsvollen Nachwuchstalent zum renommierten Winzer im Traisental entwickelt. Der Grüne Veltliner „Konglomerat“ ist ein Musterbeispiel, wie man Dichte, Komplexität und Trinkvergnügen in eine Flasche bringen kann, Pinot noir und Traminer sollte man unbedingt auch verkosten.

5.

HOLZER
3133 Nußdorf ob der Traisen 4
+43 2783 84 26
wein@winzerhof-holzer.at
www.winzerhof-holzer.at
Das Weingut Holzer, in dem sich Alfred und Junior Andreas die Verantwortung für die Kellerwirtschaft teilen, zählt zu den renommierten Betrieben im Traisental. Veltliner und Riesling stehen im Vordergrund, von frisch und knackig bis kräftig-exotisch.

6.

HOFMANN
3133 Traismauer, Oberndorfer Straße 41
+43 676 313 35 66
office@weingut-hofmann.at
www.weingut-hofmann.at
Der ehemalige Vinothekar hat sich einen blitzsauberen Betrieb aufgebaut, in dem er sich ganz auf die Sorten Veltliner, Riesling und Sauvignon blanc konzentriert.

7.

HAIMEL
3133 Traismauer, St.-Georgen-Gasse 5
+43 2783 597, +43 664 822 64 77
info@weingut-haimel.at
www.weingut-haimel.at
Der Betrieb mit dem Motto „Verkosten-Genießen-Essen-Schlafen“ würde hier in jede Kategorie passen. Zu den von Kellermeisterin Renate Haimel gekelterten Weinen gibt's unter anderem Gerichte mit Fischen aus der eigenen Zucht. Weiters ein modernes „Weinforum“, den gemütlichen „Dorfheurigen“ und schöne, neue Gästezimmer.

8.

FIGL
3133 Traismauer-Wagram
Wagramer Straße 34
+43 660 198 10 35
office@weingut-figl.at
www.weingut-figl.at
Leopold Figl, der langjährige Kellermeister der Weingüter Stift Göttweig und Stadt Krems, beweist auch in der Selbstständigkeit, dass er sein Handwerk versteht.

9.

HAULEITNER
3133 Traismauer-Wagram
Geymüllergasse 3
+43 2783 63 93
traisental@weingut-hauleitner.at
www.hauleitner.at
Herwald Hauleitner ist einer der jungen, aufstrebenden Winzer im Traisental. Tipp: Die Weine kosten, den Winzer im Auge behalten!

10.

SCHÖLLER
3133 Traismauer-Wagram 10
+43 2783 535
winzerhaus@weinschoeller.at
www.weinschoeller.at
Von besten Lagen am Wetterkreuzberg keltern Hans und Junior Johann Schöller eine breite Palette ausgezeichneter Weine, die man am besten im mitten in Wein- und Obstgärten gelegenen Heurigen des Hauses verkostet.

11.

DAM
3133 Traismauer, Hilpersdorf 59
+43 676 918 53 21
fam.dam@gmx.at
www.weinbau-dam.at
Ein traditionsreiches Weingut unter junger Führung, das auch einen empfehlenswerten Heurigen mit einem sehenswerten Kellergewölbe in der Eichberger Kellergasse betreibt.

1.

GASTHOF FIGL
3100 St. Pölten-Ratzersdorf
Hauptplatz 4
+43 2742 25 74 02
gaststaettefigl@aon.at
www.gaststaettefigl.at
St. Pölten ist mit kulinarischen Adressen nicht gerade reich gesegnet, doch im Vorort Ratzersdorf findet man sie. Im wunderschön restaurierten, gemütlichen Gasthof kocht Andreas Hettegger Klassiker der Wirtshausküche, aber auch innovative und kreative zeitgemäße Gerichte auf hohem Niveau.

2.

GASTHAUS NÄHRER
3141 Kapellen an der Perschling
Rassing 11
+43 2784 22 24
office@gasthaus-naehrer.com
www.gasthaus-naehrer.com
Eigentlich ein „ganz normales Wirtshaus", doch auf Vorbestellung kocht Michael Nährer, der sich seine Sporen bei vielen Größen der Branche verdient hat, auch Gourmetmenüs vom Feinsten.

3.

WORACZICZKY – GASTHAUS IM SCHLOSS WALPERSDORF
3131 Walpersdorf, Schlossstraße 2
+43 2782 845 04
woracziczky@gmx.at
www.schlosswalpersdorf.net
Das Herz jedes Schlosses ist die Schlossküche – so auch im stilvoll adaptierten Schloss Walpersdorf. Die Küche hier präsentiert sich dafür gutbürgerlich, das Ambiente pittoresk und gemütlich. Tipp: Der Schlossbraten am Samstag und Sonntag.

4.

ZUR WEINTRAUBE/NIBELUNGENHOF
3133 Traismauer, Wiener Straße 23
+43 2783 63 49
office@nibelungenhof.at
www.succowell.at
Rainer Melichars Bandbreite reicht von herzhaft-bodenständiger Küche bis zu einer ebenso leichten wie feinaromatischen Gourmetküche, die auf der von ihm entwickelten „Succowell–Methode" zur Gewinnung aromatischer Frucht- und Gemüsesäfte basiert.

5.

ZUM JÄGERWIRT
3133 Traismauer-Gemeinlebarn
Tullner Straße 24
+43 2276 22 89
gasthof@zumjaegerwirt.at
www.zumjaegerwirt.at
Ein typischer Landgasthof mit guter, regionaler Küche und – was sonst: Wildschwerpunkt!

WEINGUT HAIMEL
Traismauer
s. Winzer

ZUR WEINTRAUBE/
NIBELUNGENHOF
Traismauer
s. Essen

WEINLADEN IM REITHER-HAUS
3130 Herzogenburg, Rathausplatz 22
Verkostung nach telefonischer Voranmeldung: +43 2782 833 21

SCHLOSSVINOTHEK TRAISMAUER
3133 Traismauer, Hauptplatz 1
+43 2783 85 55, +43 676/951 98 13
(Herwald Hauleitner)
Öffnungszeiten: 1. April bis 31. Oktober täglich von 15 bis 19 Uhr. Weine und Edelbrände aller Winzer der Vereinigung „Regio Tragisana".

FISCHZUCHT HAIMEL
3130 Traismauer, Kremserstraße 65
Ab-Hof-Verkauf: Do bis Sa 8 -12 Uhr
+43 664/312 72 97
In der ältesten Forellenzucht Österreichs, die zahlreiche gute Lokale der Region beliefert, bekommt man frische und geräucherte Forellen, Saiblinge, Wels und sogar den raren Huchen.

ENTDECKUNGSTOUR MIT
TRAISENTALER WEINBEGLEITER
32 ausgebildete Weinbegleiter gehen mit den Gästen auf Entdeckungstour, unterwegs ist man zu Fuß, mit dem Fahrrad oder zu Pferd.
Tourismusverband und NÖ Weinstraße Traisental, +43 2782 833 21

URZEITMUSEUM
Mit einem 3,3 Meter langen Mammutstoßzahn sowie dem ältesten Weinkern, der im Traisental gefunden wurde, und vielen Grabbeigaben bietet das Urzeitmuseum Einblicke in das Leben der Bronzezeit, von April bis Ende Oktober geöffnet, Führungen.
Nußdorf ob der Traisen

KORKENZIEHER-TURM
Die neue Attraktion der Winzervereinigung Ahrenberger-Eichberger Kellergasse, Weinlehrpfad mit 10 Infostationen sowie vier Erlebnisstationen für Kinder. Das Weinbaumuseum der Familie Zwick ist zusätzlich von April bis Oktober täglich geöffnet.
www.derkorkenzieher.at

TERMINE
- Wine Fun Tasting, Traisental (April)
- Pfingstweinkost und Hauermarkt in Nußdorf ob der Traisen (Mai)
- Ahrenberger Kellergassenfest (Juni)
- Tag der offenen Kellertür Reichersdorf (Juli)
- Hauermarkt und Kellergassenfest in der Kellergasse am Eichberg (Juli)
- Hauermarkt und Kellergassenfest in Wagram ob der Traisen (Aug.)
- Weinpräsentation Traisentaler Jungwein, Stift Hezogenburg (Okt.)
- Leopoldi Weinkost, Herzogenburg (Nov.)

Kremstal

Insgesamt verfügt das Weinbaugebiet Kremstal über ein ausgesprochen mildes Klima, wobei hier – noch stärker als in der Wachau – warme, pannonische Einflüsse mit den kühlen Luftmassen des Waldviertels zusammentreffen. Durch diese Klimaverzahnung, aber auch durch die deutlich unterschiedlichen Bodenbeschaffenheiten findet man auf engstem Raum völlig unterschiedliche Weintypen. Die dominierenden Sorten sind Grüner Veltliner und Riesling, in geringeren Mengen findet man auch andere weiße Rebsorten wie Muskateller, Weißburgunder und Co. Rotweine sind hier eher Raritäten, das Potenzial dafür ist jedoch, wie einige wenige Produzenten zeigen, durchaus vorhanden.

WEINGÜTER

1 Müller, Krustetten
2 Winzerhof Dockner, Höbenbach
3 Geyerhof, Furth bei Göttweig
4 Stift Göttweig, Furth bei Göttweig
5 Malat, Furth-Palt
6 Unger, Furth bei Göttweig
7 Weingut der Stadt Krems, Krems
8 Aigner, Krems
9 Wess
10 Salomon (Undhof), Krems-Stein
11 Stagård, Krems-Stein
12 Winzer Krems, Krems
13 Nigl, Senftenberg
14 Proidl, Senftenberg
15 Vorspannhof Mayr, Dross
16 Buchegger, Dross
17 Schmid, Stratzing
18 Türk, Stratzing
19 Wandraschek, Krems
20 Rosenberger, Rohrendorf
21 Hermann Moser, Rohrendorf
22 Sepp Moser, Rohrendorf
23 Weinkellerei Lenz Moser, Rohrendorf
24 Berger, Gedersdorf
25 Mantlerhof, Brunn im Felde

LOKALE

1 Jell, Krems
2 Zum Kaiser von Österreich, Krems
3 Late im Kloster Und, Krems
4 Blauenstein, Krems
5 Wein-gut Hutter, Krems
6 Weinhaus Nigl, Senftenberg
7 Mörwald Schloss Grafenegg

1.

MÜLLER
3508 Krustetten
Hollenburger Straße 12
+43 2739 26 91
info@weingutmueller.at
www.weingutmueller.at

Die Winzerfamilie Müller bietet ihren Gästen ein Genuss-Gesamtpaket an. Einmal ist da das breite Weinsortiment das von trinkfröhlichen Jausenweinen bis zu kräftigen, gehaltvollen „Granaten" wie den Grünen Veltlinern Gottschelle oder Eichbühel Kremstal DAC Reserve reicht und auch das Thema Rotwein etwa mit der Cuvée „Diana" bestens abdeckt. Sodann das Heurigenlokal mit einem feinen Speisenangebot, das weit über das Übliche hinausgeht und schließlich noch die prima Aussicht über das Kremstal und auf das Stift Göttweig. Schön, oben zu sein.

2.

WINZERHOF DOCKNER
3511 Höbenbach, Ortsstraße 30
+43 2736 72 62
winzerhof@dockner.at
www.dockner.at
Der Winzerhof Dockner ist einer der größten Betriebe der Region und dementsprechend breit ist auch das Sortiment aufgestellt, wobei Sepp senior und junior vor allem auch das Wort „Qualität" groß schreiben. Zahlreiche Auszeichnugen bestätigen die Klasse ihrer Weine, allen voran die Lagenreserven und Privatfüllungen von Grü-

nem Veltliner und Riesling sowie die rote Cuveé Sacra. Ebenfalls besuchenswert: Der beliebte Heurige der Familie, die regelmäßigen Wein-kulinarischen Veranstaltungen im modernen Wein-Verkostungszentrum und der jüngste Streich der Dockners, die neue Sektmanufaktur mitten in den Weingärten.

3.

GEYERHOF
3511 Furth bei Göttweig, Oberfucha 1
+43 2739 22 59
weingut@geyerhof.at
www.geyerhof.at
Ilse Maier ist eine Pionierin des Bioweinbaus in Österreich, und es kann wohl keine Einbildung sein, dass man in ihren Weinen die Kraft der Natur, den Saft der Trauben und die Würze des Bodens so besonders zu spüren meint. Prädikat: eigenständig und hervorragend.

4.

STIFT GÖTTWEIG
3511 Furth bei Göttweig, Göttweig 1
+43 2732 80 14 40
office@weingutstiftgoettweig.at
www.weingutstiftgoettweig.at
Von hervorragenden Lagen um den Göttweiger Berg stammen fruchtige, mineralische und animierende Weine, die vor allem Trinkvergnügen bereiten: Das gilt für den leichten, frischen Messwein genauso wie für die konzentrierten, präzise gearbeiteten Lagenweine vom Riesling und Grünen Veltliner.

5.

MALAT
3511 Furth-Palt, Lindengasse 27
+43 2732 829 34
weingut@malat.at
www.malat.at
Gerald Malat ist einer der Pioniere des heimischen Weinbaus, der so ziemlich alles erreicht hat, was er sich in den Kopf gesetzt hat. Junior Michael füllt die großen Fußstapfen, in die er getreten ist, jedoch bestens aus und liefert Jahr für Jahr Topweine in allen Facetten. Das Spektrum reicht vom ersten Winzersekt des Landes über feinwürzige Weiße bis hin zu Konzentraten wie Grauburgunder, Chardonnay und dem fulminanten Duo „Das Beste" – von Riesling und Veltliner. Und selbst Cabernet Sauvignon und Pinot noir gelingen hier so, dass man ihre Herkunft ganz woanders vermuten würde.

6.

UNGER
3511 Furth bei Göttweig
Zellergraben 245
+43 2732 858 95
office@ungerwein.at
www.ungerwein.at
Petra Unger macht keine „Granaten", sondern harmonische und trinkfreundliche Rieslinge und Veltliner, bei denen die Frucht und nicht die Wucht im Vordergrund steht.

7.

WEINGUT DER STADT KREMS
3500 Krems, Stadtgraben 11
+43 2732 80 14 41
weingut@krems.gv.at
www.weingutstadtkrems.at
Weinprofi Fritz Miesbauer hat das traditionsreiche Weingut, das mit seiner mehr als 550-jährigen Geschichte zu den ältesten Europas zählt, wieder auf Kurs gebracht. Mit Weinen wie dem saftig-fruchtigen Riesling „Grillenparz" mischt man heute wieder an der Spitze mit.

8.

AIGNER
3500 Krems, Weinzierl 53
+43 2732 845 58
info@aigner-wein.at
www.aigner-wein.at
Wer erfahren möchte, warum die Lage „Sandgrube" einst berühmt war, ist hier richtig. Im modernen Keller von „Stadt-Winzer" Wolfgang Aigner, einem der wenigen, die im alten Kremser Weinhauer-Viertel „Weinzierl" verblieben sind, kostet man idealtypische, würzige Löss-Veltliner ebenso wie feinfruchtige Rieslinge und Muskateller.

9.

RAINER WESS
3500 Krems, Sandgrube 24
+43 2732 723 89
info@weingut-wess.at
www.weingut-wess.at
Dass ein Winzer in der Wachau quasi auf der grünen Wiese startet, hat tatsächlich Seltenheitswert. Rainer Wess, ehemals Geschäftsführer der Winzergenossenschaft „Freie Weingärtner Wachau", hat diesen Schritt 2003 gewagt, einen Keller in Unterloiben gepachtet und ist erfolgreich durchgestartet. Inzwischen konnte er mit dem ehemaligen Keller des Stiftes Wilhering in der Kremser Sandgrube einen schönen Betriebssitz erwerben und keltert dort ausgezeichnete Weine aus Wachauer und Kremser Lagen. Weiter so!

10.

SALOMON (UNDHOF)
3504 Krems-Stein, Undstraße 10
+43 2732 832 26
office@salomonwines.com
www.salomonwines.com

Im historischen Undhof präsentiert die Familie Salomon harmonische, elegante und tiefgründige Weine von besten Kremser Lagen wie Pfaffenberg oder Kögl. Sie spiegeln mit ihrer feinen Würze und animiernden Säurestruktur den idealen Kremser-Weintyp wider. Die besten von ihnen wie der Riesling vom Kremser Kögl liegen gerne etwas länger in der Flasche und können auch Jahrzehnte überdauern. Ebenfalls vom Feinsten: die reifen und zugleich animierenden Rotweine vom zweiten Weingut der Familie Salomon in Australien, die das Beste aus zwei Welten in einer Flasche verbinden.

11.

STAGÅRD
3504 Krems-Stein, Hintere Fahrstraße 4
+43 676/955 54 36
office@stagard.at
www.stagard.at
Urban T. Stagård ist ein Querdenker des Weinbaus, Biodynamik sein Grundprinzip im Weingarten. Das Resultat sind außergewöhnlich feine mineralische Weine von einer enormen Lagenvielfalt. Zum Durchkosten setzt man sich am besten in den gemütlichen Heurigen „Zum Schweden", der unter anderem mit feinen Fischspezialitäten aufwartet.

12.

WINZER KREMS
3500 Krems, Sandgrube 13
+43 2732 855 11
office@winzerkrems.at
www.winzerkrems.at
Weine von rund 1000 Hektar Rebfläche werden in diesem großen, modernen Betrieb verarbeitet, wobei die Rieslinge und Veltliner von besten Lagen wie Kremser Wachtberg oder Pfaffenberg zeigen, dass sich Größe und Qualität keineswegs ausschließen müssen. Die Weinerlebniswelt „SANDGRUBE 13 wein.sinn" eröffnet tiefe Einblicke in die Historie und Gegenwart der Weinproduktion und -kultur.

13.

NIGL
3541 Senftenberg, Kirchenberg 1
+43 2719 26 09
info@weingutnigl.at
www.weingutnigl.at
Martin Nigl war der erste Winzer im Kremstal, der den großen Wachauern mit seinen Weinen Paroli bieten konnte. Seine Grünen Veltliner und Rieslinge brillieren mit Feinheit und Eleganz und bereiten auch im hohen Reifebereich der „Privat"-Linie stets perfektes Trinkvergnügen. Getoppt werden sie seit einigen Jahren noch durch den ebenso fruchtigen wie mineralischen Veltliner

„Herzstück vom Kirchenberg" von einem Weingarten oberhalb des historischen Lesehofs in Senftenberg, wo sich auch Nigls moderner Verkostungsraum, das Hotel und das Restaurant befinden.

14.

FRANZ PROIDL
3541 Senftenberg, Oberer Markt 5
+43 2719 24 58
weingut@proidl.com
www.proidl.com
Franz Proidl ist ein Winzer mit Ecken und Kanten – und die haben seine Weine auch. Grüne Veltliner und Rieslinge, die mit ihrer frischen Säure und ihrer Mineralik ein Spiegelbild der kargen und steilen Lagen von Senftenberg und des kühlen, bereits vom Waldviertel beeinflussten Klimas darstellen.

15.

VORSPANNHOF MAYR
3552 Dross
Herrngasse 48
+43 2719 23 42
vorspannhof-mayr@aon.at
www.vorspannhof-mayr.at
Aparter Gegensatz: Der 500 Jahre alte Vorspannhof und der hochmoderne Keller, der mit dem Bauherrenpreis für vorbildliches Bauen vom Land Niederösterreich ausgezeichnet wurde. Hier keltert Silke Mayr brillante Grüne Veltliner und Rieslinge, die auch in kräftigeren Kategorien mit Mineralität und Frische überzeugen und so immer trinkvergnüglich bleiben. Ergänzt wird das Sortiment durch einen duftigen Gel-

ben Muskateller, während Sauvignon blanc und Chardonnay internationale Farbtupfer bringen.

16.

BUCHEGGER
3552 Dross bei Krems 300
+43 2719 300 56
weingut@buchegger.at
www.buchegger.at
„Meine Weine sollen nicht nur bei Verkostungen punkten, sondern auch viel Trinkspaß bereiten", findet Walter Buchegger. Und seine Grünen Veltliner und Rieslinge zeigen, dass das eine das andere keineswegs ausschließen muss. Beste Lagen in Gedersdorf und Rohrendorf wie Teifenthal, Moosburgerin und Gebling. Schonend im modernen Keller in Dross vinifiziert, entstehen Weine, die mit feiner Würze, animierender Säure und tiefer Aromatik punkten – nicht nur bei Weinwettbewerben, sondern auch bei den vielen treuen Fans der Buchegger-Weine.

17.

SCHMID
3552 Stratzing
Obere Hauptstraße 38
+43 2719 82 88
weingut@j-schmid.at
www.j-schmid.at
Josef Schmid gewinnt den Löss- und Urgesteinsböden rund um Stratzing, Senftenberg und Krems viele verschiedene Facetten ab, wobei seine Weine durchwegs zur kräftigeren Sorte zählen. Highlights sind der Riesling „Sunogln" (dort, wo die Sunn hin nogelt …) und der mächtige Grüne Veltliner „Perval" von besonders alten Reben.

18.

TÜRK
3552 Stratzing, Kirchengasse 16
+43 2719 284 60
info@weinguttuerk.at
www.weinguttuerk.at
„Erlesenes" heißen die besten Grünen Veltliner und Rieslinge von Franz Türk, und das gilt gleich in mehrfacher Hinsicht. Denn was hier aus steilen Lagen mühsam mit der Hand „erlesen" wird, veredelt Türk im Keller zu wahrhaft erlesenen Tropfen. Grüner Veltliner Frechau, Riesling Weinzierlberg und Co dürfen sich denn auch immer wieder Goldmedaillen und Auszeichnungen umhängen – den Degustatoren bei diversen Jurys schmecken diese Weine ebenso wie den vielen Stammkunden des Hauses. Neben diesen Weinen keltert Türk, wenn es die Natur zulässt, mitunter auch Raritäten wie einen Eiswein vom Grünen Veltliner oder den „Über-Veltliner" mit dem Namen „333" als Hommage an Johann Strauss' Walzer 333 – „Wein, Weib und Gesang".

19.

ROTWEINMANUFAKTUR WANDRASCHEK
3500 Krems
Landersdorfer Straße 61
+43 2732 836 45
rotwein@wandraschek.at
www.wandraschek.at
Im 2012 errichteten, neuen „Rotweintempel" keltert Baumeister und Hobbywinzer Wolfgang Wandraschek Rotweine von erstaunlicher Qualität. Wer ihnen in der Kremser Gastronomie begegnet, sollte unbedingt zuschlagen – es lohnt sich!

20.

ROSENBERGER
3495 Rohrendorf, Leisergasse 29
+43 2732 838 43
mail@rosenbergerwein.at
www.rosenbergerwein.at
Die Familientradition reicht hier bis 1722 zurück – das Weingut samt modernem Gästehaus ist aber ganz neu. Gekeltert werden ausgezeichnete, typische Veltliner und Rieslinge von den Rohrendorfer Lössterrassen, die im Rahmen von Weinseminaren und Führungen besucht werden können.

21.

HERMANN MOSER
3495 Rohrendorf, Bahnstraße 36
+43 2732 838 41
office@moser-hermann.at
www.moser-hermann.at
Der Grüne Veltliner vom Löss ist Martin Mosers Spezialthema, das er in vielen Nuancen bis hin zu Weinen wie der „Großen Reserve" variiert. Sehenswert: der Blick vom modernen Verkostungsraum auf die Rohrendorfer Terrassenlagen.

22.

SEPP MOSER
3495 Rohrendorf
Untere Wiener Straße 1
+43 2732 705 31
office@sepp-moser.at
www.sepp-moser.at
Im stattlichen Atriumweingut in Rohrendorf keltert Niki Moser nach biodynamischen Prinzipien elegante, sorten- und regionstypische Weißweine aus Rohrendorfer Lagen. Dazu kommen stoffige, vollmundige Rotweine aus dem ebenfalls zum Betrieb gehörenden Hedwighof im burgenländischen Apetlon.

23.

WEINKELLEREI LENZ MOSER
3495 Rohrendorf
Lenz-Moser-Straße 1
+43 2732 855 41
office@lenzmoser.at
www.lenzmoser.at
Rund 18 Millionen Flaschen Wein jährlich in dieser Qualität herzustellen, ist wahrlich eine Leistung. Das Geheimnis dahinter: Die Trauben werden

von langjährigen Vertragslieferanten zugekauft, doch die Weine keltert Lenz Moser selbst, wobei man mit Ernest Grossauer seit vielen Jahren einen erfahrenen Kellermeister im Haus hat, der für erstklassige Produkte garantiert. Zur Weinkellerei Lenz Moser gehören auch die Weingüter „Malteser Ritterorden" in Mailberg und „Klosterkeller Siegendorf", deren Weine ebenfalls in Rohrendorf vermarktet werden.

24.

WEINGUT BERGER
3494 Gedersdorf, Wienerstraße 3
+43 2735 82 34
office@weingut-berger.com
www.weingut-berger.com
Würzige, vom Löss geprägte und in ihrer unaufgeregten Art wunderbar zu

trinkende Grüne Veltliner und Rieslinge mit langem Atem sind charakteristisch für dieses traditionsreiche Weingut. Das komfortable, modern gestaltete Gästehaus bietet einen idealen Ausgangspunkt für Weintouren in der Region.

25.

MANTLERHOF
3494 Gedersdorf, Hauptstraße 50
+43 2735 82 48
mantlerhof@aon.at
www.mantlerhof.com
Im stattlichen Anwesen, das bereits im 12. Jahrhundert als Lesehof des Stifts Admont erwähnt wurde und seit 200 Jahren die Heimat der Familie Mantler ist, wird Tradition natürlich großgeschrieben. Vielleicht ist das der Grund, warum Sepp Mantler dem Roten Veltliner, auch als dieser ganz und gar aus der Mode gekommen war, immer die Treue gehalten hat – was sich gelohnt hat, denn der Rote Veltliner Reisenthal ist großer Stoff, Trinkfreude pur, aber das sind die anderen Mantler-Weine auch.

1.

JELL
3500 Krems, Hoher Markt 8–9
+43 2732 823 45
gasthaus@amon-jell.at
www.amon-jell.at
Ulli Amon-Jell ist eine Wirtin, wie man sie sich nur wünschen kann. Lebensfreude, Gemütlichkeit und Herzlichkeit, das erwartet den Gast in ihrem Haus. Die Produkte stammen hier aus der eigenen Schlachterei, und zu Köstlichkeiten wie dem ofenfrischen Schweinsbratl, allerlei Innereien, Knödeln und Co trinkt man feine Weine von der vorwiegend regional orientierten Karte.

2.

ZUM KAISER VON ÖSTERREICH
3500 Krems, Körnermarkt 9
+43 2732 860 01
restaurant@kaiser-von-oesterreich.at
www.kaiser-von-oesterreich.at
Zu erlesener Gourmetküche mit regionalen und internationalen Edelprodukten schürft man hier in einem Weinkeller der bodenlos zu sein scheint. Bei diesem Kaiser fühlt sich der Gast wie ein König.

3.

LATE IM KLOSTER UND
3500 Krems, Undstraße 6
+43 2732 747 45
restaurant@late.at
www.late.at
Gastrozampano Charly Teuschl ist mit seinem „Late“ vom Haus der Regionen ins Kloster Und übersiedelt. Fad wird's hier aber auch nicht: Im gediegenen Ambiente des Restaurants mit dem schönen Hofgarten kocht Teuschls Team „freestyle“ auf höchstem Niveau, eine Gourmetküche für Gaumenabenteurer und Genießer.

4.

BLAUENSTEIN
3504 Krems, Steiner Donaulände 56
+43 699 19 30 78 83
restaurant@blauenstein.at
www.blauenstein.at
Die Wirtsfamilie Blauensteiner umsorgt ihre Gäste aufs Beste, während aus der Küche von Marcel Ruhm, der trotz seiner Jugend schon viel internationale Erfahrung gesammelt hat, eine höchst spannende Melange aus österreichischen und asiatischen Elementen kommt. Eine kulinarische Weltreise mit Blick auf die Donau!

5.

WEIN-GUT HUTTER
3500 Krems
Weinzierlbergstraße 10
+43 2732 820 06
reservierung@weinguthutter.at
www.weinguthutter.at
Der Platz in den Weinbergen über Krems ist einzigartig – und gar nicht so leicht zu finden. Wenn man es aber geschafft hat, will man von Martin Nigls zweitem Gastroprojekt gar nicht mehr weggehen. Ein schattiger Kastaniengarten, ein altes, stilvoll und modern adaptiertes Haus, in dem man auch schlafen kann, dazu eine ausgezeichnete bodenständige Küche und das Beste aus Nigls Weinkeller – wunderbar!

6.

WEINHAUS NIGL
3541 Senftenberg, Kirchenberg 1
+43 2719 260 95 00
reservierung@weingutnigl.at
www.weingutnigl.at
Man ist Martin Nigl richtig dankbar, dass er sich dieses historischen Baujuwels angenommen und es vor dem endgültigen Verfall gerettet hat, wenn man hier in den gemütlichen Stuben oder im idyllischen Hofgarten mit Blick auf die Ruine Senftenberg sitzt und zum Kalbsrieslingbeuscherl ein Glas Riesling des Meisters genießt. Und wenn man müde wird, legt man sich einfach in eines der stilvoll und individuell ausgestatteten Gästezimmer des dazugehörigen Hotels.

7.

MÖRWALD SCHLOSS GRAFENEGG
3485 Grafenegg 12
+43 2735 261 60
grafenegg@moerwald.at
www.moerwald.at
Tafeln, wohnen und genießen – mit Blick von der Restaurantterrasse auf Schloss Grafenegg. Oder gleich mit Picknickkorb und -decke im Schlosspark.

MALAT WEINGUT UND HOTEL
Furth-Palt
s. Winzer
Vielleicht würde man sich so sein Haus gerne bauen, wenn man die Möglichkeit dazu hätte. Muss man aber nicht, denn das hat die Familie Malat schon getan. Modern, gediegen, weltoffen – und doch chillig, gemütlich und familiär.

GASTHOF & HOTEL KLINGLHUBER
3500 Krems
Wiener Straße 2
+43 2732 821 43
hotel@klinglhuber.com
www.klinglhuber.com
Modern gestylte Zimmer und gutbürgerliche Küche im Restaurant.

STEIGENBERGER AVANCE HOTEL
3500 Krems, Am Goldberg 2
+43 2732 71 01 00
krems@steigenberger.at
www.steigenberger.com/Krems
Hoch über Krems wohnt man hier modern-komfortabel mit Swimmingpool und Blick über die Weingärten und auf die Stadt.

WEIN-GUT HUTTER
Krems
s. Essen

HOTEL ZIERLINGER
3541 Senftenberg, Oberer Markt 17
+43 2719 22 43
info@hotel-zierlinger.at
www.hotel-zierlinger.at
Hübsch gelegenes, komfortables Weinhotel.

WEINHAUS NIGL
Senftenberg
s. Essen
Der perfekte Genuss-Hideaway wie aus dem Bilderbuch.

MÖRWALD-SCHLOSS GRAFENEGG
s. Essen

GÄSTEHAUS AM
WEINGUT ROSENBERGER
Rohrendorf
s. Winzer

GÄSTEHAUS AM WEINGUT BERGER
Gedersdorf
s. Winzer

VINOTHEGG GRAFENEGG
3485 Grafenegg, Schloss Grafenegg 10
+43 2735 399 39
info@vinothegg.at
www.vinothegg.at
Rund 130 Weine von 33 Winzern aus dem südlichen Kamptal im alten Kreuzgewölbe, das man auch virtuell via Internet besuchen kann.

WEIN.HANDLUNG NOITZ
3511 Furth-Palt, Römerstraße 169
+43 2732 856 56
www.wein-handlung.at
Weinfreak Franz Noitz lässt mit seinem nationalen und internationalen Sortiment keine Wünsche offen und freut sich, seinen Besuchern die Faszination Wein näherzubringen.

ARTE WEIN & ACCESSOIRE HANDEL
3500 Krems, Obere Landstraße 4
+43 2732 733 82, +43 664 135 06 21
www.wua.at
Vinothek, Weinbar und Café.

CAFÉ-KONDITOREI RAIMITZ
3500 Krems, Bahnhofplatz 12,
Kirchengasse 1, Steiner Landstraße 21
+43 2732 824 55
www.raimitz.at
Eine Institution: feine Mehlspeisen, tolle Torten.

CAFE-KONDITOREI HAGMANN
3500 Krems, Untere Landstrasse 8
+43 2732 83 16 70
www.hagmann.co.at
Juli, August So geschlossen
Konditorkunst und Schokolade in der Kremser Fußgängerzone.

EVI NATURKOST HANDEL
3500 Krems, Utzstraße 5
+43 2732 854 73
www.evinaturkost.eu
Naturkostfachmarkt, Bioprodukte von über 50 Biobauern.

WALDERLEBNISWELT
STIFT GÖTTWEIG
Zu sehen sind 125 Jahre alte Mammutbäume und andere Exoten. Ein Waldlehrpfad führt zum Arboretum mit über 50 Baumarten und Raritäten aus aller Welt. Entlang des Weges können kleine und große Besucher allerlei Rätsel und Aufgaben lösen. +43 2732 855 81-321, www.stiftgoettweig.at

BURGRUINE SENFTENBERG
Konnte ihr wehrhaftes Äußeres bis heute erhalten und thront über dem gleichnamigen Ort Senftenberg, ganzjährig geöffnet. www.burgruinesenftenberg.at

SANDGRUBE 13 WEIN.SINN
Der Besucherrundgang beginnt im Weingarten, führt über den Weinkeller hin zu den Themen Kunst und Film und endet bei einer Verkostung und im Ab-Hof-Verkauf. Krems, Sandgrube 13, +43 2732 855 11, www.sandgrube13.at

STIFT GÖTTWEIG
Ein UNESCO-Kulturerbe mit Klosterladen und Museum im Kaisertrakt, auch Urlaub im Kloster ist möglich.
+43 2732 855 81-231
www.stiftgoettweig.at

KUNSTMEILE KREMS
Eines der renommiertesten Ausstellungshäuser Österreichs. Es bietet ganzjährig Ausstellungsprojekte mit Kunstwerken aus dem 19., 20. und 21. Jahrhundert. Krems, Franz-Zeller-Platz 3, www.kunstmeile.at

KARIKATURMUSEUM
Nach dem Motto „Lachen ist gesund" nimmt das einzige Museum für Karikatur, kritische Grafik und Bildsatire in der österreichischen Museumslandschaft eine Sonderposition ein.
Krems, Steiner Landstraße 3a
www.karikaturmuseum.at

TERMINE
- Tour de Vin der Traditionsweingüter (1. Wochenende im Mai)
- Kremstaler Weinblüte (Juni)
- Kellergassenfest In der Leithen, Krems (Juli)
- Vinum Circa Montem Jungwein verkostung, Stift Göttweig, Kremstal (Nov.)

Kamptal

Die Vielfalt an Böden vom sogenannten „Urgestein", korrekt: Gföhler Gneis, über Löss in vielen Lagen rund um Langenlois und Donauschotter auf der Gobelsburger Heide bis zum singulären Heiligenstein mit seinem verwitterten, roten Wüstensandstein sorgt auch für eine Vielzahl von Weincharakteren. Grüner Veltliner und Riesling dominieren das Geschehen, die Finesse und Eleganz der Rotweine sollte man ebenfalls nicht unterschätzen, und schließlich prickelt das Kamptal in Form edler Winzersekte auch ganz schön.

WEINGÜTER

1 Weingut Schloss Gobelsburg
2 Allram, Straß im Straßertale
3 Arndorfer, Straß im Straßertale
4 Dolle, Straß im Straßertale
5 Eichinger, Straß im Straßertale
6 Topf, Straß im Straßertale
7 Zottlöderer, Straß im Straßertale
8 Waldschütz, Elsarn
9 Hirsch, Kammern
10 Bründlmayer, Langenlois
11 Ehn, Langenlois
12 Hiedler, Langenlois
13 Jurtschitsch, Langenlois
14 Leithner, Langenlois
15 Loimer, Langenlois
16 Rabl, Langenlois
17 Steininger, Langenlois
18 Weszeli-Terrafactum, Langenlois
19 Brandl, Zöbing
20 Kirschner, Zöbing
21 Öhlzelt, Zöbing
22 Aichinger, Schönberg am Kamp

LOKALE

1 Färberstub'n, Hadersdorf am Kamp
2 Landgasthaus anno 1920 (Scheugl) Etsdorf am Kamp
3 Heurigenhof Bründlmayer, Langenlois
4 Gutmann, Zöbing
5 Weinbeisserei, Schönberg-Mollands
6 Weinstube Aichinger, Schönberg

1.

WEINGUT SCHLOSS GOBELSBURG
3550 Gobelsburg, Schlossstraße 16
+43 2734 24 22
schloss@gobelsburg.at
www.gobelsburg.at

Unter der Leitung von Michael Moosbrugger hat sich dieses traditionsreiche Weingut wieder zu dem entwickelt, was es einmal war: einem Leitbetrieb für die Region. Dabei lässt Moosbrugger diese Tradition einerseits fortleben, indem er nach althergebrachter Methode und mit möglichst wenig technischen Hilfsmitteln zwei hochkarätige und im besten Sinne unmoderne Weine keltert: den Grünen Veltliner und den Riesling „Tradition". Andererseits wird die Geschichte dieses Hauses fortgeschrieben mit Veltlinern und Rieslingen von Spitzenlagen wie Heiligenstein, Lamm oder Grub, die zu den besten des Kamptals zählen, aber auch mit sehr eleganten und strukturieren Roten wie dem Merlot und dem Pinot noir.

2.

ALLRAM
3491 Straß im Straßertale
Herrengasse 3
+43 2735 22 32
weingut@allram.at
www.allram.at
Wer Weine der Spitzenlagen rund um Straß im Vergleich verkosten möchte, ist im Weingut von Erich Haas und Michaela Haas-Allram an der richtigen

Adresse. Im prachtvollen Ambiente dieses eindrucksvollen Gutshofs defilieren sie vorbei: Gaisberg, Wechselberg, Renner, Hasel und – Heiligenstein mit dem heimlichen König des Sortiments: Riesling. Da werden alle Facetten ausgelotet, das gilt auch für die anderen Rebsorten. Klar spielen Grüner Veltliner und Riesling hier die erste Geige, doch sollte man auch den duftigen Muskateller und die weißen Burgundersorten, Weiß- und Grauburgunder sowie Chardonnay verkosten, die cremige Fülle und mineralische Frische vereinen.

3.

ARNDORFER
3491 Straß im Straßertale
Weinbergweg 16
+43 2735 22 54
info@ma-arndorfer.at
www.ma-arndorfer.at
Martin und Anna Arndorfer gehören zu der jungen Winzergeneration, die für sich wieder eigenständige Wege sucht, um der Zaubermaterie Wein immer neue Facetten zu entlocken. Natürlich gibt es hier auch sozusagen „normale" Weine, spannender sind freilich die Spezialitäten wie der facettenreiche und komplexe Gemischte Satz „von den Terrassen 1958" (Pflanzjahr der Reben!), der Grüne Veltliner „Grenzenlos", der fünf Jahre auf der Hefe im Fass reifen darf, die Weißweine und der Zweigelt aus der Serie „Die Leidenschaft" oder der prickelnde „PetNat", der in Koproduktion mit Alwin und Stefanie Jurtschitsch entsteht. Was das ist, lassen Sie sich am besten von den beteiligten Winzern erklären.

MARTIN & ANNA ARNDORFER

4.

DOLLE
3491 Straß im Straßertale
Herrengasse 2
+43 2735 23 26
weingut@dolle.at
www.dolle.at
Peter Dolle ist einer der Weinbaupioniere im Kamptal. Legendär sind die langlebigen Weißburgunder, doch der Schwerpunkt liegt bei Veltlinern und Rieslingen von Toplagen.

5.

EICHINGER
3491 Straß im Straßertale
Langenloiser Straße 365
+43 2735 564 80
office@weingut-eichinger.at
www.weingut-eichinger.at

Birgit Eichinger hat es mit Talent und Beharrlichkeit aus kleinsten Anfängen heraus geschafft, sich in der heimischen Weinszene zu etablieren, und eine ganze Latte von nationalen und internationalen Auszeichnungen bestätigen immer wieder die hohe Qualität ihrer Weine. Ihr Erfolg mag darauf beruhen, dass diese, auch wenn sie von der kräftigeren Abteilung sind, stets animierend und trinkvergnüglich bleiben. So trägt jede Flasche Grüner Veltliner vom Gaisberg oder Riesling vom Heiligenstein die Handschrift der Winzerin, die da schreibt: Lebensfreude!

6.

TOPF
3491 Straß im Straßertale
Herrengasse 6
+43 2735 24 91
office@weingut-topf.at
www.weingut-topf.at
Anfangs machte Hans Topf als „Junger Wilder" Furore, der damals noch gegen

den Willen des Vaters Chardonnay im Barrique ausgebaut hat. Damit war er einer der Ersten, und diese Weine aus den Achtziger- und Neunzigerjahren machen noch immer Freude. Heute führt der begeisterte Jäger (Stichwort: Wildsalami!) einen imposanten Leitbetrieb im Kamptal und spielt auf allen Weinregistern, die hier möglich sind. Dazu zählen saftige, langlebige Rieslinge und Grüne Veltliner von sämtliche Top(f)-Lagen wie Wechselberg, Gaisberg, Renner, Hasel, Spiegel und Heiligenstein ebenso wie beachtliche, stoffig-dichte Rote.

7.

ZOTTLÖDERER
3491 Straß im Straßertale
Sauerbrunngasse 49
+43 2735 52 52
weingut@zottloederer.at
www.zottloederer.at

Franz Zottlöderer ist ein Mann der ersten Stunde, was das österreichische Weinwunder betrifft. Konsequent geht er seit vielen Jahren seinen Weg, jagt dabei keinen kurzlebigen Trends nach, keltert dafür jedoch ausgesprochen langlebige Weine. Ertragsreduktion, naturnahe Bewirtschaftung der Weingärten, Vergärung mit natürlichen Hefen und traditioneller Ausbau der Weine ohne neue Technologien sind hier schon lange Realität. Darum ist in jeder – ausschließlich mit Naturkork verschlossenen – Zottlöderer-Flasche, ob Grüner Veltliner, Riesling, Chardonnay oder Neuburger, ein erstklassiger Wein drin.

8.

WALDSCHÜTZ
3491 Straß im Straßertale, Elsarn 3
+43 2735 794 57
kontakt@weingut-waldschuetz.at
www.weingut-waldschuetz.at
Reinhard und Junior Markus Waldschütz werken in Elsarn ein wenig im Verborgenen – ihre Weine, allen voran der komplexe Top-Veltliner von der Lage Rosengarten, brauchen ihr Licht aber nicht unter den Scheffel zu stellen.

9.

HIRSCH
3493 Kammern, Hauptstraße 76
+43 2735 24 60
info@weingut-hirsch.at
www.weingut-hirsch.at
Hannes Hirsch war der Erste, der ab dem Jahrgang 2002 auch seine Topweine in Flaschen mit Drehverschluss füllte. Das erregte damals die Gemüter in der Szene, und man sagte diesen Weinen eine ungewisse Zukunft voraus. Inzwischen zeigt sich, dass sie sich auch nach mehr als zehn Jahren brillant und fast noch jugendlich präsentieren – Experiment gelungen, und fast alle haben es ihm inzwischen nachgemacht. Mit biodynamischer Bewirtschaftung keltert Hirsch ausschließlich Grüne Veltliner und Rieslinge von Spitzenlagen mit feinfruchtig-elegantem Charakter, Finesse und – Langlebigkeit!

10.

© Monika Saulich

BRÜNDLMAYER
3550 Langenlois, Zwettler Straße 23
+43 2734 21 72
weingut@bruendlmayer.at
www.bruendlmayer.at
Offenheit, innovatives Denken, Ideen und Kontinuität im Qualitätsstreben haben Willi Bründlmayer, der im Weingut von seiner Frau Edwige und Junior Vincent unterstützt wird, zu dem gemacht, was er heute ist: eine Leitfigur des österreichischen Weinbaus mit hoher internationaler Reputation. Wer seine Weine vom kraftvoll-würzigen Veltliner über die mineralischen Rieslinge bis hin zum mächtigen Chardonnay, aber auch die fruchtig-eleganten, lagerfähigen Roten wie den Pinot noir „Cécile" kostet, wird die Theorie nachvollziehen können, dass Weine immer auch ein wenig den Charakter des Winzers widerspiegeln. Nie vordergründig oder laut, jedoch immer mit Substanz, Vornehmheit und Tiefgang. Außerdem: Der Sekt des Hauses, Bründlmayer brut in Weiß und Rosé lässt Champagner-Assoziationen sprudeln.

11.

EHN
3550 Langenlois, Bahnstraße 3
+43 2734 22 36
weingut.ehn@ehnwein.at
www.ehnwein.at
Das Geschwisterpaar Ludwig und Michaela Ehn gehört seit Jahren zu den fixen Größen der Langenloiser Weinszene. Gesunde Trauben, penible Auslese im Weingarten und ein reduktiver Ausbau bringen sehr feingliedrige, elegante Tropfen, denen es dennoch nicht an Tiefgang und Komplexität fehlt. Star des Ensembles ist der Riesling Heiligenstein – ein Sir von einem Wein mit großem Potenzial.

12.

HIEDLER
3550 Langenlois, Am Rosenhügel 13
+43 2734 24 68
office@hiedler.at
www.hiedler.at

Es muss nicht immer das „Maximum" sein, schließlich gibt es bei Ludwig Hiedler und María Ángeles mehr als genug tolle Weine im Angebot. Aber ab und zu so ein reifes, mineralisches Fruchtkonzentrat ist auch nicht zu verachten. Die Weine des Hauses zeichnen sich durch klare Struktur, Reife, Eleganz und Langlebigkeit aus. Dabei beschreitet Ludwig Hiedler im Weinbau auch gerne neue – und eigentlich alte Wege: So lässt er manche Weine länger im großen Holzfass auf der Hefe liegen, „weil sie so eine ganz andere Feinheit und Reife bekommen als in der Flasche." Da kann man ja wohl nicht wirklich etwas dagegen haben.

13.

JURTSCHITSCH
3550 Langenlois, Rudolfstraße 39
+43 2734 211 60
weingut@jurtschitsch.com
www.jurtschitsch.com
Die „Drei Weinmusketiere" von Langenlois Paul, Edwin und Karl Jurtschitsch haben in brüderlicher Ei-

nigkeit einen Betrieb von imposanter Größe hochgezogen und dabei Dauerbrenner wie den berühmten Leichtwein „GrüVe" mit den markanten Etiketten des Malers Christian Ludwig Attersee geschaffen. Die junge Generation, Alwin und Stefanie Jurtschitsch, baut auf diesem soliden Fundament auf, nimmt sich aber auch die Freiheit, neue, eigene Wege zu gehen. Biologische Bewirtschaftung der Weingärten, Spontangärung, individueller Ausbau der Weine, denen man viel Freiheit lässt, kleine Projekte und Kooperationen mit anderen Winzern. Die Weinwelt der Jurtschitschs ist bunt und vielfältig – es lohnt sich, sie kennenzulernen.

14.

LEITHNER
3550 Langenlois, Walterstraße 46
+43 2734 255 20
kontakt@thomas-leithner.at
www.thomas-leithner.at
Der Urenkel von Dr. Fritz Zweigelt, dem Österreich seine „Nationalrebsorte" verdankt, keltert ausgezeichnete Weißweine wie den fruchtig-mineralischen Riesling „Privat", kräftige „Granaten" wie die Cuvée „Mantis Religiosa" und natürlich einen ausgezeichneten Zweigelt namens „Hommage".

15.

FRED LOIMER
3550 Langenlois
Haindorfer Vögerlweg 23
+43 2734 22 39, +43 2734 37 63
weingut@loimer.at
www.loimer.at
Fred Loimers Wineloft ist modern und avantgardistisch, doch in Sachen Weinbau lautet das Motto: Vorwärts in die Vergangenheit. Loimer bewirtschaftet seine Weingärten biodynamisch und keltert glasklare, präzise und erfrischende Weißweine wie die Rieslinge von beiden Seiten des Kamps „Seeberg" und „Heiligenstein", die auch nach Jahren noch große Klasse zeigen. Eine Liebe des Winzers ist der Pinot noir; diese lebt er sowohl in Langenlois als auch in Gumpoldskirchen aus, wo Loimer die Weingärten des großen Friedl Schellmann bewirtschaftet und neben Chardonnay und Traminer auch mit den klassischen Südbahnsorten Zierfandler und Rotgipfler punktet.

16.

RABL
3550 Langenlois, Weraingraben 10
+43 2734 23 03
office@weingut-rabl.at
www.weingut-rabl.at
Das imposante Weingut von Rudolf Rabl ist eine erste Adresse, wenn man Wein nicht nur kosten, sondern auch

kaufen – und trinken will. Denn hier stimmen Preis und Qualität, was nicht zuletzt auch Weinfreunde im Ausland zu schätzen wissen: 40 Prozent der Rabl-Weine gehen nämlich in den Export. Kein Wunder, solche flüssigen Botschafter des Kamptals gehen einfach gut über den Gaumen. Grüne Veltliner und Rieslinge von besten Lagen wie Schenkenbichl, Käferberg oder Dechant machen in jeder Verkostung gute Figur, getoppt werden sie noch von der neuen Lagenweinserie aus den besten Trauben des Weinguts.

17.

STEININGER
3550 Langenlois, Walterstraße 2
+43 2734 23 72
office@weingut-steininger.at
www.weingut-steininger.at
Karl Steininger, dem man bei einem Rundgang durch die Labyrinthe des Loisiums in den Arbeitskeller gucken kann, ist der Meister des Winzersekts. Dabei verfolgt er, anders als die meisten Kollegen einen sorten- und lagenreinen Ausbau, und seine Sekte dürfen auch ruhig kräftiger ausfallen, was sich nicht zuletzt in puncto Langlebigkeit

sehr positiv auswirkt. Präzise Frucht, Sortencharakteristik und Individualität sind die Stärken von Steiningers Edelsprudel. In aller Stille, aber deswegen nicht weniger beachtlich, blüht das „stille“ Steininger-Weinsortiment mit Riesling, Veltliner und Co, die mehr als nur einen Kostschluck wert sind.

18.

WESZELI -TERRAFACTUM
3550 Langenlois, Großer Buriweg 16
+43 2734 36 78
weingut@weszeli.at
www.weszeli.at

Quereinsteiger Davis Weszeli hat das Weingut der Familie Summerer übernommen und gleich einmal kräftig die Ärmel hochgekrempelt. Von Profi Rupert Summerer im Weingarten und Keller unterstützt, sorgte Weszeli erst einmal für einen perfekten, neu inszenierten optischen Auftritt. Beim Wein verfolgt er bewusst eine Philosophie der Langsamkeit. Man muss also ein wenig Geduld haben, bis man die komplexen, aromatischen Lagen-Veltliner und -Rieslinge vom Schenkenbichl, Käferberg, Steinmassl und Seeberg genießen kann. Das Warten lohnt sich aber auf jeden Fall – und in der Zwischenzeit spenden Riesling Loiserberg oder der Grüne Veltliner Kamptal DAC Trost.

19.

BRANDL
3561 Zöbing, Lauserkellergasse 1
+43 2734263 50
office@weingut-brandl.at
ww.weingut-brandl.at

„Die klassische Kamptaler Frische in die Flasche bringen“ – so lautet Günther Brandls Maxime, und bei Weinen der fruchtig-animierenden und trinkvergnüglichen „Terrassen“-Linie, Gelber Muskateller, Grüner Veltliner und Riesling, gelingt das auch bestens. Die großen Lagenweine von beiden Seiten des Kamptals bringen zusätzlich noch Reife und Komplexität mit ins Spiel. Spannend gestaltet sich die Querverkostung der Rieslinge und Veltliner vom Kogelberg mit Granit und Gneis sowie Heiligenstein mit seinem einzigartigen Sandstein-Verwitterungsboden.

20.

KIRSCHNER
3561 Zöbing
Heiligensteinstraße 3
+43 2734 42 13
kirschner@zoebing.at
www.kirschner.co.at
In diesem Weingut an der – nomen est omen – Heiligensteinstraße steht die Eingangstür fast immer offen. Es lohnt sich, sie zu durchschreiten, denn hier gibt es neben dem Wein auch noch reichlich andere Genussprodukte von der Weinschokolade über Chutneys bis zu Essig und Marmeladen. Im Mittelpunkt steht aber natürlich der Wein wie der feinfruchtige, elegante Riesling vom „Hausberg“, dem Heiligenstein.

21.

ÖHLZELT
3561 Zöbing
Eichelbergstraße 32
+43 2734 48 57
barbara@weinberggeiss.at
www.weinberggeiss.at
Die „Weinberggeiss“ ist das Wappentier von Barbara Öhlzelt, die das Familienweingut 2004 übernommen und sich seither mit ihren Grünen Veltlinern, Rieslingen und Weißburgundern als fixer Bestandteil der Kamptaler Weinlandschaft etabliert hat. Eine Spezialität ist der gemeinsam mit ihrem Mann, Meisterkoch Karl Schwillinsky, hergestellte „Verjus“, dem Saft aus sauren Trauben, der in der Küche vielfältige Anwendungsmöglichkeiten findet.

22.

WEINGÄRTNEREI AICHINGER
3562 Schönberg am Kamp
Hauptstraße 15
+43 2733 82 37
kamptal@wein-aichinger.at
www.wein-aichinger.at
Viele Jahre war die Weinstube der Familie Aichinger ein beliebter Treff für Menschen, die gutes Essen und ebensolche Weine schätzen. Daran hat sich auch nach der Übernahme durch die zwei langjährige Mitarbeiter Susanne Zimmermann und Sven Hirschfeld nichts geändert. Auch nicht an der engen Verzahnung mit dem Weingut, dessen köstliche Veltliner, Rieslinge und Co hier bestens vertreten sind.

1.

FÄRBERSTUB’N
3493 Hadersdorf am Kamp
Hauptplatz 12
+43 2735 26 18
faerberstubn@aon.at
www.faerberstubn.at
Zur soliden, liebevoll zubereiteten Regionalküche serviert Patron Josef Hotzy passende Weine von der rund 200 Positionen umfassenden Weinkarte mit vielen interessanten Entdeckungen.

2.

LANDGASTHAUS ANNO 1920 (SCHEUGL)
3492 Etsdorf am Kamp
Untere Marktstraße 1
+43 2735 30 03
landgasthaus@anno1920.at
www.anno1920.at
Ambitioniert geführtes Dorfwirtshaus mit bodenständiger Küche und einer Weinauswahl, die auch für den Kenner so manche Entdeckung parat hat. Ein Highlight: der sehenswerte Kräutergar-

ten mit 500 verschiedenen Kräutern, von denen viele auch den Weg in die Küche finden.

3.

HEURIGENHOF BRÜNDLMAYER
3550 Langenlois, Walterstraße 14
+43 2734 28 83
office@heurigenhof.at
www.heurigenhof.at
Im herrlichen Renaissance-Innenhof und den historischen Gewölben des Hauses kommen sowohl Fein- als auch Weinspitze auf ihre Rechnung. Am Ende geht man nur ungern, ohne ein paar Flaschen von Willi Bründlmayers herrlichen Tropfen mitzunehmen.

4.

GUTMANN
3561 Zöbing, Heiligensteinstraße 32
+43 2734 23 34
www.gasthaus-gutmann.com
Ein altes Haus, ein wunderschöner Gastgarten mit Blick auf den Kamp und eine engagierte Gastgeberfamilie, die hier seit vielen Jahren verlässlich köstliche Wirtshausküche auf den Tisch zaubert.

5.

WEINBEISSEREI
3562 Schönberg am Kamp
Mollands, Altweg 3
+43 2733 780 80
genuss@weinbeisserei.at
www.weinbeisserei.at
Zur Slow-Food-Küche von Hermann Hager mit vielen frischen Zutaten vom Kräuter- und Gemüsegarten hinterm Haus und den Turopolje-Schweinen, die sich dort auch herumtreiben, trinkt man Matthias Hagers individuelle Weine und genießt einen herrlichen Blick über das Kamptal und hinüber auf den Heiligenstein.

6.

WEINSTUBE AICHINGER
s. Winzer

LOISIUM LANGENLOIS
3550 Langenlois, Loisium Allee 2
+43 2734 771 00
hotel@loisium.at
www.loisiumhotel.at

© LOISIUM/Patricia Parinejad

Das Konzept vom „Wohlfühlen in den Reben" ist bestechend und in einzigartiger Form umgesetzt worden. Hier treffen moderne Architektur und vom Weinbau geprägtes Umland, Wellness und Genuss zur perfekten Symbiose zusammen. Ob Dinner im Weingarten vor dem „Vineyard" Restaurant, relaxen am Pool, Wellnessbehandlung im Spabereich oder Weinverkostung bei einem der Langenloiser Topwinzer – in diesem außergewöhnlichen Hotel bleiben kaum Wünsche offen.

SCHLOSS HAINDORF
3550 Langenlois, Krumpöckallee 21
+43 2734 26 93
office@haindorf.at
www.haindorf.at

VIERZIGERHOF, LANGENLOIS
3550 Langenlois, Rudolfstraße 11
+43 664/841 31 77
office@vierzigerhof.at
www.vierzigerhof.at
Ein altes Haus, mustergültig saniert und mit modernen Elementen vermischt – „Schöner Wohnen" im Herzen der Weinstadt.

GÄSTEHAUS WEINGUT RABL
s. Winzer
Moderne, hochwertige Appartements und Zimmer im Gästehaus mit chilliger Lounge auf dem Dach.

STRASSERHOF
3491 Straß im Straßertale
Marktplatz 30
+43 2735 24 27
eisenbocks@strasserhof.at
www.strasserhof.at
Das gepflegte Landhotel mit Restaurant ist das Erste Haus am Platz.

COBANESHOF SCHNEIDER
3550 Gobelsburg, Weinstraße 37
+43 2734256 40
office@cobaneshof.at
www.cobaneshof.at
Wohnen im Weingut – und das gemütliche Heurigenlokal ist auch gleich griffbereit.

SCHLOSS GRAFENEGG/MÖRWALD
s. Essen

URSINHAUS
3550 Langenlois, Kamptalstraße 3
+43 2734 200 00
info@ursinhaus.at
www.ursinhaus.at
Hier kommt man her, um bei einem guten Kaffee vom Schanigarten aus das lebendige Treiben am Kornplatz zu beobachten, in der Weinbar ein schönes Glas zu trinken, nach freien Zimmern in der Region Ausschau zu halten oder für eine Runde auf dem Weinweg von Langenlois einzuchecken. Das multifunktionelle Wein- und Informationszentrum im Herzen von Langenlois ist nach 25 Jahren längst zur Institution geworden und erfüllt fast alle Wünsche rund um Wein, Kultur und Genuss.

© LOISIUM/Robert Herbst

LOISIUM WEINERLEBNISWELT
3550 Langenlois, Loisiumallee 1
+43 2734 322 40
info@loisium.at
www.loisium.at
Die Symbiose zwischen Tradition und Moderne wird hier auf den ersten Blick deutlich: Zu ebener Erde der vom amerikanischen Stararchitekten Steven Holl geplante, markante Metallwürfel mit dem Besucherzentrum und der Vinothek, das auch den Schlusspunkt der Kellerführung darstellt. Unter der Erde das Labyrinth durch die 900 Jahre alten Weinkeller von Langenlois, in dem die Weinwerdung traditionell und mystisch in fünfzehn Stationen inszeniert wird. Kellerführungen werden auch für Gruppen in Kombination mit Weinseminaren angeboten.

WEINKONTRASTE – VINOTHEK STRASS
3491 Straß im Straßertale
Langenloiser Straße 199
+43 2735 39 00
gemeinde.strass@aon.at
www.vinothek-strass.at
Tolle Auswahl an Kamptaler Weinen, fachkundig präsentiert – auch am Wochenende geöffnet.

ALTE SCHMIEDE
3562 Schönberg am Kamp
Hauptstraße 36
+43 2733 764 76
info@alteschmiede-schoenberg.at
www.alteschmiede-schoenberg.at
Weine der Region, Ausstellungen und Kulturveranstaltungen im sehenswerten Ambiente eines historischen Gemäuers.

HOFKÄSEREI ROBERT PAGET
3492 Diendorf am Kamp
Kirchenweg 2
+43 664 154 02 18
paget.robert@netway.at
www.bufala-connection.at
Feinster Ziegen- und Büffelkäse vom Käsepionier des Kamptals.

FLEISCHWAREN HÖLLERSCHMIDT
3492 Walkersdorf, Gewerbestraße 19
+43 2735 52 28
office@hoellerschmid.at
www.hoellerschmid.at
Bestes Fleisch von regionalen Marken, allen voran das famose dry-aged Rindfleisch, steht nach Vorbestellung auf für den privaten Genießer zur Verfügung.

LANGENLOISER WEINWEG
Durch einige der besten Weinlagen von Langenlois wie Käferberg, Steinhaus oder Dechant führt dieser Weg, der nicht nur schöne Aussichten, sondern anhand von zahlreichen Skulpturen, Objekten und Installationen auch interessante Einblicke in den Weinbau bietet. Den Weg kann natürlich jeder zu jeder Zeit beschreiten, doch wer diesen Weg noch genussvoller gestalten will, der erwirbt im Ursinhaus das Degustationsset mit Weinglas und Weinweg-Buch und vor allem den Leihschlüssel für die drei in Weingartenhütten untergebrachten „Weinsafes", in denen gekühlte Wein- und Sektflaschen auf die genussvolle Degustation warten.
www.langenlois.at/wein/weinweg-langenlois

NATURPARK KAMPTAL – SCHÖNBERG
Weinerlebnis zwischen dem „krummen" Fluss, sanften Hügeln und seltenen Pflanzenarten. Attraktionen: Kultur- und Tourismuszentrum „Alte Schmiede" mit Schmiedewerkstatt, Ausstellung und Vinothek, Weinlehrpfad, Waldlehrpfad; „Alte Schmiede" Wein/Erlebnis/Information.
Schönberg am Kamp, Hauptstraße 36, +43 664 113 09 59 (Helmut Diewald)
www.schoenberg.gv.at

KITTENBERGER ERLEBNISGÄRTEN
Ein paradiesisches Gartenerlebnis sind die Kittenberger Erlebnisgärten mit mehr als 40 Themengärten auf einer Fläche von über 50.000 Quadratmetern samt Schwimmteich-Schau, Kinderwelt und Restaurant im Glashaus.
Schiltern bei Langenlois
Laaerbergstraße 15
www.kittenberger.at

ARCHE NOAH
Ursprünglich als Initiative zur Erhaltung von natürlichem Saatgut begründet, ist die Arche Noah heute auch ein Besuchererlebnis mit Schaugärten, Führungen und einer Gartenküche für Events. Ausgewählte Samen und Pflanzen gibt's im Shop.
Schiltern, Obere Straße 40
www.arche-noah.at

SCHLOSS GRAFENEGG
Das Schloss Grafenegg, im Stile des romantischen Historismus erbaut, verfügt über die bedeutendste historische Schlossanlage Österreichs. Das Schloss selbst mit den Prunkräumen, der Kapelle und dem Innenhof ist von 24. April bis 31. Oktober dienstags bis sonntags zu besichtigen. Führungen nach Voranmeldung.
+43 2735/55 00-522
schloss@grafenegg.at
www.grafenegg.at

TERMINE
- Kamptaler Weinfrühling (April)
- Kellerfest am Heiligenstein Zöbing (Juni)
- Kamptaler Weinnacht Schloss Grafenegg (Nov.)
- Fröhliches Loisium – Weihnachtsmarkt, Langenlois (Dez.)

Vinothek und Kulturzentrum Alte Schmiede in Schönberg

Wachau – Weinjuwel im Donautal

Vielleicht ist die Wachau mit ihren schroffen Hängen nicht für jeden die schönste Weinroute im Land – die eindrucksvollste ist sie aber ganz sicher. Und eine größere Dichte an Topadressen in Sachen Wein und Kulinarik wird man sonst nirgends finden.

Wer die Wachau verstehen will, sollte sich vor einer Genusstour ein bisschen in die Geschichte einlesen – vor diesem Hintergrund gewinnt dieser ohnehin schon einzigartige Landstrich nämlich noch an Farbe und Kontur. Es ist nachgewiesen, dass hier bereits unter dem legendären Weinkaiser Probus im dritten Jahrhundert nach Christus Wein angebaut wurde. In dieser Zeit wurde damit begonnen, Terrassen in die steilen Urgesteinshänge zwischen Spitzer Graben und Kremser Pfaffenberg zu schlagen. Nicht zuletzt bilden diese neben den besonderen klimatischen Bedingungen und der Bodenbeschaffenheit die Grundlage für jene hohe Weinqualität, die aus der Wachau ein Mekka für Weinpilger aus nah und fern gemacht hat.

Dass es so weit kam, ist nicht zuletzt den Klöstern aus Salzburg und Bayern zu verdanken, die hier ab dem Mittelalter mit ihren Lesehöfen die Weinkultur hegten und das diesbezügliche Know-how weiter verfeinerten und tradierten. Viele dieser Höfe wie der Prandtauerhof, der Tegernseerhof, der Mauritiushof oder der Florianihof werden auch heute noch als Weingüter oder Restaurants bewirtschaftet und bieten eine spektakuläre Kulisse für genussvolle Einkehr und Verkostung.

Winzernamen wie Knoll, Prager, Hirtzberger, Alzinger, Lagler oder F.X. Pichler, vor allem aber deren Weine, lassen sich Freunde des österreichischen Weißweins genüsslich auf der Zunge zergehen. Diese und andere Spitzenwinzer keltern von den Hängen längs der Donau Rieslinge, die eine einzigartige und – zumindest für Fachleute – unverwechselbare Fruchtigkeit, Mineralität und Eleganz zeigen. Ebenfalls idealtypisch sind die Grünen Veltliner, die hier mit ihrem würzig-pfeffrigen Duft, ih-

Zeitzeuge in den Weinbergen: die Ruine Hinterhaus in Spitz

Reisen mit Ausblick: die Wachau-Bahn

Platz an der Sonne: Heuriger Polz in Rührsdorf

Mathias Hirtzberger und Klaus Egle bei der Arbeit

rer klaren Frucht und eleganten Stilistik ihre wohl reinste Ausformung finden. Viele dieser Weine von Lagen wie Kellerberg, Singerriedel, Achleiten, Klaus oder Tausendeimerberg haben inzwischen Kultstatus erlangt.

Am Anfang war das Wort Wir wollen nun erkunden, wo diese guten Tropfen ihren Ausgang nahmen und folgen dabei dem Donaustrom. Darum starten wir diese Tour, obwohl das eigentliche Weinbaugebiet erst in Schwallenbach bei Spitz beginnt, in Melk. Am Tor zur Wachau ragt als monumentales Wahrzeichen hoch über dem Ort das berühmte Benediktinerstift. Es zählt zu den imposantesten Kloster- und Barockbauten Europas, und allein sein Anblick nötigt selbst dem stumpfsten Kulturbanausen einen gewissen Respekt ab. Wer sich die Zeit nimmt, das Innere dieses weitläufigen Sakralbaus näher in Augenschein zu nehmen, sollte jedenfalls nicht auf die Bibliothek vergessen, die in ihren kunstvoll geschnitzten Schränken und Regalen rund 85.000 mittelalterliche Schriften und Bücher beherbergt; schließlich war im Anfang das Wort und nicht der Wein.

Zum Wein gehört freilich – so wie in der Eucharistie – fast zwingend das Brot, darum heißt es jetzt einmal über die Donaubrücke fahren und eine andere Institution ansteuern. Der Gasthof „Zum Schwarzen Bären" ist zwar nicht ganz so altehrwürdig wie das Stift Melk, kann aber auf eine lange Geschichte und eine große Tradition als Hort gepflegter, gutbürgerlicher Gastlichkeit verweisen.

Auf der Weiterfahrt schauen wir hinüber aufs andere Ufer zum wunderschön über der Donau thronenden Schloss Schönbühel und erreichen Aggsbach Markt. Hier spannten in Zeiten vor der Autobahnvignette die auf Burg Aggstein ansässigen Raubritter und Vorfahren der heutigen Zollbeamten ihre Sperrkette über die Donau, um ihren Obolus einzukassieren. Etwas weiter stromab stoßen wir auf Willendorf, wo im Zuge des Baus der Wachauer Bahn im Jahr 1908 mit der sogenannten „Venus von Willendorf" die wohl älteste Österreicherin ausgegraben wurde. Seither fristet die nur 11 Zentimeter große, dafür rund 28.000 Jahre alte Dame ihr Dasein im Wiener Kunsthistorischen Museum, während sie am Fundort von einer vergleichsweise überdimensionalen Kopie aus Sandstein vertreten wird.

Für den Weinfreund wird der weithin sichtbare „Spitzer Tausendeimerberg" aber ohnehin imposanter wirken, ist er doch das weinbauliche Wahrzeichen des mit Spitzenwinzern reich gesegneten Ortes. Von dieser markanten Erhebung sollen früher in guten Erntejahren bis zu 1000 Eimer Wein (das entspricht 56.000 Litern) gekeltert worden sein.

Ehe man sich aber nun tatsächlich Spitz zuwendet, empfiehlt sich noch ein kleiner Abstecher hinein in den Spitzer Graben. Hier befindet sich das Schloss Erlahof mit seinem hervorragenden Schiffahrtsmuseum und die Burg Oberranna bei Mühldorf. Sie beherbergt die älteste romanische Krypta Österreichs aus dem 9. Jahrhundert und eine außergewöhnliche Frühstückspension. Mit ihren großen, individuell und original eingerichteten Zimmern ist sie eine der komfortabelsten – und ruhigsten – Bleiben für müde Wachaufahrer.

Was den Wein angeht, so stellt der Spitzer Graben die Grenze des Weinbaus in Richtung Waldviertel dar. Die Trauben reifen hier in der Regel um zwei Wochen später als in Loiben, und Winzer wie Josef Gritsch (Graben-Gritsch), Josef Högl, Johann Donabaum oder Peter Veyder-Malberg keltern besonders kühle, frische und pikante Weine mit beeindruckender Mineralik – gut Ding braucht eben Weile!

Spitz selbst, das erstmals im Jahr 830 urkundlich erwähnt wurde, hat eine wechselvolle Geschichte hinter sich, von der nicht nur Reste ehemaliger Wehranlagen wie die Burg Hinterhaus oder das mitten im Ort gelegene Spitzer Schloss, sondern auch zahlreiche andere historische Gebäude wie das alte Rathaus oder das Bürgerspital zeugen. Geprägt ist das Ortsbild von Kopfsteinpflasterstraßen und verwinkelten Gässchen wie der „Rote-Tor-Gasse", die hinauf in die Weinberge und zum Roten Tor führt. Dieser letzte Teil der ehemaligen Ringmauer – im Dreißigjährigen Krieg soll hier dermaßen gemetzelt worden sein, dass sich das Stadttor rot färbte – gibt einer Weinriede den Namen, von der Franz Hirtzberger jedes Jahr einen zauberhaften Veltliner keltert. Neben dem Altmeister sind Karl Lagler mit seinem wunderschön gelegenen Weingartenhotel und Franz Josef Gritsch mit seinem nagelneuen „Kalmuck-Keller" die Winzer, die man hier als Pflichtprogramm betrachten sollte.

Im Epizentrum der Genüsse Vorbei an St. Michael, das vor allem für sein kulturhistorisch interessantes Kirchlein bekannt ist, geht es mitten hinein in ein

wahres Wein- und Restauranteldorado, bestehend aus Wösendorf, Joching und Weißenkirchen. Den Auftakt macht die neue „Hofmeisterei Hirtzberger" in Wösendorf, ursprünglich 1159 erbaut und heute ein Spitzenrestaurant mit exzellenter, bodenständig-kreativer Küche und einem ausufernden Weinangebot mit vielen Raritäten aus dem Fundus der Eigentümer-Familie Hirtzberger. Zum Betrieb gehört auch das neue Weingut „Weinhofmeisterei Hirtzberger" – ein erfreulicher Neuzugang.
Etwas jüngeren Datums als die ehemalige Weingartenhofmeisterei des Stifts St. Florian ist das besuchenswerte Weingut von Rudi Pichler – eines der wenigen in der Wachau, die mit moderner Architektur aufwarten können – und jenes von Franz Pichler junior und senior, die ihre feinen Weine von besten Lagen wie Hochrain und Kollmitz keltern. Erich Machherndl komplettiert die Riege der Wösendorfer Winzer und bringt mit seinem frischen, unkonventionellen Weinstil eine frische Brise in die Wachauer Weinszene.

In Weißenkirchen ist aber nicht nur gut trinken, sondern auch gut essen: Beim rustikalen „Kirchenwirt", im „Fischrestaurant Heinzle" direkt an der Donau oder beim gediegen-gutbürgerlichen „Donauwirt" mit feiner Küche und einem bestens gefüllten Weinkeller. Eine Art „Rundum-Sorglos-Paket" bietet der Prandtauerhof in Weißenkirchen, wo die Wirtsfamlie Holzapfel nicht nur ein Restaurant mit Gästezimmern und Weinbau betreibt, sondern darüber hinaus einige der besten heimischen Edelbrände destilliert. Dringend angeraten ist eine Verkostung der „Schwarzen Ribisel" (Johannisbeere), der Quitte und natürlich der Marille. Dieser kommt im kulinarischen Wachauer Mikrokosmos eine ganz besondere Bedeutung zu. Während der Blütezeit Anfang April ziehen die Marillenbäume dem ganzen Tal ein romantisches weiß-rosa Spitzenkleidchen an, was für viele Gäste mit ein Grund ist, die Wachau gerade während dieser Zeit zu besuchen. Verarbeitet werden die Marillen zu köstlichen Desserts wie Marillenstrudel oder Marillenknödel, zu Marmelade und eben zu feinen Destillaten. Den zweiten Höhepunkt im „Marillenjahr" stellt der Spitzer Marillenkirtag dar, der alljährlich am letzten Juliwochenende stattfindet und die Gelegenheit bietet, zu feinen Wachauer Weinen köstliche Marillenknödel und „Saumeisen" (geselchte Hackfleischlaibchen im Schweinsnetz) zu probieren.

Nur unweit vom Prandtauerhof findet man mit dem Restaurant und Weingut Jamek in Joching eine weitere Bastion des Genusses, die aus dem Wachauer Gesamtbild nicht wegzudenken ist. Es gilt als verpflichtend, „beim Jamek" wenigstens einmal pro Wachauaufenthalt einzukehren und dort die perfekte Symbiose zwischen verfeinerter, bodenständiger Küche und den edlen Weinen des Hauses zu erleben.

Bevor es weiter stromabwärts in Richtung Krems geht, sollte man in Weißenkirchen die formidablen Weine von Toni Bodenstein im Weingut Prager kosten und den historischen Teisenhoferhof besuchen, in dem sowohl ein Wachau- als auch ein Weinbaumuseum untergebracht sind und der alle zwei Jahre den würdigen Rahmen für die Verkostung der „Wachauer Smaragde" bietet. Unmittelbar davor führt eine überdachte Treppe zur alten Wehrkirche Mariae Himmelfahrt hinauf, in der man nicht nur geistlichen Beistand für die noch folgenden Wachauunternehmungen erbitten, sondern sich einen schönen Rundblick genehmigen darf. Lohnenswert ist auch ein Spaziergang auf dem alten Weinweg von Joching nach Weißenkirchen und dann hinauf in die berühmten Rieden Achleiten und Klaus, wo Josef Jamek in der Nachkriegszeit als Erster – wieder – begann, die typischen Terrassenmauern systematisch zu erneuern.

Löwenherzen und Wachauer Laberln Nur wenige Kilometer weiter taucht am linken Donauufer der „Zeigefinger Gottes" auf. So nennen die Einheimischen den Kirchturm des Chorherrenstifts Dürnstein, das Wahrzeichen des Ortes. Dass dieser Zeigefinger den weinseligen Besuchern drohen könnte, ist ganz und gar ausgeschlossen, war doch sein Erbauer, der berühmte Probst Hieronymus Übelbacher, dem Wein und den irdischen Lustbarkeiten durchaus zugeneigt. Das hat er nicht zuletzt durch die Errichtung des Dürnsteiner Kellerschlössls bewiesen, in dem zu Lebzeiten des Probstes so manches Gelage abgehalten wurde.

Über das kleine, vom Mittelalter und der Barockzeit geprägte Dürnstein ließe sich mit Leichtigkeit ein ganzes Buch schreiben. Von der Legende des Sängers Blondel etwa, der den armen englischen König Richard Löwenherz aus der Burg Dürnstein befreit haben soll. Oder über die wahre Geschichte von der Erfindung des heute zum Allgemeingut gewordenen Wachauerlaberls in der engen Backstube der Familie Schmidl mitten in Dürnstein. Die Qualität der Schmidl-Laberln ist trotz zahlreicher Nachahmungsversuche bis dato unerreicht. Und dann darf man natürlich nicht das noble Dürnsteiner Schlosshotel vergessen, von dessen Restaurantterrasse man den besten Donaublick der ganzen Wachau genießt.

Unmittelbar nach Dürnstein biegt man links von der Hauptstraße ab und gelangt zu den Latifundien der Winzergenossenschaft „Domäne Wachau". Dazu zählt Probst Übelbachers Schlösschen, das heute – mustergültig restauriert – Schauplatz von Veranstaltungen und Verkostungen ist, und eine moderne Vinothek, in der man sich anhand der Weine des Hauses quer durch die besten Lagen der Wachau kosten kann. Weiter geht es nun vorbei am „Franzosendenkmal", das an die blutige Schlacht der Österreicher und Russen gegen die Franzosen erinnert, die für Napoleon im Jahr 1805 die erste Niederlage während seines Ostfeldzugs brachte, hinein nach Ober- und Unterloiben.

Die Rieslinge und Veltliner eines F.X. Pichler, Emmerich Knoll oder Leo Alzinger zählen nicht nur zu den besten Kreszenzen, die Österreichs Rieden hervorbringen, sondern haben wesentlich mit dazu beigetragen, dass der österreichische Wein heute auch international wieder einen guten Ruf genießt, und das junge Weingut Pichler-Krutzler schickt überhaupt gleich vier von fünf produzierten Flaschen ins Ausland.

Wenn man von Loiben spricht, darf der von Emmerich Knolls Cousin Josef betriebene „Loibnerhof" nicht unerwähnt bleiben. Er ist eine der ersten kulinarischen Adressen der Wachau, wo zu bodenständiger Küche in bester Form ein breit gestreutes Sortiment von Knoll-Weinen – auch älterer Jahrgänge – angeboten wird. Praktisch einen Steinwurf davon entfernt befindet sich mit der „Wachauerstube" gleich die nächste empfehlenswerte Adresse – im traditionellen Wirtshausambiente, aber mit dem frischen Schwung der jungen Betreiber.

Unterhalb von Loiben endet per Definition das Weinbaugebiet Wachau. Allerdings sollte man die alte Weinbaustadt Krems mit ihren zahlreichen historischen Bauwerken und kulturellen Angeboten deswegen nicht links liegen lassen. Interessiert man sich dafür nicht, so empfiehlt es sich, zumindest einmal den süßen „Kremser

Kleinod: das Dürnsteiner Kellerschlössl

Senf" zu kosten, der als klassische Wachauer Spezialität gilt. Heute wird der delikate Würstchenbegleiter aus grob geschroteten Senfkörnern und Traubenmost zwar in Wien hergestellt, die erste gewerbsmäßige Erzeugung im Jahr 1546 erfolgte jedoch in Krems, wo der Senf bis in die Fünfzigerahre des vorigen Jahrhunderts produziert wurde.

Der Süden der Wachau Keineswegs vernachlässigen darf man die Südseite der Wachau, die zwar immer etwas im Schatten der Nordseite mit ihren großen Weinlagen und tollen Restaurants steht, aber gerade deshalb eigentlich eine eigene Reise wert ist. Denn im Grunde gibt es hier alles, was es im Norden gibt – plus die Marillen und den Blick auf die schönen Bauwerke am anderen Ufer. Und wenn die Wachau insgesamt als ein Bollwerk der Kontinuität gilt – wer hier nicht mindestens seit drei Generationen ansässig ist, gilt als „Zuagraster" –, so hat sich der Süden in den vergangenen Jahren dynamisch entwickelt. Einige dieser Wein- und Kulinarik-Hotspots werden wir nun ansteuern.

Von Krems aus setzt man mit Blick auf das mächtige Stift Göttweig, das gemeinsam mit dem Stift Melk die Wachau sozusagen einrahmt, über die alte Donaubrücke nach Mautern. Im „Landhaus Bacher" pflegen Thomas Dorfer und seine berühmte Schwiegermutter Liesl Wagner-Bacher eine der anspruchsvollsten Küchen des Landes, während Patron Klaus Wagner Herr über den sicherlich bestsortierten „Wachaukeller" der Welt ist. Gleich nebenan befindet sich der Nikolaihof, eines der ältesten Weingüter Österreichs mit seiner traditionellen Weinstube und einem Gästehaus, das den schönen Namen „ad vineas" – zu den Weinbergen – trägt. Schon seit einem runden Jahrtausend besteht der beeindruckende Keller, dessen Fundamente noch von jenem Römerlager „Favianis" stammen, das in Mautern vor rund 2000 Jahren als nördlichster Vorposten des Römischen Reiches errichtet wurde.

Auf dem weiteren Weg in Richtung Rossatz und die diversen Arnsdörfer, sollte man sich die Zeit nehmen und kleine Spaziergänge durch die Orte unternehmen. Da gibt es noch ganz stille Winkel, eingerahmt von historischen Schiffmeisterhäusern, wuchtigen Mauern und alten Kaminen. Ach ja, und moderne Hochwasserschutzbauten gibt es hier auch, aber die sind unten an der Donau und an den Ortseingängen und sorgen dafür, dass die Wachauer beim nächsten Donauhochwasser trockene Fuße behalten.

Wir wollen es aber einstweilen gar nicht so trocken. Müssen wir auch nicht, denn mit Heinz Sigl, Josef Fischer und Georg Frischengruber kreuzen gleich drei versierte Winzer unseren Weg, die mit ihren köstlichen Grünen Veltlinern und Rieslingen deutlich das Potenzial der Wachauer Südseite für Spitzenweine aufzeigen. Die Zuspeis zum Wein ist hier auch nicht von schlechten Eltern. Da reicht das Spektrum von Heurigen wie dem von Erich Polz in Rührsdorf, wo man auch wunderbar wohnen kann, und dem von Bernd Pulker, der schicke Menschen von nah und fern magisch anzieht, bis hin zum „Winzerstüberl" in Rührsdorf, von dessen Understatement-Namen man sich nicht täuschen lassen sollte; zwar kann man hier auch als Radler auf einen gespritzten Apfelsaft vorbeischauen, zugleich wird jedoch auch eine der feinsten und spannendsten Küchen der Wachau gepflegt.

Auch im weiteren Verlauf der Straße zurück nach Melk eröffnen sich immer wieder schöne Blicke, und kleine, hübsche Heurige laden zur Einkehr ein. Hier lässt sich dann, wenn die letzten Strahlen der Abendsonne den Wein im Glas zum Funkeln bringen, trefflich darüber sinnieren, welches denn nun wirklich die schönere Seite der Wachau ist …

Die Wachauer Winzer keltern von den Hängen längs der Donau Rieslinge und Grüne Veltliner, die mit ihrer herrlichen Fruchtigkeit und Eleganz auch international zu den besten Vertretern ihrer Art zählen. Die Grundlage dafür sind neben den idealen klimatischen Voraussetzungen mit warmen Tagen und kühlen Nächten auch die Terrassenlagen auf den steilen Urgesteinshängen an der Donau. Sie bedeuten für die Winzer mühevolle händische Bearbeitung und geringe Hektarerträge.

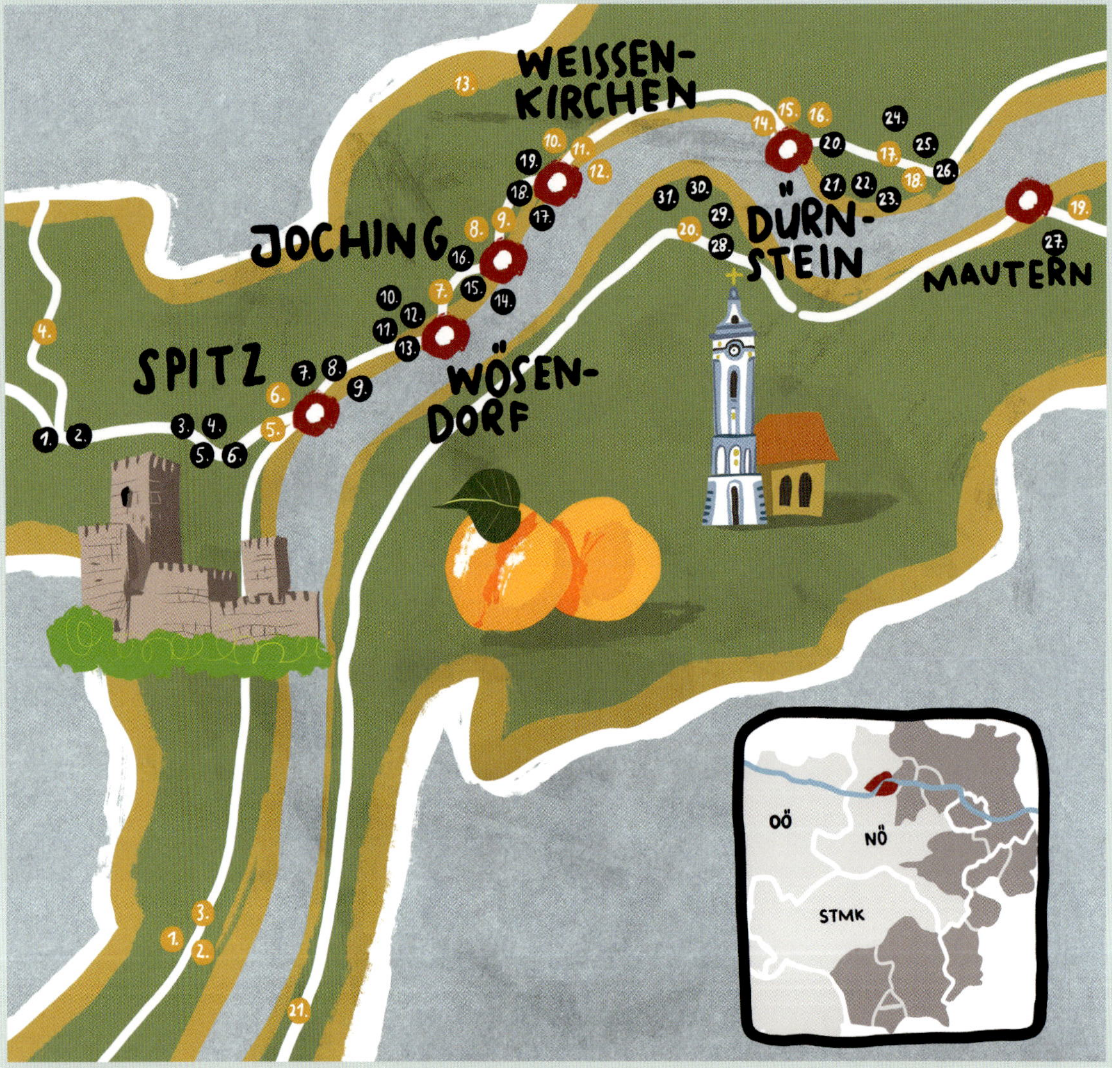

WEINGÜTER

1 Graben-Gritsch, Vießling
2 Högl, Vießling
3 Sighardt Donabaum, Spitz
4 Donabaum – In der Spitz
5 Johann Donabaum, Spitz
6 Veyder-Malberg, Spitz
7 Hirtzberger, Spitz
8 Lagler, Spitz
9 Franz Josef Gritsch – Mauritiushof, Spitz
10 Franz Pichler, Wösendorf
11 Rudi Pichler, Wösendorf
12 Machherndl, Wösendorf
13 Weinhofmeisterei Hirtzberger, Wösendorf
14 Holzapfel, Joching
15 Jamek, Joching
16 Schmelz, Joching
17 Gattinger, Weißenkirchen
18 Jäger, Weißenkirchen
19 Prager – Toni Bodenstein, Weißenkirchen
20 Domäne Wachau, Dürnstein
21 Wolfgang Bäuerl, Oberloiben
22 Pichler-Krutzler, Oberloiben
23 F.X. Pichler, Oberloiben
24 Alzinger, Unterloiben
25 Knoll, Unterloiben
26 Tegernseerhof-Mittelbach, Unterloiben
27 Nikolaihof, Mautern
28 Sigl, Rossatz
29 Fischer, Rossatz
30 Frischengruber, Rührsdorf
31 Polz, Rührsdorf

LOKALE

1 Schachner – Krone, Maria Taferl
2 Bauer und Wirt Langthaler, Emmersdorf
3 Zum schwarzen Bären, Emmersdorf
4 Weißes Rössl, Mühldorf
5 Altes Schiffmeisterhaus, Spitz
6 Terrassen Restaurant Strandcafé, Spitz
7 Hofmeisterei Hirtzberger
8 Jamek, Joching
9 Holzapfels Prandtauerhof, Joching
10 Donauwirt, Weißenkirchen
11 Heinzle, Weißenkirchen
12 Kirchenwirt, Weißenkirchen
13 Schwarz, Nöhagen
14 Hotel Schloss Dürnstein
15 Richard Löwenherz, Dürnstein
16 Sänger Blondel, Dürnstein
17 Loibnerhof, Unterloiben
18 Wachauerstube, Unterloiben
19 Landhaus Bacher, Mautern
20 Landgasthaus Winzerstüberl
21 Stumpfer, Schönbühel

1.

GRABEN-GRITSCH
3620 Spitz, Vießling 21
+43 2713 84 78
weingut@josef-gritsch.net
www.josef-gritsch.net

Wenn man schon in einem Graben wie jenem von Spitz sitzt, dann sollte man das Beste daraus machen, so wie Josef „Graben" Gritsch: einerseits frische, knackige Weine mit animierender Säure und elegantem Fruchtspiel. Andererseits aber auch brillante Smaragde von besonders spät gelesenen Trauben, ausgebaut im großen Holzfass mit Substanz und Tiefgang. Der schönste Platz um diese zu genießen ist der Heurige mit Panoramablick auf die Weinberge des Spitzer Grabens.

2.

HÖGL
3620 Spitz, Vießling 31
+43 2713 84 58
office@weingut -hoegl.at
www.weingut-hoegl.at
Josef Högl, der inzwischen bereits von seinem weit gereisten Sohn Georg im Betrieb unterstützt wird, bringt in seinen Weinen das Beste aus den zwei Wachauer Welten im Spitzer Graben und in Loiben markant zum Ausdruck. Feinheit und Eleganz ragen bei Ersteren heraus, mehr stoffige Fülle charakterisiert die Zweiten – ausgezeichnet schmecken sie alle.

3.

SIGHARDT DONABAUM
3620 Spitz, Zornberg 4
+43 2713 22 87
weingut@donabaum.com
www.donabaum.com
Wenn man in Spitz Donabaum heißt, ist es etwas schwierig, unverwechselbar zu sein. Sighardt Donabaum schafft das allein mit seinen Etiketten, auf denen gezeichnete Tierbilder den Charakter des jeweiligen Weins wiederspiegeln – und Charakter haben sie, die Weine.

4.

DONABAUM – IN DER SPITZ
3620 Spitz, In der Spitz 3
+43 2713 26 44
weingut@donabaum.at
www.donabaum.at
Die feinen Weine von Martin und Alexandra Donabaum genießt man im modern gestalteten, luftig-lichten Heurigen „Zum Strawantzer". Anfang 2016 kommt zum bestehenden Gästehaus noch ein topmodernes Boutiquehotel dazu.

5.

JOHANN DONABAUM
3620 Spitz, Laaben 15
+43 2713 24 88
info@weingut-donabaum.at
www.weingut-donabaum.at
Neben Rieslingen und Veltlinern, die mit komplexer Fruchtigkeit und frischer, aber keineswegs „Spitzer" Säure aufwarten, setzt Johann Donaubaum auch auf den Neuburger, der ja angeblich aus Spitz stammen soll und hier einen hervorragenden Smaragd bringt. Zauberhaft auch das alte Winzerhaus der Donabaums mit gemütlichen Gästezimmern.

6.

VEYDER-MALBERG
3620 Spitz
Ottenschläger Straße 14
+43 664/164 11 68
office@malberg.at
www.veyder.malberg.at
Der langjährige Leiter des Weinguts Graf Hardegg, Peter Veyder-Malberg, hat sich hier seinen Traum vom eigenen Weingut erfüllt. Auf biodynamischer Basis keltert er jetzt in Spitz ebenso eigenständige wie eigenwillige „Kreationen", die gleichwohl den Gaumen fordern und größten Trinkspaß bereiten.

7.

FRANZ HIRTZBERGER
3620 Spitz, Kremser Straße 8
+43 2713 22 09
weingut@hirtzberger.com
www.hirtzberger.com

Hinter dem wunderschönen, am Fuß der Wachauer Riesling-Paradelage „Singerriedel" gelegenen Winzerhaus der Familie Hirtzberger erstreckt sich ein – von außen praktisch unsichtbarer – kunstvoll in den Berg gehauener Keller. Genauso scheinen Franz und Franz junior Hirtzberger ihre Weine aus den kargen Rieden von Spitz zu meißeln. Leicht und fröhlich, aber immer elegant auf der einen Seite, komplex, vielschichtig und langlebig, wenn es um die Lagenweine wie Steinporz, Rotes Tor, Hochrain, Singerriedel, Setzberg oder Honivogl geht. Dabei verfolgt das kongeniale Winzerpaar immer nur das Ziel, in ihren Weinen widerzugeben, was die Natur hervorbringt. Klingt einfach – schmeckt super!

8.

KARL LAGLER
3620 Spitz
Rote-Tor-Gasse 10
+43 2713 25 16
info@weingut-lagler
www.weingut-lagler.at
Stahlige Mineralik und fruchtige Opulenz fließen in Karl Laglers Rieslingen, Veltlinern und Sauvignon blancs von besten Lagen wie Steinborz und Tausendeimerberg zu einem herrlichen Trinkerlebnis zusammen, das stets nach Fortsetzung ruft. Erliegt man diesem Ruf, so checkt man einfach im Weingartenhotel des Hauses ein.

9.

FRANZ J. GRITSCH – MAURITIUSHOF
3620 Spitz, Kirchenplatz 13
+43 2713 24 50
weingut@mauritiushof.at
www.mauritiushof.at

Franz Josef Gritsch entwickelt sich immer mehr zu einer der großen Winzerpersönlichkeiten der Wachau. Im selben traditionellen Kalmuck-Muster wie seine Modelinie erstrahlt der neue, hochmoderne Keller am Rande der Spitzer Weingärten und bietet so einen reizvollen Kontrast zum historischen Mauritiushof aus dem 13. Jahrhundert. Gritschs Weine von über die Wachau verteilten Edellagen wie Singerriedel, Hochrain, Axpoint, Klaus oder Loibenberg glänzen mit strahlender Frucht, Finesse und zugleich Komplexität. Ebenfalls auf höchstem Niveau ist die neue Linie „Atzberg", entstanden aus einem spektakulären Projekt, in dessen Rahmen verwaiste, ehemalige Terrassenlagen in unmittelbarer Nachbarschaft zum berühmten Singerriedel rekultiviert werden.

10.

FRANZ PICHLER
3610 Wösendorf, Hauptstraße 68
+43 2715 23 07
weingut.pichler@aon.at
www.f-pichler.at

In der Wachau Pichler zu heißen, ist ja nun nicht unbedingt von Vorteil. Doch

Franz Pichler, der im Familienbetrieb tatkräftig von seinem Sohn, Franz junior unterstützt wird, weiß diesen Namen mit Würde zu tragen und seine Weine ebenso. Mit ihrem Zweigelt Rosé Federspiel als Stillwein und Frizzante setzen sie einen fröhlichen Farbakzent, während Weine wie die Grünen Veltliner Smaragde von Hochrain und Kollmitz ebenso wie der Riesling Smaragd Kollmitz die Essenz aus den Wösendorfer Spitzenlagen darstellen. Spannend auch die weiße Burgunderfraktion mit Weißburgunder und Chardonnay – ebenfalls im kräftigen Smaragdbereich.

11.

RUDI PICHLER
3610 Wösendorf 38
+43 2715 22 67
weingut@rudipichler.at
www.rudipichler.at

Hinter der modernen, verglasten Fassade von Rudi Pichlers Keller in Wösendorf entsteht flüssiges Gold – symbolisiert durch die längst zum Klassiker gewordenen Goldetiketten auf Pichlers

Flaschen. Kompromisslosigkeit zeichnet seine Arbeit aus – im Weingarten, wo jede kleinste faule Beere ausgelesen wird, und im Keller, wo man vom Boden essen könnte. Es ist eben kein Zufall, wenn man Weine hat, die das Weißenkirchener Terroir in akkurater Weise widerspiegeln. Herrlicher Stoff wie die Grünen Veltliner von Kollmütz, Hochrain und Achleithen oder die Rieslinge Hochrain, Steinriegl und Achleithen. Die Wahl ist keine Qual, denn jeder dieser Weine bereitet großes Trinkvergnügen.

12.

MACHHERNDL
3601 Wösendorf, Hauptstraße 1
+43 664 350 40 53
office@machherndl.com
www.machherndl.com

Erich Machherndl macht vieles anders, als es die anderen machen – und er macht es hervorragend. Man ahnt dies ja schon, wenn man den modernen Verkostungsraum betritt, und dann wird es genussvolle Gewissheit: Hier werden keine Weine gekeltert, die man im Vorbeigehen trinkt, sondern solche, die zur Auseinandersetzung herausfordern, dann aber zunehmend fesseln und faszinieren. Neben höchst Ungewöhnlichem wie dem Syrah und spannenden Flanken-Weinen aus dem Reich der

weißen Burgunder, gibt es natürlich auch die Mittelstürmer Grüner Veltliner und Riesling, vom fröhlichen Trinkvergnügen bis zum Veltliner-Kraftwerk „For friends only" – natürlich aus der Magnumflasche.

13.

WEINHOFMEISTEREI HIRTZBERGER
3610 Wösendorf, Hauptstraße 74
+43 2715 229 55
wein@hofmeisterei.at
www.weinhofmeisterei.at

1886 übersiedelte die Familie Hirtzberger von Wösendorf nach Spitz. Jetzt setzt man mit dem Kauf der ehemaligen Weinhofmeisterei des Stifts St. Florian aus dem Jahr 1302 wieder einen Fuß auf Wösendorfer Boden. Unterstützt von der ganzen Familie, baut Junior Mathias aus den mit dem Haus verbundenen Rebflächen sein eigenes Weingut auf – die Weinhofmeisterei Hirtzberger. Die ersten Weine von besten Lagen wie Kollmütz und Kollmitz sind ausgesprochen vielversprechend, feingliedrig, elegant und mineralisch. Wer's kann, der kann es eben überall.

14.

HOLZAPFEL
3610 Joching 36
+43 2715 23 10
weingut@holzapfel.at
www.holzapfel.at

Karl Holzapfel keltert von Spitzenlagen wie Vorderseiber, Achleiten, Kollmitz und Klaus Grüne Veltliner und Rieslinge, die mit ihrer frischen Frucht und festen Struktur – nicht nur – prächtige Speisenbegleiter abgeben. Vielmehr

sind Weine wie der Grüne Veltliner Achleiten Smaragd oder der Riesling Vorderseiber Smaragd Charakterköpfe, oft sogar ein bisschen gegen den Strich gebürstet und gerade deshalb mit viel Reifepotenzial ausgestattet. Positiv aus der Reihe tanzen die beiden „Hippolyt"-Weine vom Weißburgunder und Zweigelt – komplex, gereift, spannend!

15.

JAMEK
3610 Joching 45
+43 2715 22 35
info@weingut-jamek.at
www.weingut-jamek.at

JJJ – Josef Jamek Joching: Seit Jahrzehnten steht dieses Kürzel für beste Qualität aus und in der Wachau. Josef Jamek, der Wachauer Weinbaupionier, legte dafür den Grundstein, indem er bereits nach dem Krieg jenen trockenen, rassigen und fruchtbetonen Ausbaustil pflegte, der heute dem Geschmack der Zeit entspricht. Tochter Jutta und Schwiegersohn Hans Altmann übernahmen die Stafette, und nun ist mit Schwiegersohn Herwig Jamek bereits die nächste Generation für den Weinbau verantwortlich. Legendär ist der Riesling von der Ried Klaus, ebenso groß der Grüne Veltliner Achleiten oder der Weißburgunder vom Hochrain.

16.

SCHMELZ
3610 Joching, Weinbergstraße 14
+43 2715 24 35
info@schmelzweine.at
www.schmelzweine.at

Da die Toplagen des Hauses über die halbe Wachau verstreut sind, ergibt sich hier die interessante Möglichkeit, Rieslinge und Veltliner mit verschiedenen Charakeristika – von duftig-mineralisch bis hin zu reif, fruchtig und mit dem sprichwörtlichen Schmelz – zu verkosten. Die beste Location für so eine genussvolle Querverkostung ist die auch für größere Gruppen bestens geeignete „Weinbühne" mit Panoramablick auf die Weingärten.

17.

GATTINGER
3610 Weißenkirchen, Weitenberg 350
+43 2715 23 43
weingut.gattinger@aon.at
www.gattinger-wachau.at

Klein, aber fein – nach diesem Motto betreibt Familie Gattinger ihren drei Hektar großen Weinbaubetrieb im Nebenerwerb. Gattinger-Weine kennt nicht jeder, aber es lohnt sich, sie kennenzulernen!

18.

JÄGER
3610 Weißenkirchen
Kremser Straße 1
+43 2715 25 35
jaeger@weingut-jaeger.at
www.weingut-jaeger.at

Rieslinge und Veltliner mit Charakter und Ausdruck, jedoch ohne vordergründige Fruchtigkeit sind die Stärke von Manfred Jäger. Weine, die man gerne zum Essen trinkt – ein Glück, dass es hier auch einen – leider nur einmal im Jahr geöffneten – Heurigen gibt, in dem man die Jäger-Weine zur exzellenten, kreativ gestalteten Heurigenjause genießen kann. Tipp: Auf die Einladungsliste setzen lassen!

19.

PRAGER – TONI BODENSTEIN
3610 Weißenkirchen
Wachauer Straße 48
+43 2715 22 48
prager@weissenkirchen.at
www.weingutprager.at

Auf der Grundlage der Arbeit des Wachauer Weinbaupioniers Franz Prager hat Toni Bodenstein einen auch international renommierten Spitzenbetrieb geformt. Dabei ging er oft eigene Wege, kelterte eine Riesling Trockenbeerenauslese, setzte in extremer Höhenlage Reben für seine Linie „Wachstum Bodenstein" und kehrte mit seinem Grünen Veltliner Stockkultur Smaragd Achleiten zu einer traditionellen Erziehungsform der Vorväter zurück. Bodensteins Weine zählen mit ihrer filigranen Frucht und ihrer stupenden Mineralik stets zu den feinsten und elegantesten der Wachau, verfügen aber zugleich über Substanz und Langlebigkeit.

20.

DOMÄNE WACHAU
3601 Dürnstein 107
+43 2711 371
office@domaene-wachau.at
www.domaene-wachau.at

Die Domäne Wachau hat sich unter der Leitung von Roman Horvath und Heinz Frischengruber zu einem Vorzeigebetrieb entwickelt und stellt mit ihrer Größe einen gewichtigen Faktor im Wachauer Weinbau dar. Weinfreunde sind in der Vinothek des Betriebs an einer Topadresse, denn hier wird das gesamte Sorten- und Qualitätsspektrum des Wachauer Weinbaus in hoher Qualität und zu fairen Preisen angeboten. Highlights sind die Lagenweine so berühmter Rieden wie Kellerberg, Singerriedel, Loibenberg, Kollmütz oder Achleiten. Das ganze Jahr über veranstaltet der Betrieb Weinveranstaltungen vom Weinseminar über Kellerführungen und Riedenwanderungen bis zur besonders empfehlenswerten Donauriedenfahrt mit Weinverkostung auf dem Schiff.

21.

WOLFGANG BÄUERL
3601 Dürnstein, Oberloiben 28
+43 2732 755 55
vino@baeuerl.at
www.baeuerl.at
Die exzellente Qualität von Weinen wie dem Riesling oder dem Grünen Veltliner von der Toplage Kellerberg machen das Weingut Bäuerl zum echten Wachauer Geheimtipp. Außergewöhnlich und empfehlenswert: der modern gestaltete, lichtdurchflutete Heurige mit Blick auf die Donau.

22.

PICHLER-KRUTZLER
3601 Dürnstein, Oberloiben 16
+43 2732 718 06
office@pichler-krutzler.at
www.pichler-krutzler.at
Erich Krutzler und Elisabeth Pichler Krutzler keltern Weine von hoher Feinheit, deren beste Vertreter zugleich auch eine geradezu stoffige Dichte aufweisen und sich so geradezu als Meditationsweine eignen. Einen Farbfleck im weißen Sortiment stellt der Blaufränkisch „Weinberg" dar: Trauben aus Krutzlers Heimat in Deutsch-Schützen sind die Basis für einen dunkelfruchtigen, beerenbeladenen Rotwein, der zwar in der Wachau ein Exote, aber deswegen nicht minder vergnüglich zu trinken ist.

23.

F.X. PICHLER
3601 Oberloiben 27
+43 2732 853 75
weingut@fx-pichler.at
www.fx-pichler.at
Die Weine von Lucas und Altstar Franz Xaver „F.X." Pichler weisen eine Brillanz, Fruchtdichte und Eleganz auf, die ihresgleichen sucht. Kein Wunder also, dass diese hochmineralischen, fein ziselierten Weine von Reben, die seit vielen Jahrzehnten in der Familie selektioniert wurden, zu den geschätzten und gesuchten Kultweinen der Welt zählen. Mit dem Bau eines Kellers in Loiben mit herrlichem Blick auf Weingärten wie den Primus inter Pares, Dürnsteiner Kellerberg, haben die Pichlers ihre Arbeitsbedingungen optimiert und ihren edlen Tropfen eine würdige Heimstätte gegeben.

24.

ALZINGER
3601 Unterloiben 11
+43 2732 779 00
weingut@alzinger.at
www.alzinger.at
Leo Alzinger senior, der bis dahin seine Trauben an das Dinstlgut Loiben geliefert hatte, begab sich mit dem Jahrgang 1983 in die winzerische Selbstständig-

keit und legte damit den Grundstein für den erfolgreichen und renommierten Betrieb von heute. Leo junior übernahm Können und Philosophie vom Vater: keine großen Worte, dafür lieber große Weine. Kühle Mineralik, hochelegante Frucht und feinste Säurestruktur, aber auch Substanz und Komplexität prägen die Rieslinge und Veltliner aus dem Hause Alzinger. Die feingliedrigen, finessenreichen Weine von Lagen wie Höhereck, Loibenberg und Steinertal zählen zum Feinsten, was in der Wachau auf Flaschen gefüllt wird.

25.

KNOLL
3601 Unterloiben 10
+43 2732 793 55
weingut@knoll.at
www.loibnerhof.at
„Ausgewogenes Weinprogramm mit guter Weinkultur" – so ist es auf der eher rudimentären Homepage des Weinguts Knoll zu lesen. Emmerich Knoll junior und senior unternehmen für ihre Weine keine besonderen Marketinganstrengungen. Müssen sie auch nicht, denn das auffällige Etikett mit dem heiligen Urban gilt seit Jahrzehnten als Garant für Spitzenqualität aus der Wachau. Ein neues, funktionales Kellergebäude hat man sich gegönnt, ansonsten ist man Moden eher abhold, sondern setzt auf Tradition. Das bewährt sich, denn Weine wie Riesling oder Grüner Veltliner von Schütt, Loibenberg, Kellerberg und Co zählen stets zu den besten des Landes.

26.

TEGERNSEERHOF – MITTELBACH
3601 Dürnstein, Unterloiben 12
+43 2732 853 62
office@tegernseerhof.at
www.tegernseerhof.at
Im historischen Tegernseerhof wirkt Martin Mittelbach feinsten Stoff aus Edellagen wie dem Dürnsteiner Kellerberg, Loibner Steinertal, Höhereck und Loibenberg, die zur Crème de la Crème des Loibner Weinbaus zählen. Dabei ist es Mittelbachs Ehrgeiz, bei jedem Wein den speziellen Sorten- und Lagencharakter herauszuarbeiten.

27.

NIKOLAIHOF
3512 Mautern, Nikolaigasse 3
+43 2732 829 01
wein@nikolaihof.at
www.nikolaihof.at
Der historische Nikolaihof beherbergt einen traditionellen, gemütlichen Heurigen mit herrlichem Hofgarten, vielen regionalen und meist hausgemachten Köstlichkeiten und exzellenten, nach streng biologischen Richtlinien gekelterten Weinen aus eigener Produktion. Besonderes Highlight sind die edlen Tropfen, die erst nach vielen Jahren Lagerung im großen Holzfass auf die Flasche gezogen werden und auch international bereits höchste Auszeichnungen errungen haben.

28.

SIGL
3602 Rossatz, Rossatz 15
+43 2714 63 02
winzerhof-sigl@direkt.at
www.winzerhof-sigl.at
Heinz Sigl, der das Weingut gemeinsam mit seiner Frau Adrienne betreibt, ist der Pionier auf der Südseite der Wachau, der mit seinen Weinen als Erster auf das Potenzial dieser Lagen aufmerksam gemacht hat. Duftig-aromatischer Muskateller und Sauvignon blanc leiten eine Verkostung im blitz-

sauberen, gelben Winzerhaus am Rande der Weingärten ein, dann geht es ans Eingemachte, sprich: Grünen Veltliner und Riesling. Frisch und fröhlich geht es los, während Weine wie der Grüne Veltliner Smaragd Steiger oder der Riesling Kirnberg Tiefgang und Substanz zeigen, zugleich aber nichts von ihrer Trinkfreudigkeit einbüßen.

29.

FISCHER
3602 Rossatz, Marktplatz 58
+43 2714 62 29
office@huchenfischer.at
www.huchenfischer.at
Der Huchen ist quasi das Wappentier des Weinguts – die Bewahrung und Aufzucht dieses raren Donaufischs ist die Lebensaufgabe von Josef „Huchen-Pepi" Fischer. Für den Weinbau zeichnet Junior Josef „Joe" Fischer verantwortlich, und der macht das, wie zahlreiche Auszeichnungen beweisen, höchst erfolgreich.

30.

WEINGÄRTNEREI FRISCHENGRUBER
3602 Rührsdorf, Am Platzl 19
+43 2714 6354, +43 650 230 01 12
wein@frischengruber.at
www.frischengruber.at
Georg Frischengruber zählt zur aufstrebenden Garde der Wachauer Winzer vom Südufer. Hochkarätige Weine mit Substanz und Lagerpotenzial gelingen hier fast jedes Jahr, und der gemütliche Hofheurige der Familie ist der beste Platz, um diese kennenzulernen.

31.

ERICH UND BRIGITTE POLZ
3602 Rührsdorf 22
+43 2714 6326
erich.polz@aon.at
www.polzwachau.at
Wer im hübschen Garten des Heurigen mit Blick über die Donau nach Weißenkirchen sitzt und sich durch das facettenreiche Weinangebot der Familie Polz kostet, will hier nie wieder weg. Muss er auch nicht, denn hier gibt es ein paar ganz tolle Gästezimmer!

1.

HOTEL SCHACHNER – KRONE
3672 Maria Taferl 124
+43 7413 63 55
office@hotel-schachner.at
www.hotel-schachner.at
Wer beim Essen auf die Donau hinunterschauen will, ist auf der Terrasse der „Krone" am richtigen Platz. In diesem luftigen Adlerhorst und perfekten Hideaway wird in zwei Gängen gekocht: regional-gutbürgerlich auf der „Donauterrasse" und inspiriert-kreativ im Gourmetrestaurant „Smaragd".

2.

BAUER & WIRT LANGTHALER
3644 Emmersdorf, Pömling 14
+43 2752 714 27
gasthaus.langthaler@aon.at
www.langthaler.at
Köstliches vom eigenen Bauernhof mit unterhaltsamen „Nebengeräuschen" vom Streichelzoo bis zur Kegelbahn.

3.

ZUM SCHWARZEN BÄREN
3644 Emmersdorf, Marktplatz 7
+43 2752 712 49
hotel@hotelpritz.at
www.hotelpritz.at
Kreative Küche mit Bodenhaftung, eine tolle Weinauswahl und die gastfreundliche Obsorge der Wirtsfamilie Pritz sind überzeugende Argumente, um hier auch für längere Zeit sein Quartier aufzuschlagen.

4.

WEISSES RÖSSL
3622 Mühldorf, Markt 17
+43 2713 82 57
info@7handl.at
www.7handl.at
Auch im Spitzer Graben muss man nicht darben: In diesem behäbigen Landgasthof, der früher einmal eine Pferdewechselstation war, wird wunderbar bodenständig und auch ein bisschen mediterran gekocht – was aber auch wunderbar in den blühenden Gastgarten passt.

5.

ALTES SCHIFFMEISTERHAUS
3620 Spitz, Hinterhaus 16
+43 2713/23 23
gasthaus.prankl@aon.at
www.gasthaus-prankl.at
In diesem hübschen, g'standenen Landgasthof wartet man mit feinen Weinen, ebenso guten Bieren, einer deftig-regionalen Küche und einigen komfortablen Gästezimmern auf.

6.

TERRASSEN-RESTAURANT STRANDCAFÉ
3620 Spitz, Donaulände 7
+43 2713 23 20
strandcafe.spitz@aon.at
www.strandcafe-spitz.at
Hier speist man ganz wachauerisch vom Rieslingbeuscherl bis zum Marillenknödel, trinkt dazu feine Wachauer Weine und erfreut sich am direkten Blick auf den Donaustrom.

7.

HOFMEISTEREI HIRTZBERGER
3610 Wösendorf 74
+43 2715 229 31
restaurant@hofmeisterei.at
www.hofmeisterei.at
Nach dem Erwerb durch die Winzerfamilie Hirtzberger wurde der ehemalige „Forianihof" mustergültig renoviert und mit dem kongenialen Pächterpaar Küchenchef Erwin Windhaber (vormals „Steirereck" und „Weinhaus Nigl") und

Maître Hartmuth Rameder (davor im „Kloster Und“ und „Weinhaus Nigl“) eine Besetzung gefunden, bei der eigentlich nichts schiefgehen kann. Tut es auch nicht, die gehobene, bodenständige Küche ist fabelhaft, und die Weinauswahl mit vielen Raritäten aus dem Keller der Hirtzbergers und anderen Köstlichkeiten lässt ebenfalls nichts zu wünschen übrig.

8.

JAMEK
3610 Joching 45
+43 2715 22 35
info@weingut-jamek.at
www.weingut-jamek.at
Man geht zum „Jamek“ nicht nur, weil er eine Institution ist, sondern weil es sich in den sorgsam gepflegten Stuben und im idyllischen Hausgarten so gemütlich sitzen lässt. Und weil die Küche ohne nach gängigen Moden zu schielen einfach köstlich ist. Und natürlich auch, weil es zu diesem herrlichen Essen die nicht minder herrlichen Jamek-Weine zu trinken gibt. Deshalb geht man hierher.

9.

HOLZAPFELS PRANDTAUERHOF
3610 Joching 36
+43 2715 23 10
weingut@holzapfel.at
www.holzapfel.at
Allein der Prandtauerhof mit seinen historischen Gewölben und dem lauschigen Arkadenhof wäre einen Besuch wert. Aber die feine Küche, die hauseigenen Weine, die weitum gerühmten Edelbrände sind weitere gewichtige Argumente, um hierherzukommen. Und die tollen Zimmer des Hauses sprechen dafür, nicht so bald wieder wegzugehen.

10.

DONAUWIRT
3610 Weißenkirchen 47
+43 2715 22 47
info@donauwirt.at
www.donauwirt.at
Von der wirklich guten Regionalküche über den exzellent sortierten Weinkeller bis zum Kastaniengarten mit Donaublick, hauseigener Vinothek und Greißlerei für kulinarische Mitbringsel fehlt hier einfach nichts.

11.

HEINZLE
3610 Weißenkirchen
Wachaustraße 280
+43 2715 22 31
restaurant@heinzle.at
www.heinzle.at
Auf der direkt an der Donau gelegenen Terrasse isst man natürlich vorzugsweise Fisch – und lässt ihn in einem Glas Wachauer Riesling schwimmen.

12.

KIRCHENWIRT
3610 Weißenkirchen
Kremser Straße 17
+43 2715 23 32
kirchenwirt@weissenkirchen.at
www.kirchenwirt-weissenkirchen.at
In dieser zum Wirtshaus gewordenen Antithese zu zeitgeistiger Szenegastronomie speist man wie anno dazumal Saumeisen, Blunzn, Lamm, Gansln, Knödel und Co. All das erfreulich unprätentiös, aber einfach gut. Und schön wohnen kann man hier auch

13.

SCHWARZ
3521 Nöhagen 13
+43 2717 82 09
office@gasthaus-schwarz.at
www.gasthaus-schwarz.at
Unter der wohlwollenden Patronanz durch den legendären „Weinpfarrer“ Hans Denk entstand in diesem abgelegenen Dorfwirtshaus ein kulinarisch-önophiles Eldorado, das in Sachen gediegener Regionalküche und erschöpfender Weinauswahl längst Maßstäbe gesetzt hat. Liegt zwar nicht direkt in der Wachau, ist aber jeden Umweg wert.

14.

HOTEL SCHLOSS DÜRNSTEIN
3601 Dürnstein 2
+43 2711 212
hotel@schloss.at
www.schloss.at
Ein Platz wie eine Filmkulisse. Ob nur für Kaffee und Kuchen auf der Donauterrasse oder Candlelight-Dinner mit Hummer und Gänseleber – das „Hotel Schloss Dürnstein“ ist eine erste Adresse.

15.

RICHARD LÖWENHERZ
3601 Dürnstein 8
+43 2711 222
loewenherz@duernstein.at
www.richardloewenherz.at
Man sitzt hier auf der Donauterrasse mit herrlichem Panoramablick und genießt bei besten Wachauer – und anderen – Weinen, eine feine regionale Küche auf hohem Niveau, die aber auch Ausritte ins Feld der gehobenen Gourmandise unternimmt.

16.

SÄNGER BLONDEL
3601 Dürnstein 64
+43 2711 253
saengerblondel@aon.at
www.saengerblondel.at
Wo Löwenherz is(s)t, darf auch der Sänger Blondel nicht weit sein. Zwar geht es hier – klarerweise – etwas weniger aristokratisch zu als im „Richard Löwenherz“, mit guter, bodenständiger Küche und ebensolchen Weinen weiß man aber auch hier aufzuwarten.

17.

LOIBNERHOF
3601 Dürnstein, Unterloiben 7
+43 2732 828 90
reservierung@loibnerhof.at
www.loibnerhof.at
Der „Loibnerhof“ ist seit Jahrzehnten ein Hort verlässlicher kulinarischer Beständigkeit. Wenn nicht gerade Muttertag oder ein schöner Sommersonntag ist, an dem alle hier essen wollen, genießt man im weitläufigen Garten des Sommerrestaurants oder unter den 400 Jahre alten Gewölben des Haupthauses köstliche Klassiker wie das Rieslingbeuscherl, Wachauer Fischsuppe, Butterschnitzerl oder die legendäre Cremeschnitte. Dazu gibt es die herrlichen Weine von Cousin Emmerich Knoll.

18.

WACHAUERSTUBE
3601 Dürnstein, Unterloiben 24
+43 2732 859 50
bestellen@wachauerstube.at
www.wachauerstube.at
Mit der Übernahme durch Gerald Diemt (vormals „Novelli" in Wien), der sich Christoph Blaha in die Küche holte, kam frischer Schwung in die altehrwürdige „Wachauerstube". Seither wird hier ausgezeichnete Wirtshausküche zu fairen Preisen geboten.

19.

LANDHAUS BACHER
3512 Mautern, Südtiroler Platz 2
+43 2732 829 37
info@land haus-bacher.at
www.landhaus-bacher.at
Lisl Wagner-Bacher, Grande Dame der heimischen Küchenszene, hat die ehemalige Backhendlstation zu einem der führenden Gourmetrestaurants des Landes hoch gekocht. Schwiegersohn Thomas Dorfer, von der Schwiegermama immer noch kongenial unterstützt, entwickelt die Küche behutsam weiter, ohne auf Klassiker wie die vermutlich besten Marillenknödel der Welt ganz zu verzichten. Dazu kredenzt „Kellermeister" Klaus Wagner die besten Tropfen aus der Wachau, Bordeaux und der ganzen Welt.

20.

LANDGASTHAUS WINZERSTÜBERL
3602 Rührsdorf 17
+43 2714 63 84
winzerstueberl@aon.at
www.winzerstueberl.at
Dieses Stüberl, das in Wahrheit ein schön gestaltetes Restaurant mit vielen Stüberln und einem herrlichen Gastgarten ist, hat es in sich. Die Wirtsfamilie Essl ist mit großem Engagement bei der Sache, und die Gäste – von Radfahrern, die nur auf einen Kaffee oder Apfelsaft hereinschauen, bis zu Topwinzern von der anderen Seite der Wachau, die hier gerne einkehren – wissen das zu schätzen. Kein Wunder, denn Vater Franz und Sohn Philipp Essl kochen hier von bodenständig bis ganz schön kreativ großartig auf, und tolle Weine dazu gibt's natürlich auch. Eines der Highlights: alles rund um die hauseigene Marille.

21.

GASTHOF STUMPFER
3392 Schönbühel 7
+43 2752 85 10
office@stumpfer.com
www.stumpfer.com
Ein Gasthof wie er sein soll – und das gleich an der Donau. Familie Stumpfer, die neben dem Wirtshaus auch einen Campingplatz betreibt, lässt es den Gästen hier an nichts fehlen: Knuspriges Schnitzel, saftiges Bratl, Hendlleber im Rexglas, Fischsuppe mit Safran – da läuft einem ja schon beim Schreiben das Wasser im Mund zusammen!

HOTEL SCHACHNER – KRONE
Maria Taferl
s. Essen

HOTEL-RESTAURANT DONAUHOF
Familie Pichler
3644 Emmersdorf
+43 2752 717 77
www.donauhof.com

HOTEL UND RESTAURANT ZUM SCHWARZEN BÄREN
s. Essen

BAROCK-LANDHOF BURKHARDT
Hotel garni und Ferienwohnungen
3620 Spitz, Kremser Straße 19
+43 2713 23 56
www.burkhardt.at
Stilvoll wohnen im barocken Landschlösschen.

WEINBERGHOF LAGLER
3620 Spitz, Rote-Tor-Gasse 10
+43 2713 29 39
www.laglers.at
Wohnen mitten in den Spitzer Weinbergen – und in der „Wein.Kost.Bar" gibt es die kleinen kulinarischen Köstlichkeiten, die Insider noch vom legendären Lagler-Heurigen kennen.

WEINSPITZ BOUTIQUEHOTEL WACHAU
s. Winzer „Donaubaum – In der Spitz" – ab Anfang 2016

WEINGUT UND GÄSTEZIMMER SCHWEIGHOFER
3601 Dürnstein, Oberloiben 11
+43 2732 843 37
www.weingutschweighofer.at
Gemütliche Privatpension mit eigenem Heurigen bei den Weingärten.

BURG OBERRANNA
Hotel garni
3622 Mühldorf bei Spitz
+43 2713 82 21
reservierung@burg-oberranna.at
www.burg-oberranna.at

DONAUHOF
Hotel garni
3610 Weißenkirchen 298
+43 2715 23 53
www.hotel-donauhof.at

RAFFELSBERGERHOF
Hotel garni
3610 Weißenkirchen 54
+43 2715 22 01
www.raffelsbergerhof.at
Schlossherrlich wohnen – mitten in Weißenkirchen.

HOTEL WEINQUADRAT
3610 Weißenkirchen
+43 676/410 09 77
www.weinquadrat.at
Schickes Hotel mit toller Gartenanlage.

PFEFFEL
Gartenhotel und Weingut
3601 Dürnstein 122
+43 2711 206
www.pfeffel.at
Gepflegtes Hotel mit Wellnessbereich und Swimmingpool auf dem Dach.

ROMANTIKHOTEL RICHARD LÖWENHERZ
Dürnstein
s. Essen
Traditionsreiches Hotel mit dem schönsten Swimmingpool der Wachau.

HOTEL UND RESTAURANT SÄNGER BLONDEL
Dürnstein
s. Essen

GENIESSERHOTEL UND RESTAURANT BACHER
Mautern
s. Essen
Gediegen wohnen im Landhausstil – und dazu ein herrliches Land-Frühstück!

SCHLOSS DÜRNSTEIN
3601 Dürnstein
+43 2711 212
www.schloss.at
Man residiert im Schloss – mit allem Komfort und Blick auf die Donau.

TURM WACHAU
3610 Weißenkirchen, Burg 140
+43 664 201 38 50, +43 664 169 03 00
www.turm-wachau.at
Genießerzimmer im historischen Wehrturm.

ANNA'S LANDHAUS
Anna und Dr. Werner Stockinger
3621 Bacharnsdorf 5
+43 664 514 02 05
info@annas-landhaus.at
www.annas-landhaus.at
Schöne Zimmer direkt an der Donau, und die asiatischen Kochevents von Anna Stockinger sind ein echter Geheimtipp.

RESIDENZ WACHAU – DONAUTERRASSE
3642 Aggsbach Dorf 19
+43 2753 82 21
www.donauterrasse.at
Nobel gestaltete Themenzimmer mit Donaublick.

WEINGUT UND HEURIGER ARNOLD BAYER
3610 Weißenkirchen, St. Michael 4
+43 2713 23 64
www.weingut-bayer.com
Authentischer Heuriger mit schönem Gastgarten.

BIO-WEINSTUBE IM NIKOLAIHOF
Mautern
s. Winzer

PULKER'S HEURIGER
Alexandra Ully und Bernd Pulker
3602 Rührsdorf
Rührsdorfer Kellergasse
+43 664 393 53 12
www.pulkers.at
Legendärer Schweinsbraten und eine unglaubliche Weinauswahl von gereiften Wachauern bis Bordeaux. Der Szenetreff in der Wachau.

WEINGUT MARIA HICK UND MANFRED EDER-HICK
3621 Oberarnsdorf 58
+43 2714 82 14
www.hick.at
Entzückende Terrasse, eigene Edelbrände und viel Hausgemachtes auf der Speisekarte.

HEURIGER UND WEINBAU ILSE MAZZA
3610 Weißenkrichen, Burg 124
+43 27 15 23 00
www.mazza.at
Ausgezeichnete Weine im Heurigengarten mit Blick auf den mächtigen Vorderseiber genießen.

INDIVIDUELLE WEINBERATUNG HUBERT FOHRINGER
3620 Spitz, Donaulände 1a
+43 2713 20 29
www.fohringer.at
Hier gibt es alles, was in der Wachau Rang und Namen hat – auch ältere Jahrgänge und Magnumflaschen; dazu Topweine aus aller Welt und die unvergleichlichen Gläser von Zalto.

WEIN UND KERAMIK IM SALZSTADEL
3610 Weißenkirchen
+43 2715 22 14
Vom Weinkühler über edle Handarbeiten bis zu selbst gemachten Marmeladen und den Weinen der Familie Schneeweiß reicht hier das Angebot.

WIESER CAFÉ UND SHOP
Dürnstein 18a, Dürnstein 39 und Dürnstein 238 sowie in Melk, Rathausplatz 6
Hier kauft man nicht nur die herrlichen Brände von Markus Wieser aus Wösendorf (Wösendorf, Hauptstraße 13, +43 2715 25 44, www.wieser-wachau-at, Ab-Hof-Verkauf und Verkostung nach Voranmeldung), sondern auch feinen Espresso aus eigener Röstung und originelle Mitbringsel wie die duftige Marillenseife.

WACHAUER BACKSTUBE
Dürnstein 21
+43 2711 22 40
www.schmidl-duernstein.at
Hier gibt's die Original Wachauer Laberln vom Erfinder – qualitativ unerreicht.

ELFIS TURMGWÖLB
Dürnstein, Haus 16 im Stadttorbogen
+43 2732 849 87
www.deuretzbacher.at
Marmeladen, Marillensenf, Brände.

BIOHOF KÖNIG
Rossatz/Arnsdorf, Mitterarnsdorf 51
+43 2714 82 04
nach tel. Vereinbarung
Obst, Gemüse, Säfte, Brände.

OBSTHOF REISINGER
Spitz
Mitterndorf am Jauerling 1
+43 2713 28 55
www.obsthof-reisinger.at
nach tel. Vereinbarung
Saft, Nektar, Cidre.

MARILLENHOF DESTILLERIE KAUSL
Mühldorf, Ötz 16
+43 2713 82 25
www.marillenhof.at
nach tel. Vereinbarung
Destillerie, Marmeladen.

BIOHOF FRIES
Mautern, Unterbergern 24
+43 2714 74 34
nach tel. Vereinbarung
Fleischspezialitäten, Grammeln, Würste und mehr.

BURGRUINE AGGSTEIN
300 Meter über der Donau thront die Burgruine Aggstein auf einem schmalen Felsen. Hier hielt Raubritter Jörg Scheck vom Wald der Legende nach Gefangene im „Rosengärtlein“ gefangen. Nibelungenausstellung, Burgenmodell. Von März bis November geöffnet. Aggstein, www.ruineaggstein.at

NATURPARK JAUERLING-WACHAU
Vom Jauerling hat man einen traumhaften Blick ins Herz der Wachau. Attraktionen: Hans Pichler-Naturparkhaus, Kraftweg und Wallfahrtskirche Maria Laach. Spitz, Schlossgasse 3, +43 2713 300 00, www.naturpark-jauerling.at

THEMENPARK HUBHOF
Unterwegs im 50.000 Quadratmeter großen Garten mit Blumen und Kräuterbeeten durch vier verschiedene Welten (Welt der Dinosaurier, Reich der Insekten, Zaubergarten und Märchenlehrpfad). Weiters Sonderausstellung „Mineralien“. Hubhof bei Aggsbach Markt, +43 2712 241 www.maerchenland.at

SCHLOSS ARTSTETTEN
Märchenhaftes Schloss mit sieben charakteristischen Zwiebeltürmen, vormals Sommerresidenz der kaiserlichen Familie, Erzherzog Franz Ferdinand-Museum; im weitläufigen Park imposante alte Bäume. Von April bis November geöffnet. Artstetten, www.schloss-artstetten.at

WACHAUMUSEUM
Das Museum befindet sich im Teisenhoferhof, einem der schönsten Renaissancehöfe der Region. Neben Wachauer Trachten und altem Hausrat, sind laufende Ausstellungen zu sehen. Von April bis Ende Oktober geöffnet. +43 2715 22 68, www.weissenkirchen-wachau.at

BASILIKA MARIA TAFERL
In der Wallfahrtskirche beeindruckt die mechanische Krippe, ein Kunstwerk mit mehr als 300 Figuren. Im Inneren fasziniert Barockschmuck in Gold und Silber. Sehenswert ist auch die Schatzkammer. Von April bis Oktober geöffnet. www.basilika.at

STIFT MELK
Seit mehr als 900 Jahren geistliches und kulturelles Zentrum des Landes, mit spannend gestalteten Museumsräumen und Prunksälen. Im Stiftspark befinden sich ein barocker Pavillon, der Benediktusweg, die „sprechenden Steine“, das Paradiesgärtlein. www.stiftmelk.at

Wahrzeichen: der Turm der Dürnsteiner Stiftskirche

RUINE DÜRNSTEIN
Einst Hauptburg der Kuenringer, berühmt geworden durch die Gefangennahme des englischen Königs Richard Löwenherz und die Sage um Sänger Blondel. Am Weg zur und auf der Ruine: herrlicher Ausblick auf die Weinberge des Donautals, Starhembergwarte, Dürnstein. Von April bis Oktober zu besichtigen. www.duernstein.at

WELTERBESTEIG WACHAU
180 Kilometer langer Höhen-Weitwanderweg, der an den schönsten Plätzen des UNESCO-Weltkulturerbes Wachau vorbeiführt und immer wieder spektakuläre Ausblicke bietet. www.donau.com

TERMINE
- Wachau Gourmetfestival (April) www.wachau-gourmet-festival.at
- Wachauer Weinfrühling (Mai)
- Sonnwendfeiern im Juni
- Kellergassenfest in Unterloiben (Juni)
- Wachauer Marillenkirtag Spitz (Juli)
- Rieslingfest Weißenkirchen (Aug.)

INFORMATION
GÄSTEINFORMATION WEISSENKIRCHEN
(direkt an der Hauptstraße)

TOURISMUSVERBAND WACHAU-NIBELUNGENGAU
Spitz, Schlossgasse 3
+43 2713 300 60 60
www.donau.com
Hier bekommt man zum Beispiel Veranstaltungshinweise (wie Wachauer Weinfrühling, Smaragdpräsentation, Weinherbst etc.) und den hilfreichen Wachauer Heurigenkalender – damit man nicht vor verschlossenen Türen steht.

APP: myWACHAU – praktische Orientierungshilfe mit allen Winzern und Riedenkarte.

Rund um Wien – Die Hauptstadt des Weines

Wien ist ein dreifaches Unikat. Als weltweit einzige Stadt verfügt man über wirtschaftlich bedeutenden Weinbau innerhalb der Stadtgrenzen. Mit dem Wiener Gemischten Satz setzt man nur hier auf eine alte Weinspezialität, die Teil der Identität des Wiener Weinbaus ist. Und die Weinregion Wien lässt sich – für viele Wiener sogar von der eigenen Haustür aus – wunderbar erwandern.

Als ich vor inzwischen 30 Jahren aus dem (wein-)fernen Vorarlberg nach Wien übersiedelt bin, fiel mir so ziemlich als Erstes der Wiener Heurige sehr positiv auf. Es war damals sicher nicht so sehr die Weinqualität, die mich beeindruckte, sondern vielmehr die Möglichkeit, in wenigen Autominuten oder einfach mit Bim und Bus vom Stadtzentrum hinaus in die Weingärten zu fahren, dort zu wandern und sich anschließend ganz ungezwungen zu ein paar Gläsern Wein und einer guten Jause in einen Gastgarten oder Innenhof zu setzen. Damals war das folkloristische Element noch dominierend: Weinseligkeit, rustikale Heurige, Hans Moser mit der Reblaus, und der Himmel über dem Wiener Wein hing – zumindest scheinbar – voller Geigen. Ein Engagement, das über den eigenen Betrieb hinausging und den Anspruch, im Ensemble der sich bereits formierenden österreichischen Weinelite mitzuspielen, gab es nur in wenigen Betrieben wie Mayer am Pfarrplatz, Fuhrgassl-Huber, Hengl-Haselbrunner oder Wieninger.

Doch spätestens ab Beginn des neuen Jahrtausends entwickelte sich der Weinbau in Wien rasant weiter und erreichte eine Dynamik, um die man die vormals noch als „Heurigenwirte" belächelten Wiener Winzer auch in größeren und prominenteren Weinbaugebieten sogar beneidet. Viele schafften es, neben dem Heurigen zusätzliche Vertriebsschienen aufzubauen, und schließlich gelang es, eine Nuss zu knacken, die sich viele Jahre lang als zu hart erwiesen hatte: Die Wiener Gastronomie entdeckte den Wiener Wein. Heute findet man in vielen guten Wirtshäu-

sern der Stadt eigene „Wien-Seiten" in der Weinkarte, und die Gäste schätzen es, einen Wein trinken zu können, der quasi vor der Haustüre entsteht und zudem perfekt mit der Wiener Küche harmoniert.

Tatsächlich besteht in Wien – traditionell durch den Heurigen und inzwischen auch durch die Gastronomie – ein besonderes Naheverhältnis zwischen Wein und Küche, und es gibt von der Brettljause bis zum Tafelspitz wohl kaum eine Speise, zu der man nicht auch einen passenden Wein aus Wiener Rieden finden würde.

Gemischter Satz als Zugpferd Was den Wein selbst angeht, so hat sich der Wiener Weinbau durch die Renaissance einer fast schon in Vergessenheit geratenen Weinspezialität ein eigenständiges Profil gegeben: den Wiener Gemischten Satz. Der hat in der Stadt eine lange Tradition. Bereits im 19. Jahrhundert, als in den meisten anderen österreichischen Weinbaugebieten hauptsächlich Massenträgerreben ausgepflanzt waren, setzte man in Wien auf Edelrebsorten wie Riesling, Rotgipfler, Weißburgunder und Traminer. Diese wurden zusammen mit etlichen weiteren im Weingarten gemischt ausgepflanzt und die geernteten Trauben im Keller gemeinsam verarbeitet. Dadurch entstanden zum einen sehr vielschichtige Weine, die verschiedenste Eigenschaften wie Frische, Fruchtigkeit oder Körperreichtum in sich vereinigen konnten, zum anderen hatte der Winzer auch einen relativ sicheren Ertrag: Durch die unterschiedlichen Blütezeitpunkte der Sorten führten auch widrige Witterungsumstände währenddessen nie zu einem Totalausfall der Ernte, höchstens zu Einbußen bei bestimmten Arten.

Differenziert wurde der Wiener Wein – und das ist aus heutiger Sicht, da alles nur noch vom „Terroir" redet, ebenfalls interessant – übrigens nicht nach Sorten, sondern nach Herkunft. Da sprach man nicht vom Grünen Veltliner oder Riesling, sondern vom „Alsegger", „Ottakringer" oder „Nussberger" – und diese Weine waren eben Gemischte Sätze. Mit dem Trend zum reinsortigen Ausbau wurde der Gemischte Satz freilich immer mehr zum einfachen Schankwein degradiert, und einzig der unvergessene Franz Mayer füllte ihn konsequent auch in Bouteillen ab und wurde nicht müde, von der großen Zukunft dieses Weines aus der Vergangenheit zu „predigen". Erst spät fand er damit Gehör, und mit der Initiative der Gruppe „WienWein" erlebte der Wiener Gemischte Satz eine neue Blüte, sodass er heute sprichwörtlich wieder in aller Munde ist. Damit das Pflänzchen weiter gedeiht, hat man sich selbst strenge Regeln für die Bezeichnung „Wiener Gemischter Satz" auferlegt und eine eigene DAC kreiert.

So sehr die Weinregion Wien prosperiert, so erfreulich ist es doch, dass nach wie vor fast alle Wiener Winzer auch einen Heurigen betreiben. Das ist ebenfalls eine Besonderheit des Stadtweinbaus und eröffnet zudem die Möglichkeit, sich dem Wiener Wein per pedes anzunähern. Die Wiener Weingärten und -orte sind wunderbar erwanderbar, und darum machen wir uns gleich auf den Weg.

Grinzing – Hinauf zum Himmel Vom Zentrum Grinzings aus bieten sich verschiedene Möglichkeiten – etwa über den Reisenbergweg oder die Himmelstraße – durch die Weinberge mitten in den „Wiener Weinhimmel" hineinzuwandern. Hoch oben am Cobenzl, auf der Bellevue-Höhe oder am Himmel, der mit der „Sissy-Kapelle", dem Lebensbaumkreis und dem „Oktogon" ein attraktives Ausflugsziel darstellt, genießt man den besten Blick über ganz Wien. Weininteressierte haben die Möglichkeit, nach Voranmeldung das Weingut der Stadt Wien am Cobenzl zu besichtigen – die ausgezeichneten Weiß- und Rotweine des Hauses kann man während der Öffnungszeiten jederzeit verkosten. Unter der Leitung von Thomas Podsednik hat sich das einstige Sorgenkind der Stadt durch kontinuierliche Investitionen und konsequente Qualitätsarbeit zu einem prosperierenden Vorzeigebetrieb entwickelt.

Echte Wiener Heurige, das heißt solche, die ausschließlich Eigenbauweine ausschenken, sind in Grinzing durch die touristische Masseninvasion selten geworden – aber es gibt sie noch. Zum Beispiel den Obermann in der Cobenzlgasse 102. Als langjähriger Weinbaureferent der Wiener Landwirtschaftskammer weiß Martin Obermann wie man gute Weine macht, und mit Veranstaltungen vom Weingartenpicknick bis zu hochklassigen Konzerten lockt er ein bunt gemischtes Publikum nach Grinzing. Längst ein Wiener Klassiker ist der Heurige Hengl-Haselbrunner, etwas abseits vom Zentrum, in der Iglaseegasse. Hausherr Matthias Hengl keltert Rieslinge von Wiener Spitzenlagen, aber auch sehr interessante Rotweine – und dazu spielt die Musik: Hengls Frau, Agnes Palmisano, ist eine der bekanntesten Interpretinnen einer neuen Wienerliedszene, und der familieneigene Heurige bietet ihr und einer Vielzahl von anderen Musikern unterschiedlichster Stilrichtungen regelmäßig eine Bühne.

Am Nußberg – Grand Cru von Wien Der Nußberg gilt als beste Wiener Weinlage, mit optimaler Hangneigung und Sonneneinstrahlung von morgens bis abends sowie besonders kalkreichen Böden. Wer dieses Weinjuwel zu Fuß erkunden will, geht entweder vom historischen Kern von Nußdorf mit dem sehens- und besuchenswerten Heurigen Kierlinger los und wandert über den Eichelhofweg oder die Kahlenberger Straße bis hinauf zum Sirbu. Der mitten in den Weingärten gelegene Heurige ist einer der schönsten Plätze von Wien, und vom schattigen Garten überblickt man ganz „Transdanubien" sowie das Weinbaugebiet rund um den Bisamberg.

Die andere Möglichkeit ist der steilere Weg vom entzückenden Kahlenbergerdorf weg, das einen mit seinen alten Häusern und engen Gassen wie der „Hirnbrecherstiege" um zwei Jahrhunderte zurückversetzt, der ebenfalls zum Sirbu hinaufführt. Gleich daneben befinden sich die Freiluft-Dependancen der Weingüter Wieninger und Mayer am Pfarrplatz, wo man beste Weine im chilligen Ambiente und mit Blick über Wien genießt.

Weil aber nicht immer die Sonne scheint, findet man auch unten in Heiligenstadt, wo schon Beethoven gerne das eine oder andere Achterl getrunken hat, adäquaten Ersatz. Zum Beispiel im Edel-Wirtshaus „Winzerei", wo man feine Weine vom Nussberg mit Blick durch eine Glasscheibe auf den imposanten Weinkeller genießt. Nur einmal über die Straße befindet sich das Wein- und Ge-

Blick über das Kahlenbergerdorf auf die Donau

nussimperium von Ex-Werbeguru Hans Schmid wieder. Einerseits mit dem „Pfarrwirt", dem ältesten Wirtshaus Wiens, das heute neue Glanzzeiten erlebt, andererseits mit dem Heurigen „Mayer am Pfarrplatz". Bestehend seit dem Jahr 1683 ist das Lokal zwar auch ein Touristenmagnet, trotzdem hat man es verstanden, authentisch zu bleiben und damit auch viele einheimische Gäste anzuziehen. Die Weine zählen wie eh und je zu den besten der Stadt, der Riesling Nussberg ist längst Legende, und der Gemischte Satz hat nirgends mehr Berechtigung als hier.

Jetzt ist es Zeit auch einen Blick in das unterirdische und prickelnde Wien zu werfen. Die Sektkellerei Schlumberger in Heiligenstadt ist immer einen Besuch wert – und im Übrigen ein perfektes Alternativprogramm für Regentage. Denn die weitläufigen, 300 Jahre alten Kellergänge sind ein wahres Labyrinth, in dem man schon eine Weile wandern und natürlich auch die feinen Sekte des Hauses verkosten kann.

Neustift am Walde – Wandern auf der Sonnenseite Früher war Neustift eine beliebte Sommerfrische der Wiener, und Prominente wie Johann Strauß oder Arthur Schnitzler flüchteten gerne vor der sommerlichen Hitze der Stadt hierher. Einer der schönsten Wiener Weinspaziergänge führt durch die Weinberge von Neustift – eine der größten, geschlossenen Rebflächen der Stadt. Das Auto lässt man am besten in der Agnesgasse stehen (oder kommt – noch besser – mit dem Bus) und spaziert auf der Sonnenseite über die Salmannsdorfer Höhe, die Zierleitengasse oder die Mitterwurzergasse bis nach Salmannsdorf. Entlang der Mitterwurzergasse wurde ein Weinlehrpfad angelegt, der theoretisches Wissen vermittelt. Zur praktischen Untermauerung kehrt man am besten beim Zimmermann (am Anfang des Weges), beim besonders idyllisch gelegenen Prager in Salmannsdorf oder beim Fuhrgassl-Huber ein, deren Heurige direkt neben den Weingärten liegen. Ernst Huber hat mit seiner Familie in Neustift nicht nur ein gan-

zes Imperium von Lokalen aufgebaut, sondern immer auch großen Wert auf die Qualität seiner Weine gelegt. Heute sorgt bereits sein Enkel, Thomas Huber, dafür, dass Riesling, Weißburgunder und Co in Topqualitäten in die Flasche kommen.

Wien-Mauer – Rotwein im Süden Immer mehr kristallisiert sich Mauer in den letzten Jahren als Wiener Rotweinzentrum heraus – die schweren Böden und ein warmer Hauch vom Süden scheinen den blauen Trauben besonders gut zu bekommen. Ausgehend vom Ursulinenkloster in der Franz-Asenbauer-Gasse kann man einen schönen Weinspaziergang über den Kadoltsberg bis hinauf zur Wiener Hochquellenleitung am Rand des Wienerwaldes unternehmen. Die angenehme Wärme in dieser geschützten Kessellage lässt die Weintrauben besonders reif werden. Den schönsten Blick über die Weinberge bietet der Garten im zur modernen „Weinlounge" ausgebauten Heurigen Wiltschko in der Wittgensteinstraße, doch an guten Plätzen und Weinen herrscht in Mauer generell kein Mangel.

Der Hofer in der Maurer-Lange-Gasse zeigt mit seinen Weinen immer wieder auf, ist aber nach wie vor ein bisschen ein Geheimtipp, bekannter ist der Steinklammer an der schönen Adresse Jesuitensteig 28. Helene Fuchs-Steinklammer erfreut ihrer Gäste das ganze Jahr über mit kulturellen Veranstaltungen wie dem schon traditionellen Konzert mit den Neuwirth Extremschrammeln, aber auch kulinarischen Schwerpunkten vom Heringsschmaus bis zum Schwammerlbrunch. Direkt am Maurer Hauptplatz bietet der Heurige Zahel nicht nur eine breite Palette von ausgezeichneten Weiß- und Rotweinen, sondern auch eine ebensolche Küche, die weit über das übliche Heurigenbuffet hinausreicht. Ein wenig traditioneller, doch nicht weniger köstlich wird beim Edlmoser aufgekocht, wobei Michael Edlmoser mit seinen Weinen von leicht und „cultig" bis zu Granaten internationaler Prägung zweifellos zur Avantgarde der Wiener Winzer zählt.

Oberlaa – Mehr als nur Wasser Der Kurpark Oberlaa mit seinen weitläufigen Spazierwegen, dem Thermalbad und der sündhaft guten Kurkonditorei ist ein überaus beliebtes Naherholungsgebiet der Wiener. und Wienerinnen Bis zu den Weinbergen am Laaer Berg, die einen schönen Blick auf die Stadt und auf den nahegelegenen Zentralfriedhof bieten, sind es nur einige Minuten Fußmarsch. Die noch immer sehr authentischen, gemütlichen Heurigen von Oberlaa befinden sich etwas weiter unten, am Liesingbach, in der Oberlaaer Straße und Liesingbachstraße.

Der Wilhelminenberg – Wein und Bier Heute verbindet man Ottakring vor allem mit Bier – die Ottakringer Brauerei ist die letzte Großbrauerei Wiens. Doch am Rande des Wienderwalds findet man an den sonnigen Hängen des Wilhelminenbergs auch nach wie vor einige Weingärten – und die dazugehörigen Heurigen. Vom „Tal" aus, zum Beispiel Endstelle U3, spaziert man vorbei am Ottakringer Friedhof und der sehenswerten Kuffner Sternwarte hinauf zum Schloss Wilhelminenberg, zu dessen Füßen sich die letzten Weingärten des Bezirks erstrecken (oder man wählt den direkten Weg, etwa über den Paulinensteig). Einkehren kann man hier beim Leitner am Wilhelminenberg mit herrlichem Blick über Wien, in dem noch richtig ursprünglichen Heurigen Hermann in der Johann-Staud-Gasse oder in der traditionsreichen „10er Marie" im Herzen von Ottakring.

Stammersdorf – Wandern in der Kellergasse Kellergassen sind in Wien eine Rarität, die man nur an den Hängen des Bisambergs findet. Am besten fährt man bis zum Parkplatz am oberen Ende der Hagenbrunner Straße (Kellergasse) und startet von hier seine Rundwanderung. Immer wieder findet man an den tief in den Löss gegrabenen Wegen nette Heurige zum Verweilen. So marschiert man vorbei an den besten Lagen „Transdanubiens", die zum Teil klingende Namen wie „In den leeren Beuteln" tragen.

Verfügt man dennoch über ein wenig Kleingeld, kann man die Tour mit einer Kellerpartie an der Hagenbrunner Straße ausklingen lassen. Diese ist zwar leider recht stark befahren, aber in den idyllischen, teilweise auf den Dächern der Keller angelegten Heurigengärten, wie etwa im „Dornröschenkeller" der Familie Vrbicky, beim Göbel oder beim Schreckenschlager, bekommt man davon – fast – nichts mit.

In Stammersdorf und den benachbarten Weinbauorten Strebersdorf und Jedlersdorf befinden sich auch einige der wichtigsten und besten Weinbaubetriebe der Stadt, die ihre Weingärten allesamt am Bisamberg haben. In Strebersdorf sind das Platzhirsch Herbert Schilling, der mit seinem Heurigen zu den Qualitätspionieren zählt, und der Quereinsteiger Norbert Walter, in dessen winzigem Heurigen man feine Weine mitten in den Reben genießt.

Fritz Wieninger in Stammersdorf war und ist zweifellos der Qualitätsmotor des Wiener Weins. Weine wie die Grand Selects von Chardonnay und Pinot noir sind bereits legendär, und die Gemischten Sätze Nußberg Alte Reben und Rosengartl von besonders alten Rebstöcken am Bisamberg zählen zum Spannendsten, was Wiener Wein zu bieten hat. Auf Vorbestellung kann man diese Weine am Weingut in Kombination mit vielgängigen Menüs genießen. Die andere Möglichkeit der Wein-und-Speisen-Kombination bietet der formidable Heurige von Wieningers Bruder Leo – seit vielen Jahren eine erste Adresse in Stammersdorf.

Vor allem für seine Rotweine bekannt ist der Winzerhof Leopold von Leopold Klager. Er ist einer der Rotweinpioniere von Wien, arbeitete bereits sehr früh mit Barriques und schafft es sogar, den sandigen Hängen des Bisambergs einen Cabernet-Merlot abzutrotzen, dem man in der Blindverkostung sicher eine ganz andere Herkunft bescheinigen würde. Mehr den Weißweinen zugetan sind die Kollegen in Jedlersdorf, Peter Bernreiter und Karl Lentner. Bernreiter gilt als Spezialist für die weißen Burgundersorten, Lentner holt sich seine – vielen – Landessiegertitel abwechselnd mit Grünem Veltliner, Weißburgunder und Chardonnay und einmal sogar mit Riesling.

Zu den besten Winzern der Stadt zählt seit vielen Jahren auch Rainer Christ. Durch einen Kellerneubau hat sich Christ eine perfekte „Werkstatt" geschaffen, in der er Weiß- und Rotweine auf gleich hohem Qualitätsniveau keltert. Einer meiner Lieblinge ist der Weißburgunder „Der Vollmondwein", für mich in seiner Komplexität und Trinkfreudigkeit einer der besten des Landes. Christs Rotweine wie die Cuvée „Mephisto", Shiraz oder „XXI" aus Cabernet Sauvignon und Merlot sind wahre Kraftpakete, die erst nach ein paar Jahren Flaschenreife geöffnet werden sollten, damit sie ihre Klasse auch wirklich ausspielen können.

Zum Drüberstreuen – Klosterneuburg Ist Klosterneuburg ein Wein-Vorort von Wien? Die Klosterneuburger würden es wahrscheinlich umgekehrt sehen – allein schon wegen des Wein-Epizentrums mit dem Weingut des Stifts Klosterneuburg und der hiesigen Weinbauschule – immerhin der ältesten des Landes. Von der haben Sie als Besucher zwar nichts, doch das Stift Klosterneuburg ist sowohl in kultureller als auch in historischer und vinophiler Hinsicht ein Highlight. Eine Führung im vierstöckigen Riesenkeller unter dem Stift vermittelt einen imposanten Eindruck vom hiesigen Weinschaffen, und anschließend vertieft man diesen in der modernen Vinothek unter alten Gewölben mit den entsprechenden Kostproben.

Auch das Wein-Gedächtnis dieses im Jahr 1114 gegründeten Weinguts reicht weit zurück: Im Altweinkeller lagern Traminer, Rieslinge und Co bis zum Jahr 1956, die nach wie vor erworben werden können. Wenn Ihre Wanderlust in den weitläufigen Kellern noch nicht ausreichend befriedigt wurde, können Sie vom Stift aus durch den Ort in Richtung Weidling mitten in die Weinberge hinaufspazieren und sich etwa beim idyllisch gelegenen Heurigen Trat-Wiesner niederlassen. Wer es gern einfacher hat, wird auch im Ort selbst bei zahlreichen engagiert geführten Heurigen fündig und kann sich anschließend, wenn er sich nicht mehr ins Auto setzen will, von der Schnellbahn zurück nach Wien kutschieren lassen.

Den Herbst genießen: unterwegs mit meiner Frau Elisabeth zu Sturm und Jause

Vielfalt ist Trumpf im Wiener Weinbau – dafür sorgen schon allein die unterschiedlichen Böden: kalkreich am Nussberg, sandig am Bisamberg, schwer und tiefgründig im Süden. Die Weißweine geben den Ton an, wobei am Bisamberg und in Mauer durchaus auch spannende Rote möglich sind. Im Fokus stehen der traditionelle, weiße „Wiener Gemischte Satz“ aus bis zu zehn Rebsorten, der Riesling, der Weißburgunder und der Grüne Veltliner. Wiener Wein liebt Wiener Küche – darf aber auch zu allen anderen Speisen und überall auf der Welt genossen werden.

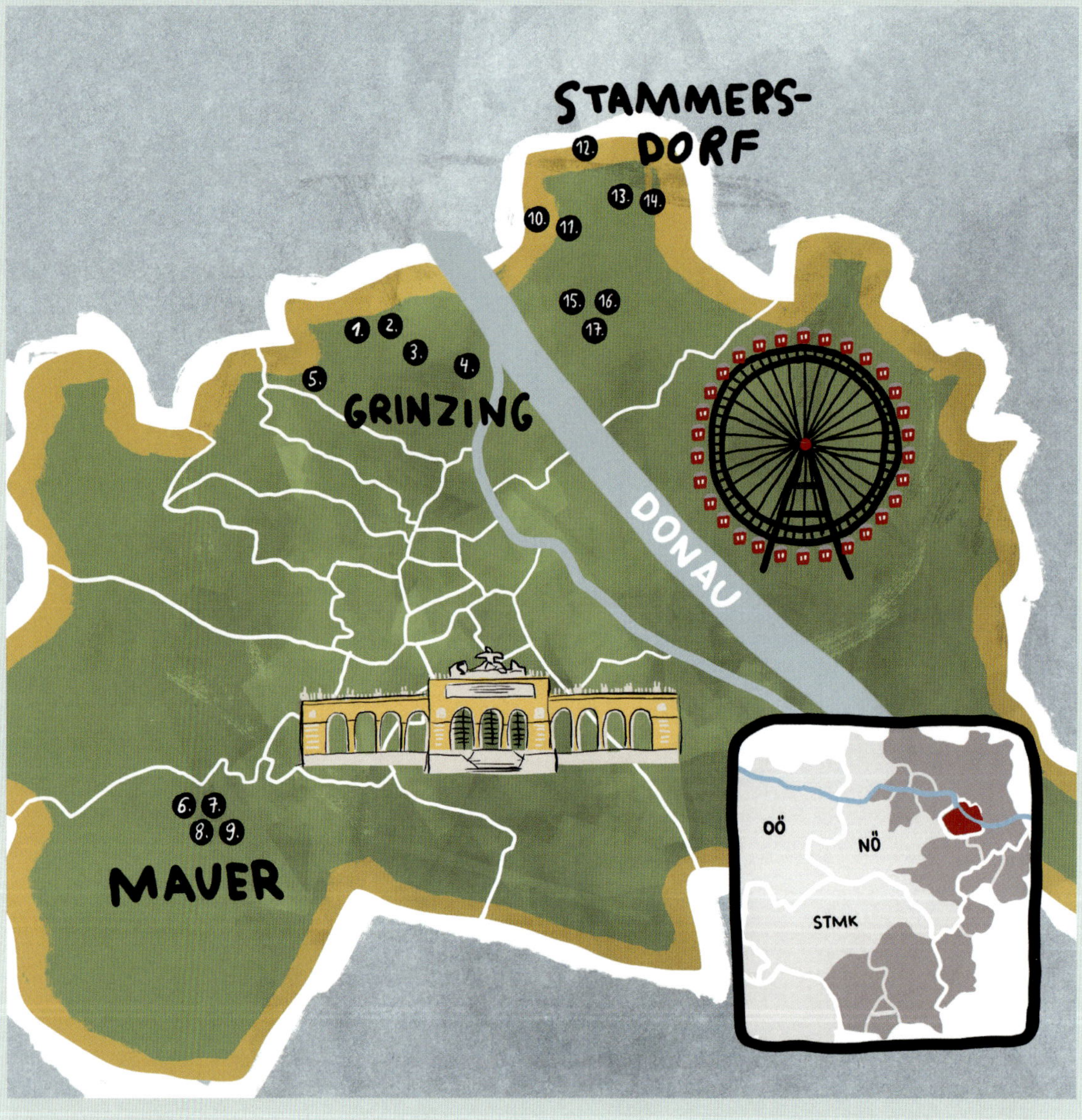

WEINGÜTER

1 Weingut Cobenzl, Grinzing
2 Obermann, Grinzing
3 Hengl-Haselbrunner, Grinzing
4 Mayer am Pfarrplatz, Heiligenstadt
5 Fuhrgassl-Huber, Neustift
6 Hofer, Mauer
7 Steinklammer, Mauer
8 Zahel, Mauer
9 Edlmoser, Mauer
10 Schilling Strebersdorf
11 Walter, Strebersdorf
12 Göbel, Stammersdorf
13 Wieninger, Stammerdorf
14 Winzerhof Leopold, Stammersdorf
15 Bernreiter, Jedlersdorf
16 Lentner, Jedlersdorf
17 Christ, Jedlersdorf

1.

WEINGUT COBENZL
1190 Wien-Grinzing
Am Cobenzl 96
+43 1 320 58 05
office@weingutcobenzl.at
www.weingutcobenzl.at
Nach über 100 Jahren seines Bestehens ist das Weingut der Stadt Wien durch laufende Investitionen voll auf der Höhe der Zeit. Von Weinlagen auf beiden Seiten der Donau keltert man hier eine breite Palette von qualitativ hochwertigen und oftmalig ausgezeichneten Weinen vom Gemischten Satz über den Weißburgunder und Riesling bis zum dichten und stoffigen Zweigelt „Senator".

2.

OBERMANN
wiener TOPHEURIGER
1190 Wien-Grinzing
Cobenzlgasse 102
+43 1 328 43 41
+43 664 451 99 27
obermannwein@utanet.at
www.weinbauobermann.at
Abseits vom Grinzinger Touristentrubel findet man im kleinen Gastgarten oder den gemütlichen Stuben seine Ruhe, ausgezeichnete Eigenbauweine und ein feines Heurigenbuffet mit vielen Bioprodukten. In der schönen Jahreszeit stecken die Obermanns am Wochenende mitunter auch direkt im Weingarten aus.

3.

HENGL-HASELBRUNNER
1190 Wien-Grinzing
Iglaseegasse 10
+43 1 320 33 30
office@hengl-haselbrunner.at
www.hengl-haselbrunner.at
Im bekannten Heurigen der Familie Hengl lässt sich traditionelle Atmosphäre in Verbindung mit einem ausgezeichneten Buffet und feinen Weinen wie dem Riesling vom Nussberg oder den opulenten Rotweinen genießen. Tipp: Laufend finden hier hochkarätige Musikveranstaltungen mit Jazz und Wienerlied jenseits des Kitschs statt.

4.

MAYER AM PFARRPLATZ
wiener TOPHEURIGER
1190 Wien-Heiligenstadt
Pfarrplatz 2
+43 1 370 33 61
mayer@pfarrplatz.at
www.pfarrplatz.at

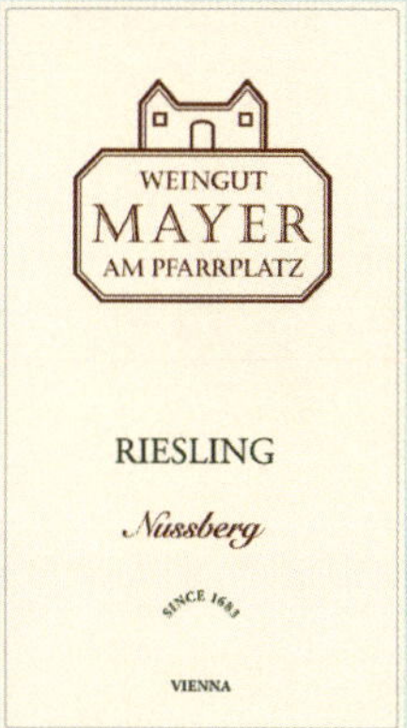

Gegründet im Jahr der Türkenbelagerung 1683, bewohnt von Ludwig van Beethoven und mehr als 50 Jahre lang von Franz Mayer, dem Doyen des Wiener Weinbaus, bewirtschaftet, ist das Weingut und der Heurige „Mayer am Pfarrplatz" längst eine Institution. Inzwischen im Besitz von Werbelegende Hans Schmid, wird diese aufs Beste fortgesetzt. Der Riesling vom Nussberg ist ein Paradeexemplar, Sauvignon blanc, Muskateller, Gemischter Satz und Co bereiten, begleitet von einem feinen Heurigenbuffet, jede Menge Trinkvergnügen. Ebenfalls hier vermarktet werden die Weine von Schmids zweitem Label, „Weingut Rotes Haus": kräftige, hochreife Rieslinge, Traminer und Gemischte Sätze von besten Lagen am Wiener Nussberg.

5.

FUHRGASSL-HUBER
wiener TOPHEURIGER
1190 Wien-Heiligenstadt
Neustift 68
+43 1 440 14 05
weingut@fuhrgassl-huber.at
www.fuhrgassl-huber.at
Einer der großen Wiener Traditionsbetriebe, in dem unter der Leitung des jungen Thomas Huber wieder frischer Wind weht. Die Rieslinge und Weißburgunder zählen zu den besten der Stadt, dazu gibt's im riesigen Heurigen mit Garten direkt bei den Weingärten ein ausuferndes Buffet.

6.

HOFER
wiener TOPHEURIGER
1230 Wien-Mauer
Maurer Lange Gasse 29
+43 1 888 73 80
vinohofer@aon.at
www.vinohofer.at
Gemütlicher, traditioneller Heuriger mit modernen, fruchtbetonten Weißweinen wie Sauvignon blanc und Co, aber auch erstaunlich dichten und vollmundigen Roten, die immer wieder Auszeichnungen erringen.

7.

STEINKLAMMER
wiener TOPHEURIGER
1230 Wien-Mauer
Jesuitensteig 28–30
+43 1 888 22 29
steinklammer@heuriger.co.at
www.heuriger.co.at
Engagiert geführter Traditionsbetrieb mit einer breiten Palette kostenswerter Weiß- und Rotweine sowie einem hübschen Heurigengarten. Immer wieder auch mit interessanten Veranstaltungen.

8.

ZAHEL
1230 Wien-Mauer
Maurer Hauptplatz 9
+43 1 889 13 18
winery@zahel.at
www.zahel.at
Richard Zahel bewirtschaftet Weingärten in Mauer, Oberlaa und am Wiener Nussberg – und sammelt das Beste dieser Regionen ein. Im Süden sind das eher die Rotweine wie der St. Laurent oder die Topcuvée „Antares". Vom Nussberg kommt ein nobler Riesling, ein Gemischter Satz von höchster Reife und ein Chardonnay. Das alles genießt man in den gemütlichen Stuben des alten Bauernhauses oder im lauschigen Garten unter Kastanienbäumen.

9.

EDLMOSER
1230 Wien-Mauer
Maurer-Lange-Gasse 123
+43 1 889 86 80
office@edlmoser.at
www.edlmoser.at
Michael Edlmoser hat mit seinen dichten und stoffigen Rotweinen, die er kräftig mit Holz auflädt, einen für Wien neuen Rotweinstil kreiert. Seine Topweine sind im wahrsten Sinne des Wortes eine Wucht, doch gibt es hier natürlich auch animierende und trinkfröhliche Tröpfchen, die sich bestens im ausgezeichneten Heurigen der Familie zwitschern lassen.

10.

HERBERT SCHILLING
1210 Wien-Strebersdorf
Langenzersdorfer Str. 54
+43 1 292 41 89
schilling.weingut.heuriger@aon.at
www.weingut-schilling.at
Herbert Schilling war ein Vorreiter des Qualitätsheurigen in Wien. Im schönen Naturgarten mit Blick auf den Bisamberg serviert man zu den Eigenbauweinen Köstlichkeiten wie die hausgemachten Brat-, Blut- und Leberwürste.

11.

WEINGUT WALTER WIEN
1210 Wien-Strebersdorf
Untere Jungenberggasse 7
+43 664 231 40 11
office@weingut-walter-wien.at
www.weingut-walter-wien.at
Mehr als ein Hobby ist für Norbert Walter der Weinbau in Wien. Die Vinifikation von Riesling, Veltliner, Chardonnay und Zweigelt besorgt sein Freund Fritz Wieninger, um die Weingärten und die Vermarktung kümmert er sich selbst. Tipp: Der Heurige in den Weingärten von Strebersdorf.

12.

GÖBEL
1210 Wien-Stammersdorf
Stammersdorfer Kellergasse 151
+43 1 294 84 20
office@weinbaugoebel.at
www.weinbaugoebel.at
Hans Peter Göbel hat Architektur studiert und den ererbten Heurigen mit moderner, schnörkelloser und doch gemütlicher Einrichtung neu gestaltet. Bemerkenswert sind seine Rotweine, die mit ihrer festen Struktur und ihrem konzentrierten, saftigen Fruchtkörper zu den besten der Stadt zählen. Dazu gibt es eine Küche, die qualitativ weit über das übliche Heurigenniveau hinausragt.

13.

WIENINGER
1210 Wien-Stammersdorf
Stammersdorfer Straße 31
+43 1 290 10 12
weingut@wieninger.at
www.wieninger.at
Wieninger Heuriger
Stammersdorfer Straße 78
+43 1 292 41 06
office@heuriger-wieninger.at

Überregionales Aufsehen erregte Fritz Wieninger vorerst mit Weinen, die eine internationale Stilistik an die Donau brachten, namentlich Chardonnay, Cabernet Sauvignon und Pinot noir, der im Betrieb schon eine lange Tradition hatte. Nach und nach wurde das Sortiment aber immer mehr auch durch „Wiener Spitzen" wie den großartigen Gemischten Satz vom Nussberg oder Rieslinge bis hin zu opulenten Spätlesen angereichert. Wieningers Weine stehen auf vielen gut sortierten Weinkarten im In- und Ausland, wo Wieninger zugleich auch ein Botschafter des Wiener und des österreichischen Weines ist.

14.

WINZERHOF LEOPOLD
1210 Wien-Stammersdorf
Stammersdorfer Straße 18
+43 1 292 13 56
office@klager.at
www.winzerhof-leopold.at
Mit großem Engagement betreibt die Familie Klager ihren „Winzerhof", einen gemütlichen Heurigen mit viel Licht, Luft und hellem Holz. Einen Namen machte sich Leopold Klager, der inzwischen im Weinbau bereits tatkräftig von seinem Sohn Markus unterstützt wird, mit seinen ausgezeichneten Rotweinen, mit denen er schon früh Erfolge feiern konnte. Das Sortiment ist aber vielschichtig, Riesling, Sekt und Co gehören dazu, aber auch eigene Edelbrände und Fruchtsäfte. Und Renate Klager sorgt mit ihrem wunderbaren, kreativen und saisonal abgestimmten Heurigenbuffet dafür, dass hier niemand darben muss.

15.

PETER BERNREITER
1210 Wien-Jedlersdorf
Amtsstraße 24–26
+43 1 292 36 80
office@bernreiter.at
www.bernreiter.at
Traditioneller, gut geführter Heurigenbetrieb mit sauberen Weinen, wobei der Schwerpunkt bei den weißen Burgundersorten liegt.

16.

KARL LENTNER
1210 Wien-Jedlersdorf
Amtsstraße 44
+43 1 292 51 23
info@karl-lentner.at
www.karl-lentner.at
Mit seinen Rieslingen, Chardonnay, Grünem Veltliner und Co trägt sich Karl Lentner regelmäßig in die Siegerlisten der Wiener Landesweinbewertung ein. Im Heurigen gibt es dazu köstliche Braten und andere feine Happen von bester Qualität. Besuchenswert ist auch die Dependance, der „Keller am Berg“ am Fuß des Bisambergs, wo am Wochenende ebenfalls ausgeschenkt wird (Stammersdorf, Clessgasse 31).

17.

RAINER CHRIST
1210 Wien-Jedlersdorf
Amtsstraße 12–14
+43 1 292 51 52
info@weingut-christ.at
www.weingut-christ.at

Seit 400 Jahren betreibt die Familie Weinbau, doch der moderne, sehenswerte Weinkeller zeigt, dass Rainer Christ nach neuestem Stand der Technik vorgeht. Das allein macht es freilich nicht aus – Christ arbeitet mit der Natur und sein Weißburgunder „Der Vollmondwein“, für den die Trauben nur bei Vollmond gelesen werden, zählt zu den besten des Landes. Das Weinangebot ist freilich vielfältig, und Christ findet sich auch mit seinen Rotweinen von Shiraz und Cabernet Sauvignon bis zu den Cuvées „Mephisto“ und „XXI“ regelmäßig unter den Sieg-Anwärtern bei diversen Verkostungen. Eine Verkostung vor Ort lohnt sich ebenfalls, in klassischem oder modernem Heurigenambiente und mit einer ausgezeichneten Jause noch dazu.

18.

STIFT KLOSTERNEUBURG
3400 Klosterneuburg, Stiftsplatz 1
+43 2243 41 15 22
weingut@stift-klosterneuburg.at
www.stift-klosterneuburg.at
Mit seiner 900-jährigen Geschichte gilt das Weingut des Stifts Klosterneuburg zu Recht als eine Wiege der heimischen Weinkultur, ist zugleich aber ein moderner Betrieb mit exzellenten Weinen aus Klosterneuburg, Wien und der Thermenregion. Prädikat: sehens- und kostenwert!

Weitere empfehlenswerte Weinbau- und Heurigenbetriebe in Wien

F. M. MAYER VITIKULTUR
1190 Wien-Heiligenstadt
Eroicagasse 6
+43 699 12 02 77 85
fm-vitikultur@gmx.at
www.fm-vitikultur.at
Klein, aber fein – so das Motto von Franz Michael Mayer, der von einigen Spitzenlagen kleine Mengen von ungewöhnlichen und höchst spannenden Weinen keltert.

KIERLINGER
1190 Wien-Nußdorf
Kahlenberger Straße 20
+43 1 370 22 64
office@kierlinger.at
www.kierlinger.at
Einer der einfachen, traditionellen Heurigen bietet in historischem Ambiente (der Betrieb befindet sich seit 1787 im Familienbesitz) feine Weine vom Nussberg und einen Liptaueraufstrich, der längst als legendär gilt.

WEINGUT WAILAND
Kontakt: Teresa Wailand
1190 Wien-Heiligenstadt
Hammerschmidtgasse 15
+43 664 992 27 23
office@wailand.at
www.wailandwein.at
Der bekannte Medienmacher Dr. Georg Wailand betreibt im Nebenberuf ein kleines Weingut am Nussberg. Vinifiziert werden beim Hengl-Haselbrunner

vor allem frische, fruchtig-animierende Weißweine. Etwa einmal im Jahr ist auch der kleine Heurige in der Ried Pratteln (Kahlenberger Straße/Ecke Eisernenhandgasse) geöffnet.

SIRBU
1190 Wien-Nußdorf
Kahlenberger Str. 210
+43 1 320 59 28
heuriger.sirbu@aon.at
www.sirbu.at
Direkt auf der Anhöhe des Nussbergs gelegen, belohnt der Sirbu einen kurzen Fußmarsch mit gemütlicher Atmosphäre, einem guten Schluck Wein und einem traumhaften Blick über die Weinberge und die Donau bis weit hinein ins Weinviertel.

PRAGER
1190 Wien-Heiligenstadt
Salmannsdorfer Straße 10
pragerwein@aon.at
+43 1 440 20 85
Ein verwunschen schöner Platz am Ende des Neustifter „Weingebirges“, wo Familie Prager seit sieben Generationen Weinbau betreibt. Hier schmeckt jedes Achterl gleich doppelt so gut – macht aber nicht doppelt betrunken.

ZIMMERMANN
1190 Wien-Heiligenstadt
Mitterwurzergasse 20
+43 1 440 12 07
heuriger@weinhof-zimmermann.at
www.weinhof-zimmermann.at
Der steile Gastgarten gleich neben den Weinreben mit Blick über Neustift ist in Wien praktisch ein Unikat. Ein schönes Heurigenbuffet und ordentliche Weine bilden die perfekte Ergänzung.

HELM
1210 Wien
Stammersdorfer Straße 121
+43 1 292 12 44
office@weingut-helm.at
www.weingut-helm.at

Zum Weingut Helm gehört ein klassischer Heuriger mit rustikalem Ambiente und einem schönen Gastgarten. Eine köstliche Jause zum Wein ist hier obligatorisch. Tipp: Die ausgezeichneten Rotweine sollte man kosten!

GERHARD KLAGER
1210 Wien-Stammersdorf
Stammersdorferstraße 14
+43 1 292 41 07
www.weingutklager.at
Die engagierte Winzerfamilie Klager verwöhnt ihre Gäste mit einem liebevoll zusammengestellten Buffet und feinen Eigenbauweinen in Weiß und Rot.

WILTSCHKO
1230 Wien-Mauer
Wittgensteinstraße 143
+43 1 888 55 60
weinbau.wiltschko@aon.at
www.weinbau-wiltschko.at
Moderner Designer-Heuriger mit schöner Aussicht über die Weinberge von Mauer, kreativer Küche und fruchtigreintönigen Weinen.

Da die gesamte Wiener Gastronomie in Reichweite ist, sind hier nur stellvertretend einige Lokale angegeben, die sich in der Nähe der Weinbauregionen befinden.

KLEE AM HANSLTEICH
1170 Wien
Amundsenstraße 10
+43 1 480 51 50
office@kleeamhanslteich.at
www.kleeamhanslteich.at

STEIRERSTÖCKL
1180 Wien
Pötzleinsdorfer Straße 127
+43 1 440 49 43
steirerstoeckl@jagawirt.at
www.steirerstoeckl.at

ECKEL
1190 Wien
Sieveringer Straße 46
+43 1 320 32 18
restaurat.eckel@aon.at
www.restauranteckel.at

PLACHUTTA-NUSSDORF
1190 Wien
Heiligenstädter Straße 179
+43 1 37 41 25
nussdorf@plachutta.at
www.plachutta.at

GASTHOF ZUM RENNER
1190 Wien
Nußdorfer Platz 4
+43 1 378 58 58
gastro@zum-renner.at
www.zum-renner.at

LIEBSTÖCKL & CO
1190 Wien, Sandgasse 12
+43 1 328 83 10
office@liebstoeckl.at
www.liebstoecklco.at

FIGLS
1190 Wien
Grinzinger Straße 55
+43 1 320 42 57
info@figls.at
www.figls.at

PFARRWIRT
1190 Wien, Pfarrplatz 5
+43 1 370 73 73
info@pfarrplatz.at
www.pfarrwirt.com

DER STASTA
1235 Wien
Lehmanngasse 11
+43 1 865 97 88-35
hotel@stasta.at
www.stasta.at

In nächster Nähe stehen sämtliche Wiener Beherbergungsbetriebe zur Verfügung. Info auf: www.wien.info.at

WIENER TOP-HEURIGER-GUIDE
Unter www.wienerwein.at zum Download.

Alle SEHENSWÜRDIGKEITEN finden Sie unter: www.wien.info

TERMINE
- Wiener Winzertour (April)
- VieVinum, die größte heimische Weinmesse findet alle zwei Jahre in der Wiener Hofburg statt (Juni)
- Wiener Weinwandertag (Sept.)
- Austrian Wine Challenge Vienna – Galanacht des Weines (Okt.)
- Aussteckzeiten, Tag der offenen Kellertüren, Weinverkostungen und Weinfeste unter www.wienerwein.at

Wo Wien prickelt: Schlumberger Kellerwelten
1842 von Robert Alwin Schlumberger, der sich sein Wissen in der Champagne erworben hatte, begründet, ist Schlumberger heute die älteste und bedeutendste Sektkellerei Österreichs. Faszinierende Einblicke in das „unterirdische Wien" bietet ein Besuch in den „Schlumberger Kellerwelten". In diesem 300 Jahre alten Labyrinth mit dem spektakulären „DOM-Keller" erfährt man alles rund um Produktion von edlen Schaumweinen und erlebt, wie Schlumberger Sekt nach der traditionellen Methode der Flaschengärung und händischem Rütteln in den klassischen Holz-Rüttelpulten hergestellt wird. Anschließend folgt auf die Theorie die Praxis – bei einer Verkostung der edlen Schlumberger-Sekte. Einzelbesichtigungen mit Audioguide sind jederzeit möglich; um 16 Uhr gibt es an den Öffnungstagen auch eine geführte Tour. Gruppenführungen nach Voranmeldung.
Geöffnet: Mi 11–21.30 Uhr („late night")
Do bis Sa 11–18 Uhr.
1190 Wien, Heiligenstädter Straße 39
+43 1 368 22 58-631, www.schlumberger.at/kellerwelten

wiener TOP HEURIGER

Der Wiener Top-Heurige ...
... ist ein Teil der Wiener Identität – er gehört zur Stadt wie das Riesenrad, Schloss Schönbrunn oder der Stephansdom. Mit dem Aufschwung der Weinqualität ist auch die Wiener Heurigen- und Buschenschankszene bunter und in jeder Hinsicht besser geworden. Der Wiener Top-Heurige ist die Spitze dieser Szene und zeigt die neue Vielfalt dieser Wiener Institution. Diese reicht vom traditionellen Heurigen bis hin zur modernen Buschenschank mitten in den Wiener Weinbergen. Vor allem der persönliche Kontakt mit den Winzern und deren Familien zeichnet den Wiener Heurigen auch heute noch aus. Dazu kommen ausgezeichnete Eigenbauweine und ein breites Angebot an kalten und warmen Köstlichkeiten vom Heurigenbuffet. Die Wiener Top-Heurigen bieten all das in bester Qualität – die regelmäßig von unabhängigen Testern überprüft wird. Somit steht das Logo der Wiener Top-Heurigen für ein ungetrübtes, genussvolles Heurigenerlebnis.

Orte

Winzer und Weine